beck'sche reihe

bsr

Alexander VI. ist als der schrecklichste und unheimlichste Papst, den es je gegeben hat, in die Geschichte eingegangen. Rodrigo Borgia, wie er mit bürgerlichem Namen hieß, stammte aus keiner mächtigen und alten Familie Italiens, aber er wurde von seinem Onkel Papst Calixtus III. zum Kardinal erhoben und mit reichen Einkünften ausgestattet. Diese Mittel nutzte er zu glänzender Selbstdarstellung, Hofhaltung, ja zur Gründung einer Familie – und setzte sie schließlich dazu ein, selbst Papst zu werden. Der Vatikan wurde während seines elfjährigen Pontifikats zum Ort von Verbrechen und ausgelassenen Festen. Vor allem aber strebte Alexander VI. danach, seinen Kindern durch eine wechselvolle Heiratspolitik, durch Bündnisse und Kriege eine fürstliche Stellung in Italien zu verschaffen. Und parallel zu dieser machiavellistischen Machtpolitik amtierte der Papst als Haupt der Kirchen: theologisch konservativ und in frommer Verehrung der Heiligen.

Volker Reinhardt, geb. 1954, ist Professor für Allgemeine und Schweizer Geschichte der Neuzeit an der Universität Fribourg. Bei C. H. Beck erschienen von ihm u.a. «Geschichte Italiens» (^{3}2006), «Die Medici» (^{4}2007), «Der Göttliche. Das Leben des Michelangelo» (2010) sowie zuletzt «Die Borgia» (2011).

Volker Reinhardt

ALEXANDER VI. BORGIA

Der unheimliche Papst
Eine Biographie

Verlag C.H. Beck

Dieses Buch erschien zuerst 2005 unter dem Titel
«Der unheimliche Papst. Alexander VI. Borgia, 1431–1503»
im Verlag C.H.Beck.
1. Auflage in der Beck'schen Reihe. 2007
2. Auflage. 2011

Mit zwölf Abbildungen, einer Stammtafel und einer Karte

3. Auflage. 2011

Satz: Fotosatz Amann, Aichstetten
Druck und Bindung: Druckerei C. H. Beck, Nördlingen
Umschlaggestaltung: Konstanze Berner, München
Reihengestaltung: malsyteufel, Willich
Umschlagabbildung: Papst Alexander VI. nach einem Gemälde
von Cristoforo Dell' Altissimo, Uffizien, Florenz, © Soprin
Printed in Germany
ISBN 978 3 406 62694 4

www.beck.de

INHALT

Prolog: Gift in marmornen Särgen 7

1. Von Játiva nach Rom (1378–1458) 15

Der Aufstieg des Onkels 15 · Lehrjahre der Macht 24

2. Auf der Suche nach der verlorenen Macht (1458–1492) 35

Nepotendämmerung und neuer Morgen 35 · Wendejahre des Papsttums 42
Die Familie des Kardinals 52 · Das Konklave von 1492 60
Zeugenbefragung 71

3. Macht und Ohnmacht (1492–1497) 84

Mit gebundenen Händen 84 · Befreiungsschläge 92
Am Abgrund 101 · Politische Auferstehung 112 · Prophet versus Papst 120
Die Stunde der Nepoten 130 · Tot im Tiber 140
Der kurze Sommer der Reform 146

4. Der entfesselte Papst (1498–1503) 152

Die Balken der Geschichte 152 · Zeit der Verlockungen 160 · Nervenkriege 165
Der Untergang des Hauses Sforza 181 · Cesare, der Eroberer 186
Vogelfreie Feinde 192 · Türkenkrieg und Familienstaat 200
Orgien im Vatikan? 207 · Fürstenhochzeit und Menschenjagd 215
Tödliche Versöhnung 225 · Mörder mit Gesicht 236

Epilog: Was bleibt 247

Anhang

Zeittafel 257 · Stammbaum der Borgia 263
Karte: Italien in der Renaissance 264 · Anmerkungen 265 · Bildnachweis 265
Literaturhinweise 266 · Personenregister 273

Die grosse, bleibende und wachsende Gefahr für das Pontifikat lag in Alexander selbst und vor allem in seinem Sohne Cesare Borgia. In dem Vater waren Herrschbegier, Habsucht und Wollust mit einem starken und glänzenden Naturell verbunden. Was irgend zum Genuss von Macht und Wohlleben gehört, das gönnte er sich vom ersten Tag an im weitesten Umfang. In den Mitteln zu diesem Zweck erscheint er sogleich völlig unbedenklich ... Wem aber die Borgia mit offener Gewalt nicht beikamen, der unterlag ihrem Gift. Für diejenigen Fälle, wo einige Diskretion nötig schien, wurde jenes schneeweisse, angenehm schmeckende Pulver gebraucht, welches nicht blitzschnell, sondern allmählich wirkte ... Es fing an, um den Papst herum nicht mehr recht geheuer zu werden.

Jacob Burckhardt, Die Cultur der Renaissance in Italien

PROLOG: GIFT IN MARMORNEN SÄRGEN

Unter diesem Papst geschehen unerhörte Dinge. Überaus anstößig ist schon die Art und Weise, wie der Kardinal Rodrigo Borgia als Alexander VI. den Thron Petri besteigt. Selbst neutrale Beobachter sprechen von einer gekauften Wahl. Borgia hat die reichsten Pfründen; und er verspricht sie seinen Wählern mit einer strategischen Skrupellosigkeit, die wertkonservativen Kardinälen den Atem verschlägt. Das Prunkstück seiner Ämtersammlung, den Posten des Vizekanzlers, erhält sein wichtigster Wahlhelfer, Kardinal Ascanio Maria Sforza, der Bruder des regierenden Herrschers von Mailand. Mit der Rolle eines «Vizepapstes» ist dieser jedoch nicht zufrieden, er will selbst die großen Entscheidungen treffen. Schwere Konflikte sind somit vorprogrammiert. Als Kardinal Sforza im Januar 1497 lebensgefährlich erkrankt, sehen viele das Gift Alexanders VI. im Spiel. Der Kirchenfürst überlebt zwar, doch wird man von jetzt an beim plötzlichen Tod eines reichen Prälaten vom «süßen weißen Pulver der Borgia» raunen.

Doch auch die Familie des Papstes bleibt nicht verschont. Im Juni 1497 wird Giovanni Borgia, der Lieblingssohn des Papstes, unter ungeklärten Umständen ermordet. Ein halbes Jahr später löst Alexander VI. unter skandalösen Umständen die Ehe seiner Tochter Lucrezia auf. Deren nächsten

Gatten trifft es noch viel härter. Er wird im August 1500 auf Befehl seines Schwagers Cesare Borgia erdrosselt. Im Gespräch mit dem venezianischen Gesandten entschuldigt Alexander VI. die Tat seines Sohnes als einen Akt impulsiver Notwehr. Tollhaus Vatikan – dieser Eindruck verbreitet sich in ganz Europa. Und Festung Vatikan. Tag und Nacht patrouillieren dort Bewaffnete. Kein Wunder, daß die Römer die Residenz des Papstes jetzt von Geistern bevölkert wähnen. Diese geben unermüdlich Licht- und Lärmzeichen. Doch was wollen sie damit sagen?

Auf jeden Fall bewirken sie kein Ende der Skandale. Am empörtesten sind die frommen Christen in ganz Europa, als Cesare Borgia im August 1498 das Kardinalat niederlegt, um seiner wahren Passion nachzugehen: dem Krieg und der Macht. Einige Jahre zuvor war einem Kirchenfürsten, der seinen Lebensabend der frommen Meditation weitab von der Kurie widmen wollte, dieser Rückzug aus dem Senat der Kirche verweigert worden. Die Farbe Purpur kann man nicht abwaschen, einmal Kardinal, immer Kardinal, so lautete die damalige Begründung. Für den Sohn des Papstes gilt diese Regel jedoch nicht. Gelten für die Borgia überhaupt noch Regeln? So fragt man sich jetzt in den Machtzentren Italiens. Im Juni 1502 wird Astorre Manfredi, der von Cesare entmachtete ehemalige Stadtherr von Faenza, tot aus dem Tiber gezogen. Er wurde nur achtzehn Jahre alt. Bei der Kapitulation hatte man ihm freies Geleit zugesagt. Durch diesen politischen Mord ist das Geschlecht der Manfredi in seinem Hauptzweig erloschen. Alexander VI. läßt seine politischen Gegner ausrotten.

Und so geht es weiter. Auf den letzten Tag des Jahres 1502 lädt Cesare Borgia seine Truppenführer, die sich kurz zuvor gegen ihn verbündet hatten, zu einem Treffen nach Senigallia ein. Dort, so scheint es, soll die wiedergefundene Eintracht gefeiert werden. Doch dieses Silvesterbankett hat nur einen Gang: Tod durch Erdrosseln. Der Sohn des Papstes erscheint den Römern jetzt selbst wie der wandelnde Tod. Auf Beschimpfungen seiner Person steht der Tod; vorher wird den Lästermäulern die Zunge herausgerissen – und das in Rom, wo der Spott bislang frei war. Angst und Schrecken sollen auch die Masken verbreiten, hinter denen er sein Antlitz verbirgt. Niemand soll genau wissen, wo er ist, was er sieht, was er weiß. Und jeder soll fürchten, daß er ganz nahe ist und alles hört. Zu diesem Zweck werden Nachrichten von seiner unheimlich schnellen Fortbewe-

Abb. 1 Pintoricchio, Resurrectio Christi (1493/94, Sala dei Misteri, Appartamento Borgia, Vatikan). Alexander VI. wohnt auf diesem Fresko andächtig der Auferstehung Christi bei. Da Pintoricchio um diese Zeit als Hofkünstler im Vatikan ein- und ausging, ist das machtvolle Haupt Alexanders VI. mit der kühnen Adlernase und den wulstigen Lippen wohl «nach dem Leben gezeichnet». Typusbildend für die Folgezeit wurde es allemal.

gung verbreitet. Sein Motto «Mögen sie mich hassen, wenn sie mich nur fürchten» – so nachdenkliche Beobachter – mag für einen Caligula oder Nero angehen. Doch paßt es für einen Nepoten, dessen Macht mit dem Tode des Familienpapstes in sich zusammen zu stürzen droht? Müßte er nicht statt dessen freundlich und gewinnend auftreten, um für die Zeit der Krise Verbündete, ja Fürsprecher zu gewinnen? Oder sind die Borgia etwa entschlossen, ihre Macht nie wieder abzugeben? Doch wie soll das in einer Wahlmonarchie wie dem Papsttum, das über den Kirchenstaat in der Mitte

Abb. 2 Alexander VI. auf einem Fresko von Pintoricchio (Detail von Abb. 1).

Italiens gebietet, funktionieren? Gegen die Herrschaft der Borgia scheint am Ende selbst die Natur zu rebellieren. Ende Juni 1500 deckt ein Sturm das Dach des päpstlichen Thronsaales ab. Das ganze Gebäude bricht ein, Alexander VI. wird verschüttet und kurz danach nur leicht verletzt aus dem Geröll gezogen. Als ihn der Tod drei Jahre später dann doch ereilt, schwören die Zeugen heilige Eide, nie einen so grauenhaft aufgequollenen Leichnam gesehen zu haben. Ihre Schlußfolgerung steht fest: Der Teufel hat seinen treuen Diener in die ewige Unruhe der Hölle heimgeholt.

Alle bislang berichteten Fakten sind wahr, ebenso wie die Reaktionen der Zeitgenossen, die sie zur Folge haben. Lohnt es sich deshalb, sie zu erzählen? Lebensabrisse Alexanders VI. und der Borgia dienten von Anfang an vorrangig dazu, den Papst und damit die Kirche insgesamt anzuklagen oder freizusprechen. Man kann seine frei ausgelebte Sexualität gegen die sinnenfeindliche Kirche der Gegenwart ausspielen. Und ein Pontifex maximus, der in Bullen nachweislich lügt, läßt sich – so scheint es – auf das beste gegen den Anspruch des Papsttums ins Feld führen, in Lehrentscheidungen zum Glauben und zur Moral unfehlbar zu sein. Der historischen Wahrheitsfindung ebensowenig dienlich wie diese affektgeladenen Vereinnahmungen sind die bis heute gleichfalls nicht seltenen Versuche,

Alexander VI. zu «rehabilitieren», d. h. die für die Zeitgenossen verstörenden Vorkommnisse in Bausch und Bogen als Erfindungen seiner zahlreichen Feinde abzutun. Eine solche «Reinwaschung» ist nur durch vielfältige Vertuschungs- und Verfälschungsmanöver zu bewerkstelligen.

Verurteilen oder freisprechen ist nicht die Aufgabe des Historikers. Ob man die Regierungszeit des Borgia-Papstes als heilsame Gottesstrafe für den Niedergang der Kirche und damit als Anstoß für die Erneuerung von innen ansieht oder sie wie Machiavelli als Beleg dafür betrachtet, daß Religion nichts anderes als ein von Menschen gemachtes Herrschaftsmittel ist, hängt von Glaube und Weltanschauung ab. In der einen oder anderen Weise zu werten steht jedem frei. Doch sind diese Werturteile von einer seriösen Geschichte Alexanders VI. strikt zu trennen. Und welche Schlußfolgerungen der Leser auch ziehen mag, er sei vor allzu pauschalen Gleichsetzungen gewarnt. Alexander VI. ist zwar von 1492 bis 1503 das Haupt der Kirche, doch ist er nicht die Kirche. Im Gegenteil: nicht wenige Prälaten und Kardinäle stellen seine Legitimität als Nachfolger Petri mehr oder weniger offen in Frage. Mehr noch: sie entwerfen Konzepte eines alternativen Papsttums, das mit den Vorstellungen Alexanders VI. wenig gemein hat. Auf der anderen Seite erfolgt nach dessen Tod keineswegs sofort der nachhaltige Durchbruch zur Reform. Der Borgia-Papst und seine nächsten Verwandten werden zwar als Regelbrecher gebrandmarkt, doch die Regeln selbst ändern sich erst nach der Mitte des 16. Jahrhunderts, dann allerdings einschneidend.

Für Verherrlichung wie Polemik gleichermaßen untauglich, fasziniert die Regierungszeit Alexanders VI. dadurch, daß immer mehr Regeln übertreten, ja sogar mit Füßen getreten werden. Diese Abweichung stellt sich keineswegs sofort ein. In der ersten Hälfte des Pontifikats stechen vielmehr Anknüpfungen an überlieferte Normen und deren allmähliche Ausweitungen ins Auge, bis sich dann im letzten Jahrfünft regelrechte Tabubrüche häufen. Daher versteht man die besondere Dynamik und die sich schließlich herausformende Eigengesetzlichkeit der Borgia-Herrschaft nur, wenn man sie in Beziehung zu den vorangehenden Pontifikaten stellt. D. h. es gilt aufzuzeigen, wo, wie und warum andere Päpste auf einem Weg vorangeschritten sind, den Alexander VI. über so viele Grenzen hinaus weitergeht. Diese partielle Ableitung aus Normen bedeutet jedoch keine «Normalisierung». Im Gegenteil: die Wahrnehmung bereits vorher vollzogener Wandlungen, deren Resultate dieser Papst als etablierte Bräuche der Kurie übernimmt, soll den Blick dafür schärfen, wo und warum es zu Grenzüberschreitungen kommt, die bereits die Zeitgenossen ratlos und fassungslos beobachten.

Die Regierungszeit Alexanders VI. läßt sich, so betrachtet, als ein negatives Lehrstück auffassen. Es handelt davon, wie man Macht so ausübt, daß daraus am Ende Machtverlust hervorgeht. Und es zeigt auf, wie man reiches finanzielles und politisches Kapital so einsetzt, daß man am Ende ohne soziales Kapital dasteht. Von der Vernichtung fremder Systeme wie von unfreiwilliger Selbstzerstörung ist somit die Rede. Bei aller Unverwechselbarkeit im einzelnen weist die Geschichte Alexanders VI. und der Borgia somit Ähnlichkeiten zu späteren Zeiten, und zwar auch zur Gegenwart auf. Bestünde diese schmale Brücke zwischen den Jahrhunderten nicht, warum sollte man sich dann überhaupt mit der Vergangenheit abgeben?

Natürlich sind die Zeitgenossen der Borgia oft genug Partei. Ihre Interessen stehen auf dem Spiel. Und diese werden von den Expansionsbestrebungen Alexanders VI. zugunsten seiner Familie häufig irreparabel geschädigt. Dieser Pontifex maximus erregt Haß wie keiner seiner Vorgänger oder Nachfolger. Aus dem Nährboden der Wut und der Angst aber wuchern die schwarzen Mythen empor. Sie werden um so bereitwilliger geglaubt, als man dem Papst nach so vielen Doppelzüngigkeiten nichts mehr glaubt – und dafür alles zutraut. Die Entdeckung der Borgia-Legende durch die historische Forschung ist somit ein Fortschritt auf dem langen und gewundenen Weg zu einem fernen Ziel: der historischen Wahrheit.

Doch ist die Grenze zwischen ihr und der wild wuchernden Verleumdung damit keineswegs abgesteckt. Auch wenn klar genug hervortritt, welchem Zweck die allenthalben zirkulierenden Skandalgeschichten dienen – nicht alles, was man sich hinter vorgehaltener Hand über diesen Papst und seine Familie erzählt, muß deshalb erfunden sein. Damit soll keineswegs einer raunenden Mysterienbildung Vorschub geleistet werden. Statt dessen geht es darum, sämtliche überlieferten Zeugnisse – darunter zahlreiche in den letzten Jahrzehnten erstmals erschlossene Dokumente – einer erneuten Befragung zu unterziehen: Was darf als gesichert gelten, was bleibt offen, was ist wenig plausibel, was offensichtlich falsch? Das klingt nach Detektivarbeit und ähnelt ihr in der Tat. Man kann, wenn man will, die Geschichte Alexanders VI. und der Borgia wie einen Kriminalroman lesen. Daran ist nichts Ehrenrühriges. Im Gegenteil: die Überprüfung von Indizien, die Betrachtung von Sachverhalten aus verschiedenen, sich oft genug widersprechenden Blickrichtungen und vor allem das Forschen nach Motiven sind ehrenwerte intellektuelle Betätigungen. Das gilt um so mehr, als sie zugleich in die Methoden der Quellenkritik und damit in die Möglichkeiten, Risiken und Grenzen der Geschichte als Wissenschaft einführen. Und diese hat mehr zu bieten als graue Theorie. Wer Alexander VI. in seinen Verhandlungen mit den Gesandten fremder Mächte und Cesare Borgia im Umgang mit seinen Feinden erlebt, wird in den Künsten der Propaganda, der Manipulation und der Täuschung gründlich unterwiesen und darf daraus den berechtigten Schluß ziehen, daß die Kluft zwischen Schein und Sein in der Politik bis heute fortbesteht. Geschichte als Lehrmeisterin des Lebens.

Bei aller Ähnlichkeit weisen die Nachforschungen zu Alexander VI. und den Seinen einen entscheidenden Unterschied zur Detektivarbeit auf. Kriminalromane enden gemeinhin damit, daß die Täter ausfindig gemacht und ihre Motive aufgedeckt werden. Im Falle des Borgia-Papstes aber bleiben viele Fragen offen. Nicht, daß es an Hypothesen, Vermutungen oder Spekulationen mangelt, doch Beweise können keineswegs immer geliefert werden. Nichtwissen, ja sogar Nicht-mehr-nachvollziehen-Können einzugestehen ist für den Historiker daher ein Gebot der Ehrlichkeit. Den Leser an diesen Versuchen, eine «harte» historische Wahrheit ans Tageslicht zu bringen, teilhaben zu lassen soll einen roten Faden dieses Buches ausmachen. Dabei werden ihm alle Freiheiten gelassen, auch zu anderen Ergebnissen zu gelangen als der die Nachforschungen leitende Autor. Dieser enthält sich jeglichen moralischen Urteils. Die Emotionen, die dennoch den Text durchziehen, sind die der beobachtenden, handelnden bzw. leidenden Zeitgenossen allein.

Ist diese Zurückhaltung nicht ein Verstoß gegen die Regeln der Korrektheit? Gebieten diese nicht den pietätvollen Ausdruck des Mitleids für die Verfolgten, Enteigneten und Ermordeten? Darauf ist dreierlei zu entgegnen. Zum einen wird der Leser um so selbstverständlicher die Partei der Opfer ergreifen, je weniger ihm diese vom Autor aufgezwungen wird. Zum anderen haben bereits die Zeitgenossen – Niccolò Machiavelli, Francesco Guicciardini und Francesco Vettori, um nur drei der Größten zu nennen – die erregenden Begebenheiten des Borgia-Pontifikats als einen Gegenstand aufgefaßt, der zum Nachdenken zwingt und in neue Ideenwelten führt. Und drittens wird die Verwunderung der Nachwelt über unsere Gegenwart vermutlich nicht geringer ausfallen als unser Staunen über Rom und das Papsttum zwischen 1492 und 1503. Dieses Staunen steht am Anfang aller Versuche, Alexander VI. und die Borgia zu verstehen.

1.

VON JÁTIVA NACH ROM (1378–1458)

Der Aufstieg des Onkels

Zweimal hat sich Alexander VI. über sein Lebensalter und seinen Geburtstag geäußert. Die erste dieser Aussagen ist in sich widersprüchlich. Der Hinweis, daß er am 1. Januar 1498 67 Jahre alt geworden sei, stimmt nicht mit der ergänzenden Feststellung überein, daß seine Geburt ins erste Regierungsjahr Papst Eugens IV. falle; dieser nämlich wurde erst am 3. März 1431 gewählt. Die zweite Bemerkung vom 31. Dezember 1502, daß er heute 71 Lebensjahre vollende, ist gleichfalls nicht eindeutig. Legt man sie so aus, daß er am darauffolgenden Tag seinen zweiundsiebzigsten Geburtstag feiert, paßt sie immerhin zur ersten Hälfte der ersten Angabe. Vermutlich wurde Rodrigo de Borja, so der Taufname des späteren Papstes, also am Neujahrstag 1431 geboren, allenfalls ein Jahr später.

So sehr dieser Papst auch die rauschenden Ballnächte liebte, seinen Geburtstag beging er nicht sehr aufwendig. Ein Pontifex maximus feierte nicht vorrangig den Austritt aus dem Mutterleib, sondern den Tag seiner Berufung zum Nachfolger Petri. Die Wahl des Heiligen Geistes, so die offizielle Auffassung, verlieh dem Auserkorenen nämlich eine zweite, höhere Existenz. Zum Zeichen dieser Verwandlung nehmen Päpste bis heute einen neuen Namen an. Zu Alexander VI. wurde Rodrigo de Borja (der seit langem seinen Taufnamen italienisch, d.h. Borgia, schrieb) am 11. August 1492. Wie er sein Leben und damit seine Regierungszeit verlängern konnte, diese Frage hat ihn nachweislich beschäftigt. So schenkte er seinen Dienern an Silvester 1502 je 30 Dukaten. Mit jedem weiteren Lebensjahr sollten fünf Dukaten dazu kommen. Und die Gegenleistung der so großzügig Beschenkten? Sie sollten dafür sorgen, daß die Geburtstagsgabe schließlich auf hundert Dukaten pro Nase anwächst. Dann wäre Alexander VI.

86 Jahre alt. Dieses Angebot läßt tief blicken. Wer von den Menschen etwas will, muß sie zu Nutznießern des eigenen Vorteils machen. Wie die Domestiken zusätzliche Lebenszeit für ihren Herrn erwirken sollten, wurde allerdings nicht gesagt. Die Antwort lautete vermutlich: durch Gebete. Zumindest wäre das die traditionelle Methode. Andere Päpste hofften auf die Fürbitte ausgewählter Armer, Alexander VI. hingegen setzte auf gesundes Profitbewußtsein.

Mit solchen Kalkulationen und dem Bemühen um eine günstige Lebenserwartung stand der Borgia-Papst keineswegs vereinzelt dar. Im Gegenteil, er erfreute sich der Gesellschaft illustrer Vorgänger und Theologen. Sie alle hatten den Widerspruch zwischen der Majestät des Papstamtes und der kurzen Dauer der meisten Pontifikate als einen Skandal angeprangert, der die Christen zum Abfall vom Glauben verleiten konnte. Körperpflege und Hygienebewußtsein gehörten daher seit langem zum Lebensstil der Päpste. Im Falle Alexanders VI. allerdings waren sich die Zeitgenossen rasch einig, daß alle Vorsorge für Gesundheit und ein langes Leben vorrangig, wenn nicht ausschließlich den Borgia, d. h. der Ausweitung und Absicherung der Familienmacht, zugute kommen sollte. Dafür sprach auch der Zeitpunkt der großzügigen Geburtstagspräsente: 1503 mußte das Jahr der Entscheidungen werden. Nur jetzt nicht sterben, hieß die Devise.

Offenbar war Alexander VI. zuversichtlich, Zeit mehr als genug, ja in Hülle und Fülle zu haben. Woher rührte dieser Optimismus eines nach den Maßstäben der Zeit bereits sehr alten Mannes? Die Zuversicht nährte sich fraglos aus der Überlieferung der Familie de Borja. Diese hegte nämlich seit vielen Generationen die Überzeugung, daß ihre eher bescheidenen Lebensumstände nicht mit ihrer vornehmen Abkunft übereinstimmten. Daraus leiteten ihre Mitglieder die Erwartung ab, eines Tages den ihnen gebührenden Rang einzunehmen. Ressentiments bzw. Hoffnungen dieser Art waren damals nichts Ungewöhnliches. Im Falle der Borgia kamen präzise Prophezeiungen hinzu, daß das Schicksal sie zu den höchsten Würden vorherbestimmt hatte. Auch solche Weissagungen nahmen viele Familien, die es bis weit nach oben geschafft hatten, für sich in Anspruch. Ja sie rechtfertigten damit ihren Erfolg als gottgewollt. Daß Alexander VI. in der Geschichte seiner Sippe die Vorsehung am Werke glaubte, überrascht nicht. Kaum eine andere Familie der Zeit hatte einen so schwindelerregend steilen Aufstieg bewältigt wie sie. Das Schicksal, so schien es, führte die Borgia aus der alten Heimat in ein neues gelobtes Land – und gleich zweimal auf den Thron Petri.

Dementsprechend ist die frühe Geschichte der Familie von Legenden überwuchert. Glaubt man dem zählebigen Hauptmythos, dann entsprangen die de Borja um das Jahr 1140 einer Seitenlinie des Herrscherhauses von Aragón. Neuere genealogische Forschungen haben diese Abstammung gründlich widerlegt. Alexander VI. aber glaubte fest an seine königlichen Wurzeln. Belege dafür sind bis heute sichtbar. In der vergoldeten Kassettendecke der Basilika S. Maria Maggiore, die der Borgia-Papst in Auftrag gab, trägt der Wappenstier seines Geschlechts die Doppelkrone der aragonesischen Könige. Und um dieselbe Zeit redete der lebende Sproß dieser Dynastie den Papst als seinen lieben Verwandten an. Ein diplomatisches Manöver, gewiß, dessen war sich Alexander VI. wohl bewußt, doch zutiefst befriedigt reagierte er trotzdem: endlich, nach so langer Zeit, die ersehnte Anerkennung!

Die Geschichte der de Borja, wie sie sich aus Kirchenbüchern und städtischen Amtslisten nachzeichnen läßt, war lange Zeit weit weniger glanzvoll, doch keineswegs obskur. Über mehrere Generationen hinweg waren die Abkömmlinge der weitverzweigten Sippe in Führungspositionen der Stadt Játiva in der Ebene von Valencia vertreten; nach den noch relativ vagen Maßstäben der Zeit durften sie sich dem niederen Adel zugehörig fühlen. Und lokale Honoratioren mit auskömmlichem Landbesitz wären sie aller Voraussicht nach auch geblieben, wenn nicht der Sproß einer weniger prestigeträchtigen Seitenlinie einen Aufstieg vollzogen hätte, welcher der Sippe als ganzer zugute kam: Al(f)onso de Borja, geboren am Silvestertag des Jahres 1378 im Dorf Canals bei Játiva, gestorben am 6. August 1458 als Papst Calixtus III. in Rom. Natürlich wurde sein Geburtstag wie der seines Neffen ein zentraler Bestandteil der Familienmythologie – nach dem Deutungsmuster: Der erste Papst des Geschlechts beendet das alte Jahr, der zweite eröffnet das neue und schließt einen neuen Bund. Nicht minder symbolträchtig beziehungsweise bedeutungshaltig war Alonsos Geburtsjahr. 1378 nämlich begann das große abendländische Schisma: die Spaltung der Kirche in zwei, ab 1409 sogar drei Päpste mit ihren jeweiligen Gefolgschaften.

Dieser heillose Zustand weckte Angst um die ewige Seligkeit: Konnte man so überhaupt noch ins Paradies gelangen? Nicht wenige Theologen antworteten auf diese Frage skeptisch bis pessimistisch. Die Aufsplitterung der ihrem Anspruch nach unteilbaren Kirche vollzog sich entlang politischer wie nationaler Trennlinien. Vor allem der Gegensatz zwischen französischen und italienischen Kardinälen ließ alle Versuche einer Wiedervereinigung scheitern und brachte das Papsttum insgesamt in Gefahr. Denn angesichts der verfahrenen Situation kamen ältere Theorien, wonach die oberste Leitungskompetenz in der Kirche dem Konzil als Forum aller Gläubigen vorbehalten war, erneut machtvoll empor. Dieser Konziliarismus wiederum spielte den weltlichen Herrschern in die Hände. Angesichts der Zerstrittenheit der Kleriker schienen sie die einzigen zu sein, denen das Werk der Wiederzusammenführung durch die Einberufung einer Kirchenversammlung gelingen konnte. Vor dem Hintergrund dieser Entwicklungen, welche die Verfügungsgewalt der Fürsten über ihre Landeskirche stärkten, beschritt der Mann aus Játiva seine lange, stufenreiche und zeittypische Laufbahn: als Jurist, als fürstlicher Rat – und als Geistlicher.

Nach dem Studium beider Rechte in Lérida nämlich entschied sich Alonso de Borja 1408 für eine Karriere in der Kirche. Sie bot strebsamen jungen Männern aus mittleren sozialen Schichten seit jeher die besten Erfolgsaussichten. Zudem waren gerade in diesen verworrenen Zeiten Spezialisten des Kirchenrechts gefragt. Ihnen traute man am ehesten zu, als Vermittler zwischen Klerikern und Laien das Schisma beizulegen. Dabei winkte reicher Lohn: Ruhm dem Herrscher, lukrative Führungspositionen dem Ratgeber bzw. Diplomaten, der hier Hand anlegte.

1411 wurde der Mann aus Játiva, dessen Reputation als Jurist stetig wuchs, zum Kanoniker der Kathedrale von Lérida ernannt. Dieses von Angehörigen des Hauptzweigs der Familie regelmäßig bekleidete Amt warf ansehnliche Erträge ab und rechtfertigte Hoffnungen auf höhere Positionen. Die innere Wende von Alonsos Lebensgeschichte aber dürfte sich bereits einige Jahre zuvor zugetragen haben. Der Dominikaner Vicente Ferrer (gest. 1419), als strenger Bußprediger weithin berühmt, nämlich verkündete gemäß der Familienüberlieferung dem jungen Kleriker, daß er einst den Thron Petri besteigen werde. Solche Prophezeiungen fehlen in kaum einer Papstvita. Daß es sich hier jedoch nicht um eine fromme Erfindung späterer Biographen, sondern um eine authentische, ja prägende Erfahrung handelt, dafür sprechen harte Fakten. Sechsunddreißig Jahre nach dem

Tode des wortgewaltigen Ordensbruders tatsächlich zum Papst gewählt, hatte Calixtus III. nichts Eiligeres zu tun, als Ferrer in die Schar der Heiligen aufnehmen zu lassen. Auch das allein mußte noch nichts heißen, schließlich galt der Dominikaner strengen kirchlichen Reformern längst als ein Erwählter des Herrn. Zudem war er ein Landsmann des Papstes, was Kanonisierungen gemeinhin beschleunigte. Doch gab es einen noch viel persönlicheren Grund für die rasche Heiligsprechung. Ihn nennt die maßgebliche Vita Ferrers aus der Feder eines Zeitgenossen:[1]

> Alonso de Borja hieß seine Getreuen schon viele Jahre, bevor er tatsächlich zum Papst gewählt wurde, guten Mutes zu sein: Er hoffe nämlich, eines Tages der römischen Kirche in eigener Person vorzustehen. Nachdem nun aber zwei oder drei Päpste gestorben waren und die Wahl anders ausfiel, verlachten ihn viele, die auf ihn gesetzt hatten, als einen lächerlichen Greis, der von unsinnigen Vorhersagen schwatze. Als er dann jedoch nach dem Tode Nikolaus V. tatsächlich den Thron Petri bestieg, waren sie dementsprechend aufs höchste verwundert und fragten ihn, aufgrund welcher Eingebung er diesen Ausgang so oft und so unerschütterlich vorhergesagt habe. Seine Entgegnung: Mir ist als Jüngling von einem durch Glauben, Frömmigkeit und Heiligkeit des Lebens in der ganzen Welt hochberühmten Mann, Vicente Ferrer aus dem Predigerorden, verkündet worden, daß ich eines Tages der Höchste aller Sterblichen sein werde und nach seinem Tode alle Menschen an Lob, Ehre und Verehrung übertreffen werde. (...). Und da ich jetzt sehe, daß mir als Geschenk Gottes tatsächlich geschehen ist, was er gesagt hat, ist mir aufgetragen, das für ihn zu tun, was er als meine ihm gegenüber zu erfüllende Aufgabe geweissagt hat. So lautet also mein Urteilsspruch, daß dieser große Mann von mir so schnell wie möglich unter die Heiligen erhoben werden soll.

Die Heiligkeit des Dominikaners erweist sich in der erfüllten Prophezeiung. Und die Heiligsprechung ist auch ein Akt der Dankabstattung. Eine Beziehung auf Gegenseitigkeit, ja eine Schicksals- und Würdigkeitsgemeinschaft wird auf diese Weise hergestellt. Alonso de Borja wird Papst, um Ferrer den ihm zustehenden Rang zu verschaffen. Ich gebe, damit du gibst: Verehrung für den Heiligen, dessen dauerhafte Protektion für den Papst und dessen Familie. Vorstellungen dynastischer Erwähltheit verdichten sich.

Kurz nach 1400 aber mutete diese Weissagung erst einmal gewagt an. Wie sollte der Weg von Lérida nach Rom führen? Als Förderer betätigte sich zunächst Benedikt XIII., einer der drei rivalisierenden Päpste der Zeit, der seinen hoffnungsvollen Landsmann unter seine Fittiche nahm. Der Wert seiner Protektion tendierte allerdings gegen Null, als ihn das Konzil von Konstanz zusammen mit seinen Konkurrenten kurzerhand absetzte, um 1417 mit Martin V. aus der römischen Hochadelsfamilie Colonna einen neuen, binnen kurzem allgemein anerkannten Pontifex maximus zu wählen. Und auch Alonso de Borja fand einen neuen, einflußreicheren Protektor: Alfonso V. (1396–1458), König von Aragón. Dieser herrschte nicht nur über die nördliche Hälfte der iberischen Halbinsel, sondern auch über die Balearen, über Korsika und Sardinien. Doch damit war der dynamische junge Monarch noch längst nicht zufrieden. Seine begehrlichen Blicke richteten sich nach Italien.

Für seine ehrgeizigen Pläne brauchte er fähige Juristen wie Alonso de Borja. Fast vier Jahrzehnte lang stellte dieser seine herausragenden juristischen Fähigkeiten rückhaltlos in den Dienst des Königs; als dessen perfektes Werkzeug fungierte er nicht zuletzt in den schwierigen Streitfällen zwischen der Krone von Aragón und dem Papsttum. Alfonso V. nämlich war nicht gesonnen, die Unterstützung Benedikts XIII., der die Absetzung durch das Konzil souverän ignorierte, sowie seines Nachfolgers Clemens' VIII. ohne weitreichende Zugeständnisse Roms einzustellen. In den darüber mit den Gesandten Martins V. geführten Verhandlungen gewann Alonso de Borja durch seinen Sachverstand auch die Anerkennung der römischen Seite.

Die des Königs war ihm ohnehin sicher. Allerdings war die Förderung, die der Mann aus Játiva von jetzt an reichlich erfuhr, alles andere als uneigennützig. Dadurch, daß er seinen Vizekanzler in kirchliche Führungspositionen schleuste, sicherte sich der Monarch den Zugriff auf einen Großteil von deren finanziellen Ressourcen. Diese Arbeitsteilung bewährte sich schon während Alonsos Administration des Bistums Mallorca aufs beste. Und diese Bereitwilligkeit, dem König zu geben, was der König verlangte, qualifiziert ihn für noch höhere Posten. 1429 wurde Alonso de Borja Bischof von Valencia und stellte damit alle von den vornehmeren Zweigen seiner Sippe jemals erzielten Erfolge in den Schatten. Natürlich war dabei wiederum die Empfehlung seines Herrn ausschlaggebend. Dessen Nominierung, der Martin V. zustimmte, aber war trotz inzwischen zwölfjähriger treuer Dienste nicht gratis. Gunst bedeutet das Privileg, sich einkaufen zu dürfen, so schreiben es die unverbrüchlichen Regeln der Klientel überall vor. Alexander VI. wird es in dieser Kunst später zur absoluten Meisterschaft bringen. Sein Onkel mußte seinem König für das Bistum Valencia ein Vermögen bezahlen.

Daß Martin V. sein Plazet gab, spiegelt eine kirchenpolitische Wende wider. Aus der Sicht des Königs hatte der Gegenpapst, der sich auf der Felsenhalbinsel Peniscola verschanzte, inzwischen seine Schuldigkeit getan. Und als ihm Alonso de Borja diese Aufkündigung der Unterstützung mitteilte, tat Clemens VIII. das einzig Vernünftige: Er gab auf. Daß die Überredungskünste des Boten den Hartnäckigen zu dieser Einsicht bewegt hätten, ist spätere Legendenbildung. Außer Frage hingegen dürfte stehen, daß Alonso als Überbringer einer kompromißlosen Botschaft durch seine juristische Kompetenz dazu beitrug, diesen Akt kurz und schmerzlos über die Bühne gehen zu lassen. Und davon war man auch in Rom angetan.

Die bewährte Interessenunion hielt auch nach 1429 an. Als Oberhirte einer der reichsten Diözesen Spaniens verschloß sich Alonso de Borja den Ersuchen der königlichen Finanzkammer um Subsidien nicht. Auch räumlich hatte seine Funktion als königlicher Rat Vorrang vor der neuen Aufgabe als Bischof; der große Jurist war bei Hofe unabkömmlich und vermehrte so die ohnehin schon beträchtliche Zahl der nicht residierenden, d. h. nicht in ihrer Diözese amtierenden Geistlichen. Als «politischer» Prälat par excellence legte Alonso de Borja gleichwohl in seiner Lebensführung eine exemplarische Strenge an den Tag. Die beiden Todsünden der Völlerei und der Wollust waren seine Sache nicht, darin stimmten selbst seine Feinde überein.

Auch die Brücke nach Italien schlug Alfonso von Aragón seinem Günstling. In den verworrenen Streitigkeiten um die überaus prestigeträchtige Krone Neapels (zu der auch Sizilien gehörte) nach mancherlei Rückschlägen dem Ziel nahe, ließ der König 1437 seinen fast sechzigjährigen Rat in den Süden der Halbinsel nachfolgen. Und zwar aus gutem Grund. Alfonso hatte zwar nach langen Kämpfen die Oberhand über seine Rivalen aus dem Haus Anjou gewonnen, doch stand ein letztes, kaum weniger schweres Gefecht noch aus: mit dem Papst, der die Lehenshoheit über das von den Normannen im Jahre 1130 glanzvoll begründete Königreich innehatte. Der regierende Pontifex maximus Eugen IV. aber war nicht bereit, die gewandelten Machtverhältnisse ohne weiteres anzuerkennen. Ein so starker König wie Alfonso mit seiner Hausmacht im Westen und im Zentrum des Mittelmeers jetzt auch auf dem Thron von Neapel: Diese Nähe weckte Umklammerungsängste und damit böse Erinnerungen an den mörderischen Kampf der Päpste gegen die Staufer im 13. Jahrhundert. War Italien nicht zu klein für einen solchen Fürsten? Würde er nicht unweigerlich eine Hegemonie anstreben, die das stets mühsam ausbalancierte Gleichgewicht zwischen den fünf Großmächten Venedig, Mailand, Florenz, Rom und eben Neapel sowie einigen mittleren Staaten wie Ferrara und Mantua und vielen Klein- und Kleinstterritorien zerstören mußte? Auch die großen Barone in Neapel und Sizilien sahen die Zukunft mit Sorge. Würde ihnen der aragonesische Monarch die weitreichende Autonomie wieder streitig machen, die sie sich als Zünglein an der Waage in den Thronkämpfen der letzten zwei Jahrhunderte erobert hatten?

So viele offene Fragen – und ein reiches Betätigungsfeld für Alonso de Borja. 1439 handelte er einen Waffenstillstand zwischen Rom und Neapel aus. Dieser kam de facto einer Neutralität Eugens IV. gleich und erlaubte es Alfonso, ungestört von päpstlichen Einmischungen die Verhandlungen mit den führenden Adelsfamilien seines neuen Königreichs zu einem erfolgreichen Abschluß zu bringen. Und auch an diesem Pakt zwischen Monarchie und Aristokratie war der kluge Jurist aus Játiva als Exekutor und Interpret des königlichen Willens wesentlich mit beteiligt. Krone und Barone handelten schließlich einen Modus vivendi aus, welcher den führenden Clans die faktische Herrschaft in ihren riesigen Lehensgebieten nicht nur garantierte, sondern durch die formelle Verleihung der höchsten Gerichtsbarkeit sogar abrundete. Auf der anderen Seite behielt sich der Monarch ausdrücklich vor, die Machtausübung des Hochadels durch eigene Amtsträger zu beaufsichtigen und gegebenenfalls Kompetenzen an sich zu ziehen. Loyalität, d. h. Wohlverhalten und Dienstbereitschaft gegenüber dem König, sollte künftig über den Rang innerhalb der stolzen Geburtselite entscheiden. Das war ein anspruchsvolles, ja kühnes Unterfangen. Daß es bis zum Tode Alfonsos im Jahre 1458 in vieler Hinsicht gelang, ist darauf zurückzuführen, daß dieser Monarch über hohe persönliche Autorität sowie leistungsfähige neue Zentralorgane für die Verwaltung und die Rechtsprechung verfügte. Zudem machte er sich mit großem Geschick die Propagandamedien der

Zeit – eindrucksvolle Bauten im antikisierenden Stil und ebensolche Texte aus der Feder berühmter Humanisten – zunutze. Bei den meisten dieser klugen Schachzüge darf man den Rat Alonso de Borjas voraussetzen. Er war es auch, der 1443 Alfonso nach dessen triumphalem Einzug in seine neue Hauptstadt bei den Verhandlungen mit dem Papst zur Seite stand. Diese fanden auf halbem Wege zwischen Rom und Neapel, in Terracina, statt und erbrachten einen Kompromiß, der beiden Seiten gleich weit entgegen kam. Eugen IV. erkannte die Rechtmäßigkeit der neuen Herrschaft an, und Alfonso entzog dem Konzil von Basel, der innerkirchlichen Opposition gegen den Papst, seine Unterstützung.

Der Zeitpunkt für den vorletzten Karrieresprung des politischen Prälaten war somit gekommen. Als Mann seines Königs erhielt er 1444 den roten Kardinalshut. Alfonso mußte den Papst dazu nicht einmal übermäßig drängen. Der strenge Jurist aus Spanien war am Tiber durchaus wohlgelitten. Bejahrt, im kurialen Apparat nicht verwurzelt und nicht sonderlich reich, stellte er für niemanden eine Bedrohung dar. Allerdings hatte der Herrscher über Neapel und Sizilien jetzt einen regen Sachwalter seiner Interessen im Senat der Kirche. Von seiner Residenz in der Nähe seiner Titelkirche Santi Quattro Coronati beim Lateran aus war Alonso de Borja, der Pflichten des Klienten gegenüber dem Patron stets eingedenk, weiterhin unermüdlich für seinen Herrn tätig, sei es bei der Vergabe von Pfründen, sei es in kirchenpolitischen Fragen.

Doch diese ungebrochene Loyalität war nur die eine Seite der Medaille. Als einer von zwanzig Kardinälen gehörte der Mann aus Játiva jetzt zur exklusiven Führungselite der Kirche. Und dieser Purpur glänzte weit über die Kurie hinaus. Einen Kardinal redeten die gekrönten Häupter dieser Welt mit «mein Cousin» an. Denn er war ein Fürst der Kirche, mächtig, doch nicht souverän. Ginge es nach den Kardinälen selbst, würde sich das bald ändern. Als Gruppe versuchten sie sich die Entscheidungshoheit in der Kirche zu sichern und den Papst zum ausführenden Organ ihres Willens herabzudrücken. Doch naturgemäß hatte und tat dieser etwas dagegen. Um die Mitte des 15. Jahrhunderts war diese Machtfrage an der Kurie noch nicht endgültig entschieden.

Lehrjahre der Macht

Für den neuen Kardinal aber war die Zeit gekommen, Dank abzustatten. Nach Gott und dem König war als nächstes die Familie an der Reihe. Und mit ihr das fördernde Umfeld der Freunde, d. h. der nützlichen Verbündeten. Wer nur sich selbst den Erfolg zuschrieb, war der schweren Sünde des Hochmuts, der superbia, dringend verdächtig. Durch sie war schon Luzifer aus dem Himmel in die Hölle gestürzt. Gegen die Anwandlungen der Selbstüberschätzung half die Tugend der pietas, die ehrfurchtsvolle Unterordnung unter die Sitte der Vorfahren und die nahtlose Anknüpfung an ihre Frömmigkeit. Konkret verpflichtete sie dazu, Blutsverwandte und Freunde, und zwar in dieser Reihenfolge, an den Segnungen des Aufstiegs teilhaben zu lassen.

Auf diese Weise rangierten zwei Neffen Alonsos ganz oben. Beide waren aus der Ehe seiner Schwester Isabel mit Don Jofre de Borja, einem Sproß des Hauptzweiges, hervorgegangen: Rodrigo, der spätere Alexander VI., sowie Pedro Luis. Von diesen wurde Rodrigo in sehr jungen Jahren zum Kleriker bestimmt. Das war die zeitübliche Karriereplanung. Mit einem Familienmitglied auf dem Bischofsstuhl von Valencia wäre es eine unverantwortliche Unterlassung, diese Laufbahn auszuschlagen. Kirchliche Spitzenpositionen ließen sich – dem Zölibatgebot gemäß – in der Regel nicht vom Vater auf den Sohn vererben, wohl aber vom Onkel auf den Neffen. Dazu bot die von minutiös ausgearbeiteten Vorschriften reglementierte Praxis der Benefizienverleihung gute Chancen. Und obwohl das Papsttum während des Schismas hier mancherlei Verluste hinnehmen mußte, wurden viele der lukrativsten Pfründen, wenngleich oft im Zusammenspiel mit den weltlichen Herrschern, weiterhin in Rom verliehen. Nach der persönlichen Berufung oder der charakterlichen Eignung für den geistlichen Stand wurde weniger gefragt. Erst das Reformkonzil von Trient (1545–1563) sollte diese individuelle Disposition zur Norm erheben.

Für den «Beruf» des jungen Rodrigo de Borja aber war der Aufstieg Alonsos entscheidend. Karrieren wie die des großen Juristen bildeten das mobile Element einer Gesellschaft, die sich speziell in Italien bereits weitgehend verfestigt hatte. Denn jeder Prälat, dem der Durchbruch an die

Spitze der Kirche gelang, zog umgehend seine Familie nach – mit dem unbändigen Streben, sie dort auf Dauer zu etablieren. Dieser Mechanismus frustrierte nicht nur die «eingeborenen» Römer, sondern verknappte auch die Ressourcen für spätere Aufsteiger. Schwere Verteilungskämpfe kündigten sich somit an. Wie so viele vor und nach ihm traf auch der Kardinal aus Játiva Vorsorge für den künftigen Rang der Seinen. Um 1449 dürfte er Rodrigo nach Rom geholt haben. Zu diesem Zeitpunkt war sein Schützling, der mit seiner Mutter nach dem Tode des Vaters bezeichnenderweise in den leerstehenden Bischofspalast von Valencia gezogen war, mit kirchlichen Ämtern und Einkünften bereits gut ausgestattet. Ansehnliche Erträge lieferte z. B. ein Kanonikat in Játiva. Daß es dort überhaupt Kanoniker gab, verdankte die kleine Stadt ihrem großen Sohn, dem Kardinal Alonso, welcher die örtliche Pfarrei zur Kollegiatskirche «befördert» hatte; auch das ist pietas. Von einer längeren diplomatischen Mission im Auftrag des Papsttums abgesehen, sollte Rodrigo de Borja, dessen Name sich allmählich zu Borgia wandelt, Italien nicht mehr verlassen. Im innersten Kreis der Familie und der Macht wird er als Papst jedoch bis zum Schluß Katalanisch sprechen und schreiben.

Spätestens 1453 betrieb der Neffe des Kardinals Rechtsstudien in Bologna. Die ersten überlieferten Zeichnungen seines Charakters sind mit großer Vorsicht aufzunehmen. Humanisten neigten dazu, aus der Antike überlieferte Gemeinplätze in elegantem Latein nachzuschreiben. Das galt um so mehr, wenn die Eigenschaften von Mächtigen und solchen, die es einst werden könnten, aufgelistet werden sollten. Und doch glaubt man in diesen Texten durch alle Brechungen hindurch Umrisse authentischer Individualität wahrzunehmen: in der Betonung physischer Stattlichkeit, im Lob schneller Auffassungsgabe und geistiger Beweglichkeit, ja Wendigkeit sowie in der Begabung für Verwaltung und Herrschaft. Alle diese Eigenschaften sollte der so Beschriebene in sechsunddreißig Kardinalats- und elf Pontifikatsjahren reichlich unter Beweis stellen. Weitere Nachrichten über diese frühen Jahre sind allerdings rar. Dazu war sein Onkel innerhalb der Kirchenspitze doch zu wenig prominent.

Diese Rolle des Außenseiters aber mußte für ein weiteres Emporkommen nicht hinderlich sein. Im Konklave schlug die Stunde der Kompromißkandidaten, wenn sich die verfeindeten Parteien nicht einigen konnten. Zu dieser Rolle qualifizierte Alonso de Borja überdies sein Alter. Andere wollten schließlich auch noch zum Zuge kommen. Zudem verursachten zu lange Pontifikate regelmäßig schwere Unruhen. Zu einseitig zum Nutzen der Nepoten und deren Klienten gestaltete sich dann die Verteilung von Macht, Einfluß und Reichtum. Mochten andere für diplomatische und kulturelle Schlagzeilen sorgen, der Kardinal von Valencia, wie man ihn jetzt nannte, wartete in Ruhe ab. Im Konklave von 1447 trat er noch kaum hervor. Aus ihm ging zur allgemeinen Überraschung der Humanist Tommaso Parentucelli als Sieger hervor, der den Namen Nikolaus V. annahm.

Unter seinem achtjährigen Pontifikat vollzogen sich in Italien tiefgreifende politische Wandlungen. 1450 bestieg mit Francesco Sforza der einzige echte Parvenü unter den weltlichen Herrschern der Halbinsel den Herzogthron von Mailand. Vorausgegangen waren lange Verhandlungen mit den führenden Adelsfamilien, die nach dem Aussterben der Visconti unter mehreren Kandidaten bezeichnenderweise den schwächsten favorisierten. Dementsprechend blieb die Herrschaft der neuen Dynastie so lange ungefährdet, wie sie sich des mit ihrer Elite geschlossenen Pakts bewußt blieb, d.h. deren Privilegien respektierte beziehungsweise erweiterte und außenpolitisch mit höchster Vorsicht agierte. Im übrigen waren Borgia und Sforza alte Bekannte. Seine Befähigung zu höheren Aufgaben hatte der neue Herzog als Führer einer Söldnerarmee in den verschlungenen neapolitanischen Thronkämpfen nachgewiesen, aus denen Alfonso von Aragón als Sieger hervorging. An fernen Horizonten zeichnete sich so eine spannungshaltige Dreierkonstellation ab: Sforza und Aragonesen, zuerst zerstritten, dann lange verbündet und schließlich Todfeinde, dazu die Päpste der Borgia, bestrebt, aus diesen Rivalitäten Kapital für eine eigene dauerhafte Hausmacht zu schlagen. Am Ende wird Alexander VI. wesentlich dazu beitragen, die eine Dynastie auf Dauer und die andere für mehr als ein Jahrzehnt von der Macht zu verdrängen.

Für Italien entscheidende Entwicklungen gingen um die Mitte des 15. Jahrhunderts auch außerhalb der Halbinsel vonstatten. Das Ende des Hundertjährigen Krieges zwischen England und Frankreich hatte eine rasche Konsolidierung der französischen Monarchie zur Folge. In Form von diplomatischer Einflußnahme wurde dieses Wiedererstarken schon ab 1460 zwischen Alpen und Ätna immer spürbarer. Mit Ausnahme eines gescheiterten Versuchs, das Haus Anjou wieder auf den neapolitanischen Thron zu setzen, aber blieben unmittelbare militärische Interventionen vorerst aus; dafür war König Ludwig XI. an anderen Fronten, vor allem im Kampf gegen Karl den Kühnen von Burgund, zu sehr gefordert.

Größeres Aufsehen als das Ende der Feindseligkeiten zwischen England und Frankreich erregte ein Ereignis im Osten. Am 29. Mai 1453 eroberte Sultan Mehmet II. Konstantinopel und löschte damit die letzten Reste des byzantinischen Reiches aus. Der Schrecken darüber trug dazu bei, daß Nikolaus V. in seinem Bemühen um politische Stabilität in Italien einen Erfolg verbuchen konnte. Durch die 1454 und 1455 in Lodi getroffenen Vereinbarungen wurden Bundesstrukturen geschaffen, die Friedenssicherung durch Interessenausgleich bewirken sollten. Dennoch blieb das vielschichtige Gefüge der zahlreichen Staaten mit seinem komplexen Geflecht sich mannigfaltig überkreuzender Schutz- und Abhängigkeitsverhältnisse auch weiterhin hochgradig störungsanfällig. Gleichgewicht konnte sich nur einstellen, wenn zumindest die fünf führenden Mächte Politik mit Augenmaß betrieben. Die Abkommen erlegten somit allen, am meisten aber dem Papsttum, Zurückhaltung auf. Verzicht auf expansiven Nepotismus, so lautete das zeitgemäße Motto. Nikolaus V. respektierte diese Regel.

Würde es sein Nachfolger genau so halten? Nach dem Tod des ersten Humanistenpapstes bezogen am 4. April 1455 zuerst vierzehn, wenig später fünfzehn Kardinäle das Konklave; nie mehr sollte die Zahl der Wähler so gering sein. Dabei waren die Italiener mit sieben Purpurträgern knapp in der Minderheit. Die zweitstärkste Gruppe stellten die Spanier, sie waren zu viert. Dennoch wurden sie weniger als Bedrohung wahrgenommen als die Franzosen, obwohl diese nur mit zwei Kirchenfürsten vertreten waren. Den wortmächtigen italienischen Humanisten galten sie als Barbaren par excellence und den italienischen Prälaten als eine Gefahr für das Papsttum: Würden sie die Kurie wieder nach Avignon zurück führen, wo sie zwischen 1309 und 1377 zum Schaden der Ewigen Stadt angesiedelt war? Aber nicht nur solche Bedenken und der frühe Nationalismus gestalteten die Kür des neuen Pontifex maximus schwierig. Wie seit langem üblich, spiegelte sich die Feindschaft zwischen den Colonna und den Orsini in den Parteibildungen des Konklaves wider. Diese beiden Adelsclans dominierten seit dem 13. Jahrhundert mit ihren ausgedehnten, de facto weitgehend autonomen

Lehensherrschaften nicht nur das römische Umland, sondern auch das Grenzgebiet zu Neapel und nicht zuletzt die Ewige Stadt selbst. Im Konklave stellten sie jeweils einen Kardinal, der die Gefolgschaft der Familie um sich scharte. Da beide Seiten annähernd gleich stark waren, ließen sich die jeweiligen Favoriten nicht durchsetzen. Die Suche nach einem Kompromißkandidaten wurde daher unvermeidlich. Als solcher bot sich Kardinal Bessarion durch seine hohe philologische sowie theologische Bildung und seinen vorbildlichen Lebenswandel an. Doch machte sich rasch eine xenophobe oder genauer: graecophobe Stimmung bemerkbar. Ein Grieche als Papst? War die Union der orthodoxen mit der katholischen Kirche nicht allein durch den Zwang der Umstände, d. h. durch den drohenden Fall Konstantinopels, zustande gekommen? Konnte man der Rechtgläubigkeit dieses «fremden» Kirchenfürsten wirklich sicher sein?

In dieser Hinsicht war Alonso de Borja gänzlich unverdächtig. Mehr noch: als Spanier verkörperte er die reconquista, den Glaubenskampf gegen die «Mauren». In der hochgradig angespannten Situation des Konklaves unter räumlich beengten Verhältnissen mochte die Rückbesinnung auf diese uralten und nach 1453 zugleich aktuellen Motive eine Rolle spielen. Ausschlaggebend war jedoch, daß mit der Erhebung des Mannes aus Játiva das Patt aufgehoben und die Entscheidung darüber, wie sich die Machtsituation in Rom langfristig entwickelte, einstweilen aufgeschoben wurde. Von einem siebenundsiebzigjährigen Papst erwartete man keine Weichenstellungen. So ergriffen die Orsini die Gelegenheit, den Kandidaten König Alfonsos tatkräftig zu unterstützen und auf diese Weise in Neapel Bonuspunkte zu gewinnen. Ein so hochbetagter und charakterlich gefestigter Pontifex schien zudem die beste Gewähr dafür zu bieten, den steilen Aufstieg aus der Gruppe der eben noch Gleichen zur apostolischen Vollgewalt ohne allzu irritierende Veränderungen seines Wesens zu bewältigen. Darin nämlich lag das eigentliche Risiko jeder Papstwahl: Wie berechenbar blieb ein Kandidat nach der Erhebung? Sittenstrenge und Geradlinigkeit des Kardinals von Valencia sollten doch wohl – so kalkulierten seine Wähler – vor unliebsamen Überraschungen schützen.

So wurde am 8. April 1455 die Weissagung Vicente Ferrers erfüllt und Alonso de Borja als Calixtus III. auf den Thron Petri erhoben. Wie alle wußten, war er ein Mann mit Familie. Mit anderen Worten: potentielle

Nepoten waren im Überfluß vorhanden. Daß die Wähler darin kein Hindernis sahen, dürfte damit zusammenhängen, daß das Problem Nepotismus als weitgehend gelöst galt, und zwar durch die selbst auferlegte Mäßigung der Päpste ebenso wie durch den gelinden Druck der Kardinäle. Beides hatte dazu beigetragen, daß die zwei letzten Pontifikate in dieser Hinsicht nicht unangenehm aufgefallen waren. Der neugewählte Papst durfte einen Neffen zum Kardinal machen und seinen engsten Verwandten, falls nötig, zu einem gehobenen Lebensstil verhelfen. So lauteten die verbindlichen Dezenzregeln, die auf einen zwar aristokratischen, doch keinesfalls fürstlichen oder gar herrscherlichen Rang der Nepoten hinausliefen. Verglichen mit dem ebenso abenteuerlichen wie chaotischen «Gießkannen»-Nepotismus eines Bonifaz' IX. (1389–1404), der seinen zahlreichen neapolitanischen Verwandten halb Latium sowie Pfründen in Hülle und Fülle übertrug, war das ein Fortschritt. Wie unverbrüchlich diese Standards galten, mußte sich allerdings noch zeigen.

So richteten sich jetzt alle Augen auf den alten Mann aus Játiva und seine jungen Neffen. Aus der Sicht der rigorosen Moralisten, für die ein Papst keine leiblichen, sondern nur spirituelle Verwandte hatte, und zwar überall dort, wo Verdienst und Würdigkeit herrschten, stellte sich anfangs eine positive Überraschung ein. Denn zunächst tat sich in Sachen Familienförderung wenig. Rodrigo Borgia und sein Vetter Luis Juan de Mila bekamen zwar einige lukrative Benefizien übertragen, hielten sich jedoch weiterhin zum Rechtsstudium in Bologna auf. Doch die Freude der zelanti, der engagierten Reformer, sollte nicht von Dauer sein. Ein doppelter Paukenschlag im Februar 1456 machte alle Hoffnungen auf eine weitere Zurückdrängung des Nepotismus zunichte. Schlimmer noch: mit der gleichzeitigen Erhebung Rodrigos und Luis Juan de Milas zu Kardinälen war die wichtigste Regel der noch jungen Selbstbeschränkung durchbrochen. Zudem waren diese zwei roten Hüte erst der Anfang. Calixtus III. hatte es jetzt eilig mit der Erhöhung seiner Familie. Wahrscheinlich befürchtete er, schon zu lange gewartet zu haben. Offenbar waren die Skrupel, die einer intensiven Förderung seiner Blutsverwandten zu Beginn entgegenstanden, jetzt definitiv ausgeräumt. Wie dieser Gesinnungswandel zustande kam, läßt sich nur vermuten: durch Einflüsterungen von Ratgebern, die eigene Interessen verfolgten, aber wohl auch durch die Bitten oder Forderungen der Nepoten selbst.

Diese konnten sich jetzt nicht mehr über die Zurückhaltung des Oheims beklagen. Der – wie schnell erkennbar – energischere und durchsetzungsfähigere der beiden neuen Purpurträger, Rodrigo, wurde 1457 Vizekanzler und erhielt damit den nach dem Papstamt wichtigsten und einträglichsten Posten an der Kurie. Die damit verbundenen Aufgaben bestanden darin, die aus der ganzen Christenheit nach Rom strömenden Gesuche um die Gewährung von Gnaden zu bearbeiten. Dabei behielt sich der Papst selbst nur die Fälle zur eigenen Entscheidung vor, die weite politische Kreise zogen; doch richtete er sich auch bei diesen causes célèbres in der Regel nach der Voreinschätzung seines Vizekanzlers. Diesem kam damit eine Schlüsselposition zu. Denn die geistliche Gerichtsbarkeit war keineswegs nur für Streitfälle innerhalb des Klerus, sondern für große Teile des Familien- und Eherechts zuständig. Und die Kanonisten hatten in diesem sensiblen Bereich eine Fülle von Hindernissen, Beschränkungen und Verboten konstruiert, die nach Ausnahmegenehmigungen geradezu verlangten. Der Bedarf an Gnaden, d.h. Dispensen, die von diesen komplizierten Regeln entbanden, war also immens. Mit anderen Worten: Im Palast des Vizekanzlers liefen Fäden zusammen, mittels derer sich Verbindungen zu den Großen dieser Erde knüpfen ließen. Eine Erlaubnis, trotz zu naher Verwandtschaft zu heiraten, die Legitimierung unehelicher Kinder, die Lossprechung von lästigen Gelöbnissen – all das war nützliche Gegenleistungen wert. Und nicht zuletzt gewann der Vizekanzler tiefe Einblicke in unschöne Geheimnisse, welche die Mächtigen nicht publik gemacht sehen mochten. Eine weitere Steigerung von Rodrigos Rang und Einnahmen brachte die Ernennung zum Bischof von Valencia mit sich. Und zu den hohen geistlichen Ämtern gesellte sich bald auch eine weltliche Führungsposition. Calixtus III. nämlich ernannte seinen vielseitig begabten Neffen kurzerhand zum Feldhauptmann der päpstlichen Truppen in Italien. Ein Kardinal als General: daran nahmen viele Anstoß. Ärgernis erregte auch die Fülle der Ämter, die auf den weltlichen Nepoten Pedro Luis niederregneten. Er erhielt zahlreiche Statthalterschaften im Kirchenstaat und zudem das Kastellanat der Engelsburg. Dadurch befehligte er die uneinnehmbare römische Stadtfestung: eine Absicherung für Krisenzeiten. Vor allem aber gewann Pedro Luis, der zum Stammhalter einer hochadeligen Borgia-Dynastie ausersehen war, die Lehen, welche die römischen Barone verloren. Vor allem den Orsini wurde zu diesem Zweck Kastell um Kastell mit den dazugehörigen Rechten der Jurisdiktion, Besteuerung und Truppenaushebung entrissen. Ihre Erbitterung war um so größer, als sich Kardinal Orsini, der Papstmacher, Belohnungen statt Enteignungen ausgerechnet hatte.

Calixtus schlug zwar die Orsini, doch er wollte mindestens ebensosehr deren Patron, König Alfonso, treffen. Sein Verhältnis zu Neapel nämlich hatte sich rapide verschlechtert. Das Ansinnen des Monarchen, ihm wie bisher kirchenpolitisch zu willfahren, d. h. genehme Kandidaten für Bistümer zu ernennen und seinen Protégés lukrative Pfründen zu verleihen, wies der Papst als Zumutung zurück; für solche Kaplansdienste stehe er nicht mehr zur Verfügung. Es kam so weit, daß er Alfonso die Gefälligkeiten verweigerte, welche er den Mitgliedern seiner Familie in aufreizender Fülle gewährte. Divergenzen in der großen Politik verschärften den Streit. Calixtus glaubte in der hinhaltenden Taktik Neapels ein Haupthindernis für die Verwirklichung seines großen Plans, die Zurückdrängung der Osmanen, zu erkennen. So war die Eskalation unaufhaltsam. Im Herbst 1457 drohte der König dem Papst mit Konzil und Absetzung, der Papst dem König mit dem Entzug der Belehnung. Und wie in einer effektvollen Inszenierung trat einer der beiden Protagonisten auf dem Höhepunkt des Konflikts plötzlich von der Bühne ab: Alfonso V., auch der «Großmütige» genannt, starb am 27. Juni 1458. Sein greiser Gegner aber schritt jetzt zur Tat. Er verbot Ferrante, dem unehelichen Sohn und designiertem Nachfolger Alfonsos für das festländische Süditalien, den Königstitel zu führen, hob den Treueeid von dessen Untertanen auf und unterstellte das Königreich als heimgefallenes Lehen der Kirche. Doch sollte die Herrschaft nicht seinen Nachfolgern, sondern seiner Familie zufallen.

Gleichzeitig nämlich bestimmte der Papst Pedro Luis zum Oberbefehlshaber der Truppen, die den unvermeidlich gewordenen Krieg gegen Neapel führen sollten. Darüber hinaus übertrug er seinem Neffen das Vikariat von Benevent und Terracina, das der verstorbene Monarch innegehabt hatte. Dem Buchstaben nach regierte der Nepot diese römischen Exklaven im Königreich Neapel als – wie der Titel sagt – Stellvertreter des Papstes; aller Erfahrung nach aber wurden diese Vikariate schnell zu de facto weitgehend autonomen Herrschaften. Wie schon die drastische Verschlechterung der Beziehungen zu den Orsini zeigte auch diese Verleihung an, was die Borgia wirklich im Visier hatten: den Thron von Neapel.

Damit ist ein Crescendo der Begehrlichkeiten und zugleich ein Wendepunkt der Papstgeschichte bezeichnet. Im Sommer 1458 beginnt die Phase des territorialen Nepotismus. Von jetzt an werden immer mehr Päpste immer risikofreudiger ein immer größeres und unabhängigeres Territorium als Familienstaat zu erobern versuchen und dadurch die politische Landschaft Italiens in schwere Turbulenzen stürzen. Daß ein Papst nicht bleiben konnte, was er als Kardinal war, nämlich ein treuer Diener seines Herrn, war für die Zeitgenossen eine Selbstverständlichkeit. Mit anderen Worten: Calixtus' Recht, die Beziehungen zu Neapel auf eine neue Grundlage zu stellen, wurde von niemandem bestritten. Daß er als Vater aller Christen dem hohen Anspruch des Amtes gemäß auch – sofern im Interesse der Kirche notwendig – den König, seinen alten Patron, in die Schranken weisen durfte, stand gleichfalls außer Frage. Doch ein so abrupter Abbruch aller Bindungen, eine so rüde Aufkündigung aller Loyalitäten wie im Juli 1458, als der Papst Ferrante jegliche Unterstützung entzog, verletzte nicht nur das Gerechtigkeits-, sondern auch das politische Anstandsgefühl. So etwas tat man einfach nicht. Das war nicht nur ein Verstoß gegen alle Normen der pietas, sondern auch gegen den Geist von Lodi. Zudem sah man darin einen befremdlichen Akt des Hochmuts: Wer waren denn die Borgia, um sich an die Stelle des Königshauses von Aragón zu setzen?

Ansprüche, so hoch aufzusteigen, mußten dem konservativen Klima der Zeit gemäß sorgfältig begründet werden. Nepotismus von dieser Intensität bedurfte also einer ideologischen Untermauerung. Diese zeichnet sich in Form eines Geflechts rechtfertigender Motive ab, die ab der Mitte des 15. Jahrhunderts klarere Umrisse gewinnen; in derselben Zeit konkretisieren sich die Argumente der Gegner. Die damit ein weiteres Mal heftig entfachte Debatte darüber, ob und in welchen Grenzen die Päpste ihre Verwandten begünstigen dürfen, zieht sich durch die nächsten drei Jahrhunderte. Was maximal erlaubt, besser zu unterlassen oder ganz verpönt ist, darüber wird man sich an der Kurie niemals einig. Selbst wenn sich über Jahrzehnte hinweg Standards oder sogar Normen herausbilden und diese von eigens zu diesem Zweck berufenen Kommissionen moraltheologisch abgesegnet werden – allgemein akzeptiert sind diese meist sehr großzügig formulierten Richtlinien nie. Die Stimme der Bestreitung schweigt nicht. In Sachen Nepotismus schlägt das Herz des Papsttums unruhig, oft hektisch.

Als wichtigsten Grund dafür, daß ein regierender Pontifex mindestens einen Blutsverwandten an seiner Seite benötigte, führten die Befürworter beziehungsweise Lobredner des Nepotismus den periodischen Herrschaftswechsel im System Rom ins Feld. Ein neugewählter Papst – so ihre Argumentation – sah sich mit einem schwer überschaubaren, anonymen, nicht selten feindlich eingestellten kurialen Apparat konfrontiert. Um sich diesem gegenüber zu behaupten, bedurfte er der ergebenen, ja bis zur Selbstaufgabe loyalen Erfüllungsgehilfen seines souveränen Willens. Und wo, wenn nicht unter seinen engsten Verwandten, sollte er solche treuen Diener finden? Blut ist dicker als Wasser, diese Erklärung leuchtete selbst dem kleinen Mann auf der Straße ein. Bei genauerer Betrachtung des komplexen Funktionsgefüges im Vatikan aber stellt sich diese Begründung als geschickt konstruierte Propaganda dar; gerade durch den Appell an die Lebenserfahrung aller Schichten verdeckt sie die wahren Antriebe des Nepotismus. Diese aber bestehen darin, die dauerhafte Größe der Familie herbeizuführen, soweit sie unter den Bedingungen menschlicher Hinfälligkeit und Sterblichkeit erreichbar sein kann.

Von einer amtsbezogenen Herrschaftsfunktion des Nepotismus kann schon deshalb keine Rede sein, weil dieser in der Ausprägung, wie sie sich 1458 abzeichnet, die Rechte der Kirche und ihres Staates entscheidend schwächt: sei es durch Ausgliederung ganzer Territorien wie im Falle von Benevent und Terracina, sei es durch die erwiesene Inkompetenz der meisten Papstverwandten in Sachen Militär und Verwaltung, sei es durch deren Eigeninteressen. Gerade sie absorbierten, wie die Krise im letzten Sommer Calixtus' III. zeigte, in höchstem Maße die Ressourcen und Energien des Papsttums. Und politisch ohne Alternativen, wie die Nepotismusverherrlichung glauben machen will, war die Berufung von Verwandten in höchste Ämter gleichfalls nicht. Die Päpste selbst lieferten den schlagenden Gegenbeweis. Immer dann, wenn heikle diplomatische Missionen anstanden oder anderweitig authentische Fachkompetenz gefragt war, beauftragten sie mit der Problemlösung Karriereprälaten, die mit ihnen weder verwandt noch verschwägert waren. Diese waren zum einen als treue Gefolgsleute ausgewiesen und zum anderen durch Ausbildung oder Erfahrung für die ihrer harrenden anspruchsvollen Aufgaben qualifiziert. Und noch einen entscheidenden weiteren Vorzug wiesen diese Technokraten der

Macht auf: Anstatt wie die Nepoten lästige Ansprüche zu stellen, waren sie zur permanenten Bewährung verurteilt. Gerade die beiden Borgiapäpste konnten auf ein reiches Reservoir solcher Fachleute der Verwaltung und der Herrschaftsausübung zurückgreifen; nicht zufällig sprachen diese Experten fast ausnahmslos Katalanisch. Sinn des Nepotismus aber ist der Nepotismus; mit anderen Worten: Familienförderung ist Selbstzweck. Nepotistische Päpste – und das sind bis zum Ende des 17. Jahrhunderts von denen, die länger regieren, alle bis auf zwei – haben daher in der Regel zweierlei, das Amt und das Emporkommen ihrer Familie, im Sinn und damit zwei Seelen in einer Brust. Alexander VI. wird sie auf seine Weise verschmelzen.

Was aber trieb die Borgia 1458 an, sich als Königstürzer zu versuchen? Dieses immens gesteigerte Selbstbewußtsein konnte keine Nepotismusideologie allein liefern. Dazu waren stärkere Anstöße nötig – und verborgenere. Völlig geheim bleiben sie jedoch nicht. Für einen Wimpernschlag öffnet sich ein Spalt, durch den die wahre Selbsteinschätzung Calixtus' III. aufscheint. Das Haus Aragon, so der Papst im erregten Gespräch, habe den Borgia seit jeher den verdienten Rang streitig gemacht, doch würden die Kräfte der Vorsehung diese perfiden Machenschaften durchkreuzen. Originalton seines Neffen vierzig Jahre später: die Borgia sind von Gott durch Fruchtbarkeit gesegnet, die spanischen Könige hingegen durch das Abbrechen ihres Stammbaums gestraft. Hinter beiden im Affekt gemachten Äußerungen zeichnet sich eine Vorstellung ab, die so kühn ist, daß man sie ansonsten nur in der verschlüsselten Sprache der Bilder oder literarischer Texte ausdrücken kann: Die Wahl zum Papst heiligt nicht nur das Individuum, sondern die Familie als ganze.

2.

AUF DER SUCHE NACH DER VERLORENEN MACHT (1458–1492)

Nepotendämmerung und neuer Morgen

Die Realität verweigerte sich einstweilen solchen Träumen. Ende Juli 1458, als der Feldzug gegen Neapel unmittelbar bevorstand, ließen die Kräfte Calixtus' III. plötzlich nach. Und die Borgia mußten erkennen, daß ihre eben noch so unerschütterliche Herrschaft vom immer dünneren Lebensfaden des Papstes abhing. Während dieser volle vierzehn Tage lang mit dem Tode rang, löste sich ihre Macht von selbst auf. Ihre Anweisungen wurden nicht mehr ausgeführt, Gelder waren unauffindbar, neue Autoritäten traten auf den Plan. Vor allem das Kardinalskollegium verkehrte mit den Noch-Nepoten im Befehlston. Pedro Luis fügte sich und lieferte die Engelsburg aus. Des einen Leid, des anderen Freud. Nicht nur König Ferrante in Neapel, auch der Orsini-Clan witterte Morgenluft und trat rachedurstig zur Rückgewinnung der verlorenen Kastelle an. Auf Widerstand stießen die Barone kaum. Und in Rom machte jeder, der ein Messer hatte, Jagd auf alles, was Katalanisch sprach.

In der Krise schied sich die Spreu vom Weizen. Der in guten Tagen so stolze Pedro Luis Borgia floh Hals über Kopf, verkleidet und auf abenteuerlichen Umwegen aus Rom nach Ostia. Doch die bestellte Galeere hatte ohne ihn abgelegt, so daß der Nepot mit einer Nußschale nach Civitavecchia weiterfahren mußte. Dort ging er kurz darauf elendiglich an Fieber zugrunde. Kardinal Rodrigo aber floh nicht. Er wachte am Totenbett des Onkels, als es mit diesem am 6. August 1458 zu Ende ging. Er durfte sich durch sein hohes geistliches Amt einigermaßen geschützt fühlen, auch wenn das die aufgepeitschten römischen Massen nicht davon abhielt, seinen Palast zu plündern. Abwarten und die Erinnerung pflegen, so lautete jetzt die

Devise. Denn es gab ja noch die andere Seele in der Brust des jetzt verstorbenen Papstes. Calixtus III. nämlich hatte sich wie kaum ein anderer Herrscher Europas rückhaltlos – und zwar nicht nur verbal, sondern mit Taten und unter schweren finanziellen Opfern – für den Abwehrkampf gegen das unaufhaltsam vorrückende Osmanische Reich engagiert. Speziell dem Albaner Skanderbeg, dem Bollwerk auf dem Balkan, hatte er in kritischen Momenten den Rücken gestärkt. In dieser Hinsicht hatte der Papst aus Spanien die in ihn gesetzten Erwartungen mehr als erfüllt. Mochte man Pedro Luis getrost die nepotistischen Verfehlungen des Pontifikats ankreiden – dem Toten tat es ja keinen Schaden mehr –, Kardinal Rodrigo hingegen durfte sich als die rechte Hand desjenigen Papstes preisen lassen, der den Schutzschild der Christenheit gestützt hatte. Diese Taktik der Selbstdarstellung half dem jungen Kardinal nicht nur zu überleben, sondern bald auch zu expandieren, d. h. seine Stellung an der Kurie systematisch auszubauen.

Die Macht war verloren, die Rückgewinnung der Macht hatte begonnen. Zumindest die materielle Ausgangsposition dafür war ausgezeichnet. Denn zusammen mit dem Kardinalat behielt Rodrigo Borgia seine Ämter, sofern sie ihm auf Lebenszeit verliehen worden waren. Und das waren die Juwelen seiner Sammlung: das Bistum Valencia, das jetzt nachgerade als zur Familie gehörig betrachtet wurde, sowie der Posten des Vizekanzlers, der in Zeiten ständig steigenden Bedarfs an Dispensen immer höhere Erträge abwarf. Das Gebot der Stunde lautete jetzt also, das finanzielle Guthaben in soziales Kapital umzumünzen – auf daß es reichlich Zins und Zinseszins in Form nützlicher Beziehungen abwerfen mochte. Eine Strategie der ruhigen Hand und des langen Atems war gefragt. Denn nach den Haßausbrüchen gegen alles Katalanische war mit einem zweiten Borgiapontifikat in näherer Zukunft nicht zu rechnen.

In der Zwischenzeit mußte sich zudem klären, wohin das Papsttum steuerte: zu den strengen, den moderaten oder den lockeren Regeln in Lebensstil und Herrschaftspraxis. Jede Richtung hatte ihre eloquenten Befürworter. Wofür Kardinal Rodrigo einstand, war niemandem zweifelhaft. Wie es schon bald nach dem Tode Calixtus' III. um sein Image bestellt war, dafür legt ein Brief des neuen Papstes Pius II. eindrucksvolles Zeugnis ab. Dieser war als Enea Silvio Piccolomini in Siena geboren und einer der berühmtesten Humanisten seiner Zeit. Abgefaßt ist die Epistel vom 11. Juni 1460 an Rodrigo Borgia im elegantesten Latein. Doch im Ton ist sie streng. Pius II. redet zum jungen Kirchenfürsten wie ein zürnender Vater zum ungehorsamen Sohn. Sein Vorwurf: bei einem Gartenfest der Hautevolee in Siena habe sich der heißblütige Spanier als Galan zum Narren gemacht, nämlich einer Angebeteten Blumen und Früchte überreicht und auch sonst mancherlei verliebtes Schmachten an den Tag gelegt. Durch dieses Verhalten, ja schon durch die Anwesenheit bei einer solchen Lustbarkeit unter den Augen der Öffentlichkeit habe Rodrigo dem Ansehen der Kirche schweren Schaden zugefügt. Darüber hinaus werden mit unerreichter sprachlicher Meisterschaft noch sehr viel laszivere Vorkommnisse suggeriert.

Auf diesen Tadel reagierte der Gemaßregelte mit Abwiegeln. Bei aller Tändelei sei es doch züchtig zugegangen. Und im übrigen gelobte er Besserung. Aussagekräftiger als für das tatsächliche Geschehen ist der Brief für den Ruf des Kardinals, der schon damals eindeutig war. Bezeichnend ist das Schreiben zum anderen für den Gesinnungswandel Pius' II., der vor seinem Eintritt in den geistlichen Stand erotische Novellen verfaßt, illegitimen Nachwuchs gezeugt und gegen die erzwungene Ehelosigkeit der Priester gewettert hatte. Drittens spiegelt der Text einen tiefen Normenkonflikt an der Kurie, ja in der Kirche insgesamt wider: Wie schwerwiegend beziehungsweise läßlich sind Verstöße von Klerikern gegen das Gebot sexueller Abstinenz? Und schließlich macht die indignierte Reaktion des Pontifex maximus deutlich, worin die gröbste Un(ge)schicklichkeit des Getadelten bestand: sich bei der Übertretung von Regeln zusehen zu lassen. Dezenz geht über alles.

Darin spiegeln sich adelige und humanistische Werte zugleich wider. Der Piccolomini-Papst nämlich entstammte einer der ältesten und vornehmsten Adelsfamilien der Toskana. Seine Vorfahren hatten in der seit 1125 bestehenden Stadtrepublik Siena, die über ein ausgedehntes Landgebiet (contado) gebot, von Beginn an führende Ämter und im Umland zahlreiche Lehensherrschaften inne. Wie nicht wenige seiner Generationsgenossen hatte sich der gelehrte Aristokrat aus Siena zuerst auf der Seite des Basler Konzils und für dessen Ansprüche auf Oberhoheit über die Gesamtkirche stark gemacht, um danach seine herausragenden diplomatischen Fähigkeiten in den Dienst der Gegenseite, d. h. des Papsttums, zu stellen. Und auch mit der Feder verfocht er dessen Interessen. Kurz zuvor zum Kardinal erhoben, zeichnete Piccolomini 1457/58 in seiner Schrift über Deutschland wirtschaftlich und kulturell blühende Landschaften. Dieses Florieren – so die Tendenz der hochpolitischen «Landeskunde» – verdankten die tumben Hinterwäldler dem veredelnden Einfluß Italiens und speziell Roms. Anstatt sich über die angebliche finanzielle Aussaugung und Mißwirtschaft des Papsttums zu beklagen, sollten die Deutschen diesem daher Dank und Ehrfurcht erweisen.

Ungeachtet aller Ermahnungen durfte sich Kardinal Rodrigo Borgia durch das Vorgehen des neuen Papsts in mancher Hinsicht ermutigt fühlen. Denn dieser praktizierte Nepotismus kaum weniger intensiv als sein Vorgänger. Seine Neffen wurden großzügig mit feudalen Titeln und Herrschaften – darunter sogar ein Vikariat – ausgestattet. Darüber hinaus betrieb Pius II. einen Personenkult, der selbst den gesteigerten Medieneinsatz der nord- und mittelitalienischen Höfe übertraf. Er ließ nämlich in seinem bescheidenen Heimatdorf Corsignano eine Bischofskirche sowie prächtige Paläste bauen und taufte diese neue Modellstadt nach seinem Papstnamen «Pienza». Durchdrungen von der Überzeugung, daß ihn die Vorsehung zur höchsten Würde vorherbestimmt hatte, zeigte sich der Pontifex auch in seinen Commentarii, in denen er die Ereignisse der jüngsten Vergangenheit mit wohldosierter Herablassung für die übrigen Herrscher Italiens beschrieb und seine eigene Regierung verherrlichte. Über den beiden Päpsten gemeinsamen Glauben an das Schicksal hinaus sahen die Zeitgenossen eine weitere Parallele zu Calixtus III. darin, daß auch Pius II. mit aller Kraft den Kreuzzug gegen die Osmanen zustande zu bringen versuchte.

Und doch bedeutete das scheinbar Gleiche in beiden Pontifikaten etwas anderes. Zum einen respektierte Pius II. Grenzen. Er verheiratete zwar nach einem von jetzt an üblichen strategischen Muster einen seiner Nepoten mit einer Prinzessin aus dem neapolitanischen Königshaus, doch blieben dabei – nicht zuletzt durch die illegitime Abkunft der Braut – die Unterschiede zwischen Rang und Status beider Seiten gewahrt. Zudem verfolgte die Verehelichung ausschließlich den Zweck, diesem Zweig der Familie Piccolomini zusätzliches feudales Prestige zu verschaffen; an ein so dubioses Unternehmen wie die Eroberung des Throns von Neapel wurde kein Gedanke verschwendet. Vor allem aber kamen diese Rangerhöhungen einer Sippe zugute, deren adeliges Renommee in Italien außer Frage stand. Und schließlich wurde die Prunkarchitektur Pienzas durch eine spezifisch humanistische Theorie gerechtfertigt. Sie besagte, daß die breite Masse religiöse Heilswahrheiten nur akzeptiert, wenn sie in Bildern und Bauten anschaulich versinnbildlicht werden, d. h. das Auge zu beeindrucken vermögen. Eine Rückkehr zu urkirchlicher Schlichtheit war daher ausgeschlossen. Eine Reform der Kirche, wie sie Pius II. vorschwebte, unterdrückte Mißstände, schränkte übertriebenen Aufwand ein und schrieb verbindliche Dezenzregeln vor. Und sie setzte sichtbare Prioritäten. Deren oberste lautete: Die Daseinsberechtigung des Papsttums ist die Förderung von Religion und Moral, nicht die Ausweitung weltlicher Herrschaft mit politischen oder gar militärischen Mitteln. So unverzichtbar diese staatliche Machtbasis auch zur Behauptung der Unabhängigkeit und Überparteilichkeit der Petrusnachfolger sein mochte, sichtbarer Selbstzweck durfte sie nicht werden. Wurde Religion unverhohlen zum reinen Herrschaftsmittel, war die Glaubwürdigkeit des Papstamtes irreparabel beschädigt. Diese verlangte statt dessen nach vorbildlicher Lebensführung, ja sogar nach Buße und Reinigung. Von solchen Ideen der Läuterung tief durchdrungen, setzte der sterbenskranke Piccolomini-Papst am Ende ein Zeichen. Im Sommer 1464 ließ er sich nach Ancona tragen, um dort die Kreuzzugsflotte zu erwarten. Kurz darauf starb der Pontifex maximus, wie auch der Kreuzzug selbst, den allein er am Leben gehalten hatte. Doch seine Grundsätze waren damit nicht tot. Er vererbte sie seinem Neffen, dem Kardinal Francesco Todeschini Piccolomini. Viereinhalb Jahrzehnte lang wird dieser an derselben Kurie wie Rodrigo Borgia tätig sein, doch mit anderen Idealen, ja als personifiziertes Bild einer anderen Kirche: mahnend, warnend und am Ende immer häufiger von Rom abwesend.

Zu Lebzeiten Pius' II. aber herrschte noch überwiegend Harmonie zwischen der regierenden Sippe und dem spanischen Kardinal. Darüber darf der strenge Brief nicht hinwegtäuschen. Zum einen scheint er bei aller Indignation auch echte Anteilnahme auszudrücken. Zum anderen war der Piccolomini-Papst, ein klassischer Seiteneinsteiger der Kurie, seinem Wähler aus Játiva zu Gegenleistungen verpflichtet. Und so stand dieser dem ehernen Grundsatz der Dankabstattung entsprechend überwiegend auf der Sonnenseite des Pontifikats. Nicht nur, daß Pius während der «Katalanenverfolgung» seine schützende Hand über ihn hielt, auch Rodrigos Pfründenbesitz verzeichnete unter dessen sechsjähriger Regierung eindrucksvolle Zugewinne; von diesen ist vor allem das ertragreiche spanische Bistum Cartagena zu nennen.

Für diese Protektion wiederum revanchierte sich der Begünstigte so, wie es der subtile Regelkodex der Kurie vorschrieb. Er mehrte den Ruhm seines Förderers, und zwar durch reale und symbolische Präsenzen. So begleitete er den Papst auf der Reise zum Fürstenkongreß nach Mantua, der bereits das große Ziel der Befriedung der Christenheit als Voraussetzung für den zu führenden Kreuzzug verfolgte. Und als es mit diesem Ernst zu werden schien, war der Kardinal von Valencia im Sommer 1464 mit einer selbst finanzierten Galeere zur Stelle. Die Botschaft der spektakulären Rüstungsmaßnahme wurde umgehend verstanden: Hier präsentierte sich ein junger Kirchenfürst, der seinen Reichtum der Sache der Religion angedeihen ließ. Und noch eine andere kostspielige Investition zeigte Rodrigo Borgia an der Seite des Papstes. Er trug die Kosten für den prächtigen Palast in Pienza, der später – nach der Borgiadämmerung von 1503 – als Bischofssitz dienen sollte.

Doch waren die für prestigeträchtige Selbstdarstellung verfügbaren Ressourcen des Kardinals damit keineswegs erschöpft. Vor allem der Bau seiner römischen Residenz verlangte nach seiner ungeteilten Aufmerksamkeit. Ein solches Domizil – so die humanistische Theorie des «erhaben Wohnens» – sollte die Eigenschaften des vorbildlichen Kirchenfürsten versinnbildlichen, also durch Großartigkeit und Großzügigkeit beeindrucken, aber auch hohen sittlichen Ernst, unerschütterliches Pflichtgefühl und kultivierte Lebensart widerspiegeln. Das waren keine geringen Anforderungen an ein Haus aus Stein. Und dabei war die anspruchsvollste Aufgabe noch nicht einmal angesprochen: Die aufwendigsten der Kardinalspaläste, die in Rom ab der Mitte des 15. Jahrhunderts emporwuchsen, waren gemauerte Anwartschaften auf den Thron Petri. Das galt auch für den Palazzo Borgia (der heute vielfach umgestaltet als Palazzo Sforza Cesarini am Corso Vittorio Emanuele gelegen ist). Wie der Bauherr die humanistischen Vorgaben interpretierte, geht aus der ausführlichen Beschreibung hervor, die ein hochgestellter Besucher im Jahre 1484 von den fertigen Prunkgemächern lieferte.

Selbst diesem, einem Mann von Welt, verschlug die Opulenz der Ausstattung den Atem. Welch ein Gespür für die sinnlichen Wirkungen raffiniert schwellender Drapierung, welch erlesene Feinabstimmung von kostbarem Mobiliar und edlen Stoffen! An den Wänden noble Gobelins mit Historienszenen, dazu ein schmales Ankleidezimmer mit feinsten Tapisserien; überall Teppiche Ton in Ton mit der Möblierung, darunter ein mit rotem Satin ausgeschlagenes Prunkbett nebst Himmel sowie eine Kommode mit kostbarem Gold- und Silbergeschirr; dahinter zwei weitere Zimmer, im einen noch ein Himmelbett, mit Samt aus Alexandria garniert, im anderen eine Couch mit Goldbezug, daneben ein Tisch und Stühle, kunstvoll geschnitzt.

Die schwelgerische Interieurbeschreibung atmet Sinnlichkeit. So viele wollüstig dargebotene Bettstätten! Natürlich wußte der Berichterstatter, der frisch ernannte Kardinal Ascanio Sforza, wie viele Kinder in ihnen gezeugt worden waren. Und auch Neid, ja die Begierde, alle diese Herrlichkeiten selbst zu besitzen, schwingt in Sforzas Text mit. Sie sollte bald erfüllt werden. Der Kommentar Pius' II. zum unfertigen Bau im Jahr 1462 hingegen war doppeldeutig, ja geradezu ein zweischneidiges Kompliment: ein neues Goldenes Haus, so lautete sein erstaunter Ausruf. Das erste dieses Namens hatte Kaiser Nero, der Wüstling und Christenverfolger, gebaut ...

Am Palast und seinem Besitzer schieden sich auch weiterhin die Geister. Fromme Kirchenfürsten monierten ein Übermaß an Pracht als Ausdruck der Selbstverherrlichung. Ihr negatives Fazit: anstelle ostentativer Frömmigkeit purer Hedonismus, kaum Kult der Antike, keine Nachweise klassischer Bildung, statt dessen überquellender Luxus allerorten. Für viele jüngere Prälaten auf dem Sprung nach oben aber wurde eben dieser Lebensstil und sein Protagonist, Kardinal Rodrigo Borgia, zum erfolgversprechenden Modell der eigenen Karriereplanung.

Im Konklave von 1464 mußte sich dieser jedoch noch gedulden. Ja ein einziges Mal spielte der Kardinal von Valencia, krank aus Ancona nach Rom zurück geeilt, bei der Wahl des neuen Pontifex maximus keine tragende Rolle. Der Gekürte, Kardinal Pietro Barbo, war denn auch weder sein Freund noch sein Feind. Und doch durfte Rodrigo Borgia seine Aspirationen bestätigt sehen. Denn der neue Papst war der vierte Nachfolger seines Onkels Eugen IV. Das war ein Präzedenzfall: Nepoten konnten also selbst die Tiara erlangen. Moralische Bedenken, die einer solchen Wiederholung entgegenstehen mochten, durften als ausgeräumt gelten. Und noch etwas mußte ehrgeizige Prälaten wie Rodrigo ermutigen. Der neue Papst war mit 47 Lebensjahren erfreulich jung; von lebensbedrohlichen Gebrechen war zudem nichts bekannt.

Paul II., wie sich der Barbo-Papst nannte, regierte sieben Jahre. Über Rodrigo Borgia sind aus dieser Zeit auffallend wenig Nachrichten überliefert. Das liegt zum einen daran, daß er nicht zum engsten Kreis der päpstlichen Vertrauten zählte. Zum anderen war der Pontifikat insgesamt wenig spektakulär. Paul II. verfeindete sich als Folge von Stellen- und Privilegienstreichungen mit einflußreichen Humanisten wie Platina, die nach seinem Tod giftige Nachrufe auf ihn schrieben. Dieser Abbau von Posten spiegelte das Bestreben wider, den Einfluß von Laien an der Kurie zurückzudrängen; mehr als ein schüchterner Ansatz der Reform wurde daraus jedoch nicht. Ansonsten erhob Paul II. zwar drei Verwandte zu Kardinälen, räumte den Familieninteressen jedoch keinen sonderlich hohen Stellenwert ein. Darüber hinaus widmete er sich hingebungsvoll seiner Sammlung antiker Gemmen und Juwelen. Aufregende Ereignisse oder gar einschneidende Neuerungen aber blieben zwischen 1464 und 1471 aus. Rodrigo Borgia erhielt 1468 das Bistum Albano und bei dieser Gelegenheit wohl auch die Priesterweihe. Dessen ungeachtet gestaltete sich sein Privatleben bewegt. Doch noch trat er damit nicht an die Öffentlichkeit. Denn bislang war nicht eindeutig abzuschätzen, wie die Kurie auf solche Enthüllungen reagieren würde. Die nächste Papstwahl mußte die Entscheidung bringen.

Wendejahre des Papsttums

Als es mit Paul II. in der Sommerhitze des Jahres 1471 zu Ende ging, stand Rom am Scheideweg: Welche der konkurrierenden Vorstellungen von Kirche und Kurie würde sich durchsetzen? Als das Ergebnis des Konklaves am 9. August verkündet wurde, schien die Fraktion der konservativen Erneuerer allen Grund zum Jubel zu haben. Denn gewählt wurde mit Francesco Maria della Rovere, der den Papstnamen Sixtus IV. annahm, der General der Franziskaner, also ein Ordensmann, von dem man eine Kurskorrektur, ja eine neue Orientierung an pastoralen Leitwerten erwartete. Doch die Reformer täuschten sich gründlich. Obwohl als gelehrter Theologe renommiert, erwies sich Sixtus IV. wie kaum ein Pontifex vor ihm als ein Papst für seine Familie. Die veränderte Ausrichtung war völlig im Sinne Kardinal Rodrigo Borgias, der dem neuen Papst tatkräftige Wahlhilfe geleistet hatte und jetzt mit mancherlei Gefälligkeiten rechnen durfte.

Neu am Della-Rovere-Pontifikat waren nicht die Methoden der Geldbeschaffung, die Art und Weise der Elitenrekrutierung und die Strategien des Nepotismus an sich. Im Gegenteil, hier gab es ausnahmslos Präzedenzfälle. Doch ist in all diesen Bereichen eine Intensivierung der Aktivitäten, eine Beschleunigung des Rhythmus und nicht zuletzt ein Wegfall von Hemmungen und Rücksichtnahmen, mit anderen Worten: ein qualitativer Wandel zu konstatieren, der über rein quantitative Veränderungen hinausging. Diese Anspannung aller Kräfte kam von Anfang an in hohem Maße den Papstverwandten zugute, deren Interessen in der zweiten Hälfte des Pontifikats die Ausrichtung der päpstlichen Politik vollständig bestimmen. So sehr dieser neuartige Großnepotismus auch die Staatenlandschaft Italiens durcheinanderwirbelte, für die innerkuriale Opposition war ein auf den ersten Blick weniger spektakuläres Phänomen mindestens ebenso besorgniserregend. Nicht nur, daß Sixtus IV. sukzessive sechs Familienkardinäle ernannte und dadurch ältere Normen mit Füßen trat. Auch die übrigen roten Hüte wurden jetzt ganz überwiegend nach politischen Nützlichkeitserwägungen vergeben. Damit aber gewann nicht nur die Klientel der Della Rovere im Senat der Kirche eine bedenkliche Stärke, sondern das Kardinalskollegium insgesamt nahm eine neue, für die wertkonservativen Reformer bedenkliche, ja zunehmend unheimliche Gestalt an. Die Purpurträger, die allmählich die römische Szene beherrschten, hatten für diese Würde Vorleistungen erbracht, d.h. soziales und politisches Kapital investiert, das umgehend Früchte tragen sollte, und zwar für ihre eigene Familie und deren Gefolgschaft. Sixtus IV. selbst machte es vor.

Im Vatikan hielt der Kardinalnepot Pietro Riario mit einem Prunk Hof, der den Römern den Atem verschlug. Gewiß darf man dem Senatsschreiber Stefano Infessura nicht alles glauben, was ihm der stetig wachsende Groll in die Feder diktierte. Doch soviel dieser Römer vom alten Schrot und Korn, dem die ganze Richtung nicht behagte, auch hemmungslos erdichtete und erfand – die üppigen Menüs, die er anklagend verzeichnete, wurden bei den rauschenden Festen der Nepoten tatsächlich aufgetischt. Und die Jahreseinkünfte Pietros sowie des zweiten Hauptnepoten, Kardinal Giuliano della Roveres, wuchsen nachweislich in astronomische Höhen. Für den Stammhalter der künftigen Fürstendynastie, Girolamo Riario, schließlich betrieb Sixtus IV. eine Politik des unkalkulierbaren Risikos. Ihr Ziel: ein Familienstaat. Die Beute bestand zunächst aus den Städten Imola und Forlì nebst Umland in der Romagna. In diese Strategie fügte sich auch die Gattin nahtlos ein, die der Papst seinem Nepoten aussuchte: Caterina Sforza aus der Familie des Herzogs von Mailand. Um diese erste Etappe des Familienaufstiegs zu sichern, ließ sich Sixtus IV. 1478 auf die aufsehenerregendste Verschwörung der Renaissance ein. Er billigte den Plan, Lorenzo de' Medici und seinen Bruder Giuliano, die Girolamos Interessen im Weg standen, im Dom von Florenz zu ermorden. Und zwar während der Ostermesse. Das war Religion als Herrschaftsmittel in einer neuen, brutalen Dimension. Als Giuliano den Dolchen der gedungenen Mörder erlag, Lorenzo aber überlebte und sich grausam rächte, geriet einer der Nepoten, Kardinal Raffaele Sansoni Riario, in Lebensgefahr. Er war höchstpersönlich an den Arno gezogen, um die Opfer in Sicherheit zu wiegen. Und der Krieg, der auf das Komplott folgte, war nicht der letzte dieser Art.

Gegen Ende seiner Regierung nämlich schwenkte Sixtus IV. in die Bahnen Calixtus' III. ein. Seine begehrlichen Blicke richteten sich jetzt auf Neapel. Um für diese Eroberung die Unterstützung Venedigs zu gewinnen, bot der Papst der Markusrepublik das reiche Ferrara als Lohn an. Mit anderen Worten: er offerierte Güter der Kirche als Preis für eine Nepotenkrone. Schon einige Jahre zuvor hatte der Papst anläßlich einer Nepotenhochzeit das Städtchen Sora aus dem Territorium des Kirchenstaats herausgelöst und dem König von Neapel übertragen, der dieses daraufhin dem Papstverwandten als Lehen verlieh. Die Begründung für diese Minderung kirchlicher Rechte fiel ebenso kurz wie denkwürdig aus: Sora sei dem Papsttum nie von Nutzen, sondern immer nur eine Last gewesen. So ließ sich jetzt vieles rechtfertigen.

Wie schon 1458 kam auch unter Sixtus IV. die geplante Vertreibung der Aragonesen aus Neapel nicht zustande. Kardinal Rodrigo Borgia dürfte diesen Fehlschlag mit Befriedigung, den Pontifikat als ganzen hingegen als lebendiges Anschauungsmaterial betrachtet haben. Als auskömmlich begüterte Kleinbürger der genuesischen Untertanenstadt Savona rangierten die Della Rovere und Riario ihrer Herkunft nach deutlich unter den Borgia. Und dennoch griffen sie ohne Skrupel oder Scham nach einer Königskrone. Was konnte sie dazu ermächtigen, wenn nicht die tief verinnerlichte Überzeugung, durch die Kür des Heiligen Geistes kollektiv geadelt und damit den vornehmsten Fürsten Italiens mindestens ebenbürtig zu sein? Dieses Erwähltheitsbewußtsein schlug sich auch im Rollenverständnis der Nepoten nieder. Nicht nur, daß Kardinal Pietro Riario bis zu seinem frühen Tod 1474 als eine Art Kronprinz mit den Mächtigen dieser Welt von gleich zu gleich verkehrte und sie in Sachen Glanz und Aufwand womöglich noch übertraf. Auch Giuliano della Rovere agierte auf diplomatischer Bühne, mit und ohne Anweisung des Papstes, so selbstgewiß, als sei er für solche Aufgaben geboren. Rom, die Stadt der unbegrenzten Möglichkeiten – durch die Erhebung des Onkels zum Papst konnte man im Handumdrehen vom Sohn eines Gemüsekrämers zum Fürsten aufsteigen und umgehend so tun, als sei einem dieser Rang in die Wiege gelegt worden! Und noch eine Lektion lernte Rodrigo Borgia. Wer seiner Familie auf Dauer einen Platz an der Sonne der Macht verschaffen wollte, mußte es geschickter anstellen als Calixtus III. und Sixtus IV. Dazu waren stärkere Verbündete und vor allem mehr Zeit vonnöten.

Und mehr Geld. Wenn jetzt so viel käuflich wurde, mußte man mitbieten und gegebenenfalls zugreifen können. So baute Kardinal Rodrigo sein Ämter- und Pfründenimperium weiter aus. Als Wahlgeschenk hatte er sich von Sixtus IV. die Abtei S. Scolastica di Subiaco östlich von Rom ausbedungen. Nicht, daß die neue Würde als Abt dieses uralten und hochberühmten Klosters den Mann aus Játiva zu einem Leben in Keuschheit und Demut verpflichtet hätte. Im Gegenteil: wie immer mehr reiche Abteien in Italien und Frankreich war auch Subiaco eine Kommende. Deren Einkünfte flossen an den Kommendatar, d. h. Rodrigo Borgia, der dafür den Mönchen Fürsorge und Schutz schuldete. De facto wurde S. Scolastica jedoch nicht anders behandelt als der Eigenbesitz des Kardinals. Die Jurisdiktionsrechte der Abtei über zweiundzwanzig befestigte Orte im Kirchenstaat wie im Königreich Neapel verhalfen ihm zu einer Schlüsselposition in diesem Gebiet. Und in der kühlen Höhenluft der Burg verbrachte die Familie Borgia sorglose Sommertage. Rodrigos geostrategische Planungen richteten sich darüber hinaus auf die nördlichen Zufahrtswege in die Ewige

Stadt. Auch hier erwarb der Kardinal wichtige Faustpfänder, nämlich die Lehen Nepi und Civita Castellana, die aufgrund ihrer militärischen und politischen Bedeutung zuvor der direkten Verwaltung der Kirche unterstanden hatten und unter der Hoheit der Borgia die turbulenteste Phase ihrer langen Geschichte erleben sollten.

Auch nützliche Fäden nach außen ließen sich unter der Regierung eines so wohlgesonnenen und gleichgesinnten Papstes wie Sixtus IV. reichlich knüpfen. 1472 reiste der Kardinal Borgia als Legat, d. h. als bevollmächtigter Stellvertreter des Pontifex maximus, nach Spanien. Offiziell sollte er dort die Könige von Aragón und Kastilien für den geplanten Kreuzzug gewinnen. Doch darüber hinaus war dem spanischen Kirchenfürsten eine viel heiklere Mission übertragen worden. Schon 1469 hatte die kastilische Thronfolgerin Isabella den aragonesischen Kronprinzen Ferdinand geheiratet. Allerdings war diese Verbindung in römischen Augen ungültig, stand ihr doch die zu nahe Verwandtschaft der Ehegatten im Wege. Zudem war diese Union in beiden Königreichen umstritten. Um das erste Hindernis auszuräumen, hatte Sixtus IV. eine Dispensbulle ausgefertigt, um von dieser je nach politischer Lage so günstigen Gebrauch wie möglich zu machen. Was den politischen Widerstand betraf, so war der Kardinal auf sein Verhandlungsgeschick angewiesen. Und dieses bewährte sich hervorragend. Auch aus seiner persönlichen Sicht war die Dienstreise in die alte Heimat ein voller Erfolg. Er machte bei Hofe eine glänzende Figur, ja er fiel dem künftigen Herrscherpaar Isabella und Ferdinand angenehm auf, was sich schon bald auszahlen sollte. Aber nicht nur bei den gekrönten Häuptern machte der Vizekanzler der Kirche Furore. Um seinen feierlichen Einzug in Valencia, der Hauptstadt seiner lukrativsten Diözese, prunkvoll feiern zu können, hatte er hohe Kredite aufgenommen; für diese Prachtentfaltung reichten selbst seine hohen laufenden Einnahmen nicht aus. Die Verschuldung lohnte sich. Die kleinen Leute sollten noch ihren Enkeln von diesem Spektakel erzählen: so viele noble Reiter, so prachtvolle Kostüme, so laute Musik. Und auch die Menschenfischerei, die der Kirchenfürst in seiner Heimat betrieb, wurde durch diesen glanzvollen Auftritt entschieden gefördert. Hoffnungsvolle Jungkleriker aus gutem Hause liefen seiner Gefolgschaft scharenweise zu. Borgias Förderung versprach beste Karriereaussichten in Rom.

Doch dort kamen die meisten der neuen Klienten nie an. Die Galeeren des Kardinals gerieten auf der Rückfahrt vor der toskanischen Küste in einen verheerenden Sturm. Nur er selbst und wenige Vertraute retteten das nackte Leben. Auch 30 000 Dukaten aus seinen spanischen Benefizien gingen unter. Dafür erwiesen sich die in Spanien geknüpften Beziehungen als haltbar. Das war ein Glück für Rodrigo Borgia. Denn sein Verhältnis zu Giuliano della Rovere, der immer mehr zur beherrschenden Figur des Pontifikats wurde und eine immer eigenständigere Politik, notfalls auch gegen die Absichten Sixtus' IV., betrieb, verschlechterte sich rapide. Und diese Feindschaft sollte Bestand haben. In späteren Jahren sollte sie schwere Turbulenzen der europäischen Politik verursachen. Schon jetzt aber polarisierte sie das Kollegium der Kardinäle. Wer für den einen war, war gegen den anderen; neutral zu bleiben, wurde immer schwieriger. Und als der Pontifikat sich seinem Ende näherte, waren beide Parteiführer davon überzeugt, daß nur für einen von ihnen Platz am Tiber war. In diesem Konkurrenzkampf setzte Rodrigo Borgia auf gute Beziehungen zu den Medici, zu Mailand und zu Neapel. Zusätzlich aufgeheizt wurde die Lage, als Sixtus IV. einen erbitterten Krieg gegen die Colonna begann und auf dem Höhepunkt dieser Auseinandersetzungen im August 1484 starb.

In der Sommerhitze dieses Jahres ist Rom ein Hexenkessel. Mit bangen Gefühlen sehen dem Konklave nicht nur die Kardinäle, die in der Fieberglut um ihre Gesundheit fürchten, sondern auch die meisten Römer entgegen. Sie befürchten die Plagen, die sich oft während der Sedisvakanz, der herrscherlosen Zeit, einstellen: Plünderungen, Bürgerkrieg, mit einem Wort: Anarchie. Doch diesmal geht alles schnell und glatt. Kaum begonnen, ist die Papstkür auch schon vorbei. Ganze drei Tage brauchen die Purpurträger, um am 29. August der neugierigen Öffentlichkeit den neuen Pontifex maximus zu präsentieren: Innozenz VIII., geboren als Giovanni Battista Cibo in Genua, bekannt als Kardinal von Molfetta. Doch bekannt ist er nicht wirklich. Giovanni Battista wer? Die Menge auf dem Vorplatz von St. Peter gafft und staunt. Und ausnahmsweise sind sich alle, ob Groß oder Klein, einig: Gewählt ist nicht nur der unbekannteste, sondern auch der unauffälligste aller Kardinäle. Nicht wenige sagen sogar: der unbedeutendste. Was ist geschehen?

Zunächst einmal hatte sich die Zahl der Wahlberechtigten auf zweiunddreißig erhöht. Diese Zunahme war kein Zufall, sondern Teil einer ausgeklügelten Strategie Sixtus' IV. Je häufiger der rote Hut vergeben wurde, um so weniger Einfluß kam dem einzelnen Kirchenfürsten zu. Und um so leichter sollten sie sich alle zusammen kontrollieren und zähmen lassen, so lautete sein Kalkül. Auf diese Weise wurde der Senat der Kirche zudem immer italienischer. Von den zehn «Fremden» (je vier Spanier und Franzosen sowie ein Portugiese und ein Engländer) waren sechs durch die räumliche Entfernung an der Papstwahl verhindert, so daß die Italiener rein numerisch eine klare Mehrheit besaßen. Ein Ausländer hatte also nur Chancen, wenn er als ausreichend «italianisiert» galt. Nach fast drei Jahrzehnten der «Einbürgerung» und vielen sorgfältig proklamierten Bekenntnissen zur «italianità», zur Kulturgröße und politischen Selbstbestimmung seines Gastlandes, durfte Rodrigo Borgia darauf hoffen, als dazugehörig zu gelten.

Was hatte der Mann aus Játiva, der 1476 zum Dekan des Kardinalskollegiums aufgestiegen war, sonst noch in die Waagschale zu werfen? Stolze 35 000 Dukaten Jahreseinkommen wogen ohne Frage schwer. Dafür konnte man sich viel kaufen. Schon 1472 zählte der Haushalt des Kardinals von Valencia fast 300 Personen, darunter 139 Kleriker. Ein so glanzvoller Hof wie der von Ferrara war gerade einmal doppelt so groß. Im Augenblick der Papstwahl aber gewannen die vielen Ämter, Bistümer und übrigen Benefizien unversehens einen neuen Stellenwert. Denn jeder neu erhobene Pontifex maximus hatte seine sämtlichen geistlichen Einkommensquellen abzutreten, um mit leeren Händen den Thron Petri zu besteigen. Dieser Akt des rituellen Verzichts aber ließ sich ausgezeichnet in Wahlgeschenke oder -versprechen umfunktionieren: Gibst du mir Deine Stimme, erhältst du meine Pfründe. Dennoch war die Ausgangsposition Rodrigo Borgias nicht die beste. Der Anführer der Gegenpartei, Giuliano della Rovere, nämlich durfte auf mindestens zehn ergebene Anhänger zählen. Hielt diese Gruppe zusammen, besaß sie das für eine Blockade nötige Quorum. Nach der gültigen Wahlordnung von 1179 waren zur Erhebung eines Papstes zwei Drittel der Stimmen erforderlich; im August 1484 waren das siebzehn Wahlzettel. Zwischen den Fronten, doch näher bei Della Rovere als bei Borgia, standen die vier venezianischen Kardinäle Barbo, Michiel, Foscari und Zeno. Ihre Chancen, selbst Papst zu werden, waren nach zwei venezianischen Päpsten im letzten halben Jahrhundert eher gering. Das lag am

Druck, den die Republik auf ihre Kirchenfürsten ausübte. Sie sollten auch als Kardinäle vorrangig den Interessen ihres Heimatstaates dienen. Ob sie diese Priorität respektierten oder nicht, der Ruf der Wählbarkeit war dadurch ruiniert. Es sei denn, es fand sich ein starker Protektor.

Für die einflußreichsten Vertreter der Gegenkirche, die Kardinäle Todeschini Piccolomini und Carafa, ergab sich daraus ein Dilemma. Sie favorisierten nämlich die Kandidatur des Kardinals Barbo. Dieser war in ihren Kreisen seiner spirituellen und intellektuellen Qualitäten wegen hochgeachtet. Er trat mit aller Entschiedenheit dafür ein, wieder strengere Regeln für das Verhalten der hohen Prälaten einzuschärfen und deren Auswahl nach den Kriterien des pastoralen Eifers, der Bildung und Sittlichkeit vorzunehmen. Entsprechend unbeliebt war Barbo bei den jüngeren Kardinälen mit einer eher hedonistischen Lebenseinstellung. Und auch der unentschiedene Rest des Kollegiums zögerte angesichts seiner Kandidatur. Daß Giuliano della Rovere nicht in eigener Sache agitieren würde, war absehbar. Die Familie Sixtus' IV. hatte nach dreizehnjähriger Regierungszeit zu viele Feinde, vom fatalen Eindruck der Erblichkeit des Papstamtes ganz zu schweigen. Alle rechneten daher damit, daß der Nepot einen besonders ergebenen Gefolgsmann begünstigen würde, um hinter dessen Rücken weiter zu herrschen. Gerade das aber war Barbo nicht. Rodrigo Borgia hingegen kämpfte für sich selbst. Sein Motto lautete: Schluß mit der Herrschaft der Della Rovere und Riario über die Kurie! Diese Parole entbehrte nicht der Zugkraft. Doch dem, der sie verkündete, wurde nicht das nötige Vertrauen entgegengebracht. Hinter seinem Rücken tauschten die Verbündeten in Mailand und Neapel Nachrichten über seine geringe Zuverlässigkeit aus. Der florentinische Botschafter brachte dieses zweifelhafte Image in einer Depesche an Lorenzo de' Medici auf den Punkt: Der Nepot Calixtus' III. werde die Welt korrumpieren, sei es mit Geld, mit Pfründen oder Ämtern. Dessen ungeachtet schlossen Ascanio Sforza und Raffaele Sansoni Riario mit ihm ein Zweckbündnis zur Abwehr der gemeinsamen Feinde.

Die doppelte Abneigung vieler Kardinäle gegen den Reformrigorismus Barbos und den unberechenbaren Kardinal Borgia machte sich Giuliano della Rovere schließlich zunutze, um die Gegenseite auszumanövrieren. Diese versuchte ihrerseits, einen Wunschkandidaten Ludovico Sforzas, des Herren von Mailand, ins Spiel bringen und nach dessen vorhersehbarer

Zurückweisung alles auf die Borgia-Karte zu setzen. Doch ihr Gegner handelte schneller und entschlossener. Bei den nächsten Wahlgängen unterstützte er – so hatte es zumindest den Anschein – Barbo ohne Wenn und Aber. Auf diese Weise erhielt der Reformkardinal so viele Stimmen (je nach Quelle zehn, elf oder zwölf), daß seine Wahl in den Bereich des Möglichen rückte. Allen, die dadurch etwas zu verlieren hatten, fuhr jetzt der Schreck in die Glieder. Später sollten sie sich fragen, ob Della Rovere mit der Kandidatur Barbos wirklich Ernst gemacht hätte. Die Antwort lautet aus heutiger Sicht: wahrscheinlich nicht. Im Streß des Konklaves aber reichte es schon aus, daß man seine Erhebung nicht mehr ausschließen konnte. Die Gruppe um Borgia, Sforza und Sansoni Riario befand sich jetzt in der Defensive. Um den Nepoten Sixtus' IV. von der verhängnisvollen Vorliebe für den venezianischen Reformkardinal abzubringen, mußte sie dessen zweite Wahl, Giovanni Battiasta Cibo, akzeptieren. Als treuer Gefolgsmann der Della Rovere war er in Wirklichkeit deren Wunschnachfolger. Selbst Ascanio Sforza sprach sich jetzt gezwungenermaßen für diesen Kompromiß aus. Die von Rodrigo Borgia in letzter Minute lancierte Kandidatur eines Landsmanns, des Kardinals von Gerona, nahm niemand mehr für bare Münze. Als am 28. August 1484 die Sonne unterging, waren die Stimmen für Cibo zusammengebracht. Abgegeben waren sie jedoch noch nicht.

Zuvor war eine Frage von entscheidender Bedeutung zu klären: Wer bekommt was? Die Nacht der Wahlgeschenke brach an; sie wurde bewegt und bewegend zugleich, zumindest für die meisten. Was sich jetzt abspielte, hat der zornige Traditionalist Infessura in einer unvergeßlichen Szene ausgemalt. Mit Ausnahme einiger erlesener Bosheiten dürfte sie der Wahrheit nahekommen. Seiner Schilderung zufolge standen die Kardinäle vor der Konklavezelle des künftigen Papstes Schlange. Sie trugen Cibo Wünsche vor, die er nicht abschlagen konnte – es sei denn, er wollte seine Erhebung in letzter Minute noch gefährden. Doch das war nicht dessen Absicht. In Ermangelung eines Stuhls saß, so Infessura, der künftige Pontifex maximus auf dem nackten Boden, die Beine übereinandergeschlagen, und signierte einen «Gnadenerweis» nach dem anderen. Ganz vorne in dieser Reihe stand Rodrigo Borgia. Der Verlierer der Wahl war nicht gesonnen, zum Verlierer des Pontifikats zu werden. Immerhin hatte er dem neuen Papst, der den Namen Innozenz VIII. annahm, noch etwas Wertvolles zu verkaufen: den Verzicht auf Obstruktion und Opposition.

Zuerst sicherte er das Erreichte: die Herrschaft über Nepi und Civita Castellana sowie die von Calixtus III. verliehene facultas testandi, das Recht, per Testament über seinen Besitz frei zu verfügen. Wenn der Kardinal Borgia jetzt das Zeitliche segnete, hatten seine Verwandten ausgesorgt. Das war beruhigend zu wissen, doch der Kirchenfürst dachte weder daran zu sterben noch auch nur an den unweigerlich näher rückenden Tod. Der Wille zur Macht beherrschte statt dessen seine weiteren Planungen. Alle Kräfte sammeln für den nächsten, den wahrscheinlich letzten Versuch, so lautete seine Devise unter dem Cibo-Pontifikat. Und Innozenz VIII. war nicht der Mann, um dem mächtigen Vizekanzler Wünsche abzuschlagen. Borgia warf ein Auge auf das Lehen Soriano nördlich von Rom – und bekam es. Die Bistümer Mallorca und Eger würden seine Sammlung ertragreicher Diözesen in idealer Weise vervollständigen – sein Begehr war dem Papst Befehl. Selbst das reiche Erzbistum Sevilla schien ihm sicher. Doch hier hatte das spanische Königspaar Isabella von Kastilien und Ferdinand von Aragón ein entscheidendes Wort mitzureden. Und es sagte nein. Denn hier kamen die Interessen der Krone beherrschend ins Spiel. Nach langem und hartem Streit wurde schließlich ein Kompromiß ausgehandelt. Statt Sevillas erhielt der Kardinal das Herzogtum Gandía im Gebiet von Valencia. Natürlich bekam er diese stolze Adelsherrschaft aus vierzehn Baronien und einem Marquesat nicht umsonst. Der Gnadenerweis bestand darin, daß er das Lehen kaufen durfte. Obwohl die Majestäten dem Kardinal beim Preis entgegenkamen, war dennoch eine stolze Summe fällig. Der Neffe Calixtus' III. konnte sie aus Ersparnissen bzw. laufenden Einnahmen bezahlen. Ihn lockte nicht nur die Rendite aus feudalen Abgaben, sondern vor allem das Sozialprestige. Der Träger dieses feudalen Titels gehörte zur spanischen Hocharistokratie, d. h. zu den Kreisen, denen sich die Borgia ihrer Abstammung nach seit jeher zugehörig fühlten.

Die Familie des Kardinals

Erster Duque de Gandía wurde am 20. Dezember 1485 Pedro Luis Borgia, laut Legitimierungsurkunde Sixtus' IV. vom 5. November 1481 der Sohn des Kardinal Rodrigo; die Mutter findet in diesem Dokument keine Erwähnung. Ungenannt bleibt gleichfalls das Geburtsdatum des Herzogs; plausible Datierungen schwanken zwischen 1458 und 1462, fallen also in die Zeit von Pius' Mahnbrief. Mindestens ebenso aufschlußreich ist der Zeitpunkt, zu dem der Kirchenfürst der Öffentlichkeit seine Familienverhältnisse offenbarte. Hatte er unter Paul II. noch gezögert, so bestand nach zehn Jahren Della-Rovere-Pontifikat kein Grund für Hemmungen mehr. Der Zeitgeist hatte sich gründlich gewandelt; so viele jüngere Kardinäle hatten eine feste Mätresse und Kinder. Ob diese vor oder nach dem Eintritt in den geistlichen Stand gezeugt wurden, solche kleinen, aber feinen Unterschiede verschwammen jetzt im Klima des Laisser-faire.

Zu verheimlichen gab es ohnehin nicht mehr viel. Rodrigo Borgias Liebe zu den Frauen und seine Wirkung auf sie waren längst sprichwörtlich in der Männergesellschaft der Kurie. Wie der Magnet auf die Eisenspäne, so umschrieb ein römischer Humanist seine Anziehungskraft auf das schöne Geschlecht. Bewundernde bzw. neidische Untertöne waren unüberhörbar. Doch verquickte sich die erotische Abenteuerlust, die Alexander VI. bis ins achte Lebensjahrzehnt erhalten blieb, von Anfang an mit konsequenter Dynastieplanung. Der Kardinal von Valencia pflanzte sich nicht nur biologisch fort, sondern gab auch seinen Namen weiter. Ja er wollte, obwohl Kleriker, eine Familie gründen. Zu seinen Lebzeiten sollte sie um ihn geschart, nach seinem Tode auf Dauer in den Rängen der höchsten Aristokratie verwurzelt sein. Die dieser Planung zugrundeliegende Logik ist bestechend einfach. Wenn die Führungspositionen der Kirche überall in Europa ganz überwiegend den Geburtseliten vorbehalten waren, dann erschien es nur konsequent, adelige Werte zur Richtschnur der klerikalen Elite zu erheben. Und was war dem echten Aristokraten wichtiger als das Weiterwachsen seines Stammbaums? Rodrigo Borgia war keineswegs der einzige, der so dachte. Die Debatten über das Für und Wider der priesterlichen Ehelosigkeit wurden an der Kurie lebhaft und kontrovers geführt. Nur in einem

Abb. 3 Innocenzo Francucci da Imola (ca. 1490–ca. 1550), Porträt einer vornehmen Dame (Rom, Galleria Borghese). Nach alter und glaubwürdiger Tradition stellt das Bild Vannozza Cattanei (1442–1518), die langjährige Mätresse Alexanders VI. und Mutter seiner berühmtesten Kinder, dar. Dabei handelt es sich um ein Werk der memoria, das die Erinnerung an die Verstorbene lebendig halten soll und sie deshalb in der Blüte ihrer Jahre zeigt. Bedeutsam in diesem Zusammenhang ist das doppelte Korallenarmband am rechten Handgelenk: Korallen galten als Abwehrmittel gegen den bösen Blick und speziell gegen üble Nachrede. In diesem Fall vergebens: gegen den schlechten Ruf der Borgia vermochte auch diese Ehrenrettung in Farben am Ende wenig auszurichten.

Punkt, den schon Pius II. in seiner Mahnepistel hervorhob, waren sich strenge und laxe Kardinäle einig: Wenn schon sündigen, dann bitte mit Stil. Das hieß: ohne Aufsehen zu erregen.

Genau diese Regel übertrat Rodrigo Borgia durch die Anerkennung seiner Vaterschaften vor einem öffentlichen Notar. Dieser Akt war kein schamhaftes Eingeständnis, sondern ein selbstbewußtes «Seht her, ich bin's!». Und auch die langjährige Mätresse des Kardinals mußte sich nicht mehr verstecken. Nicht nur in Urkunden, sondern auch auf der Bühne der vornehmen römischen Gesellschaft trat sie von jetzt an mit dem ruhigen Selbstgefühl der anerkannten Matrone auf: Vannozza (de') Cattanei, zehn Jahre jünger als ihr Lebensabschnittspartner, der Kardinal, Mutter seiner vier (1475, 1476, 1480 bzw. 1481 geborenen) berühmtesten Kinder Cesare, Giovanni, Lucrezia und Jofré. Als solche wurde sie nicht nur auf ihrem Grabstein in S. Maria del Popolo verewigt, sondern schon 1493, im ersten Pontifikatsjahr Alexanders VI., auch offiziell genannt. Sieben Jahre später verlieh ihr der Papst darüber hinaus den Namen und das Wappen der Borgia mit dem dekorativen Stier. Ja sie übernahm im Auftrag Cesares, ihres ältesten Sohnes, sogar administrative Aufgaben im Kirchenstaat. Während dieser ganzen Zeit gestaltete sich das Verhältnis zu ihren Kindern geradezu innig. Schutzmaßnahmen, die Cesare nach dem Tod des Papstes 1503 für seine Mutter ergriff, erwiesen sich als unnötig. Selbst die wutentbrannten Feinde der Borgia vergriffen sich nicht an ihr. 1518 starb Vannozza Cattanei als angesehene Wohltäterin zahlreicher karitativer Einrichtungen im Alter von 76 Jahren. Blieb sie zu Lebzeiten unbehelligt, so wurde ihre Totenruhe gestört. 1594 ließ Papst Clemens VIII. ihre Grabstätte zerstören. Dem reformierten Papsttum des Konfessionellen Zeitalters war diese Touristenattraktion und die Erinnerung an die darin Bestattete peinlich.

Doch auch wenn Rodrigo Borgia als Kardinal wie als Papst der Mutter seiner Kinder die Mittel zukommen ließ, die es ihr erlaubten, als die Aristokratin zu leben und zu sterben, die sie von Geburt her nicht war – eine feste Rolle im sozialen Gefüge des Vatikans erhielt Vannozza Cattanei nicht. Im auffallenden Gegensatz zu ihren Sprößlingen beiderlei Geschlechts, die im Machtzentrum der Kirche ein und aus gingen und wichtige Aufgaben übertragen bekamen, blieb Vannozza räumlich und funktional marginalisiert. Briefe an Alexander VI., die Erinnerungen an ältere Zeiten der innigen Vertrautheit beschworen, vermochten daran nichts zu ändern. Ein eheähnliches Zusammenleben war nicht im Sinne des Papstes. Zum einen hatte er längst neue Favoritinnen; von diesen sollte jedoch nur Giulia Farnese aus der Anonymität heraustreten und zeitweise Einfluß ausüben. Zum anderen wäre ein Pontifex maximus mit einer Quasi-Gemahlin an seiner Seite der Provokation denn doch zu viel. Schon vorher erzwangen Traditionen ein Mindestmaß an Verschleierung. Zu Beginn der Liaison mit dem Kardinal Borgia, kurz vor der Mitte der 1470er Jahre, war Vannozza verheiratet und ihr Gatte Domenico Giannotti als Verwaltungsfachmann im Kirchenstaat, wie süffisant vermerkt, viel auf Reisen. Nach seinem Tod fehlte fünf Jahre lang ein Ehemann als lebender Deckmantel. Ende 1481 verheiratete der Kardinal die Mutter seiner vier Kinder mit Giorgio della Croce, seines Zeichens apostolischer Sekretär und in dieser Funktion gleichfalls oft abwesend. Nach dessen Tod stiftete er vier Jahre später eine weitere Ehe, diesmal mit dem kurialen Humanisten Carlo Canale. Sie diente nicht mehr als Alibi, sondern zur Versorgung der Ex-Mätresse im Falle des eigenen Ablebens.

Und die Gefühle, die hinter diesen Verhältnissen standen? Ein sentimentales Zeitalter wie das frühe 21. Jahrhundert muß diese Frage stellen – und damit leben, daß es darauf nur eingeschränkte Antworten gibt. Authentische Emotionen sind in einer so fernen Vergangenheit schwer greifbar. Zum einen richteten sich scheinbar so private Schriftstücke wie Briefe nach festen literarischen Regeln und bestanden dementsprechend überwiegend aus Gemeinplätzen. Und zum anderen sind auch familiäre Beziehungen wie alles in der Geschichte dem Wandel unterworfen. Eltern mußten um 1500 mit der statistischen Wahrscheinlichkeit leben, daß ungefähr die Hälfte ihrer Kinder das früheste Jugendalter nicht überleben würde. Dadurch wurde ihre Liebe zu diesen gewiß nicht hinfällig. Doch es war eine andere Art von Liebe, weniger individuell und dafür stärker kollektiv, d. h. auf die Familie als ganze gerichtet. Diese Emotion nährte sich aus dem Bewußtsein der Zusammengehörigkeit, aus dem gemeinsamen Streben nach Aufstieg und richtete sich auf die Abwehr des sozialen Todes. Dieser bedeutete das Absinken in Armut und Verachtung. Eliten fürchteten ihn oft mehr als das physische Sterben.

Wenn man Liebe so definiert, hat Alexander VI. Vannozza Cattanei zumindest geachtet und drei der von ihr geborenen Kinder heiß und innig geliebt. Daß Cesare sein Herz, sein Augapfel, sein ein und alles sei – der König von Frankreich und die Repräsentanten der Republik Venedig waren diese Beteuerungen am Ende leid. Denn sie verknüpften sich unweigerlich mit Forderungen: Schützt meinen Liebling auch nach meinem Tod! Und Lucrezia, die Lieblingstochter, wurde zwar nach Maßgabe der politischen Nützlichkeit ohne jede Rücksicht auf ihre Gefühle geschieden und wieder verheiratet, doch zeigte sich gerade darin ihr Stellenwert für den Vater und die Familie. So wenig die Floskeln der Briefe und anderer Dokumente gemeinhin auch besagten, in einigen seltenen Augenblicken zerriß der Schleier der Konvention. Dann traten Emotionen unverhüllt hervor. Ein solches Fenster öffnet sich, wenn Alexander VI. nach dem plötzlichen Tod Giovanni Borgias herausschreit: sieben Pontifikate für das Leben meines Sohnes! Vorsicht ist dennoch geboten. Auch Trauer läßt sich taktisch verwerten.

Und auch Liebe als Ausdruck von Schicksals- oder gar Erwähltheitsgemeinschaft kennt Abstufungen, ja ein regelrechtes Auf und Ab. Die Übertragung des Herzogtums Gandía an Pedro Luis war ein großer Coup und in diesem Sinne auch ein eindrucksvoller Liebesbeweis. Rodrigo Borgias zwischen etwa 1467 und 1469 von einer unbekannten Mutter geborene Töchter Isabella und Gerolama mußten mit weitaus weniger vorlieb nehmen. Gerolama heiratete einen Sproß der Familie Cesarini, die zum gehobenen römischen Stadtadel zählte. In dieselben Ränge dieser lokalen Sekundärelite, weit unterhalb der Colonna und Orsini, stieg Isabellas Ehemann Pietro Matuzzi, ein angesehener und an der Kurie erfolgreicher Jurist, sogar erst auf. Warum diese Unterschiede? Offenbar schätzte der Kardinal seine Chancen auf dem römischen Markt der nützlichen Beziehungen geringer ein als in Spanien. Dort aber galt er viel, mehr als jeder andere Purpurträger seit Menschengedenken. Wieviel, das zeigte nicht nur der feudale Titel, sondern vor allem die noch vornehmere Braut, die er für Pedro Luis aushandelte: Maria Enriquez, ihres Zeichens Prinzessin aus dem Königshaus von Aragón. Doch bevor diese Ehe vollzogen werden konnte, machte der Tod einen Strich durch die dynastische Rechnung. Pedro Luis starb 1488 ohne Nachkommen. Gandía fiel damit an die Krone zurück, Maria Enriquez' Hand war wieder frei. Der trauernde Vater aber hatte noch mehr Söhne. Und er machte sich unverzüglich an die Arbeit, das Herzogtum und die Braut für den nächsten von ihnen, Giovanni Borgia, zu gewinnen. Doch darüber mußten neue Verhandlungen geführt werden. Das spanische Königspaar ließ sich dabei viel Zeit.

Währenddessen wurde an der Börse der Heiratsbeziehungen der Kurs der Borgia wechselhaft notiert. Ihren schwankenden Marktwert zeigten die für Lucrezia ausgehandelten und wieder aufgekündigten Ehekontrakte an. Im zarten Alter von elf Jahren wurde die Papsttochter Don Cherubino Juan de Centelles, dem Bruder des Grafen von Oliva, versprochen. Doch diese Verbindung kam genausowenig zustande wie die nächste in Aussicht genommene Ehe mit dem Herzog von Aversa im Königreich Neapel. In der Zwischenzeit nämlich hatten die Borgia-Aktien einen Zugewinn ohnegleichen erzielt – für die Tochter des regierenden Papstes war nur das Beste gut genug. Cesare Borgias Braut hingegen war die Kirche; der Erstgeborene aus der Liaison mit Vannozza war zum Geistlichen bestimmt. An der Kurie nach oben gelangt, an der Kurie etabliert – dieses Erfolgsrezept verlangte nach der Fortsetzung in der nächsten Generation. Cesare sollte diese Verbindung später auflösen lassen, doch vorerst war sie intakt. Und lukrativ. Neben zahlreichen Kommenden erhielt er, sechzehnjährig, das Bistum Pamplona am Fuß der Pyrenäen; nie zuvor war dem Sohn eines Kardinals eine solche Würde zuteil geworden. In dieser Vorzugsbehandlung spiegelte sich der Einfluß des Vizekanzlers der römischen Kirche wider – und dessen Aussicht, noch höher aufzusteigen. Von Vannozzas großen Vieren war Jofré in der Gunst des Vaters der kleinste. Als einziger wurde er erst 1493 legitimiert. Danach konnte er sich zwar über mangelnde Titel und Reichtümer nicht mehr beklagen, doch wurde er bezeichnenderweise auswärts versorgt, gewissermaßen als Außenposten der Borgia im Königreich Neapel. Gewiß, Jofrés diplomatische und militärische Talente waren eher bescheiden. Doch das galt auch für Giovanni, den ersten der Lieblingssöhne. Daran konnte es also nicht liegen. Die Vorlieben des Kardinals waren wie die so vieler Väter unerforschlich.

Der innerste Kreis der Familienförderung Alexanders VI. ist damit ausgeschritten, doch sein Nepotismus erschöpfte sich darin nicht. Weitere Kreise fügten sich an. Der zweite Kreis, der sich an das Machtzentrum anschloß, bestand aus weiteren Mitgliedern des Borgia-Clans; Neffen hatte der Papst von seinen drei Schwestern reichlich. Selbst Kardinalate waren in diesem Kreis erreichbar, größerer Einfluß oder gar Teilhabe an der Regierung jedoch nicht. Im dritten Kreis der Gunst Alexanders VI. ging Verwandtschaft in landsmannschaftliche Loyalität über. Hier finden sich Karriereprälaten für besondere Aufgaben; sie waren durch Herkunft und Sprache vertrauenswürdig und durch treue Dienste bewährt. Die nützlichsten von ihnen brachten es gleichfalls zum roten Hut.

Wie die Sprößlinge des Kardinals ihre Kindheit erlebten, die von Entwicklungspsychologen des 21. Jahrhunderts als behütet, materiell privilegiert und durch die zu häufige Absenz des Vaters zugleich problematisch eingestuft werden dürfte, ist nicht bekannt. Um so mehr weiß man über ihr Selbstbewußtsein. Hier machte sich vor allem Cesare einen gefürchteten Namen. Von Anfang an verzieh er keinen Affront, sondern wusch jede echte oder vermeintliche Beleidigung seiner Ehre mit Blut ab. Dieses Verhalten läßt tief blicken: Ehre war kein sichererer Besitz, sondern mußte stets aufs neue verteidigt werden. Der Sohn Alexanders VI. fühlte sich als Fürst, doch wußte er sehr wohl, daß die echten Fürsten ihm diesen Rang absprachen. Wenn es in Verhandlungen mit ihnen darum ging, den Status der Borgia in die Waagschale zu werfen, mußte er sich Schimpfworte anhören, die tödlich verletzten: Bastard, lebendes Schandmal vor Gott und den Menschen. Am Ende kamen die meisten Heiratsverbindungen mit den großen Familien Italiens dennoch zustande. Fazit: die echten Aristokraten schwankten, was den Rang der Nepoten anging. Sie waren hin und her gerissen: zwischen den lockenden Mitgiften der Borgia und der Angst vor kompromittierenden Mesalliancen, zwischen dem Anspruch der Papstverwandten auf kollektive Adelung und der Verachtung vor den Parvenüs.

Im Sommer 1492 ging es mit der labilen Gesundheit Innozenz' VIII. bergab. Sein Pontifikat war im wesentlichen so verlaufen, wie es die Insider vorhergesagt hatten: unauffällig und überwiegend am Zügel Giuliano della Roveres, des Papstmachers, der jetzt die Rolle des «Überpapstes» spielte. Fünf Jahre lang wagte es der Papst nicht einmal, neue Kardinäle zu ernennen. Das Kardinalskollegium war dagegen wie auch die Wahlkapitulation, die der Kardinal Cibo wie alle anderen auch vor seiner Erhebung unterschrieben hatte. Im Falle Innozenz' VIII. verquickten sich die Furcht vor der Konfrontation und der Respekt vor der Tradition bzw. dem gegebenen Wort zu einer zögerlichen, ja ängstlichen Politik. Auch das Geschäft des Nepotismus, dem sich sein Vorgänger mit solchem Feuereifer gewidmet hatte, betrieb er auf Sparflamme. Vor dem Eintritt in den geistlichen Stand hatte Giovanni Battista Cibo einen Sohn gezeugt, den alle Welt nur «Fränzchen» («Franceschetto») nannte. Er bekam mit Cerveteri und Anguillara illustre Lehensherrschaften im römischen Umland und die übliche Zahl gewinnträchtiger Nepotenämter verliehen. Doch einen Krieg für einen Cibo-Staat führte sein Vater nicht. Statt dessen schloß er ein aufsehenerregendes Heiratsgeschäft ab, das zugleich ein Tauschhandel war. Ein roter Hut gegen eine Braut für Fränzchen, spotteten die Römer. Franceschettos Schwiegervater wurde auf diese Weise der glänzendste Staatsmann Italiens, Lorenzo de' Medici, offiziell «erster Mann der Republik Florenz», in Wirklichkeit einflußreicher Fädenzieher hinter den Kulissen und für viele der heimliche Herrscher am Arno. Seine Macht war jedoch weder traditionell legitimiert noch faktisch gesichert. Ein Kardinalat für seinen zweitgeborenen Sohn Giovanni, so Lorenzos kluge Einschätzung, sicherte den Medici eine zweite Heimat für schlechte Zeiten. So heiratete Lorenzos Tochter Maddalena 1488 den Sohn des Papstes. Und der dreizehnjährige Giovanni de' Medici wurde Kardinal, vorerst in petto, d. h. geheim; öffentlich bekannt gemacht wurde die Ernennung drei Jahre später. Bei seiner Übersiedlung an den Tiber gab ihm sein Vater, der große Literat, einen Mahnbrief mit auf den Weg. Dessen Tenor: Sei auf der Hut, mein Sohn. Denn Rom ist der Hort des Bösen, hier kommt das Geschmeiß aus aller Herren Länder, der Ausbund aller Laster zusammen. Und hier regiert die Doppelzüngigkeit. Wenige Monate nach der Abfassung dieses Textes starb Lorenzo de' Medici im April 1492. Mit seinem mäßigenden Einfluß auf den Papst und andere Großmächte hatte es ein Ende.

Die Lieblingsbeschäftigung seines Schwiegersohns Franceschetto Cibo bestand darin, Goldstücke in Truhen zu horten und zu zählen. Als sein Vater, der Papst, im Sterben lag, hatte er daher nichts Eiligeres zu tun, als seine Besitztümer zu Geld zu machen, notfalls auch zu Schleuderpreisen. Dieser mutlose Verzicht empörte die Römer und speziell die Humanisten an der Kurie. Von antiken Vorbildern berauscht, wollten sie die Nepoten kämpfen sehen. Franceschetto aber war kein Held. Seine Flucht nach Florenz samt Frau und Habe, kaum hatte sein Vater für immer die Augen geschlossen, wurde von der Angst diktiert. Doch eine gewisse Klugheit kann man der «Krämerseele», wie ihn die Pamphlete schalten, nicht absprechen.

Zwischen den Colonna und Orsini mußten die Cibo regelrecht zermahlen werden. Wer sich gegen die Barone behaupten wollte, brauchte nicht nur einen starken Willen und ebensolche Nerven, sondern auch mächtige Verbündete. Das alles aber besaßen die Cibo nicht. Und noch einen Vorteil hatte ihr Verzicht: Sie machten sich kaum Feinde. Spätere Prälaten der Familie sollten es «Fränzchen» danken.

Rodrigo Borgia aber wog im Juli 1492 seine Chancen im nächsten Konklave ab. Und er entwarf Strategien, um seine Stärken zu optimieren bzw. die Schwachstellen zu reduzieren. Sorgen machte ihm und seinen engsten Ratgebern die Verschlechterung der Beziehungen zwischen Mailand und Neapel. Dort drohten Familienbande zu zerreißen. Ja in der lombardischen Hauptstadt ging es zu wie in einem bösen Märchen. Der Herzog Gian Galeazzo Sforza war mit Isabella, der Tochter König Ferrantes, verheiratet. Das junge Glück aber wurde von Gian Galeazzos intrigantem Onkel Ludovico getrübt, der de facto regierte, den legitimen Herrscher zurückdrängte – und die Rache von dessen Schwiegervater in Neapel fürchtete. Und zwar durchaus zu Recht. Dieser Streit zwischen seinen wichtigsten Alliierten konnte die Chancen Borgias empfindlich schmälern. Auf der anderen Seite war er der reichste Kirchenfürst der Christenheit. Und ließ man die Charaktere seiner Kardinals-Genossen Revue passieren, sprach vieles dafür, daß sich eine stattliche Anzahl von ihnen für seine Wahl gewinnen lassen würde.

Das Konklave von 1492

Rodrigo Borgia war beileibe nicht der einzige, der seine Aussichten taxierte. Für die Römer bestand der Reiz der geistlichen Wahlmonarchie darin, daß es immer etwas zu wetten gab. Auf die verschiedenen Kandidaten zu setzen war Volkssport, Wahrsager hatten Dauerkonjunktur. Auch die meisten Päpste hatten ihre Hofastrologen. Das Rad der Fortuna drehte sich unaufhörlich; durch die Erforschung der Gestirne einen Blick auf die Zukunft zu erhaschen, verlockte daher unwiderstehlich. Dementsprechend war die Sternenkunde als eine rationale Herrschaftstechnik weitgehend anerkannt.

Für Rodrigo Borgia hieß es: jetzt oder nie. Als Innozenz VIII. nach vielen vorschnellen «Papsttod in Sicht»-Warnungen am 25. Juli 1492 tatsächlich starb, tippten die meisten Beobachter auf «nie». Dafür sprach nicht zuletzt der Kurswechsel des Pontifikats, den der «Überpapst» Giuliano della Rovere im vergangenen Winter herbeigeführt hatte: die Aussöhnung mit König Ferrante in Neapel, auch sie durch eine Nepotenhochzeit untermauert. Als Architekt dieses Bündnisses konnte der Neffe Sixtus' IV. eine imponierende Koalition um sich versammeln. Außer Florenz und Neapel bekannte sich mit Venedig eine dritte Großmacht Italiens zu dieser Interessengemeinschaft. Das war um so erstaunlicher, als sich die Beziehungen der Markusrepublik zu Neapel äußerst gespannt gestalteten. Zankapfel waren apulische Küstenstädte, deren Herrschaft die Serenissima zwecks Sicherung ihrer Hegemonie in der Adria anstrebte. Darüber hinaus zählte mit König Karl VIII. ein regelrechter Todfeind Ferrantes zu den engagiertesten Della-Rovere-Sympathisanten. Daß die Republik Genua die Aspirationen des ligurischen Kirchenfürsten unterstützte, verstand sich von selbst.

Hätte die Stimmenverteilung im Kardinalskollegium diesen Machtverhältnissen entsprochen, so hätte der Neffe Sixtus' IV. wie schon 1484 ein gewonnenes Spiel gehabt. Doch dem war nicht so. An der Kurie hatte sich in den letzten Jahren mit Ascanio Sforza ein ebenso umtriebiger wie einflußreicher Parteiführer profiliert. Er und nicht Rodrigo Borgia war das eigentliche Haupt der Della Rovere-Feinde. Als solches konnte er auf nicht weniger als zwölf der dreiundzwanzig Kardinäle zählen, die sich Anfang August 1492 anschickten, das Konklave zu beziehen. Allerdings hatte Sforza ein persönliches Handicap. Erst siebenunddreißig Jahre alt und Bruder des Mailänder Herrschers, konnte er keine eigenen Ansprüche auf den Thron Petri anmelden – das Veto der älteren und politisch weniger exponierten Purpurträger wäre ihm sicher gewesen. Sein Kandidat war daher Rodrigo Borgia. Dieser besaß zudem, was ihm fehlte: reiche Pfründen. Was von diesem Duumvirat zu erwarten war, brachte der Humanist im Dienst des Kardinals Barbo, Giovanni Lorenzi, schon zwei Jahre zuvor prägnant und polemisch zugleich auf den Punkt:[2]

> Hier werden gerade geheime Absprachen getroffen. Der Vizekanzler und Ascanio haben den Weltkreis untereinander aufgeteilt, und zwar wie folgt: Der Vizekanzler soll Papst werden, Ascanio aber Über-Papst (im lateinischen Original: «archypapa»).

Darauf mußte es im Erfolgsfall tatsächlich hinauslaufen. Doch würde der spanische Kardinal so lammfromm sein wie Innozenz VIII. selig und sich am Gängelband führen lassen? Wohl kaum, so die vorherrschende Einschätzung. Was man von Rodrigo Borgia als Papst statt dessen zu erwarten hatte, war allen Eingeweihten klar. Gewiß, der Vizekanzler war im Kirchenrecht beschlagen und ein kompetenter Verwalter, von seiner Geschicklichkeit – andere sagten: Verschlagenheit – in Verhandlungen ganz zu schweigen. Doch vor allem war er ein Mann mit Familie. Und auch in puncto Vertrauenswürdigkeit hatte sich sein Ruf nicht gebessert. Besorgnis erregte zudem der notorische Drang der Borgia nach Süden. Ihre ererbten Aspirationen auf den neapolitanischen Thron plus die Risikopolitik Ludovico Sforzas, der sich für den Meisterdiplomaten Italiens hielt – würde dieses brisante Gemisch nicht die «Ruhe Italiens», das ohnehin labile Gleichgewicht der Kräfte, stören? Diesem aber huldigte die Mehrheit der Kardinäle zumindest verbal.

Stärker von der Politik bestimmt war bisher noch keine Papstwahl gewesen. Diesmal nämlich stand das Konklave ganz im Zeichen der Unruhe zweier Großmächte. Ludovico Sforza und König Ferrante hatten sich mehr denn je in eine ausweglose Feindschaft verrannt und hegten apokalyptische Visionen von Verrat und Untergang. Dementsprechend waren sie zu besonderen Maßnahmen entschlossen. Ferrante schickte Truppen an die Grenze zum Kirchenstaat. Und Ludovico rang seinen Geiz nieder und gab seinem Bruder Ascanio einen Blankoscheck zwecks Stimmenkauf. Das Kriterium der geistlichen Würdigkeit trat demgegenüber zurück. Zudem verstand man in Italien darunter etwas anderes als nördlich der Alpen. Träumte ein Erasmus von Rotterdam vom Papst als einer spirituellen Vaterfigur, deren Amt beten, leiden und mahnen sei, so konnten die meisten italienischen Humanisten über so viel Weltfremdheit nur schmunzeln. Der Papst mußte nicht nur von dieser Welt sein, er hatte mit beiden Füßen in ihrem Getriebe zu stehen. Allerdings sollte er dabei wie Nikolaus V. und Pius II. die Regeln der Dezenz, der Sittlichkeit und Frömmigkeit, einhalten. Doch diese Zeiten waren endgültig vorbei. Das mußte die kleine Fraktion der Unbeugsamen um die Kardinäle Todeschini Piccolomini und Carafa bald einsehen.

Statt dessen schlug jetzt die Stunde Ascanio Sforzas. Aufgewachsen in einem Milieu, in dem die intrigante Hofluft wehte, hatte dieser politische

Kardinal par excellence seine achtjährige Lehrzeit an der Kurie erfolgreich absolviert. Und wie die Beobachtung Lorenzis zeigte, waren die Pläne für das Vorgehen im Konklave längst ausgearbeitet. Die oberste Devise lautete, sich nicht wieder von einer Finte Giuliano della Roveres täuschen zu lassen, sondern selbst die Initiative zu ergreifen. Dieser Augenblick war gekommen, als sich die Parteiführer wenige Stunden vor Schließung der Wahllokalitäten zu einem Vorgespräch trafen. Dessen Zweck war klar umrissen. Es ging darum, die Gegenseite zu verunsichern und deren Absichten auszuforschen. In dieser Besprechung machte Giuliano della Rovere den ersten Zug. Er sei sich, so der Neffe Sixtus' IV., sehr wohl im klaren darüber, daß er diesmal am kürzeren Hebel sitze. Um Komplikationen für alle Seiten zu vermeiden, sei es daher angeraten, sich unter Ehrenmännern von vornherein auf einen Kompromißkandidaten zu verständigen. Diesen vorzuschlagen, sei selbstverständlich das Vorrecht Ascanios, des Führers der potentiell stärkeren Bataillone. Der Hintergedanke dieser scheinbar generösen Offerte war offensichtlich. Sforzas Partei zählte zwar viele Stimmen, doch wenig profilierte Köpfe. Deckte sie ihre Karten auf, so konnte die Gegenseite alle Kräfte darauf konzentrieren, ihren Anwärter auf den Thron Petri zu demontieren.

Ascanio aber ging nicht in die Falle, sondern simulierte virtuos. Er sei sich über seine Präferenzen noch nicht endgültig schlüssig, doch würde Rodrigo Borgia fraglos ein Papst sein, welcher der Christenheit zum Segen gereichte. Dieses eher nebulöse Bekenntnis war ein kluger Gegenzug. Denn Giuliano schloß selbstverständlich von sich auf den anderen, d. h. er nahm diesen Vorschlag nicht für bare Münze. Im Gegenteil: er folgerte daraus, daß die Mailänder Fraktion die Kandidatur des Vizekanzlers endgültig ad acta gelegt hatte. Und noch ein anderes Lockmittel verfing nicht. Das Angebot der Gegenseite, Ascanios eigene Ambitionen auf den Thron zu fördern, wies dieser mit Dank und Demut zurück. Die Absicht, diese Kandidatur im Konklave mit allen Mitteln zum Scheitern zu bringen, war allzu durchsichtig. Nicht, daß der Kardinal Sforza keine ehrgeizigen Pläne hegte. Doch alles zu seiner Zeit: erst ein Borgia-Pontifikat unter seiner Kontrolle, dann der große Coup in eigener Sache. Auch die Rolle des Papstmachers hatte schließlich ihre Reize. Ludovico Sforza hielt seinen Bruder finanziell kurz. Um so heftiger verlangte es diesen nach einem Lebensstil, wie ihn

Rodrigo Borgia führte. Verhalf er diesem zur Tiara, so würde dessen Dankbarkeit und sein eigener Reichtum keine Grenzen mehr kennen – immerhin hatte der spanische Kardinal außer dem Amt des Vizekanzlers seinen Palast, zahlreiche (nach einigen Quellen bis zu sechzehn) Bistümer und noch mehr Kommenden zu verteilen.

Und auch Ascanio Sforza schloß von sich auf andere: Wenn er diesen Verlockungen nicht zu widerstehen vermochte, dann konnte es die Mehrheit der Kardinäle auch nicht. Woher diese Zuversicht? Oder anders ausgedrückt: Warum ließen sich diejenigen so leicht bestechen, die ohnehin schon reich und mächtig waren? Habgier ist wie Meerwasser, sagten die moralischen Rigoristen im Senat der Kirche, je mehr man davon trinkt, desto durstiger wird man. Über diese zeitlose Lebensweisheit hinaus stechen psychologische Motive ins Auge: Der Kult der schönen Dinge hatte sich in Rom verselbständigt. Sollten sie ursprünglich als Sinnbild ewiger Wahrheiten zum Glauben führen, so waren sie für die meisten Kardinäle inzwischen zum Selbstzweck geworden. Zeig mir deinen Palast, deine Villa, deine Antikensammlung: Statussymbole entschieden über Rang und Ansehen.

Das waren günstige Aussichten für potentielle Wähler Rodrigo Borgias. Andererseits galt ein solcher Stimmenkauf als Simonie, und diese war streng verboten. Simonie leitet sich von Simon Magus ab, einem heidnischen Zauberer, der den Aposteln Petrus und Paulus ihre Würde abkaufen wollte und für dieses frevelhafte Ansinnen, so die Legende, mit dem tödlichen Absturz bei einem Flugversuch bestraft wurde. Sein Ende schreckte 1492 die wenigsten. Doch wollten die politischen Folgen wohl bedacht sein. Machte der Bericht von einer simonistischen Papstwahl die Runde, so würden die Herrscher Europas bei Bedarf zugkräftige Argumente finden, um dem Pontifex maximus mit Konzil und Absetzung zu drohen. Mochten maßgebliche Kanonisten auch darlegen, daß die Erhebung eines simonistisch gewählten Papstes bei allem moralischem Makel, der ihr anhaftete, dennoch rechtsgültig sei – diese Unterscheidung war für ein breiteres Publikum viel zu kompliziert, um nicht zu sagen: zu spitzfindig.

In der Hitze des Konklaves zählten solche Bedenken ohnehin nicht. Wie fast immer waren die ersten Wahlgänge (Skrutinien) ein Abtasten. Dabei lagen beide Seiten nahezu gleichauf. Doch das hatte nichts zu sagen, die Namen auf den Stimmzetteln – Mehrfachnennungen erlaubt! – waren vorerst Schall und Rauch. Dann aber, im dritten Skrutinium, schien es plötzlich Ernst zu werden. Denn jetzt präsentierte Giuliano della Rovere mit dem Venezianer Giovanni Michiel eine respektierte Persönlichkeit, die auch für Anhänger Ascanio Sforzas wählbar sein konnte, so verhaßt sie diesem selbst auch war. Dadurch stand der Mailänder Kardinal unter Zugzwang. Und er hatte ein Problem. Erklärte er Michiel für unannehmbar, dann lief er Gefahr, daß sich einzelne seiner Anhänger, des Spiels müde, für einen Kompromißkandidaten der Gegenpartei erwärmen ließen. Das war schon 1484 das Erfolgsrezept gewesen. Eine Wiederholung dieses Manövers galt es jetzt zu verhindern.

Und zwar um jeden Preis. Nicht nur notorisch feindselige Chronisten wie Infessura stimmen darin überein, daß Ascanio Sforza in der Nacht vom 10. auf den 11. August, mit letzten umfassenden Vollmachten Rodrigo Borgias versehen, alle Register des Stimmenkaufs zog. Erste Objekte seiner pfründengestützten Überredungskunst waren naturgemäß die «armen» Kardinäle. Aufgrund der räumlichen Enge verbreitete sich wie ein Lauffeuer, was ihnen versprochen worden war. Und so hielt es auch die anderen nicht mehr auf der kargen Pritsche. Giuliano della Rovere mußte mit ohnmächtigem Entsetzen zusehen, wie ihm der Mailänder Kardinal seine Anhängerschaft abwarb. Kardinal Orsini wurde mit den Lehensherrschaften über Monticelli und Soriano, der Legation der Provinz Marche plus dem Bistum Cartagena gewonnen. Einen nicht minder attraktiven Präsentkorb packte Sforza für seinen Rivalen aus dem Clan der Colonna; Prunkstück der bunten Benefiziensammlung war die Abtei Subiaco. Für den Kardinal Savelli aus der den Colonna traditionell verbundenen Baronalfamilie lagen die Herrschaft über Civita Castellana und das Bistum Mallorca auf dem Gabentisch. Wer hat noch nicht, wer will nochmal – am Ende ging auch der erfolglose Kandidat Michiel nebst Anhang nicht leer aus. Er sollte es auf dem Sterbebett bereuen.

Am Ende rühmte sich Rodrigo Borgia, selbst seinen erbittertsten Feind in die Knie gezwungen, d. h. zur Stimmabgabe zu seinen Gunsten bewogen zu haben. Doch das war Aufschneiderei im Hochgefühl des Triumphs. Giuliano della Rovere wußte genau, daß seines Bleibens in Rom nach dieser Wahl nicht mehr sein würde und sich Demutsgesten daher erübrigten. Und auch die Kardinäle der Gegenkirche hielten stand. Todeschini Piccolomini, Carafa sowie ihre Gesinnungsgenossen Costa und Zeno waren die einzigen, die in dieser Nacht der Bescherung ein Auge zugetan hatten und jetzt vor vollendete Tatsachen gestellt wurden. Was sollten sie tun? Widerstand gegen einen gewählten Papst war eine ernste Sache; daraus konnte allzu schnell ein neues Schisma entstehen. So machten sie halbwegs gute Miene zum bösen Spiel, d. h. sie schlossen sich im Akzeß der Wahl formell an und nahmen im Interesse ihrer eigenen Gefolgschaft die eine oder andere kleinere Gefälligkeit des neuen Pontifex maximus an. Kaufen aber ließen sie sich nicht.

Wie sollten die Gegner des neuen Papstes künftig vorgehen? Für Giuliano della Rovere war das keine Frage. Er sollte die nächsten elf Jahre überwiegend im Exil verbringen und dort für die Absetzung Alexanders VI. durch ein von den Fürsten einzuberufendes Konzil werben. Diese Agitation hinderte ihn nicht daran, sich pro forma mit dem Papst auszusöhnen, wenn die politischen Umstände dies erlaubten beziehungsweise forderten. Für die Kardinäle, die eine solche Eskalation vermeiden wollten und daher in Rom aushielten, blieb nur eine Art innere Emigration. Am konsequentesten beschritt der Neffe Pius' II. diesen Weg. Immer dann, wenn ehrenhafte Aufträge seiner harrten, entzog sich der Kardinal Todeschini Piccolomini diesen nicht. Auf diese Weise versuchte er die Interessen der Kirche von denen der Borgia zu trennen, so gut es eben ging. Seinen Widerspruch aber äußerte er im Konsistorium, wo der Papst und die Kardinäle die wichtigsten Angelegenheiten der Kirche berieten. Hier blieb die Stimme der Gegenkirche bis zum Schluß hörbar, doch wurde sie mit der Zeit immer vereinzelter und ohnmächtiger.

Auch Giovanni de' Medici ging als Verlierer aus diesem Konklave hervor, ja er fand sich am Ende zwischen allen Stühlen wieder. Sein Bruder Piero, der neue starke Mann von Florenz, hatte ihn auf einen proneapolitanischen Kurs eingeschworen; auf der anderen Seite zählte ihn Ascanio Sforza, dem er manchen Gefallen verdankte, zu seiner Klientel. Zwischen diesen unvereinbaren Loyalitäten hin- und hergerissen, lavierte der sechzehnjährige Kirchenfürst hilflos; der siegreichen Partei schloß er sich erst an, als es auf seine Stimme nicht mehr ankam. Ascanio Sforza verzieh ihm dieses Schwanken nie. Treuebruch im Konklave figurierte im Normenkodex der Kurie als eines der schwersten Vergehen überhaupt.

Für den frischgewählten Papst aber hatte die Zeit der Feste begonnen. Am Anfang jedes Pontifikats standen Feiern, die mit ritueller Pracht begangen wurden. Am aufwendigsten gestaltete sich die Krönung Alexanders VI. am 26. August. Und am anstrengendsten. Nach einem ebenso langwierigen wie mühsamen Ritt durch die girlandengeschmückten Straßen Roms in der prallen Sommerhitze fiel der Pontifex maximus in seiner Bischofskirche, der Lateranbasilika, in Ohnmacht und kam erst wieder zu sich, als man ihm kaltes Wasser ins Gesicht spritzte. Politisch aussagekräftiger als diese reinen Prunkveranstaltungen waren die Obödienzgesandtschaften, mittels derer die italienischen Herrscher dem neuen Oberhirten ihre Ergebenheit, aber natürlich auch ihre dringenden Wünsche bekundeten. An der Art und Weise, wie die Botschafter auftraten und mehr noch, wie sie empfangen und aufgenommen wurden, mußte sich ablesen lassen, wer von jetzt an von der päpstlichen Gnadensonne beschienen wurde und wer im Schatten stand. Für Ludovico Sforza, den Bruder des Papstmachers, war das naturgemäß die Gelegenheit, der Öffentlichkeit zu zeigen, wer hinter den Kulissen des Vatikans das Sagen hatte.

Doch dieses Fest wurde dem hochgemuten Herrscher Mailands verdorben. Dabei war alles so sorgfältig geplant. Ludovico hatte eine gemeinsame Gesandtschaft von Mailand, Florenz und Neapel vorgeschlagen. Auf diese Weise – so die offizielle Begründung – sollten die alten Achsenmächte, seit den fernen Tagen von Lodi Garanten der italienischen Freiheit, ihre wiedergefundene Einheit demonstrieren. In Wirklichkeit hatte das gemeinsame Auftreten den Zweck, König Ferrante zu demütigen. Vor aller Augen ins Schlepptau der Sieger genommen, mußte er eingestehen, daß er die Sache seines Schwiegersohns, des Herzogs Gian Galeazzo, verloren gab. Obwohl er sich über Ludovicos Hintergedanken sehr wohl im klaren war, willigte Ferrante ein – der Verlierer hatte den Staub der Niederlage zu schlukken. Verpatzt wurde die grandiose Politshow jedoch vom Dritten im Bunde. Piero de' Medici hatte die diffizile Machtstellung des Vaters, doch nicht dessen Klugheit geerbt. Im Gegensatz zu Lorenzo, der die republikanischen Spielregeln virtuos zur Durchsetzung seines Willens zu nutzen wußte, glaubte sein Sohn, der mütterlicherseits von den stolzen Orsini abstammte, dem Spiel der Verschleierung ein Ende bereiten und sich offen als Fürst gerieren zu können. Und so rüstete er eine eigene Obödienzexpedition aus, die alle anderen an Glanz ausstechen sollte. Als deren Mittelpunkt paradierte er höchstpersönlich durch die sommerheißen römischen Straßen, in einem bodenlangen Gewand aus schwarzem Samt, das mit Silberbrokat ausgeschlagen war und den Eindruck erhabener Majestät vermitteln sollte. Mit diesem Aufwand konnte der Herr des stolzen Mailand zwar mühelos mithalten, doch war der Plan, den König von Neapel öffentlich am Gängelband vorzuführen, durchkreuzt. Ludovicos Wut darüber entsprach die Angst, die seinen diplomatischen Aktionismus seit jeher anfachte: Angst vor den Folgen der Illegitimität, Angst aber auch vor einem vermeintlichen Sonderbündnis Pieros mit Ferrante. Letztendlich war diese Angst die Folge des Mißtrauens, das Mailands selbstherrliche und sprunghafte Politik den anderen einflößte.

Angst ging auch am Hof von Neapel um. Würden die Borgia jetzt, unter einem viel lebenskräftigeren Papst als 1458, zum zweiten Sturmlauf auf das südliche Königreich ansetzen? Der rapide alternde, von tiefer Sorge um den Fortbestand seiner Dynastie gequälte Ferrante sah nur ein Mittel, um dies zu verhindern. Er mußte den Spieß umdrehen, d. h. den Familiensinn Alexanders VI. für die Sicherung seiner Herrschaft nutzen. Konkret bedeutete das, dem Papst lockende Angebote für seine Söhne zu unterbreiten. Wie bei jeder starken Medizin hing auch hier die Wirkung von der richtigen Dosierung ab. Die Borgia mit Titeln und Einkünften so zu ködern, daß ihnen die aragonesische Herrschaft erhaltens- und schützenswert erschien, ohne die Nepoten übermächtig werden zu lassen – das war ein Rezept, dessen Anwendung Fingerspitzengefühl erforderte. Gerade weil er sich über den Charakter Alexanders VI. keine Illusionen machte, schwankte der König zwischen Resignation und Optimismus.

Trotz des äußerlichen Triumphs blieb auch der Mit-Sieger Ascanio Sforza von düsteren Anwandlungen nicht verschont. Dazu trugen handfeste Enttäuschungen bei. Die vielen Pfründen, die sich der Mailänder Kardinal als Lohn seiner Mühen zu sichern wußte, brachten ihm weniger ein als versprochen. Über solche unerklärlichen Differenzen klagten auch andere. Offenbar hatte Rodrigo Borgia während des Konklaves falsche Zahlen in Umlauf gebracht. Hinter vorgehaltener Hand begann man, von Wahlbetrug zu reden. Doch das war nicht die ärgste Sorge des «Überpapstes». Bei allem Prestige, das ihm das Amt des Vizekanzlers und sein Wohnsitz im

Abb. 4 Porträt Alexanders VI. (unbekannter deutscher Maler, um 1500, Dijon, Musée des Beaux-Arts). Vom Erhabenen ins Groteske verzeichnet erscheinen dieselben Merkmale des Antlitzes wie auf dem Fresko Pintoricchios (Abb. 1 und 2) in diesem «Porträt», das ein deutscher Maler während der Regierungszeit Alexanders VI. schuf. Die gekrümmte Nase ist wie von Schlägen eingedrückt, der fleischige Mund atmet Sinnlichkeit, die Augen blicken kalt und unbewegt – so zumindest will es dem heutigen Betrachter scheinen. Ob diese fast karikaturhaften Gesichtszüge Kritik am Borgiapapst ausdrücken sollen, ist jedoch ungewiß; wahrscheinlicher ist, daß der Maler mit unvollkommenen Mitteln Hoheit und Majestät des Amtes darstellen wollte.

Herzen des Vatikans jetzt eintrugen, drängten sich beunruhigende Fragen auf. Wie lange würde die momentan grenzenlose Großzügigkeit des neuen Pontifex maximus anhalten? Allzuviel Verpflichtung zur Dankbarkeit wird rasch als lästig empfunden – diese zeitlose politische Weisheit sollte Niccolò Machiavelli zwanzig Jahre später pointiert zu Papier bringen. Daher schlägt sie leicht ins Gegenteil um, vor allem dann, wenn der Glanz des anderen die eigene Stellung überstrahlt. Genau das aber war jetzt der Fall. Daß man zu Ascanio Sforza gehen mußte, um Gefälligkeiten Alexanders VI. zu erwirken, zwitscherten die Spatzen von den Dächern. Ätzender Spott war dem Papst, der sich so bevormunden ließ, daher sicher. Wie lange würde er gute Miene zu diesem bösen Spiel machen? Gewiß keine Stunde länger, als es die äußeren Umstände erzwangen. Wandelten sich diese zu seinen Gunsten, dann würden sich Ascanio und Ludovico Sforza wie alle anderen auch in die lange Schlange der Bittsteller einzureihen haben. Und kam es zum offenen Streit, dann saß Alexander VI. am längeren Hebel.

Ganz gleich, wie seine Erhebung zustande gekommen war – er war der Papst, und als solcher fiel ihm die Macht des Amtes, der Tradition, der Frömmigkeit respektive der abergläubischen Angst vor dem Jenseits zu. Fazit: als Papstmacher hatte Ascanio Sforza mit dem Feuer gespielt; wendete sich seine Schöpfung gegen ihn, lief er Gefahr, darin zu verbrennen. Alle diese Ahnungen tauchten wie halb verdrängte Alpträume in der Korrespondenz des Mailänder Kardinals auf. Um dieser Angst Herr zu werden, stürzte er sich wie sein Bruder in hektische Manöver. Ihr Ziel war es, Alexander VI. in die dauerhafte Abhängigkeit der Sforza zu bringen.

Angst, Ressentiments, Mißtrauen, verwegene Hoffnungen, verstiegene Pläne: diese Stimmungslage in den Machtzentren Italiens ließ für die Zukunft nichts Gutes erwarten. Von der Politik mit Augenmaß, der skeptischen Vorsicht und des klugen Verzichts zur Bewahrung des Friedens, wie sie Lorenzo de' Medici gelehrt und vorgemacht hatte, konnte jetzt keine Rede mehr sein. Statt dessen galt die umgekehrte Parole: alles oder nichts. In Mailand, in Florenz und in Neapel waren Mächtige am Ruder, die davon überzeugt waren, durch Risikopolitik viel zu gewinnen und wenig zu verlieren zu haben. Im Nordosten der Halbinsel schließlich wartete die Republik Venedig wie die Spinne im Netz, welche Beute sich in ihren Fäden verfangen würde. Und um das Unglück Italiens vollzumachen – so die Szenarien pessimistischer Beobachter – saß am Tiber ein Papst auf dem Thron, der nicht zögern würde, Italien mit Krieg zu überziehen, um für seine Familie einen Staat oder besser gleich mehrere zu erobern.

So düster fielen jedoch keineswegs alle Voraussagen zum Pontifikat Alexanders VI. aus. Wie sich an der Persönlichkeit des Kardinals Rodrigo Borgia seit jeher die Geister schieden, so polarisierte jetzt seine Wahl. Für die Reformgruppe um Todeschini Piccolomini eine Katastrophe, weckte sie bei den «politischen» Kardinälen Hoffnungen und weitere Begehrlichkeiten. In diesen gemischten Chor stimmten auch die Meinungsmacher ein. Je nach den Interessen des Mächtigen, in dessen Gefolgschaft sie eingebunden waren, verkündeten die humanistischen Historiker das Lob von Borgias Tatkraft oder warnten vor seiner Unberechenbarkeit. Insgesamt überwogen in diesem Konzert – Spiegel der Macht- bzw. Auftragsverhältnisse – die Töne der Verherrlichung. Dieser Papst wird Rom großen Zeiten entgegenführen, so lautet der vorherrschende Tenor. Nicht umsonst heißt er Alexander. Wie dieser wird er die Welt erobern, und zwar für das Christentum. So wird mit ihm das Goldene Zeitalter, das letzte auf Erden, anbrechen. Bestellte Panegyrik dieser Art leitete inzwischen jede neue Regierungszeit in Rom ein.

Mit der Stimme ihrer Herren sprachen auch die kleinen Leute. So hatte ein deutscher Kleriker kurz nach der Wahl Alexanders VI. den Freunden in der Heimat unerhörte Neuigkeiten mitzuteilen: Der neue Papst habe siebzehn Kinder, zu deren Nutzen allein er regieren werde, und zwar als Tyrann. Überdies sei er ein Marrane, also ein heimlicher Anhänger des jüdischen Glaubens. Mit anderen Worten: das Ende der Zeiten stand bevor, doch war es nicht golden, sondern nachtschwarz.

Zeugenbefragung

Vom 11. August 1492 an richteten sich alle Augen auf den neuen Papst. Unvoreingenommen waren die wenigsten Beobachter. Bevor die Schilderung des Pontifikats einsetzt, muß daher die Prüfung der Aussagen erfolgen, die sich über Alexander VI. zusammentragen lassen.

Erhaben über den Verdacht, gefälscht zu sein, sind nicht einmal die offiziellen Schriftstücke, die Alexander VI. mit seinem Namen und Siegel gezeichnet hat. Während des Pontifikats kam es in dieser Hinsicht zu häßlichen Skandalen. So wurde ein höherer Prälat der Herstellung unechter Urkunden angeklagt und dafür zu lebenslanger Haft im düstersten Verlies der Engelsburg verurteilt. Er sollte Hunderte solcher Falsifikate fabriziert haben, und zwar gegen gutes Geld. Später hatte die päpstliche Verwaltung alle Mühe, die Spreu vom Weizen zu trennen. Davon unbenommen läßt sich heute ein imponierendes Corpus von Verlautbarungen Alexanders VI. als über jeden Fälschungsverdacht erhaben deklarieren. Ob in der Form der Bulle, des Motuproprio oder des Breve: hier spricht – dem Texttypus entsprechend mit abnehmender Feierlichkeit – der Papst. Allerdings drückt er sich meistens in einer sehr gebundenen, formelhaften, von der Tradition seines Amtes diktierten Sprache aus. Doch auch die majestätischsten dieser Verlautbarungen lügen manchmal unverhohlen. Was soll man davon halten, wenn ein Borgia-Sprößling in der einen Bulle als Sohn Cesare Borgias, also als Enkel Alexanders VI., und in der anderen als dessen Sohn ausgegeben wird? Man muß kein brillanter Logiker sein, um festzustellen, daß nur eine Bulle die Wahrheit sagen kann.

Darüber hinaus hat Alexander VI. Briefe geschrieben, deren Echtheit außer Frage steht. Adressaten seiner Post waren naturgemäß diejenigen, welche ihm nahestanden: seine Mätressen und vor allem seine Kinder. Wie schon die Epistel Pius' II. zeigte, wandten sich Briefe damals häufig nicht nur an den Empfänger, sondern auch an ein breiteres Publikum. Dementsprechend waren sie von Floskeln durchsetzt, ja oft geradezu formelhaft geronnen. Das heiß begehrte Fenster nach innen, in die intimsten Winkel der «privaten» Persönlichkeit, öffnen sie daher gemeinhin nicht. Oder doch nur einen Spalt weit. So lesen sich die zwei Briefe, die Alexander VI. am 31. Juli und 30. November 1493 an seinen Sohn Giovanni, den damals frischgebackenen zweiten Herzog von Gandía, schrieb, über weite Strecken als die bekannte Mahnung zur Tugend an einen sehr jungen Mann, der dazu neigte, über die Stränge zu schlagen. Dabei nahm der Vater kein Blatt vor den Mund. Seiner hohen Würde und seiner Stellung als Sohn des Papstes uneingedenk, verlustiere sich der Herzog mit unzüchtigen Frauenzimmern – ein Gemeinplatz. Auf der anderen Seite vernachlässige er seine angetraute Gattin – auch das klingt konventionell. Doch kurz darauf wird man hellhörig. Giovanni, so der erzürnte Vater weiter, verweigere seiner Gemahlin die ganz spezielle Aufmerksamkeit, auf die sie ein verbrieftes Anrecht habe. Im Klartext: die Ehe war nicht vollzogen. Solange sie aber nicht vollzogen war, konnte sie aufgelöst werden. Wurde sie aufgelöst, war die enge Verbindung zum aragonesischen Königshaus in Gefahr. Bestand diese Nähe nicht mehr, konnte beim Tod des Papstes alles zusammenstürzen. Vaterliebe anno 1493 war die Sorge um den Rang der Kinder.

Auch die Lektüre der offiziellen Verlautbarungen birgt Überraschungen. So stößt man in einem Breve Alexanders VI. vom 21. November 1499 an die Stadtregierung von Florenz auf eine sensationelle Nachricht. Caterina Sforza, als Vormund ihrer Söhne aus der Ehe mit Girolamo Riario Stadtherrin von Imola und Forlì, habe, so der Papst,[3]

> gegen uns einen schändlichen Verrat, nämlich einen Giftanschlag, unternommen, vor dem wir uns, nachdem das Attentat entdeckt worden ist, mit Gottes Hilfe haben retten können – worüber Euer Botschafter demnächst mehr zu berichten wissen wird.

In der Tat: aus den Schreiben des florentinischen Gesandten gehen die Einzelheiten des Komplotts haarklein hervor. Zwei als Bauern verkleidete Soldaten hätten dem Briefpapier diverse Giftsorten beigemengt, so daß sich der Papst beim Öffnen die tödliche Substanz in die Finger reiben sollte. Bei der hochnotpeinlichen Befragung habe einer der beiden Mordgesellen den Namen der Auftraggeberin gestanden, um eine mildere Strafe zu erwirken.

So unbezweifelbar authentisch alle diese Schriftstücke auch sind, ob der Anschlag wirklich in die Wege geleitet oder aber von Alexander VI. zu Propagandazwecken erfunden wurde, läßt sich nicht mehr entscheiden. Zwar konnte man das Attentat der um das nackte Überleben kämpfenden Angeschuldigten ohne weiteres zutrauen. Andererseits war der Papst just zu diesem Zeitpunkt eifrig bestrebt, den Mitgliedern der Familie Sforza-Riario alle nur erdenklichen Schandtaten in die Schuhe zu schieben, um deren Absetzung als Vikare der Kirche zu rechtfertigen. Ein Giftmordversuch kam da wie gerufen. Vor diesem Hintergrund ist schwer vorstellbar, daß die tatkräftige Stadtherrin sich auf ein so riskantes Unterfangen eingelassen haben soll – und zudem auf ein so stümperhaft eingefädeltes. Fazit somit: Skepsis ist hochgradig angebracht, trotz päpstlichen Briefs und Siegels.

Damit ist die Frage nach der Glaubwürdigkeit diplomatischer Korrespondenz gestellt. Anno 1492 hatten die wichtigeren Staaten Italiens einen eigenen offiziell akkreditierten Botschafter – meist «orator», d.h. Redner, genannt – in Rom, die kleineren immerhin einen Geschäftsträger, der sie ebenfalls mit lebenswichtigen Nachrichten versorgte. Diese Beauftragten dienten oft mehreren Herren. Dementsprechend gelangten ihre Neuigkeiten an verschiedene Orte; waren sie sensationell, verbreiteten sie sich wie ein Lauffeuer. Dabei waren es nicht selten Nachrichten aus zweiter Hand. Während die Gesandten der Großmächte regelmäßig zur Audienz beim Papst empfangen wurden, mußten die Agenten der Kleinen mit den Brosamen vom Tisch der Informationen vorlieb nehmen. Um ihren Herren dennoch zu imponieren, neigten sie dazu, diese auszuschmücken, ja aufzubauschen. Auf diese Weise entstanden Gerüchte, die zu Hofklatsch wurden – oder dessen zumindest verdächtig waren.

So flehte Isabella d'Este, Marchesa von Mantua und berühmteste Kunstsammlerin der Zeit, 1502 ihren Gatten an, vor dem Gift Cesare Borgias auf der Hut zu sein. Der Marchese hatte soeben mit dem Sohn des Papstes Verbalinjurien ausgetauscht, die Rache des schwer beleidigten Nepoten war also zu erwarten. Doch ob der Anschlag nun geplant war oder nicht – vor allem spiegelte die Warnung ein Image wider. Wer Borgia sagte, dachte an tödliche Tränke und Ränke. Dadurch aber standen die Berichterstatter unter Erwartungsdruck: Die Auftraggeber wollten ihre Vorannahmen bestätigt sehen. Was wirklich geschehen war oder erfunden wurde, weil es ins Bild paßte, ist auf diese Weise immer schwerer zu unterscheiden. So meldete einer von Isabellas vielen Agenten am 13. August 1502 aus Pavia, daß ein Hofnarr König Ludwigs XII. von Frankreich Cesare Borgia, der den Possenreißer humorlos verprügelt hatte, mit dem Dolch in die Brust gestoßen habe. So viel Blut sei herausgespritzt, daß sich das weiße Wams des Nepoten tiefrot verfärbt habe. Fast meint man, das verzweifelte Aufstöhnen der Fürstin zu hören: Hätte der erzürnte Spaßmacher nur etwas tiefer gestochen – Italien wäre von seinem schlimmsten Alptraum befreit gewesen!

Doch auch gegenüber dieser Meldung ist Skepsis am Platz. Daß sie nur von einem einzigen angeblichen Augenzeugen berichtet wurde, muß nichts heißen. Ein so sehr auf seine Ehre bedachter Mann wie Cesare konnte an dieser Art von Publicity kein Interesse haben, mußte also bestrebt sein, den Vorfall – falls er sich zugetragen hatte – geheimzuhalten. Zudem ist reichlich bezeugt, daß der Sohn des Papstes keine Späße auf seine Kosten liebte. Andererseits wird der Bericht gerade dadurch verdächtig, daß er diesem Image allzu perfekt entspricht, ja geradezu ein Klischee bedient: Cesare wie er leibt und lebt. Noch suspekter ist die Moral der Geschichte. Sie lautet: Freche Parvenüs werden von Narren gezüchtigt. Wer sich von Hochmut gebläht dazu versteigt, über seinen Stand aufsteigen zu wollen, der stürzt schmachvoll ab. Hofnarren, die den Mächtigen den Spiegel vorhielten, spielten verkehrte Welt; in diesem Fall aber stellte die verkehrte Welt die wahre Weltordnung wieder her. Gerade der hochadeligen Isabella, deren Familie kurz zuvor zu einer Eheschließung mit den Borgia genötigt worden war, mußte diese Pointe gefallen. So ist die Erzählung wahrscheinlich zu eindrucksvoll, um wahr zu sein.

Soviel zu Dokumenten und Korrespondenzen! Jetzt sind die Zeitzeugen an der Reihe. Der erste Berichterstatter, den es aufzurufen gilt, präsentiert seine schriftlichen Darlegungen wie folgt:[4]

Verfaßt von Johannes Burckard aus Straßburg, Protonotar des Heiligen Stuhls, Kleriker der päpstlichen Kapelle und Zeremonienmeister, zu allen mit Zeremonien zusammenhängenden Geschehnissen und zu einigen anderen, die darüber hinaus gehen.

Das ist eine exakte Beschreibung seiner Texte. Die vielen Hefte von Burckards «Notizbuch» (Liber notarum) sind in der Tat überwiegend mit ausführlichen Schilderungen von Feierlichkeiten gefüllt. Der pompöse Empfang von Gesandtschaften, die aufwendige Ausrichtung von Hochzeiten und vor allem würdige Beerdigungen: das war sein Metier. Burckard war der Mann, den der Papst fragte, wenn er wissen wollte, was er bei welchem liturgischen Anlaß wann zu intonieren hatte. Um für solche Zweifelsfälle gerüstet zu sein, notierte der Experte für Formfragen minutiös, wie man bei Festen aller Art zu welchem Zeitpunkt verfahren ist und warum. Seine Aufzeichnungen sollten also eine Gedächtnisstütze für ihn selbst und ein Musterbuch für seine Nachfolger sein. In seiner Funktion als Zeremonienmeister hatte Burckard mit Alexander VI. nicht nur viel zu tun, sondern auch viel zu kämpfen. Denn dieser Papst liebte keine langen Kanzelreden; für ihn mußte alles sehr schnell gehen. Dem bedächtigen Elsässer widerstrebte diese Ungeduld. Riten brauchen nun einmal ihre Zeit, so seine Einschätzung. Darüber hinaus war Burckard dafür verantwortlich, am Jahresende den Personalbestand der päpstlichen Behörden zu notieren. Auch für die Disziplin war er zuständig. Wer bei großen Prozessionen unentschuldigt fehlte, dem zog er diese Abwesenheit vom Gehalt ab.

Kein allzu aufregender Beruf, so scheint es. Doch Zeremonien hatten damals einen höheren Stellenwert als heute. Burckard und seine Zeitgenossen konnten tagelang erbittert darüber debattieren, welcher Botschafter in der Papstmesse vor den anderen gehen und sitzen durfte. Auch das Leichenbegängnis der Großen war ein Spektakel, das die Gemüter bewegte: Fiel es prächtig genug aus – oder waren die Verwandten des Verstorbenen Geizhälse, die an schwarzen Tüchern und Sängern sparten? Burckard, der Protokollchef, stand also im Mittelpunkt der Aufmerksamkeit. Und er hielt nicht nur seine eigenen Inszenierungen, sondern auch die Gespräche mit seinem Dienstherrn, dem Papst, fest. Seine Aufzeichnungen spiegeln somit auch die täglichen Verrichtungen und deren Routine wider; gerade deshalb sind sie so lebendig. In ihnen öffnen sich Fenster besonderer Art; durch sie fällt kein Licht auf die große Politik, sondern auf die Gemütslage Alexanders VI., seine Launen, Gewohnheiten und Eigenarten. Im Gespräch mit seinem Zeremonienmeister gab er sich ungezwungener als gegenüber Diplomaten. Einen Pontifex maximus in Pantoffeln, der sein Innerstes nach außen kehrt, erlebt man dennoch nicht. Dazu war der Borgia-Papst zu wachsam.

Doch Burckards Beobachtungen erschöpfen sich mit diesen Impressionen aus dem Alltag nicht. Gerade weil die Mächtigen vor dem Zeremonienmeister die Türen schlossen, wenn sie Haupt- und Staatsaffären verhandelten, drängte es ihn zu wissen, was dort geschah. Zu diesem Zweck hatte er seine Informanten. Als solche fungierten selbst Kardinäle und Botschafter. Als Gegenleistung war ihnen beim nächsten Empfang ein Platz in der ersten Reihe reserviert. Natürlich sind diese Zeugnisse so glaubwürdig wie diejenigen, welche sie lieferten. Fazit: immer dann, wenn Burckard Nachrichten aus dritter Hand nachschreibt, ist Vorsicht am Platz. Doch auch diese Gerüchte haben ihren Aussagewert. Dann nämlich spiegelt der Liber notarum getreulich wider, was man am Tiber glaubt, hofft und fürchtet: ein Elsässer als Sprachrohr der Römer!

Dabei kommt naturgemäß die Einbildungskraft ins Spiel. Mit anderen Worten: Burckard hält für die Ewigkeit fest, welche unerhörten Ausschweifungen sich die kleinen Leute mit wollüstigem Kitzel in den Gemächern des Vatikans ausmalen. Und auch seine eigene Phantasie ist lebhaft. Zudem hat der Zeremonienmeister ein ausgeprägtes Faible für Skandalgeschichten des Typs «Sex and Crime». Kamen diese Geschichten nicht zu ihm, dann kam er zu ihnen. So machte er am Ende des Heiligen Jahres 1500 bei den Beichtvätern von St. Peter die Runde und notierte begierig, was sie an tolldreisten beziehungsweise haarsträubenden Episoden zu berichten hatten. Das war nicht gerade wenig; schließlich waren die SünderInnen aus aller Herren Länder ja nach Rom gekommen, um sich von ihren Verfehlungen lossprechen zu lassen: Mord, Inzest, Polygamie, und zwar in allen möglichen Kombinationen. Zum Kronzeugen für Orgien im Papstpalast sollte man Burckard daher nicht machen. Man tut ihm kaum Unrecht, wenn man ihm unterstellt, daß er gerne dabei gewesen wäre, sich in Ermangelung einer Einladung aber mit seiner Phantasie behilft. Doch das alles mindert den Aussagewert seines Notizbuchs nicht entscheidend. Glaubwürdig ist es vor allem dann, wenn es unscheinbare Begebenheiten festhält, ohne aus diesen weiterreichende Schlußfolgerungen zu ziehen. So wie in der folgenden Episode.

Ende November 1495 wollte der Regen im Einzugsgebiet des Tibers nicht mehr aufhören. Die unvermeidliche Überschwemmung im Dezember machte die römischen Gassen zu Kanälen. In solchen Fällen war eine Bittprozession unter Führung des Papstes angebracht. Und so erteilte Alexander VI. seinem Zeremonienmeister den Auftrag, ein dem Anlaß angemessenes Gebet zusammenzustellen. Das hieß für Burckard: Schlag nach bei Pius II.! Dieser Papst hatte in seinen späten Lebensjahren liturgische Gebrauchslyrik verfaßt, und zwar in feinstem Latein. So konnte Burckard dem Papst schon bald mit stolzgeschwellter Brust das Resultat seiner Recherche präsentieren. Zu seiner Verwunderung aber war dieser nicht einverstanden: diese Litanei auf keinen Fall! Ein neues Gebet mußte also her, und zwar schleunigst. Dessen Wortlaut ist ebenso wie die abgelehnte Version im Liber notarum notiert. Warum diese emotionale Reaktion des Papstes? Vergleicht man die beiden Texte, so sticht eine Differenz ins Auge. Die erste Fassung ergeht sich ausführlich in der Beschwörung unbegrenzter Kollektivschuld: Vater, wir haben gefehlt, wir haben gefrevelt, die Strafe der Überschwemmung ist mehr als verdient, hebe sie in Deiner unermeßlichen Gnade dennoch auf! Der Papst, der den Text anstimmt, klagt sich also als Sünder an. War es diese Selbstbezichtigung, die Alexander VI. so mißfiel? In der approbierten Fassung ist ebenfalls von gerechter Gottesstrafe die Rede, doch zurückhaltender, unpersönlicher. Oder hängt die Ablehnung des ersten Gebets mit altem Groll gegen den Verfasser oder dessen Familie zusammen? Seiner Abneigung gegen lange Predigten verlieh der Borgiapapst einmal mit einem charakteristischen Nachsatz Nachdruck: Diese Unsitte des humanistischen Wortgeklingels habe Pius II. an der Kurie eingeführt.

Aus einem völlig anderen kulturellen und sozialen Milieu als die in grobem Küchenlatein abgefaßten Notizen des Zeremonienmeisters stammt ein zweiter Haupttext, der den Pontifikat Alexanders VI. aus der Nähe schildert: Sigismondo dei Contis «Geschichte seiner Zeit von 1475 bis 1510». Aus der in Foligno beheimateten Adelsfamilie der Conti di Antignano gebürtig, ist der Autor ein Prototyp der ebenso gebildeten wie ehrgeizigen und vielseitig einsetzbaren kurialen Humanisten, die das intellektuelle Klima

Roms um 1500 bestimmten. Dabei erwies sich der – durch den Kauf eines Sekretäramts im gehobenen päpstlichen Verwaltungsapparat etablierte – Grafensohn als vielerlei Aufgaben gewachsen: diplomatischen Missionen, aber auch der Aufsicht über den Neubau der Peterskirche unter der Leitung des Architekten Bramante. Und nicht zuletzt war er einer der repräsentativen Historiker der Kurie. Humanistischen Grundregeln folgend, ist seine Geschichte nicht nur im elegantesten Latein verfaßt, sondern auch überwiegend auf Haupt- und Staatsaktionen ausgerichtet. Dem Würdigkeitsverständnis der antiken Historiker gemäß handelt sie von Unterredungen europäischer Souveräne, von Verträgen, diplomatischen Manövern vor und hinter den Kulissen und vor allem von Kriegszügen.

Glatt ist dieser wortgewaltige Text jedoch nur an der Oberfläche. Hinter den kunstvollen Satzgefügen klaffen Abgründe der Doppeldeutigkeit. Solange es geht, wird der Pontifikat Alexanders VI. schön geschrieben. So tritt der junge Cesare Borgia als ein wackerer Jüngling auf, der zu den kühnsten Hoffnungen berechtigt – und was der Tugendjargon der Antike sonst noch an lobenden Gemeinplätzen bereithält. Im ähnlichen Stil wird der Nepotismus Alexanders VI. anfangs durch Normen gerechtfertigt; alles ist letztlich Lohn für Leistung und Verdienst. Mit anderen Worten: die Fassade steht. Dann aber wird sie nach und nach unterminiert und schließlich eingerissen. Unterhöhlt wird sie dadurch, daß widersprüchliche Motive übergangslos aneinandergefügt werden. So berichtet Sigismondo ausführlich, welche schlimmen Gerüchte dem französischen König Karl VIII. über Alexander VI. zugetragen wurden. Diese werden dann zwar als üble Nachrede bezeichnet, doch wirkt diese knappe Ehrenrettung halbherzig. So aber bleibt der Gegensatz der Sichtweisen unaufgelöst. Und die Frage drängt sich auf: Wer hat recht? Etwas bleibt auf jeden Fall hängen.

Im weiteren Verlauf der Chronik steigern sich diese kunstvoll konstruierten Kontraste. Daß Alexander VI. die Orsini erbittert verfolgte, wird zum einen durch die Gier der Borgia erklärt, sich deren Besitzungen anzueignen – und unmittelbar darauf damit begründet, daß sich der Kirchenstaat gegen die Mitregierungsansprüche der Barone behaupten müsse. Was denn nun? Ehrgeiz der Nepoten oder Staatsräson? Beide Intentionen schließen sich aus. Am Ende des Pontifikatsberichts bleibt nur noch Hohn. Im August 1503, so der Chronist in salbungsvoll mitleidigem Ton, seien in

Rom die dicken Männer reihenweise gestorben. Das war ein schlechtes Vorzeichen für Alexander VI., der prächtig im üppig schwellenden Fleische stand – doch wie lange noch? Als er, in sorgenvolle Betrachtungen versunken, dem Begräbnis des jüngst verschiedenen Übergewichtigen zusah, fiel ihm ein toter Uhu vor die Füße. Ein übles Omen, habe Alexander VI. gemurmelt. Und eine Woche später war er tot. Sarkastischer kann man den Abgang des Mächtigen nicht inszenieren. Eine Eule am hellichten Tage? Sie ist ein Bote der Hölle, der dem Papst seinen baldigen Abgang in die Unterwelt ankündigt – so soll es der Leser verstehen. Denn dieser fettleibige Pontifex geht nie und nimmer durch das Nadelöhr ins Paradies. Vom bitteren Ende her interpretiert, stellt sich auch das Alexander VI. früher gespendete Lob als ätzender Spott dar. Angesichts der Übertretung aller Regeln blieb dem Humanisten nur blutige Ironie.

Was also darf man dem Grafensohn aus Foligno glauben? Späte Karrieresprünge machte er unter Julius II., vormals Giuliano della Rovere. Dieser war Sigismondos engagiertester Förderer unter den Päpsten und ist dementsprechend die Lichtgestalt seiner Geschichte. Deren Schwarz-Weiß-Zeichnung – schwarz für die Borgia, weiß für ihre Feinde – steht somit außer Frage. Doch das macht das Faktengerüst des Texts nicht von vornherein unglaubwürdig. Im Gegenteil: um wirkungsvoller anklagen zu können, müssen die Tatsachen unanfechtbar sein. Das gilt allemal für den Text eines kurialen Insiders, der im wesentlichen für seinesgleichen, d. h. für eine römische beziehungsweise italienische Elite schrieb. Sie würde Abweichungen vom tatsächlichen Gang der Ereignisse gewiß indigniert monieren. Dennoch bleibt die Frage der Fragen immer wieder zu stellen: Wo enden die Fakten, wo beginnt die maliziöse Erfindung?

Der dritte und letzte Einzelzeuge, den es in Sachen Alexanders VI. zu befragen gilt, heißt Marin(o) Sanudo. Dieser venezianische Adelige hat den Borgiapapst nie gesehen und ihn dennoch am lebendigsten überliefert. Drei Dutzend Jahre lang faßte er ab 1496 in seinem riesenhaften Staatstagebuch die Briefe der venezianischen Gesandten aus aller Herren Länder zusammen, auf das Wesentliche reduziert, so knapp wie möglich, so ausführlich wie nötig. Besonders einprägsame Dialogszenen werden im Wortlaut wiedergegeben. Wie in einem Brennspiegel verdichtet sich so, was die Botschafter der Serenissima nach Hause zu berichten hatten. Und das ist von allerhöchster Qualität. In der Genauigkeit der Beobachtung und dem Scharfsinn der daraus gezogenen Rückschlüsse kam den «Rednern» der Markusrepublik damals kaum jemand gleich. Beliebt in ihren Gastländern waren Europas Modelldiplomaten verständlicherweise nicht – sie sahen und wußten einfach zuviel. Doch Sanudo wußte noch viel mehr. Mit dem offiziellen Mandat des Rats der Zehn ausgestattet, war er tagaus, tagein in den Sitzungen aller wichtigen Räte und Gremien präsent. Und er schrieb auf, was und wie diskutiert, debattiert, votiert und dekretiert wurde. Deshalb sind seine Aufzeichnungen auch dann von höchstem Wert, wenn wie im Falle des letzten venezianischen Botschafters bei Alexander VI., Antonio Giustinian, dessen Depeschen im Original erhalten sind.

Sanudo war das lebende Gedächtnis der Republik. Und zugleich ein Mensch von Fleisch und Blut. Die Berichte der römischen Botschafter, die er genau wie die Depeschen aus Chios, Damaskus, Alexandria oder Innsbruck getreulich resümierte, machten ihm manchmal Angst. Je länger der Pontifikat Alexanders VI. dauerte, desto beunruhigter fragte er sich, was sich so viele fragten: Ob man unter diesem Papst überhaupt noch in den Himmel gelangen kann. Oder ob dieser Pontifex, was ja Brückenbauer heißt, nicht eher im Dienst der Gegenseite steht, um die Christen in hellen Scharen in die Abgründe der Hölle zu führen. So findet sich zwischen die diplomatischen Schriftstücke der Republik unversehens folgender Text eingefügt:[5]

> Luzifer, der ganzen Hölle König, Herzog des Hades und anderer Abgründe, entbietet seinem geliebten Sohn, Papst Alexander VI., seinen Gruß. Zu uns und unseren Statthaltern sind in den letzten Tagen, geliebtester Sohn, unzählige Seelen geströmt, und zwar mit lautem Heulen und Wehklagen, welche uns von deinen Sitten und deiner uns erwiesenen Treue wahre Wunderdinge berichten. So behaupten sie, nicht wegen ihrer Taten, sondern vielmehr durch deine Anleitung in unser Königreich gelangt zu sein ... Wir wissen diese Dienste um so mehr zu schätzen, als du, der Statthalter Christi auf Erden mit den Schlüsseln zu lösen und zu binden, an sich der anderen Seite verpflichtet bist – und dennoch so eifrig der Vermehrung unserer Untertanen zuarbeitest ... Petrus, der erste Papst, hatte eine Gattin, du aber hast deren mehrere, die dir viele Söhne und Töchter geboren haben, welche den ganzen Weltkreis zieren. Wir sehen mit Wohlgefallen, daß du des Gebots «Seid fruchtbar und mehret euch» eingedenk handelst, und hoffen in diesem Sinne, daß du alle dir anvertrauten Schafe zu unserer

Herde geleiten wirst. Binnen kurzem werden wir die Expedition des Antichristen ausrüsten und sind zuversichtlich, daß du ihm in bewährter Weise den Weg bereitest: auf daß er die ganze Herde der Christen bald den höllischen Reichen zuführen möge. Wenn du dich in diesem Sinne bewährst, werden wir dir bei uns einen Wohnsitz einrichten, wie ihn außer Judas noch niemand bekommen hat. Gegeben in der Unterwelt, am 1. Januar 1502.

Im hier ausgelassenen Mittelteil dieses teuflischen Breves, das die Sprache päpstlicher Schriftstücke perfekt imitiert, spricht Luzifer dem Papst sein Lob für dessen hervorstechende Regierungshandlungen aus: Simonie, Nepotismus, Ausschweifung, Kriege, Gewalt aller Art. Kirchenkritik in Form von Parodien, die Himmel und Hölle vertauschen, ist damals üblich. Und das Lachen über das abgrundtief Verworfene nimmt diesem manches von seinem Schrecken, gerade dann, wenn es zum Hohnlachen wird. Trotzdem drückt dieser komische Text Angst aus: Angst vor einem Papst, der das Böse mehr liebt als das Gute, und Angst vor dem Ende der Welt, das er herbeiführt. Sanudo gibt an, daß das Sendschreiben des Satans an seinen ergebensten Diener in Verona gefunden worden sei. Hat er es in Wirklichkeit selbst verfaßt? Man mag es dem nüchternen Buchhalter der Republik kaum zutrauen. Doch wer weiß? Angst verleiht Flügel.

Sanudo war nicht nur ein begnadeter Zusammenfasser fremder Texte, sondern auch ein guter Beobachter. Besonders eindrucksvoll sind seine Berichte von den Auftritten des päpstlichen Nuntius im Dogenpalast. Dieser Bote Alexanders VI. brachte die Entscheidungsträger der Republik mit seinen penetranten Forderungen in schwere Gewissensnöte: Treue kontra Staatsräson, so lautete ihr Dilemma. Sanudos knappe Abrisse dieser peinvollen Begegnungen machen das lastende Schweigen hörbar: Sollen wir unserem Vorteil folgen oder unser Wort halten? Ein Drama in Tagebuchform. Wie auf einer Drehbühne wechseln die Spielorte: Auftritt Alexander VI., Auftritt Nuntius, Auftritt Doge, Auftritt venezianischer Botschafter. Wer schlägt wen in der Kunst des Verhandelns? Verhandeln ist angewandte Psychologie. Wer simuliert und fingiert geschickter, wer durchschaut den anderen, wer läßt sich irreführen? Zieht man eine ebenso provisorische wie subjektive Bilanz, dann ging die große Partie zwischen Rom und Venedig unentschieden aus. Alexander VI. fand in den «Rednern» der Markusrepublik zumindest zeitweise ein ebenbürtiges Gegenüber.

Diese wurden also ihrem Ruf gerecht. Untereinander gleichwertig allerdings waren sie nicht. An Scharfsinn und Unbestechlichkeit des Urteils übertraf alle Girolamo Donato (Donà), der zwischen dem Herbst 1497 und dem Frühsommer 1499 seines Amtes am Tiber waltete und dort eine erregende Wendezeit erlebte. Für seine Standesgenossen an der Lagune und darüber hinaus für die Mächtigen ganz Italiens zählte das Urteil dieses als Humanist wie Mäzen gefeierten Patriziers wie kaum ein anderes. Dennoch muß sich auch ein Zeuge von dieser Qualität die unbequeme Frage gefallen lassen: Was darf man ihm, wenn es um Alexander VI. geht, glauben? Daß die Botschafter der Serenissima ihre Unterredungen mit dem Papst so wortgetreu notierten, wie es ihr geschultes Gedächtnis erlaubte, war eine Sache der Ehre: der Berufsehre, aber auch der Familienehre. Die Republik verließ sich auf ihre Berichte, ja sie gründete ihre Politik darauf; jede Weglassung oder Hinzufügung konnte verhängnisvolle Folgen haben. Die Gespräche der «Redner» mit dem Borgiapapst, die Sanudo, der große Registrator, verzeichnete, dürfen daher trotz zweier brechender Linsen als minutiös protokolliert gelten. Alexander VI., wie er redet, argumentiert, schmeichelt, droht, zürnt, bittet – hier ist er noch nach einem halben Jahrtausend lebendig. Also alles lautere Wahrheit?

Vorsicht, sagten die erfahrenen Diplomaten. Der Papst ist ein Menschenfischer der besonderen Art, er fängt mit den Netzen des Scheins. Wo aber waren die Grenzen von Schein und Sein? Ernst war es Alexander VI. – das erkannte Donato schnell –, wenn es um das Geschick seiner Familie ging, dann hatte es mit Scherz, Satire und Ironie ein Ende. Ja bei diesem Thema zeigte sich der ansonsten so scharfsinnige Papst nicht selten von einer schier unbegreiflichen Naivität. Kaum hatte er sich von Venedig die Auslieferung seiner Feinde ausbedungen, verfiel er in den Ton des liebenden Vaters: Die hochwohllöbliche Republik möge Cesare, seinem Augapfel, ihren starken Schutz und Schirm für alle Zeit angedeihen lassen. Dieser Papst, so nochmals Donato, dachte nicht in den Kategorien des «Wie du mir, so ich dir». Hier war seine Achillesferse. Oder war auch diese Gutgläubigkeit nur eine Finte?

Donato sagte nein, mit aller gebotenen Vorsicht. Denn die Indizien dafür, daß der Papst immer dann er selbst war, wenn die Zukunft seiner Lieben auf dem Spiel stand, waren erdrückend. Als Cesare im Winter 1498/99 in

Frankreich über das künftige Schicksal der Borgia verhandelte, fieberte Alexander VI. in Rom mit. Dabei erlitt er die Qualen des Wartens in einem Zeitalter langer Nachrichtenwege – so sehr, daß sich Ohnmachtsanfälle, Zornausbrüche und überraschende Geständnisse häuften. Das alles erlebte der Botschafter von der Lagune unmittelbar mit. Keine Post aus Chinon, wo Ludwig XII. und Cesare Borgia um den Abschluß des alles entscheidenden Pakts rangen: das hieß Verstimmung und vor allem Ungeduld. Schlechte Neuigkeiten, das bedeutete: Hadern mit den Verbündeten und abgrundtiefen Pessimismus, ja Verfolgungswahn. Hoffnungsschimmer provozierten plötzliche Vertraulichkeiten, ermutigende Informationen überströmende Dankbarkeit. Und die Nachricht vom Triumph erzeugte neue Begehrlichkeit.

Bei alldem war Alexander VI. ein Meister darin, sein Gegenüber urplötzlich in die Defensive zu drängen und so das Gespräch nach Belieben zu dominieren. Diese Taktik brachte er am virtuosesten zur Anwendung, wenn ihm die andere Seite seine Verfehlungen vorhielt. Vorwürfe nämlich hörte dieser Papst nicht gern. Deshalb erwehrte er sich ihrer, indem er sie anderen machte. Dafür war jedes Gerücht gut, notfalls wurde es selbst in Umlauf gebracht. So begann eine Unterredung nach der anderen: Herr Botschafter, ist es wahr, daß …? Der «Redner» konnte diese Unterstellungen noch so heftig bestreiten, er fand sich dessen ungeachtet in der Defensive wieder. Und wer sich entschuldigt, klagt sich bekanntlich an. Daher war es nur logisch, daß der Papst auf Anklagen Forderungen folgen ließ, durch deren Erfüllung die in die Enge getriebene Seite ihren guten Willen unter Beweis stellen sollte. Mit anderen Worten: in solchen Gesprächen werden wiederum Fenster aufgerissen. Und Licht fällt auf das, was den Pontifikat im Innersten zusammenhält: die Familie.

3.

MACHT UND OHNMACHT
(1492–1497)

Mit gebundenen Händen

Auf den Triumph folgte die Ernüchterung. Als die Girlanden des Krönungsfests verwelkten, traten die Hypotheken hervor, die auf der frisch gewonnenen Macht Alexanders VI. lasteten. Sie waren so hoch, daß die Herrschaft geradezu erborgt erschien. Zinsen zahlen mußte der Papst an Ascanio Sforza und seinen Bruder Ludovico in Mailand, und zwar in Form von Einfluß. Ascanio, der neue Vizekanzler, bestimmte die Auswahl der Amtsträger und die Richtlinien der Politik. Alexander VI. mußte sich fügen. Denn nur die Sforza boten ihm Schutz gegen die Umtriebe seiner Gegner. Die Verlierer des Konklaves nämlich legten nach und nach die Erstarrung der Niederlage ab und gingen zur Gegenwehr über, jeder auf seine Weise. Die Kardinäle Todeschini Piccolomini und Carafa verkündeten allenthalben die Schmach der Wahl und die Schande des Gewählten. Giuliano della Rovere hingegen organisierte handfesteren Widerstand. Auf dem Sprung ins Exil, war er noch stark genug, seinem Erzfeind Demütigungen zu bereiten. So lehnten die Kardinäle dessen Vorschlag rundweg ab, die von Franceschetto Cibo ohne Erlaubnis an die Orsini verkauften Kastelle Cerveteri und Anguillara im Norden Roms einer Seitenlinie der Sforza zu übertragen. Ihr nach der Beratung mit dem Papst im Konsistorium ausgesprochenes Veto hatte zwar keine juristisch bindende Kraft, doch dafür um so höheres moralisches Gewicht. Gerade ein durch die Umstände seiner Erhebung anfechtbarer Pontifex maximus wie Alexander VI. war gut beraten, sich über dieses Votum nicht hinwegzusetzen.

Unmittelbar nach dem Abstimmungstriumph verließ Giuliano della Rovere Rom fluchtartig, um sich in der festen Burg von Ostia, seinem Bistum, zu verschanzen. Von dort aus beherrschte er den Tiber, die Lebensader Roms. Ein Schuß seiner Kanonen, und die Getreideschiffe standen still. Eine Eroberung des starken Kastells aber war schwierig. Für Alexander VI. war sie sogar unmöglich, weil er kein Geld hatte, um Truppen anzuwerben. Griff er deshalb zu anderen Mitteln? In der Nacht vom 23. auf den 24. Februar 1493 drangen Bewaffnete in den Palast Della Roveres nahe bei dessen Titelkirche S. Pietro in Vincoli ein und ermordeten den Bischof von Aquila, der dort schlief. Burckard, der Zeremonienmeister mit dem Faible für ungelöste Kriminalfälle, vermutete eine Fehde unter Landsleuten; die Bewohner der Abruzzen hatten nicht den besten Ruf. Andere Verdächtigungen zielten auf den Papst und seinen «Vormund» Ascanio Sforza ab. Beide seien von ihren Spionen benachrichtigt worden, daß der Kardinal diese Nacht incognito in seinem römischen Domizil verbringen wollte; ihm und nicht dem Bischof habe also der Anschlag gegolten. Falls der Neffe Sixtus' IV. – so eine weitere Version – das Gerücht von seinem geplanten Kurzaufenthalt in der Ewigen Stadt gezielt in Umlauf gebracht hatte, wußte er jetzt, woran er war. Es sei denn, es waren doch «nur» die Abruzzenräuber.

Bedrohlich gestaltete sich auch die Lage im Süden Roms. Dort führte Verginio Orsini, der im wörtlichen wie übertragenen Wortsinn schwergewichtige Führer des mächtigen Baronalclans, im Dienste König Ferrantes einen Kleinkrieg gegen den Papst. Das angespannte Verhältnis zwischen Rom und Neapel verbesserte auch der ebenso feierliche wie zeitlich ausgedehnte Obödienzbesuch eines aragonesischen Prinzen im Winter 1492/93 nicht wesentlich. Kardinal Ascanio Sforza nämlich wachte mit Argusaugen darüber, daß dieses politische Liebeswerben nicht erwidert wurde. Dabei wäre Alexander VI. einem Entgegenkommen nicht abgeneigt gewesen, lockte Ferrante doch mit einem attraktiven Heiratsprojekt für die Familie Borgia. Doch noch galt: Ascanio locuto, causa finita, der Vizekanzler hatte gesprochen, die Sache war erledigt.

Und dieser war bestrebt, die Gunst des Augenblicks weiter zu nutzen. Kaum ein Tag verging, ohne daß sich der gepeinigte Papst neue Bündnispläne anhören mußte. Dabei war ihm wohlbewußt, daß alle diese Vorschläge darauf abzielten, ihn auf Dauer an die Sforza zu ketten. Wie konnte er sich dieser Umklammerung durch die übermächtigen Alliierten entziehen? Einen roten Hut für einen Neffen hatte das Konsistorium bisher noch keinem Papst verweigert; um so dringender war es, endlich einen Familienkardinal zu kreieren.

Am 31. August 1492 stimmten die Kardinäle der Erhebung von Juan Borgia-Lanzol zum Kardinal einhellig zu. Dieser Sohn von Rodrigos Schwester Juana war bislang kaum in Erscheinung getreten. Daran sollte sich auch in Zukunft kaum etwas ändern. Der Kardinal von Monreale, wie er nach seinem sizilianischen Erzbistum tituliert wurde, gehörte nur zum zweiten Kreis der Macht – im Gegensatz zu einem anderen Nepoten, der im selben Konsistorium zu einer hohen Würde gelangte. Denn noch ein weiteres Mal erwiesen sich die versammelten Kardinäle als großzügig. So wurde Cesare Borgia, dem siebzehnjährigen Sohn des Papstes, die kurz zuvor zum Erzbistum erhobene Diözese Valencia verliehen. Diese gehörte der Familie jetzt schon in der dritten Generation. Daß es damit nicht sein Bewenden haben würde, sondern ein Kardinalat nachfolgen würde, vermuteten die meisten Purpurträger. Ihre Erwartung trog sie nicht. Doch es dauerte noch mehr als ein Jahr, bis es soweit war. Alexander VI. ließ seinen Nepotismus langsam angehen. Offenbar war er davon überzeugt, Zeit zu haben. Auf seinen Familiensinn setzte nicht nur – vorerst vergeblich – König Ferrante von Neapel, sondern auch Ascanio Sforza große Hoffnungen. Der von ihm energisch betriebenen Heiratsallianz konnte sich Alexander VI. schließlich nicht mehr widersetzen.

Wahrscheinlich wollte er es am Ende auch nicht mehr. Der Spatz in der Hand zählt bekanntlich mehr als die Taube auf dem Dach – wenn man sich schon mit den Aragonesen in Neapel nicht verschwägern konnte, dann war ein Ehebündnis mit den Sforza die zweitbeste Lösung, zumindest einstweilen. Verhandlungsgegenstand auf seiten der Borgia war Lucrezia, die knapp dreizehnjährige Lieblingstochter des Papstes. Ihr Ehevertrag mit dem Bräutigam, Giovanni Sforza, dem Herrn von Pesaro aus einem Seitenzweig der Dynastie, war am 2. Februar 1493 unterschriftsreif aufgesetzt. Vorausgegangen waren zähe Verhandlungen mit harten Bandagen. Die Sforza pochten auf ihren Rang als regierendes Haus. Die Borgia konterten damit, daß Giovanni ein Vasall des Papstes, seine Herrschaft also von Rom abhängig sei. Am Ende setzten sie ihre Bedingungen weitgehend durch. Die Sforza brauchten diese Heirat dringender als die Nepoten – und bekamen sie.

Völlig beruhigt waren sie dennoch nicht. Vor allem Ascanio blieb wachsam. Denn er wußte nur zu gut, wie man diesen Papst in Versuchung führen konnte. Besser also, man doppelte nach. Und so schlug der Vizekanzler, einmal in Fahrt, gleich eine weitere nützliche Ehe vor. Der kleine Jofré Borgia sollte eine unehelich geborene Sforza-Prinzessin heiraten und Bologna als Herrschaftsgebiet bekommen. In den Augen Alexanders VI. war das ein typisches Sforza-Projekt: eigennützig und unrealisierbar. Bologna nämlich unterstand zwar de jure dem Papst, doch de facto dem Oberhaupt der Familie Bentivoglio, das hinter den Kulissen der Stadtrepublik die Fäden in der Hand hielt. Die Bentivoglio mußten also vertrieben werden, damit Jofré die Mitgift seiner Gattin erhielt. Wenn man Ascanio und Ludovico Glauben schenkte, war das kein Problem. Doch diese Träume blieben Schäume. Zum nützlichen Idioten der Sforza ließ sich Alexander VI. nicht machen.

Um so hektischer entwarf der Vizekanzler daher in Absprache mit seinem Bruder in Mailand neue Bündnisse auf höchster Ebene. Wie immer ging es um das eine: Ferrante von Neapel, der sich mit der Verdrängung seines Schwiegersohns Gian Galeazzo Sforza nicht abzufinden bereit war, in Schach zu halten, besser noch: in Angst und Schrecken zu versetzen. Da Florenz unter Piero de' Medici zu den Aragonesen hielt, blieb für eine solche Einschüchterungs-Allianz nur Venedig übrig – und natürlich der Papst, den die Sforza-Brüder ohnehin als zu ihrer freien Verfügung stehend betrachteten. In der Tat fügte sich Alexander VI. auch diesem Diktat. Am 25. April 1493, dem Tag des venezianischen Staatsheiligen Markus, verkündete er in dessen römischer Basilika feierlich den Tripelpakt. Legte man den Wortlaut zugrunde, so war seine Ausrichtung rein defensiv; vor allem dem Schutz des Papstes gegen Ferrante, den anmaßenden Vasallen im Süden, sollte das Bündnis dienen. Doch in Wahrheit waren die Absichten der Alliierten weitaus aggressiver. Eine Zusatzklausel nämlich legte die Axt an die Wurzeln der «Ruhe Italiens». Sie sah den Beitritt König Karls VIII. von Frankreich zur Liga vor, der seit seiner Thronbesteigung vor zehn Jahren von der Rückgewinnung des neapolitanischen Erbes der Anjou träumte und in letzter Zeit immer größere Entschlossenheit bekundete, sich diesen Herzenswunsch zu erfüllen. Die inneren Verhältnisse Frankreichs jedenfalls waren so weit konsolidiert, daß der Expedition nach Süden nichts mehr im Wege stand.

Als untergeordneter Partner zog Alexander VI. nur geringen Nutzen aus der Allianz – wenn überhaupt. Den Schutz gegen die Orsini, den ihm Mailand und Venedig versprachen, hatte er gegebenenfalls teuer zu bezahlen. Wenn die Markusrepublik nämlich in einen Krieg mit dem osmanischen Imperium verwickelt wurde – wofür angesichts der angespannten Lage alles sprach –, dann mußte ihr der Papst seine kostbarste Geisel ausliefern: Djem, den Bruder des regierenden Sultans Bajasid II. Der Prinz hatte sich vor geraumer Zeit nach Rhodos ins Exil abgesetzt, um der seidenen Würgeschlinge zu entgehen, die das Leben so mancher Thronprätendenten am Bosporus vorzeitig beendete, und war schließlich nach verschlungenen Tausch-Manövern an den Tiber gelangt. Auf den Festen der römischen Hautevolee war der melancholische Fürst mit seinem exotischen Turban ein gerngesehener Gast. Dessen ungeachtet stand er unter der ständigen Aufsicht der päpstlichen Polizei. Der Sultan zahlte nämlich gutes Geld dafür, daß dieser gefährliche Konkurrent seinen goldenen Käfig am Tiber nicht verließ. Nun aber lief Alexander VI. Gefahr, dieses lukrative Faustpfand aus der Hand geben zu müssen.

Kein Wunder also, daß sein Groll gegen den «Überpapst» Ascanio Sforza stetig zunahm. Dementsprechend sah König Ferrante seine Chancen steigen. Im Frühjahr 1493 legte er ebenso konkrete wie verlockende Angebote auf den Tisch. Einem der beiden Söhne Alexanders VI., Jofré oder Cesare – falls dieser den geistlichen Stand verließ –, winkte die Hand der schönen Prinzessin Sanchia, der natürlichen Tochter des Thronfolgers, sowie eine fabulöse Mitgift. Diese sollte aus verschiedenen Lehensherrschaften mit hohen Renditen nebst einer prestigeträchtigen Position am Hof bestehen. Schweren Herzens mußte Alexander VI. auch diese Offerte ablehnen.

Die Sforza wollten es so. Und ihr Wille zählte so uneingeschränkt, daß in den vatikanischen Korridoren das böse Wort von der Sforza-Diktatur die Runde machte. Im Sommer 1493 kam es so weit, daß Alexander VI. auf Wunsch Kardinal Ascanios ein Breve ausstellte, welches König Karl VIII. die rückhaltlose Unterstützung Roms bei einem Zug nach Neapel zusicherte. Dabei fürchtete der Papst nichts mehr als diese Intervention. Schließlich hatten sich am französischen Hof seine erbittertsten Feinde versammelt. Und ihre Einflüsterungen blieben nicht ohne Wirkung. Immer häufiger ließ der Monarch verlauten, daß er seines vornehmsten Amtes als treuer Sohn der Kirche walten und diese an Haupt und Gliedern reformieren werde. In Kurzform hieß das, an die Adresse Alexanders VI. gerichtet: Konzil und Absetzung.

Zwischen der Angst vor dem Italienzug Karls VIII., die die Sforza schürten, ihrem Druck und den Offerten Neapels war der Papst hin und her gerissen. Die nächste Initiative ergriff wiederum Ferrante. Er steigerte sein Angebot in immer verlockendere Höhen und machte zugleich unmißverständlich deutlich, daß der künftige Glanz der Borgia seinen Preis im Hier und Jetzt hatte: den Sturz Ascanio Sforzas. Zum sichtbaren Zeichen des Machtverlusts müsse dieser aus dem Vatikan ausquartiert und ein so verdienter Prälat wie Giuliano della Rovere wieder an seinen angestammten Platz im Herzen der Weltkirche zurückgeführt werden – nach dreieinhalb Jahrzehnten des politischen Umgangs mit fünf Päpsten beherrschte der König den salbungsvollen Jargon der Kurie perfekt. Sein Werben um die Borgia fachte den Aktionismus der Sforza weiter an. Ihr nächster Schachzug: Ungarn, Mailand, Rom und Frankreich sollten Ferrante, den Thronräuber, vom Vesuv vertreiben und dem legitimen Erben aus dem Hause Anjou zu seinem Recht verhelfen. Daß ein solches Universalbündnis und als dessen Folge die französische Expedition zustande kommen würde, hielten die wenigsten für möglich. Die italienischen Humanisten glaubten an die Geschichte als Lehrmeisterin des Lebens und verwiesen daher die Eroberung Neapels durch die Franzosen ins Reich der Einbildung. Ihr Argument: die letzten deutschen Herrscher, die als römische Könige die Kaiserkrone in Empfang nehmen wollten, hatten sich freies Geleit nach Rom erkauft, um nach der Zeremonie am Tiber schleunigst in ihre hinterwäldlerische Heimat zurückzueilen.

Kulturglanz blendete, und zwar die kulturelle Elite selbst am stärksten. Daß sich ein Barbar wie der französische König – triebhaft, roh und raffgierig – erdreisten könnte, den heiligen Boden der Halbinsel mit seinen Söldnern zu entweihen und sich dort auf einen aussichtslosen Kampf mit der höchsten Zivilisation auf Erden einzulassen, überstieg die Vorstellungskraft derjenigen, welche die öffentliche Meinung bildeten. Der Ruf nach Karl VIII. war für sie ein taktisches Geplänkel und allenfalls ein Spiel mit der Angst: Wer ließ sich einschüchtern, wer behielt die Nerven? Ernsthafte

Konsequenzen aber waren ihrer Ansicht nach nicht zu befürchten. Und so wiegte man sich in Sicherheit.

Aller Gegenintrigen ungeachtet, fühlten sich die beiden Sforza als Meister dieses Spiels. Einstweilen sahen sie sich in dieser Einschätzung bestätigt. Im Sommer 1493 nämlich hatten sie gleich zweifachen Grund zur Freude. Feiern durften sie zwei Hochzeiten, doch vor allem sich selbst. Am 12. Juni 1493 war es so weit: Giovanni Sforza heiratete Lucrezia Borgia. Ausgerichtet wurde das Fest vom Brautvater, dem Papst, mit einer Pracht, die den geladenen Gästen die Augen übergehen ließ und die innerkirchliche Opposition zutiefst verstörte. Beides war beabsichtigt. Kardinal Ascanio zeigte sich als der starke Mann am Tiber – und Alexander VI. machte unübersehbar deutlich, daß die leiblichen Nachkommen des Papstes mitgeadelt waren und mitregierten. Austragungsort der Familien-Festlichkeit nämlich war der Vatikan. Dabei waren Braut und Bräutigam nur kostbar gewandete Statisten. Als Objekte fremden Willens durften sie die Geschenke entgegennehmen, mit denen sich die edlen Spender selbst verherrlichten. Ascanio Sforza verehrte dem jungen Paar eine kostbare Anrichte mit noblem Geschirr: Becher, Teller, Tassen, selbstverständlich alles aus Edelmetall. Sein Bruder in Mailand steuerte Unmengen goldenen und silbernen Brokatstoffs sowie einen Diamant- und einen Rubinring bei. Sie waren die Ehe-Stifter, das blieb niemandem verborgen.

Die eigentliche Feier stellte selbst diese aufwendigen Gaben in den Schatten. Der Papst höchstpersönlich spendete den frisch Getrauten den Hochzeitssegen, umgeben von zwölf Kardinälen – wie Christus mit seinen Jüngern. Das nachfolgende Bankett hatte allerdings nichts von der Schlichtheit des Abendmahls. Daß in bunter Reihe – Damen neben Herren – getafelt und getanzt wurde, war auch durch verschlossene Türen hindurch unüberhörbar, ebenso, daß Komödien rezitiert und anzügliche Verse aufgesagt wurden. Den Rest dachten sich die Ausgeschlossenen. Er ist daher Legende. Die 150 Silberpokale, die Alexander VI. dem Paar geschenkt habe, seien – so der wollüstig empörte Senatsschreiber Infessura – würdig eingeweiht worden. Aus ihnen habe man 150 Damen aus der höchsten römischen Gesellschaft zur allgemeinen Erheiterung Wein ins Dekolletée geschüttet, während ihre Ehegatten draußen bleiben mußten. Nach nicht einmal einem Pontifikatsjahr hatten die Borgia keinen Ruf mehr zu verlieren. Der Phantasie waren deshalb keine Grenzen gesetzt, weil sie sich auf harte Fakten stützen konnte. Unter den römischen Aristokratinnen, die dem Fest beiwohnten, war nämlich auch die betörend schöne Giulia Farnese. Ihre Liaison mit dem vierundvierzig Jahre älteren Pontifex maximus war ein offenes Geheimnis. Denn der verliebte Papst tat nichts, um seine jüngste Eroberung zu verheimlichen. Im Gegenteil: für das Entgegenkommen Giulias und ihrer Familie sollte er sich schon bald eindrucksvoll erkenntlich zeigen.

Noch sensationeller war die zweite Eheschließung, welche die Sforza 1493 als Triumph verbuchen durften. Ihr Anlaß war der im Mai 1493 zwischen dem römischen König Maximilian und Karl VIII. von Frankreich geschlossene Friede von Senlis, der den Streit um das burgundische Erbe beendete. Dadurch hatte der französische Monarch die Hände endgültig für Italien frei. Aus der neapolitanischen Expedition konnte jetzt also unversehens Ernst werden. Das liebgewordene Spiel der Lockung und Drohung, das jetzt definitiv ein Spiel mit dem Feuer war, aufzugeben war der Herr von Mailand zwar nicht bereit. Doch suchte er eine Rückversicherung und fand sie in der Anlehnung an das Haus Habsburg. Zwischen Juni und August 1493 verhandelte der Enkel bescheidener Landleute mit dem großmächtigen Herrn Maximilian über ein Ehebündnis – und präsentierte dem staunenden Europa bald darauf dessen Abschluß. Der Habsburger, nach dem Tode seines Vaters Kaiser Friedrich III. am 19. August 1493 neues Reichsoberhaupt, sollte Bianca Sforza, die Tochter des 1476 ermordeten Herzogs Galeazzo Maria, heiraten.

Maximilian, das wußte alle Welt und am besten die große Schar seiner Gläubiger, war in chronischer Geldnot. Ihr konnte Ludovico Sforza abhelfen, zumindest kurzfristig. Er zahlte für diese Ehe die sagenhafte Mitgift von 400 000 Dukaten; die Habsburger ließen sich die Heirat mit den Parvenüs wahrhaft vergolden. Solche Summen warf das einstmals reiche Herzogtum Mailand längst nicht mehr ab. Zu viele einträgliche Lehen hatte Ludovico in letzter Zeit vergeben, um seine bröckelnde Macht zu kitten. Er mußte sich also den Großteil der Summe leihen, und zwar zu Wucherzinsen. Dennoch war er überzeugt, das Geld gut angelegt zu haben. Jetzt, so schien es, waren die Sforza ganz oben angekommen, an der Spitze der Kirche und des Reiches. Das war nicht völlig falsch, doch genauer müßte es heißen: Sie standen jeweils eine Stufe darunter. Auch zu Hause glaubte sich Ludovico am Ziel. In einer Zusatzvereinbarung hatte Maximilian die den Sforza bislang verweigerte Verleihung des Reichslehens Mailand versprochen. Und zwar ihm, Ludovico, nicht dem rechtmäßigen Herzog Gian Galeazzo. Daß der böse Onkel anstelle des bedauernswerten Neffen Herzog werden sollte, erregte in ganz Italien Aufsehen und Anteilnahme. Auch Ludovico hatte keinen Ruf mehr zu verlieren.

Das Doppelspiel der Sforza in Mailand und Rom wurde von diesen Triumphen weiter angetrieben. So ließ Kardinal Ascanio König Karl VIII. im Sommer 1493 unter dem Siegel der Verschwiegenheit ausrichten, daß Alexander VI. seinem Zug nach Neapel als Befreiung vom Terror Ferrantes sehnsüchtig entgegensehe. Natürlich war diese Nachricht frei erfunden, der Papst war nicht einmal gefragt worden. Seinen Zorn darüber, Marionette an den Fäden der Sforza zu sein, aber mußte er weiterhin verbergen. Sonst bestand die Gefahr, daß diese sich auf die Seite der Konzilsbefürworter schlagen und mit Ascanio einen aussichtsreichen Kandidaten für seine Nachfolge präsentieren würden. Wollte Alexander VI. nicht als Schattenpapst in die Geschichte eingehen, war es höchste Zeit, das Joch der Bevormundung abzuwerfen.

Befreiungsschläge

Die Gelegenheit dazu ließ nicht lange auf sich warten. Schon am 13. Juni 1493, am Tag nach der Hochzeit Lucrezias mit Giovanni Sforza, traf der aragonesische Prinz Federico d'Altamura in Rom ein. Was den Sforza recht war, war dem Haus Aragón billig. Schließlich hatte dieser Papst noch andere, unversorgte Kinder. Das Erfolgsrezept lautete somit wie gehabt: Nepotismus als Herrschaftsmittel, doch nicht zugunsten des Papstes, sondern der anderen. Wer in Rom Einfluß gewinnen wollte, mußte sich des Familiensinns Alexanders VI. bedienen. Die letzten Bedenken des zugleich begehrlichen und ängstlichen Pontifex maximus überwand eine Gesandtschaft, mit der die bislang auf der römischen Bühne weitgehend abwesende Großmacht Spanien auf den Plan trat. Isabella und Ferdinand, die Anfang 1492 den letzten maurischen Herrscher aus Granada vertrieben hatten, fühlten sich angesichts der französischen Eroberungspläne zur Unterstützung ihrer neapolitanischen Verwandtschaft aufgerufen. Mit dem Nimbus der erfolgreichen Glaubenskämpfer versehen, redeten sie ihrem Landsmann frank und frei ins Gewissen. Die gekaufte Würde, der fleischliche Verkehr mit jungen Römerinnen, die übermäßige Begünstigung der Verwandten, die unwürdige Abhängigkeit von den Sforza – keines dieser für Alexander VI. peinlichen Themen ließ ihr Botschafter aus.

Dieser Zangengriff von Drohung und Verlockung brach schließlich den Bann. Gerade einmal drei Monate nach dem Abschluß der Tripelallianz, die ihn unauflöslich an die Sforza binden sollte, vereinbarte Alexander VI. mit den Bevollmächtigten Ferrantes eine Doppelhochzeit. Jofré Borgia würde Sanchia von Aragón heiraten, Fürst von Squillace werden und dazu weitere Lehen erhalten, deren Erträge der vertraglich festgesetzten Jahresrente von 10 000 Dukaten entsprachen. Darüber hinaus sollte ihm ein ehrenvoller Platz in der engsten Entourage des Königs eingeräumt oder besser: angewiesen werden. Um es in der blumigen Sprache des Ehekontrakts auszudrücken: Jofré würde als lebendes Unterpfand der unverbrüchlichen wechselseitigen Zuneigung am neapolitanischen Hof verweilen. Im Klartext: er hatte als lebende Garantie für das Wohlverhalten seines Vaters zu dienen. Wir geben, damit du gibst – dieses Motto galt auch für das zweite Heiratsprojekt. Isabella und Ferdinand erklärten endlich ihr Einverständnis dazu, daß Giovanni Borgia der zweite Herzog von Gandía wurde und Maria Enriquez, die Witwe seines Halbbruders, heiratete. Der Preis, den Alexander VI. für die Erfüllung dieses Herzenswunsches bezahlte, war immens und kostete ihn zugleich nichts: Bei der Aufteilung der von Columbus entdeckten Weltgegenden kam der spanische Papst «seinen» Souveränen weit entgegen, zum Nachteil Portugals. Mit anderen Worten: die Größe der Borgia war einige Längengrade wert. Wie von Zauberhand verwandelten sich jetzt Rebellen in geliebte Söhne des Papstes. Denn natürlich vergaß Ferrante auch seine treuen Alliierten nicht. So wurde Don Verginio Orsini, der mächtige General des Monarchen und ungekrönte Kleinkönig im Niemandsland zwischen Rom und Neapel, in Gnaden wieder aufgenommen. Nach der Zahlung von 35 000 Dukaten durfte er sogar die umstrittenen Kastelle Cerveteri und Anguillara behalten. Selbst der abtrünnige Kardinal Giuliano della Rovere wurde unversehens der väterlichen Liebe Alexanders VI. versichert – falls er als verlorener Sohn reumütig zurückkehrte. Doch so billig war die Versöhnung mit einer Persönlichkeit von so hochfahrendem Charakter nicht zu erkaufen. Statt dessen stellte der Nepot Sixtus' IV. Bedingungen: er oder ich. Entweder verläßt Ascanio Sforza den Vatikanischen Palast, oder ich komme nicht. Diese Maximalforderung war selbst für den jetzt so leutseligen Alexander VI. unannehmbar. Doch glaubte die Gegenseite Bedauern aus seiner Ablehnung herauszuhören. Sie schien nach einem «noch nicht, aber wahrscheinlich später» zu klingen.

Viel Zeit zur Freude über die erzielten Teilerfolge war dem Papst nicht gegeben. Kurz nach dem Abschluß des römisch-neapolitanischen Heirats- und Freundschaftspakts nämlich traf die Gesandtschaft König Karls VIII. von Frankreich in Rom ein. Sie verlangte kategorisch, daß Alexander VI. ihrem Monarchen als Erben der Anjou das Königreich Neapel verleihen sollte. Doch dieses Ansinnen hatte sich durch das herzliche Einvernehmen zwischen den Borgia und Ferrante von selbst erledigt. Mehr als unverbindliche Zusicherungen brachten die Botschafter daher nicht nach Frankreich zurück: Alexander werde alle Rechtstitel eingehend prüfen und beiden Seiten dann seinen Bescheid zukommen lassen. Was man darauf geben konnte, war klar: nichts. Beim Aufbruch der Gesandtschaft am 9. August 1493 fielen deshalb harte Worte: Karl VIII. werde sich sein höheres Recht schon zu verschaffen wissen. Nicht weniger brüskiert als der Monarch waren die Sforza-Brüder. Hatten sie dem König doch durchgehend suggeriert, daß sie Alexander VI. an der kurzen Leine hielten. Und jetzt diese Wende!

Der Eklat aber folgte einige Tage später. Ende August 1493 erhielt Kardinal Ascanio tatsächlich den Räumungsbefehl: Er möge sein Domizil aus dem Vatikan in seinen Amtssitz als Vizekanzler verlegen! Der Papst, so schien es, hatte sich der Gegenseite in die Arme geworfen, er zappelte jetzt an der Leine Giuliano della Roveres. Dieser nämlich rühmte sich unverhohlen, die Ausqartierung seines Rivalen angeordnet zu haben. Der ausmanövrierte Vizekanzler zog sich daraufhin in seine Herrschaft Nepi zurück, tödlich beleidigt, wie es schien. Was für ein Affront für die stolzen Sforza! Ludovico schäumte vor Wut – die Ehre der Familie war befleckt!

Doch zu so viel Aufregung bestand keine Veranlassung. Das vermeintliche Drama war zumindest überwiegend eine Farce und zwischen den beiden Hauptakteuren abgesprochen. Ascanio Sforza war von Alexander VI. über dessen Annäherung an Neapel nicht nur ständig unterrichtet, sondern auch von deren Notwendigkeit überzeugt worden. Dieses Einvernehmen setzte schließlich nicht nur der Gefährdung Roms von Süden her ein Ende, es ließ auch Hoffnungen auf einen ähnlichen Interessenausgleich zwischen Ferrante und Mailand aufkommen. Zu einem solchen Schritt, so schien es, würde der König jetzt unter bestimmten Voraussetzungen bereit sein. Die Aussicht – und war sie noch so vage –, diese schwärende Wunde der italienischen Politik zu heilen, rechtfertigte die Inszenierung einer solchen Posse allemal. Allzu große Erwartungen hegte Ascanio Sforza allerdings nicht. Deshalb weihte er seinen Bruder gar nicht erst ein, sondern ließ diesen sein Werben um Karl VIII. fortsetzen. Lenkte Ferrante nicht ein, dann trat eben ein alternativer Plan in Kraft. Er zielte darauf ab, mit Hilfe des französischen Königs die aragonesische Dynastie in Neapel zu stürzen und nach der Absetzung Alexanders VI. den Vizekanzler zum Papst wählen zu lassen. Ludovico seinerseits wiederum favorisierte zumindest zeitweise – und zwar immer dann, wenn er einen kühlen Kopf bewahrte – eine dritte Variante. Er wollte mit der permanenten Drohung des französischen Italienzugs Ferrante und seine potentiellen Nachfolger in Schach halten, ohne die militärische Intervention blutigen Ernst werden zu lassen. Übermannte ihn hingegen die Angst oder vielmehr der Zorn – und das geschah nicht selten –, dann neigte er der gewaltsamen Lösung Ascanios zu. Selbst für gewiefte Diplomaten wurde es schwierig, in diesem Verwirrspiel zwischen Schein und Sein zu unterscheiden. Ja sie fragten sich immer besorgter, ob die Fädenzieher selbst den Überblick behielten. Verdacht und Mißtrauen entfalteten vor diesem Hintergrund eine unheimliche Eigendynamik.

Doch auch wenn sich am Horizont dunkle Wolken auftürmten, der Mann des Augenblicks hieß Alexander VI. Mit einem Schlag hatte er im Sommer 1493 Beachtliches erreicht: den sozialen Aufstieg der Borgia in Italien und Spanien, die Zurückdrängung des «Überpapstes» und nicht zuletzt eine wesentliche Schwächung der Kardinalsopposition. Dieser nämlich war in Gestalt Ferrantes ihr eifrigster Protektor abhanden gekommen. Auch der ambulante Unruheherd namens Giuliano della Rovere war jetzt eingedämmt. So stand dem nächsten großen Coup, der Erhebung neuer Kardinäle, und zwar gleich als Zwölfergruppe, so gut wie nichts mehr im

Wege. Widerspruch gegen diese Herabwürdigung des roten Huts zur Dutzendware äußerte im Vorfeld der Erhebung nur der Kardinal Oliviero Carafa. Die anderen Vertreter der Gegenkirche hatten resigniert. Am Ende dokumentierte auch Carafa seinen Dissens wie sie: durch Abwesenheit im entscheidenden Konsistorium.

Sein ohnmächtiger Einspruch hatte hellsichtig einen einschneidenden Wandel diagonstiziert, den er und seine Gesinnungsgenossen zutiefst mißbilligten. Die Kandidaten, die jetzt ins Heilige Kollegium berufen werden sollten, verkörperten einen neuen Typus des Kirchenfürsten, welcher das Papsttum ins Verderben stürzen mußte. Denn diese meist noch sehr jungen Kardinäle betrachteten ihr Amt als eine Investition, die sich zu rentieren hatte. Zur Treue verpflichtet aber fühlten sie sich nicht dem Papst, geschweige denn der Kirche, sondern nur dem einflußreichen Protektor gegenüber, der ihnen diese Gelegenheit zur Geldanlage zwecks Aufstieg an der Kurie geboten hatte. O tempora, o mores – die alten Kardinäle verstanden diese niedergehende Welt nicht mehr. Noch schlimmer, ja geradezu eine Verhöhnung ihrer Ideale war, daß diejenigen, welche de facto mit den Traditionen brachen, deren Werte kühl berechnend für sich in Anspruch nahmen. So ließ es sich Kardinal Ascanio Sforza nicht nehmen, Carafa im Konsistorium der Sünde der superbia, des Hochmuts, zu zeihen: Ein einfacher Kardinal wagte es, sich der von Seiner Heiligkeit in ihrer unergründlichen Weisheit vorgenommenen Belohnung der Würdigsten zu widersetzen! Diese Empörung war geheuchelt. Der Vizekanzler wußte selbst am besten, nach welchen Kriterien die Kandidaten ausgewählt wurden: nach Geld, Gunst und Gefügigkeit.

Die Kardinäle, welche die Erhebung ihrer neuen Kollegen und den Pontifikat insgesamt ablehnten, doch keine offene Widersetzlichkeit wagten, hatten vorher ein positives Blankovotum abgegeben und sich dann mit vorgeschobenen Entschuldigungen gleichfalls verabschiedet. Auf diese Weise waren gerade einmal acht Purpurträger anwesend, als Alexander VI. am 20. September 1493 das Ergebnis der hart umkämpften Selektion präsentierte. Unerwarteterweise wagte dann doch einer der Anwesenden, Domenico della Rovere, ein Nepot Sixtus' IV. aus dem zweiten Glied, Widerworte: Zu viele rote Hüte gingen an Kandidaten der europäischen Fürsten, dadurch würden die Interessen der Kirche geschwächt. Die unerwartete Kritik war durchaus nicht unberechtigt – so erhielt der gerade einmal fünzehn Lenze zählende Ippolito d'Este, seines Zeichens Sohn des Herzogs von Ferrara, aus rein politischen Gründen den Purpur – und lenkte zugleich vom eigentlichen Skandal ab. Dieser nämlich hieß Cesare Borgia. Es war also eingetroffen, was viele hatten kommen sehen: Ein Sohn des Papstes wurde Kardinal. Das war ein Novum, das schwere Befürchtungen weckte, und zwar nicht nur bei den Vertretern der Gegenkirche. Reichte der Familiensinn Alexanders VI. so weit, daß er das Papstamt erblich machen wollte? Und wenn ja, mit welchen Mitteln? War die Erhebung des Achtzehnjährigen der erste Schritt in diese Richtung? Die tiefste Besorgnis aber erregte Cesare Borgias Charakter. Nicht, daß es dem Sohn des Papstes an markanten Eigenschaften gebrach, ganz im Gegenteil. Seine Vorlieben lagen offen zutage: Stiere töten und Pferde abrichten, um nur zwei seiner hervorstechendsten Leidenschaften zu nennen. Ob sich dieser wilde junge Mann unter das milde Joch des geistlichen Standes spannen lassen würde, erschien somit mehr als zweifelhaft.

Um zumindest einen Teil dieser Bedenken zu zerstreuen, ließ Alexander seinen Sohn nochmals vom Makel der außerehelichen Geburt freisprechen, und zwar gleich doppelt, nämlich in zwei auf den Tag vor der Kardinalspromotion datierten Urkunden. In der ersten wurde Cesare als Sohn von Vannozzas erstem Ehemann ausgegeben, während ihn das zweite Dokument zutreffend als Sprößling des Kardinals Rodrigo Borgia bezeichnete und als solchen zugleich legitimierte. Das Doppelspiel war mit Sicherheit rein taktischer Natur. Memento 1458, dürfte die Devise gelautet haben. Vermutlich war das erste Diplom für den schlimmsten aller Fälle vorgesehen – wenn nach dem Tode Alexanders VI. dessen Familie der haßerfüllten Verfolgung anheimfallen sollte. Restlos zu überzeugen vermag diese Erklärung allerdings nicht. Denn täuschen konnte man mit dieser zwar echten, doch unwahren Urkunde niemanden. Schließlich nannte Alexander VI. Cesare bei jeder passenden und unpassenden Gelegenheit seinen lieben Sohn.

Warum erhielt ausgerechnet der Nepot den roten Hut, der weit eher zum Kriegsmann und Fürsten taugte? Die simpelste Antwort lautet: weil sowohl Giovanni als auch Jofré bereits per Ehekontrakt gebunden waren. Doch diese Rollenverteilung hatte Alexander VI. schließlich selbst vorgenommen. Ihr lagen weitreichende Überlegungen zugrunde. Der Papst und seine Familie befanden sich ungeachtet der jüngsten Befreiungsschläge weiterhin in der Defensive; der Kampf um die Behauptung im Amt war noch keineswegs gewonnen, schlimmer noch: manches sprach dafür, daß er noch kaum begonnen hatte. Den mit Abstand tatkräftigsten seiner Söhne im Senat der Kirche zu plazieren, war somit eine elementare Schutzmaßnahme: gegen die Kardinals-Opposition zu Lebzeiten, doch vor allem für die Zeit nach dem Ende des Pontifikats, wenn es für seine Nepoten um alles oder nichts gehen würde. Wer, wenn nicht Cesare, sollte die Gefolgschaft der Familie zusammenhalten und die Wahl eines genehmen Nachfolgers durchsetzen? Daß solche Überlegungen ausschlaggebend waren, zeigte sich fünf Jahre später – als der Sohn des Papstes den Purpur wieder ablegte. Zu diesem Zeitpunkt nämlich gingen die Borgia in die Offensive, Cesare, der Eroberer, war also gefordert. Im September 1493 war seine Erhebung zum Kardinal überdies eine weitere Probe aufs Exempel. Wenn man in so schwierigen Zeiten eine so anstößige Ernennung durchsetzen konnte, dann mußte künftig unter günstigeren Umständen noch viel mehr möglich sein.

Dieselbe Funktion, die Hausmacht der Borgia am Tiber zu festigen, erfüllten zwei weitere rote Hüte. Giuliano Cesarini entstammte der Sippe, mit der Alexander VI. durch seine Tochter Gerolama verschwägert und auch anderweitig seit längerem verbunden war. Und der 25jährige Alessandro Farnese konnte das Verdienst für sich beanspruchen, der Bruder der schönen Giulia, der Mätresse des Papstes, zu sein. Sein Kardinalat war also eine Art Liebeslohn. Solchen empfing auch der Ehemann der Geliebten, Orsino Orsini. Für die ihm aufgesetzten Hörner wurde er mit regelmäßig erneuerten und stetig höher bezahlten Soldführerdiensten reichlich entschädigt. So herrschte allenthalben eitel Harmonie, zumindest so lange, wie die berückend schöne Schwester des Kardinals den Bogen nicht überspannte. Als sie die Verliebtheit des Papstes jedoch dazu benutzte, für ihren Bruder lukrative Ämter zu erpressen, zog Alexander VI. 1494 einen Schlußstrich – Einfluß auf seine Regierungshandlungen durften seine Gespielinnen nicht gewinnen. Allerdings war diese Trennung aus Staatsräson vorläufig, denn sieben Jahre später wurde Giulia, la bella – wie sie die Römer bewundernd nannten – nochmals seine Mätresse. Von den Juwelen, die ihr der Papst schenkte, konnte sie bis zu ihrem Tod 1524 glänzend leben.

Zwei weitere Kardinalate wiesen genau die amtsbezogene Herrschaftsfunktion auf, welche den bislang genannten fehlte. So hatte sich Gian Antonio Sangiorgio aus Pavia weder durch vornehme Abstammung noch durch Verwandtschaft oder die Protektion auswärtiger Souveräne, sondern als rechte Hand des Kardinals Rodrigo Borgia in den verzwicktesten Geschäften der Kurie, speziell kanonistischen Zweifelsfällen, profiliert. Aus ähnlichen Gründen erfolgreich verlaufen war die Karriere von Bernardino Lonati, Ascanio Sforzas Chefberater, dessen Erhebung das wichtigste Zugeständnis an den ungeliebten Verbündeten darstellte. Die restlichen sieben Kardinalshüte, die am 20. September 1493 vom überwiegend servilen Rumpfkonsistorium approbiert wurden, lassen sich als Werbegeschenke respektive Ergebenheitsbekundungen an die Adresse der europäischen Hauptmächte klassifizieren. Jean Villiers de la Groslaye, der Abt von St. Denis, verdankte den Purpur Karl VIII. von Frankreich; Bernardino Carvajal, der Bischof von Cartagena, war ein Protégé Ferdinands von Aragón. Maximilian I. setzte die Erhebung seines Günstlings Raymond Péraud (Peraudi), des Bischofs von Gurk, durch, der in der Folgezeit als «Deutschlandexperte» der Kurie tätig war und als solcher diverse Ablaßoperationen abzuwickeln hatte. Die Ernennung Friedrich Kasimir Jagiellos, des Bischofs von Krakau, sollte das Wohlwollen des polnischen Königs gewinnen. Das Kardinalat für Ippolito d'Este hingegen war wiederum ein Punkt für die Sforza; der Vizekanzler hatte sich für den Sohn des Herzogs verwendet und strich dementsprechend das Kapital der Dankbarkeit ein. Mit Domenico Grimani schließlich nahm ein vierter Venezianer im Senat der Kirche Einsitz. Seine Qualifikation für das hohe Amt war vor allem seine finanzielle Liquidität.

Denn mit Ausnahme Cesare Borgias hatten die neuen Kardinäle, auch die Kandidaten der Könige, für die ihnen verliehene Würde zu zahlen. Offiziell wurden die Transaktionen als freiwillige Unterstützungsleistungen zur Finanzierung des Türkenkriegs ausgegeben. Doch damit täuschte man niemanden. Ein roter Hut als Belohnung für politisches Wohlverhalten war nichts Neues; Innozenz VIII. schließlich hatte den Purpur verliehen, um eine Nepotenhochzeit zu untermauern. Man war also in Rom in dieser Hinsicht an einiges gewöhnt. Die Vergabe von Kardinalaten gegen Geld, Alexanders VI. ureigene Erfindung, war dennoch ein Tabubruch. Dem entsprachen die ausgehandelten Zahlungsmodalitäten. Die Hälfte des vereinbarten Preises – je nach Zahlungsfähigkeit des Käufers zwischen 15 000 und 30 000 Dukaten – war in bar, der Rest in Juwelen oder Kreditbriefen zu entrichten. So sollte es Alexander VI. auch in Zukunft halten. Mit dem Unterschied, daß er auf die ohnehin halbherzige Verschleierung schon beim nächsten Mal verzichtete.

Bei so vielen Siegern stachen die Verlierer um so krasser hervor. Luigi von Aragón, der Kandidat König Ferrantes, ging leer aus. Trotz des frisch besiegelten Verschwägerungspakts – so die Absicht des Papstes – durften die Träume am Vesuv nicht in den Himmel wachsen. Nach außen gab sich Alexander VI. allerdings jovial: Der König sollte doch bitte Verständnis dafür haben, daß die Öffentlichkeit respektive das Kardinalskollegium Zeit brauchte, um sich an das herzliche Einvernehmen zwischen Rom und Neapel zu gewöhnen. Das konnte man immerhin als ein vages Versprechen für die Zukunft auslegen. Trostlos hingegen war jetzt die Lage Giuliano della Roveres. Die Erweiterung des Kardinalskollegiums hatte seine Feinde gestärkt, seine Anhänger geschwächt und seinen Einfluß an der Kurie insgesamt gravierend geschmälert. Auf die fatale Lage reagierte er mit Wutanfällen und erneutem Exil. Die Kardinäle der Opposition hingegen gingen in die innere Emigration. Dreizehn Monate nach der Wahl Alexanders VI. stand die Kirche am Rande der Spaltung.

Ascanio Sforza aber wertete die Zwölfererhebung als Erfolg. Zwar hatte er nur zwei Wunschkandidaten durchgesetzt, doch gelang es ihm, die Kardinäle Cesarini und Farnese durch Heiratsprojekte an sein Haus zu binden. Sollte Alexander VI. jetzt das Zeitliche segnen oder anderweitig seines Amtes verlustig gehen, dann würde Ascanio fast sicher sein Nachfolger werden. Und auch von Mailand her brach nochmals Glanz über die Sforza herein. Ludovicos Investitur mit dem Reichslehen Mailand war endgültig unter Dach und Fach, auch wenn sie erst ein Jahr später, am 8. Oktober 1494, rechtskräftig wurde. Die bittere Farce der Ausquartierung war vergessen. Die Sforza – so schien es nicht nur ihnen selbst – standen auf der Höhe ihrer Macht.

Am Abgrund

Und sie wollten den süßen Becher des Triumphs bis zur Neige leeren. Anstatt sich mit dem Erreichten zu bescheiden, setzten die Brüder in Mailand und Rom auf weitere Expansion. Mehr denn je zeigten sie sich bestrebt, die Gunst des Augenblicks zu nutzen und den unversöhnlichen Feind am Vesuv endgültig zu entmachten. Das probate Mittel zu diesem Zweck blieb weiterhin der Italienzug Karls VIII. Dieser – so die hochgesteckte Erwartung – würde für die ihm erwiesene Unterstützung reichlich Dank abstatten, nicht zuletzt bei der Neubesetzung des Throns Petri. Schönes neues Italien, von Frankreich und den Sforza für immer befriedet und durch das Wohlwollen des Reichsoberhaupts Maximilian zusätzlich geschützt: Dieses Szenario mußte Alexander VI., der jetzt immer mehr zur Randfigur der großen Politik wurde, Alpträume verursachen. Doch hatte er der sich abzeichnenden Koalition Frankreichs und Mailands wenig entgegenzusetzen. Seine Pläne, eine nationale Abwehrfront gegen den fremden König zusammenzubringen, nahm niemand mehr ernst. Die Tage von Lodi waren lange vorbei. Es lebe das gesunde Eigeninteresse, so lautete das politische Motto der Gegenwart.

Wie wenig Alexander VI. jetzt noch in die Waagschale der Machtpolitik zu werfen hatte, zeigte sich am Umgangston Ascanio Sforzas. Auf die Bitte des Papstes, die Chancen für eine Aussöhnung der Sforza mit Ferrante nochmals auszuloten, reagierte er mit einer brüsken Ablehnung, die nicht einmal mehr die elementaren Formen der Höflichkeit wahrte. Der so unsanft Abgewiesene aber nahm diese Antwort dennoch nicht für bare Münze. Statt dessen hielt er sie für eine weitere Finte im Nervenkrieg: Kommt der französische König nun oder kommt er nicht, und wenn ja, wann, auf welchem Weg und mit wieviel Truppen? Fast ein Jahr lang folgten die widersprüchlichsten Nachrichten und Manöver aufeinander. Dabei wurde mit allen Mitteln der Propaganda und der Gewalt operiert. Propaganda oder Gewalt: diese Frage stellte sich akut, als im Herbst 1493 die Nachricht die Runde machte, ein Attentat der Orsini gegen Ascanio Sforza sei in letzter Minute fehlgeschlagen. Ob gezielt ausgestreutes Gerücht oder tatsächlich geplant – die Sforza-Brüder glaubten nicht nur an die mörderische Absicht ihrer Feinde, sie verorteten auch den Auftraggeber des Anschlags in Neapel. Diesen zu vernichten erschien ihnen daher mehr denn je als ein Akt der legitimen Notwehr.

Bei all dieser Hektik herrschte in Rom abseitige Stille. Die Ewige Stadt befand sich im toten Winkel der Nachrichtenströme. Und darüber war Alexander VI., der in guten Zeiten so virtuos die Informationshoheit für sich zu nutzen verstand, zutiefst beunruhigt. Zudem waren manche Meldungen schlimmer als gar keine – dann nämlich, wenn sie die Kommunikationskanäle der Sforza durchlaufen hatten und als verunreinigt, wenn nicht vergiftet zu betrachten waren. Noch schlimmer: der Vizekanzler traktierte den verunsicherten Alexander VI. mit Zuckerbrot und Peitsche. Das Lockmittel bestand darin, ihm Hilfe im Kampf gegen die Orsini anzutragen, in deren Besitzungen und Herrschaftsrechte die Borgia einrücken sollten. Das Druckmittel hingegen waren gezielt mitgeteilte Schreckensnachrichten. Waren diese echt, aufgebauscht oder gänzlich erfunden? Nach jeder Verabreichung neuer Informationshäppchen schwankte der Papst zwischen bangen und hoffen. Genau diese Verunsicherung war beabsichtigt. So ließ es sich Ascanio Sforza nicht nehmen, dem verängstigten Papst haarklein zu berichten, was Karl VIII. alles mit ihm vorhabe. Nach dem Triumphzug des Königs nach Neapel werde für den Papst der Tag des Gerichts anbrechen: Konzil, Absetzung, Schande und Gefangenschaft. Abzuwenden sei diese Katastrophe nur, wenn Alexander VI. den französischen Monarchen mit der längst fälligen Verleihung der neapolitanischen Krone versöhne.

Diese Wendung ließ aufhorchen – und zarte Hoffnungen sprießen. Die Reform der Kirche war offenbar kein Selbstzweck, sondern eine taktische Drohung. Dasselbe galt höchstwahrscheinlich für die feierlich verkündete Absicht des Königs, das Heilige Land zu erobern. Alles sprach dafür, daß der Weg nach Jerusalem am Vesuv enden würde. Bewahrheiteten sich diese Annahmen, dann würde es Verhandlungen geben. Diesen aber durfte der Borgia-Papst als anerkannter Meister in der Kunst, wenig zu geben und viel zu nehmen, mit einiger Gelassenheit entgegensehen.

Zudem hatte die von den Sforza betriebene Risikopolitik für Alexander VI. positive Nebenwirkungen. Alle diejenigen, die durch den drohenden Umsturz der Machtverhältnisse etwas zu verlieren hatten, zeigten mit dem Finger auf die beiden Störenfriede – und scharten sich um den Papst, dem man seine bisherigen Verstöße gegen die «Ruhe Italiens» jetzt nachsah. Dieser Solidarisierungseffekt in Zeiten der Krise verbesserte selbst das Klima an der Kurie. Ja es geschahen Zeichen und Wunder: Sogar der strenge Kardinal Todeschini Piccolomini kehrte nach Rom zurück und stellte sich in den Dienst des Pontifex maximus. Eine hinter dem Deckmantel der Reform errichtete Herrschaft Frankreichs über die Kirche diskreditierte nicht nur das Werk der Erneuerung, sie empörte auch sein Herz. Dieses nämlich schlug italienisch. Ähnlich dachten oder fühlten viele: ein Fluch über die beiden unersättlichen Sforza-Brüder, die den Barbaren ins Land riefen! Unter diesen dramatischen, doch nicht aussichtslosen Umständen schien es Alexander VI. das Klügste abzuwarten.

Die Taktik des Stillhaltens aber wurde am 25. Januar 1494 durch den Tod König Ferrantes in Neapel vereitelt. Jetzt hieß es Farbe bekennen: Sollte der Papst die Bulle Innozenz' VIII. aus dem Jahre 1492 erneuern, in welcher dieser die Nachfolge Alfonsos, des Herzogs von Kalabrien, bestätigt hatte – oder im letzten Moment doch noch zur Gegenseite überwechseln und die Thronrechte des Hauses Anjou anerkennen? Am schnellsten reagierte auf die veränderte Situation erneut der wendige Ascanio Sforza. Mit enormem finanziellen Aufwand brachte er führende Mitglieder des Hauses Colonna auf seine Seite und damit in das profranzösische Bündnis ein; ihnen folgten, wie vorhersehbar, die Savelli nach. Auf diese Weise mußte sich der Papst auf seinem eigenen Terrain zunehmend umzingelt fühlen. Um so eilfertiger versprach der Gesandte des Herzogs von Kalabrien die prompte Erfüllung aller mit der Belehnung verbundenen Auflagen. Und diese waren nicht zu verachten. So hatte sein Vorgänger eine beim Herrschaftswechsel fällige Belehnungsgebühr in Höhe von 200 000 Dukaten vorgeschrieben – ein Betrag, den der stets klamme Borgia-Papst unmöglich ausschlagen konnte. Obwohl selbst alles andere als unangreifbar, beschloß Alexander VI. daher, die noch weitaus bedrängtere Lage der aragonesischen Dynastie gründlich auszunutzen. So verlangte und erhielt er als weitere Gegenleistung für die Investitur die verbindliche Zusage, daß der neue König den Borgia eine zusätzliche Lehensherrschaft mit dem stolzen Jahresertrag von 12 000 Dukaten und eines der sieben höchsten Hofämter übertragen werde. Dahinter stand unverändert der große Plan aus dem Jahr 1458, nämlich die Krone des Königreichs Neapel für die Nepoten zu gewinnen. Ein Bündnis mit dem geschwächten Hause Aragón schien unter den gegebenen Umständen der klügste Schritt in diese Richtung. Die Taktik lautete: erst helfen, darauf aushöhlen und danach beerben.

Nicht Nibelungentreue zu den «Landsleuten» am Vesuv, sondern die nüchterne Erkenntnis, daß ein Wechsel der Allianz in letzter Minute alles nur noch schlimmer machen würde, bestimmte also Alexanders VI. Politik in den jetzt anhebenden turbulenten Zeitläufen. Wenn er dem Druck Karls VIII. doch noch nachgab und diesen mit Neapel belehnte, geriet er zwischen alle Stühle. Dann war zudem zerronnen, was im Königreich Neapel für die Borgia gerade gewonnen worden war. Das Papstamt behaupten und dieses für die Familie nutzen: diese beiden leitenden Ziele diktierten mithin ein und dieselbe Politik. Zu ihr gab es keine Alternativen. Bestärkt wurde diese Haltung durch die begründete Hoffnung, daß es am Ende nicht um die Reform der Kirche, sondern um die Abpressung von politischen Zugeständnissen gehen würde. Mit anderen Worten: man mußte miteinander ins Gespräch kommen. Dann war Zuversicht durchaus angebracht. So sprach man sich im Vatikan jetzt Mut zu. Zuspruch erfuhr Alexander VI. ausnahmsweise sogar von den Kardinälen der Opposition, ja von den älteren Kirchenfürsten insgesamt. Diese waren im Zeichen des Friedens von Lodi aufgewachsen und wollten sich die Ideale ihrer Jugend nicht rauben lassen: Italien den Italienern, das war und blieb ihre Parole. Ascanio Sforzas Lage wurde so immer unbehaglicher, und zwar nicht ohne Folgen für seine Nerven. Insgeheim ließ er bei seinem Bruder Ludovico nachfragen, ob ein Ausgleich mit Neapel nicht doch noch möglich sei – und erntete eine eisige Abfuhr.

In der Zwischenzeit waren Alexander VI. und Alfonso von Aragón handelseinig geworden. Am 14. März 1494 empfing der Papst offiziell die Obödienzgesandtschaft vom Vesuv, was bereits eine De-facto-Anerkennung der Erbfolge bedeutete. Zwei Tage später nahm er den Treueeid des künftigen Königs entgegen und bestätigte die Belehnungsbulle seines Vorgängers. Dafür wurden die Borgia reich belohnt, weit über alle ursprünglichen Forderungen hinaus. So erhielt Giovanni, der frisch gebackene Herzog von Gandía, zusammen mit dem versprochenen Hofamt das Fürstentum Tricario im Wert von 15 000 Dukaten jährlich; weiter wurde ihm ein lukratives, von Neapel und Florenz gemeinsam zu finanzierendes Militärkommando in

Aussicht gestellt. Zusätzlich stockte Alfonso den Ertrag von Jofrés Lehen auf 40 000 Dukaten auf und beraumte endlich einen festen Termin für die vereinbarte Eheschließung mit der schönen Prinzessin Sanchia an. Angesichts von so viel Entgegenkommen erhielt Luigi von Aragón jetzt den roten Hut zugesichert, den ihm Alexander VI. ein halbes Jahr zuvor noch verweigert hatte.

So gab es in Neapel jetzt eine Krönung und eine Hochzeit zu feiern. Als Protokollbeauftragten für die korrekte Abwicklung der Krönungsmodalitäten an der Seite des Krönungsbevollmächtigten, des Kardinals Borgia Lanzol, schickte der Papst seinen Spezialisten, Johannes Burckard, auf die Dienstreise an den Vesuv. Mit der ihm eigenen Gründlichkeit hielt der Elsässer die schier endlose Abfolge von Schwüren und Huldigungen fest, die an diesem Maitag des Jahres 1494 einen schwankenden Thron festigen sollten. Am Ende spielte selbst das Wetter mit. Nach für die Jahreszeit ungewöhnlichen Regenfällen hellte sich der Himmel auf; im plötzlichen Sonnenschein sah nicht nur der Zeremonienmeister ein Zeichen der göttlichen Gnade. Kaum minder glanzvoll wurde Jofrés Hochzeit mit Sanchia begangen. Der Bräutigam war zwar erst dreizehn Jahre alt, doch würde er die Ehe schon zu vollziehen wissen. Schließlich war er ein Borgia. Doch alle derben Neckereien, denen sich Sanchia und Jofré ausgesetzt sahen, vermochten die Beklommenheit nicht zu verdrängen, die auf beiden Festen lastete – und die Frage, die da lautete: wie lange noch? In dieser unsicheren Lage hatte der neue König keine Skrupel, diplomatische Fühler zum Bosporus auszustrecken. Ja bei seinen Bemühungen, die Unterstützung des großmächtigen Sultans zu gewinnen, wurde Alfonso von Alexander VI. ausdrücklich unterstützt. Ein päpstliches Schreiben, das den Monarchen dem Wohlwollen Bajasids empfahl, ist ohne Zweifel echt. Im Gegensatz dazu ist der – bei einem Überfall auf die Gesandtschaft in die Hände der Borgia-Gegner gefallene – Brief des Sultans, in dem dieser dem Papst 300 000 Dukaten für die Ermordung des Prinzen Djem versprach, höchstwahrscheinlich eine geschickte Fälschung. Wahrheit und Erfindung sind in der Propaganda der Borgia-Feinde durchgehend miteinander verwoben.

Gedrückt war die Stimmung auch in Mailand. Ludovico Sforza mußte endgültig einsehen, daß er sich auf ein Spiel eingelassen hatte, dessen Regeln ihm zu entgleiten begannen. Karl VIII. – soviel war jetzt sicher absehbar – würde nicht, wie der Herr von Mailand zu wissen geglaubt hatte, per Flotte zur Eroberung Neapels ausrücken, sondern den Landweg über die Alpen nehmen. Diese veränderte Logistik aber warf alle Pläne über den Haufen, ja das ganze sorgfältig geplante Unterfangen drohte unkontrollierbar zu werden. Der selbsternannte Meisterdiplomat reagierte darauf mit hektischem Aktionismus. Doch seine Sondierungen, ob man sich nicht doch noch in letzter Minute mit Neapel verständigen könnte, blieben nicht nur ohne Ergebnis, sondern ohne jede Resonanz. Der Herr von Mailand hatte seinen Vertrauenskredit verloren. Der Meister war zum Zauberlehrling geworden; er konnte die Macht, die er gerufen hatte, nicht mehr bändigen. Um dieselbe Zeit wurde die Lage in Rom immer chaotischer. Wie immer, wenn sich Verwicklungen von europäischem Format anbahnten, mobilisierten die Colonna und Orsini ihre Truppen, um aus den Wechselfällen der großen Politik Kapital für ihre Herrschaft im römischen Umland zu schlagen. Auch Giuliano della Rovere nutzte die Gunst der unruhigen Stunde; er kehrte aus dem Exil zurück, um seine verunsicherte Gefolgschaft wieder um sich zu scharen. Um wenigstens diesen einen Unruhefaktor auszuschalten, trug ihm der Papst erneut die Versöhnung an, doch diesmal unter ehrenvollen Bedingungen. Vergebens. Der Nepot Sixtus' IV. verschanzte sich in seiner Festung Ostia und ging bald darauf zu Schiff nach Frankreich, um dort erneut für die Absetzung des Papstes Stimmung zu machen. Schlimmer konnte es für Alexander VI. eigentlich nicht mehr kommen.

Oder doch? Ascanio Sforza jedenfalls zeichnete Menetekel an die Wand, eines furchterregender als das andere. Gleichzeitig erbot er sich, den Sturz in den Abgrund im letzten Moment aufzuhalten. Ihm sekundierten die Botschafter Karls VIII., die erneut das alte Ultimatum stellten: Belehnung mit Neapel – oder es kommt zum Äußersten. Zu allem Überfluß mußte sich Alexander VI. diese Forderungen auch noch im öffentlichen Konsistorium, in Gegenwart der in Rom verbliebenen Kardinäle, anhören. Doch der Druck erzeugte keine Wirkung. Der Papst lauschte, äußerlich beherrscht, den Drohreden der Gesandten, blieb höflich, versprach zum wiederholten Male die sorgfältige Prüfung der französischen Ansprüche – und wich nicht ein Jota von seiner Position ab.

Doch diese Gelassenheit war vorgetäuscht. Wenn die Situation vollends ausweglos würde, mußte man mit Panikreaktionen rechnen. Dann aber würde sich die Wut Alexanders VI. gegen diejenigen richten, die er als die Urheber des Unheils ansah. Solche Überlegungen stellte Ascanio Sforza an und zog umgehend die Konsequenzen. Am 28. Juni 1494 setzte er sich zu seinen neuen Verbündeten, den Colonna, nach Frascati beziehungsweise Genazzano südlich von Rom ab. Von dort aus schürte er den Kleinkrieg gegen den Papst. Dieser traf sich kurz nach Beginn der Feindseligkeiten mit Alfonso von Neapel, um gemeinsame Strategien zu besprechen. Man einigte sich auf die Formel, daß Angriff die beste Verteidigung sei; das war angesichts der militärischen Überlegenheit Frankreichs ein verwegener Plan. Diesem Risiko oder vielmehr dieser Anspannung war der König nicht gewachsen. Bevor auch nur ein Kanonenschuß abgefeuert worden war, verlor Alfonso, der zu Lebzeiten seines Vaters als unerschrockener Ritter ohne Fehl und Tadel gegolten hatte, die Nerven und zog sich ungeachtet aller Absprachen nach Neapel zurück. Dort beschränkten sich seine Verteidigungsanstrengungen darauf, Geld für eine Armee einzutreiben, die nie ernsthaft kämpfen sollte.

Alexander VI. aber war aus härterem Holz geschnitzt. Von immer mehr Ängstlichen verlassen, hielt er die römische Stellung. Flucht käme einer freiwilligen Abdankung gleich, so argumentierten die engsten Ratgeber. Sie gaben Durchhalteparolen aus. Alles, was bislang für die Borgia erreicht worden war, stand oder fiel mit dem Ausgang der französischen Expedition nach Neapel – falls diese zustande kam, wofür im Frühsommer 1494 alles sprach. Triumphierte Karl VIII. in Neapel, dann war der Papst zum Kaplan des Königs und der Sforza herabgedrückt – wenn er dann überhaupt noch Papst war. Sie oder wir: Borgia und Sforza konnten offenbar nicht einträchtig zusammenleben. Die Qualen der Angst und die Demütigungen, die Alexander VI. in den aufreibenden Monaten des Wendejahres 1494 erlitt, sollte er nie vergessen, geschweige denn verzeihen. Auch wenn der rasche Wandel der politischen Konjunktur die eine oder andere taktische Wiederannäherung an die Sforza opportun erscheinen ließ – der Papst wartete auf die Chance zur Revanche. Als einige Jahre später ein historischer Zufall diese Gelegenheit herbeiführte, kostete er die Rache so aus, wie sie am genußreichsten ist: mit kühlem Kopf und langsam.

Im August 1494 kam dann die Meldung, welche die einen beflügelte und die anderen verstörte: Es ging los! Der eiserne Lindwurm der 40 000 Mann-Armee mit Karl VIII. an der Spitze setzte sich in Bewegung. Und nach dem langen Hin und Her bewegte sich der waffenstarrende Koloß jetzt sehr schnell. Wer wollte, konnte fast täglich Fähnchen in die Landkarte stekken. Am 23. August war der König mit seinem Heer in Grenoble, am 3. September in Susa, am 14. Oktober in Pavia. Dort traf er den jungen Schattenherzog Gian Galeazzo Sforza auf den Tod erkrankt an. An ein natürliches Siechtum glaubte niemand, auch Karl VIII. nicht. Kaum hatte sich Ludovico Sforza, der rechtmäßigen Erbfolge zuwider, den Herzogthron von Mailand gesichert, da sank sein unglücklicher Neffe auch schon aufs Sterbebett – einem solchen Zufall mußte nachgeholfen worden sein. Der Diplomat Philippe de Commynes – einer der Berater Karls VIII. und Verfasser des eindringlichsten Berichts über dessen Italienzug – vermerkte in diesem Zusammenhang, daß sein Herr den Kranken gerne vor den mörderischen Absichten seines Onkels gewarnt hätte. So viel Vertraulichkeit aber stand die Staatsräson unüberwindlich entgegen, schließlich war Ludovico Karls engster Verbündeter. So plauderte dieser am Kopfkissen des Dahinwelkenden von Belanglosigkeiten. Vier Tage später war Gian Galeazzo tot. Und eine zusammengetrommelte Volksmenge jubelte dem neuen Herzog Ludovico zu. Doch Italien hatte keine Zeit, sich über diesen mehr als verdächtigen Sterbefall zu ereifern.

Denn der nächste spektakuläre Sturz eines Mächtigen ließ nicht lange auf sich warten. In Florenz befand sich Piero de' Medici, der enge Verbündete Neapels, in einer fast genauso unbequemen Lage wie Alexander VI. Im Unterschied zu diesem aber wartete er nicht ab, sondern stürzte sich in blindwütigen Aktionismus. Er zog dem französischen Monarchen entgegen und lieferte ihm unaufgefordert und ohne Not Schlüsselfestungen aus. Statt der erhofften Dankbarkeit brachte ihm diese Demutsgeste die Verachtung des Gegners und den Haß seiner Mitbürger ein. Bei seiner Rückkehr nach Florenz am 9. November 1494 schlug man ihm die Tür des Stadtpalastes vor der Nase zu. Wenige Stunden später mußte der eben noch so hochfahrende Sohn des großen Lorenzo sein Heil in der Flucht suchen; mit ihm zog der ganze Hauptzweig der Medici ins Exil. In dieser Zeit der Angst stiftete der wortgewaltige Bußprediger Girolamo Savonarola aus Ferrara Zuversicht. Er gab sich als Prophet Gottes aus und verkündete den verunsicherten Florentinern, daß sie noch eine große Zukunft vor sich hatten. In den schwierigen Beratungen über die Verfassung der Republik warf er sein ganzes Prestige in die Waagschale und wurde so zum geistlichen Vater eines neuen Regimes, in dem Patrizier und Mittelstand, im Großen Rat vereint, dieselben politischen Rechte besaßen.

Seine Glaubwürdigkeit als Sprachrohr und Vermittler Gottes beruhte in hohem Maße darauf, daß die befürchtete Katastrophe am Arno ausblieb. Die gewaltige Armee Karls VIII. lagerte in der schutzlosen Stadt und tat ihr dennoch kein Leid an. Diese Rettung schrieben die meisten Florentiner Savonarola zu. Auch er nämlich hatte sich zum französischen König begeben, doch nicht servil wie Piero de' Medici, sondern im Vollgefühl seines göttlichen Auftrags. Als Prophet des Herren legte er dem Monarchen dar, welche Mission dieser zu erfüllen habe. Seine Aufgabe als Werkzeug Gottes sei es, der Reform der Kirche den Boden zu bereiten. Eine Konfrontation bahnte sich an: der charismatische Bußprediger auf der einen, Alexander VI. auf der anderen Seite.

Diesem zog der französische König jetzt entgegen, und zwar weitgehend unbehindert. Wo sich Widerstand regte, wurde er von Karls Verbündeten, Giuliano della Rovere und den Colonna, im Keim erstickt. So ergab sich die Stadt Viterbo an der nördlichen Zufahrtsstraße nach Rom kampflos. Und die Orsini, eben noch Bundesgenossen Neapels, liefen auf die Seite der stärkeren Bataillone über. Ihr Familienoberhaupt Verginio fühlte sich dennoch nicht als Verräter. Treue und Gefolgschaft – so seine Rechtfertigung – habe er nur Ferrante geschuldet. Dem neuen König hingegen sei er zu nichts verpflichtet. Und zu diesem Papst habe er ohnehin kein Vertrauen. Philippe de Commynes staunte und lernte. So waren sie, die großen Herren Italiens. Erfolg zählte bei ihnen mehr als die Ehre.

Willkommen war die Hilfe der abtrünnigen Barone deshalb nicht weniger. In Bracciano, dem Hauptsitz des Orsini-Clans, erhielt die ausgehungerte Armee Lebensmittel und Quartier. Von hier aus waren es nur noch wenige Tagesmärsche bis nach Rom. Von Bracciano aus zog der Kardinal Della Rovere mit einer stattlichen Schar Bewaffneter in seine Burg Ostia, die wieder einmal als Brückenkopf gegen die Ewige Stadt diente. Nicht nur seine Feinde, selbst die Steine – so schien es den verängstigten Römern – hatten sich gegen Alexander VI. verschworen. Gerade jetzt, da starke Befestigungen mehr denn je erforderlich waren, stürzte ein Teil der Stadtmauern ein. Wenn das kein Zeichen Gottes war! Wer daran zweifelte, wurde rasch eines Besseren belehrt. Kurz darauf nämlich brach auch noch eine Bastion der Engelsburg ohne Fremdeinwirkung in sich zusammen.

Während sich der Belagerungsring um die Ewige Stadt schloß, bekam der Papst am 2. Dezember 1494 unerwarteten Besuch von seinem Vizekanzler. Nach der Zusicherung freien Geleits wagte sich Ascanio Sforza in die Höhle des Löwen. Er brachte Angebote mit, denen der Papst nach Maßgabe der Umstände kaum widerstehen konnte. Der Schutz Mailands und Venedigs – so die verlockende Verheißung – würde Alexander VI. im letzten Augenblick vor der drohenden Absetzung bewahren. Und der Preis für diese wundersame Rettung? Die Übergabe von Festungen, die Auslieferung Cesare Borgias als Geisel nach Mailand, ein lukratives Militärkommando für die Colonna – und darüber hinaus die vollständige Unterordnung des Papstes unter den Willen der Sforza! Keine Regierungshandlung von Belang ohne vorherige Zustimmung Kardinal Ascanios, so lautete das unerbittliche Diktat.

Für Alexander VI. war jetzt das Maß voll. Diese Bedingungen waren unannehmbar, schlimmer noch: eine brennende Demütigung. So kam es doch noch zur Kurzschlußreaktion, die der Mailänder Kardinal im Sommer befürchtet hatte. Unter dem Vorwand einer abschließenden Besprechung wurden der Vizekanzler und sein Gefolge am 9. Dezember in den Vatikan geladen und, kaum hatten sich die Türen hinter ihnen geschlossen, gefangengesetzt. In seiner Ohnmacht versuchte es Alexander VI. mit Psychoterror; obskure Besucher raunten dem Eingekerkerten zu, daß seine Hinrichtung nahe bevorstehe. Doch so weit würde es Alexander VI. nicht kommen lassen, das wußte Ascanio sehr wohl. Überhaupt erwies sich der Verzweiflungsschlag rasch als ein Fehler. Er erbitterte nicht nur die unaufhaltsam vorrückenden Feinde, sondern erzürnte auch die Römer. Sie fürchteten, daß dieser unbedachte Coup die Franzosen zu gewaltsamen Gegenreaktionen anstacheln könnte. So stellten die Chefs der dreizehn Stadtteile dem Papst ein Ultimatum: Wenn er nicht selbst dem König den ungehinderten Einzug in die Ewige Stadt zusagte, dann würden sie diesem in eigener Person die Stadttore öffnen. Auch die schwachen neapolitanischen Truppenverbände, die der entschwundene König Alfonso unter dem Kommando seines Sohnes Ferrandino nach Rom geschickt hatte, mochten gegen diesen übermächtigen Gegner nicht kämpfen. Ferrandino feierte noch mit dem Papst zusammen Weihnachten und verabschiedete sich dann tränenreich in Richtung Vesuv. Karl VIII. aber mußte noch eine knappe Woche warten. Seine Astrologen hatten den 31. Dezember 1494 als das glücklichste Datum für die feierliche Inbesitznahme Roms berechnet.

So zog der König am Silvestertag 1494 als Eroberer, mit eingelegter Lanze und voller Rüstung, in eine unterworfene Stadt ein. Doch ein voller Erfolg war die pompöse Zeremonie nicht. Zwar wurde Karl VIII. von Giuliano della Rovere begleitet und vom rechtzeitig wieder auf freien Fuß gesetzten Ascanio Sforza feierlich willkommen geheißen, doch provozierte schon die Begrüßung durch die venezianischen Botschafter Mißhelligkeiten. Als aufrechte Republikaner weigerten sie sich, dem Monarchen die Hand zu küssen. Uneinigkeit herrschte zudem darüber, wer vor wem reiten durfte. Für die Beratungen über das Schicksal des Papstes und der Kirche verhieß dieser Streit nichts Gutes. Weitere symbolische Handlungen legten die Vermutung nahe, daß Karl VIII. vor der äußersten Konfrontation zurückschrecken würde. So stieg der König nicht, wie ihm die Heißsporne um Giuliano della Rovere rieten, im Vatikan, sondern im Palazzo Venezia ab.

Die Verfechter einer harten Linie konnten sich auch in den nächsten Tagen nicht durchsetzen. Sie plädierten für die Absetzung des Papstes ohne Wenn und Aber. Zu ihrer tiefen Enttäuschung nahm Karl VIII. jedoch Vorverhandlungen mit diesem auf. Als diese ergebnislos endeten, zog sich Alexander VI. am 7. Januar 1495 mit wenigen Getreuen in die Engelsburg zurück, deren Auslieferung Karl VIII. kurz zuvor gefordert hatte. In seiner Ehre gekränkt, ließ der wutentbrannte König die stärksten Kanonen gegen die Festung am Tiber richten; die eben noch aufkeimenden Hoffnungen auf eine friedliche Einigung schien der Papst jetzt begraben zu müssen. Während sich die Situation in Rom zuspitzte, gab Alfonso von Neapel mit einem Schlage alles verloren. Er brach körperlich und seelisch völlig zusammen, übertrug die Herrschaft seinem Sohn Ferrandino und floh Hals über Kopf nach Sizilien, wo er bald darauf starb. Der neue König aber hatte die Zeichen der Zeit verstanden. Statt der Härte seines Großvaters und der Herablassung seines Vaters legte er Leutseligkeit an den Tag. Ja er warb regelrecht um seine Untertanen, denen er ein väterlicher Regent mit stets offenem Ohr für ihre Nöte zu sein versprach. Selbst hartgesottene Barone waren zu Tränen gerührt. Die einfachen Leute sollten sich zum gegebenen Zeitpunkt an diese Verheißungen erinnern.

Politische Auferstehung

Die Flucht des Papstes in die Engelsburg verschaffte dessen entschiedensten Gegnern nochmals Gehör. Acht Kardinäle redeten mit Engelszungen auf Karl VIII. ein, daß er seines Amtes als gesalbter Monarch walten und der Kirche zu einem neuen, würdigen Oberhaupt verhelfen sollte. Das Hauptargument gegen Alexander VI. war naturgemäß die simonistische Wahl. Dabei stach dem unbestechlichen Philippe de Commynes, der diesen Beratungen beiwohnte, ein Widerspruch ins Auge. Gewiß, Rodrigo Borgia hatte gegeben, und zwar reichlich, doch die anderen hatten genommen, und zwar gerne, um nicht zu sagen: gierig. Speziell Ascanio Sforza, der jetzt neben Giuliano della Rovere am eifrigsten nach der höchsten Würde strebte, hatte dabei die Hand weit aufgehalten. Vizekanzleramt, Palast, Möbel, Lehen – über alle «Wahlgeschenke» war Commynes bestens unterrichtet. Und zugleich bekannte er seine Ratlosigkeit: Was sollte man tun? Das Ziel der Expedition war Neapel. Die Absetzung Alexander VI. aber mußte – wie immer man dabei auch vorging – unabsehbare Verwicklungen nach sich ziehen. Maximilian, so die Warner, wartete nur auf eine solche Gelegenheit, um sich als Beschützer des Papstes und der Kirche zu präsentieren und politisches Kapital aus dieser Rolle zu schlagen. Und was nützte es, anstelle Alexanders VI. Giuliano della Rovere oder Ascanio Sforza auf den Thron Petri zu erheben? Lieber einen gefangenen Papst in der Engelsburg, dem man weitreichende Zugeständnisse abringen konnte, als einen neuen Pontifex maximus im Vatikan, der unabsehbare Forderungen stellte. Mit diesem Argument setzten sich die Realisten gegen die Fundamentalisten durch. Außerdem war dieser Monarch viel zu jung, zu ehrgeizig und zu unberaten, um das große Werk der Kirchenreform in Angriff zu nehmen, so Commynes' lakonische Schlußbemerkung.

Jetzt also Verhandlungen! Obwohl der Anspannung wegen von Ohnmachtsanfällen heimgesucht, war Alexander VI. in seinem Element. Jedwede Übereinkunft mit dem König war besser als keine; denn in jeder rechtsgültigen Abmachung, und fiel sie im einzelnen noch so ungünstig aus, lag seine Anerkennung als legitimes Oberhaupt beschlossen. Dieser Sieg war eine Menge Konzessionen wert. Ob man diese Versprechungen einzuhalten gezwungen sein würde, erschien überdies unsicher. Auf dem Weg nach Neapel und zurück konnte schließlich viel geschehen. Und noch eine nicht zu verachtende Chance boten die Verhandlungen. Wenn sich Alexander VI. extremen Forderungen des Königs widersetzte, konnte er sich der Christenheit als ein pflichtbewußter Papst präsentieren, der die Rechte der Kirche über sein persönliches Wohlergehen stellte. Sein Peiniger aber war dann als ein neuer Nero abgestempelt, mit fatalen Folgen für das Image der französischen Monarchie. Der Borgia-Pontifikat hatte seinen Wendepunkt passiert. Alexander VI. hatte gezwungenermaßen va banque gespielt und gewonnen.

Auch wenn er mit dem Abschluß des Abkommens vom 15. Januar 1495 einiges verlor. So mußte er seine kostbare Geisel, den Prinzen Djem, abtreten, der Karl VIII. nach Neapel begleiten sollte. Und auch Cesare Borgia zog mit diesem nach Süden, als lebendes Faustpfand für das Wohlverhalten seines Vaters. Darüber hinaus verlangte und erhielt der König für die Dauer des Feldzugs die Hoheit über vier Einfalltore nach Rom: Terracina, Civitavecchia, Viterbo und Spoleto. Selbst in die inneren Verhältnisse der Kurie griff der Pakt ein. Der Papst mußte sich mit seinen Kardinälen aussöhnen und diesen nicht nur ihre rechtmäßigen Einkünfte, sondern auch ihre Einspruchsrechte im Konsistorium feierlich garantieren. Ein Diktat war auch die Klausel, welche die Ernennung von Legaten ohne französische Zustimmung untersagte. Zudem wurde der Einfluß des Königs durch den roten Hut für die Bischöfe von Saint-Malo und Le Mans gestärkt.

Ein Knebelvertrag, gespickt mit Zumutungen. Und doch, verglichen mit den eben noch gehegten Ängsten, eine geradezu wundersame Wendung. Zum einen brach die Opposition um Giuliano della Rovere erneut und diesmal endgültig zusammen; bis zum Ende des Pontifikats sollte sie sich von diesem Schlag nicht mehr erholen. Zum anderen war jetzt der Augenblick der feierlichen Zeremonien gekommen, die nicht nur die Rechtmäßigkeit des Papstes, sondern auch eine gottgewollte Weltordnung vor Augen führten. Dabei aber konnte der Sieger nur verlieren. Denn in den uralten lebenden

Bildern, welche der Zeremonienmeister Burckard anhand seiner Musterbücher minutiös inszenierte, stand der Papst über dem König. Das galt vor allem für die Obödienzleistung. Unversehens sah sich der Monarch, der als Richter über die Kirche und ihr korruptes Haupt fungieren wollte, in ein Rollenspiel eingezwängt, das ihm unterwürfige Dienste abverlangte. Im Konsistorium schließlich küßte er dem Heiligen Vater die Hand, als hätte es nie die geringsten Unstimmigkeiten zwischen ihnen gegeben. Kurz darauf, unmittelbar vor seinem Auszug nach Neapel, half er gar dem beleibten Pontifex maximus in die Steigbügel und führte dessen Roß am Zügel! Nie war die Tradition so mächtig wie jetzt. Deshalb ließ Alexander VI. diese Szenen schleunigst malen. Wären Pintoricchios Fresken in der Engelsburg nicht später herausgeschlagen worden, man hätte bis heute die Hierarchie vor Augen, die das Papsttum als ewig ausgab. Unerschütterlich die Oberhoheit des Pontifex maximus über alle weltlichen Herrscher, die – Gehorsam und Bewährung vorausgesetzt – als bewaffneter Arm der Kirche dienen durften; unangreifbar die Macht des Stellvertreters Christi, der durch den stets abrufbaren Beistand des Himmels über das Gewoge der Geschichte erhaben war, auch wenn die Wellen gelegentlich hoch gingen. Alexander VI. – so die Kernbotschaft der Bilder – setzte die ungebrochene Tradition fort, die mit dem Apostel Petrus begründet wurde. Diese überzeitliche Herrschaft konnten die Mächtigen dieser Welt um kein Jota schmälern.

Im entscheidenden Punkt, der Belehnung mit dem Königreich Neapel, war der Papst in der Tat unerschütterlich geblieben. Die heißbegehrte Investitur konnte Karl VIII. nicht erlangen. Auch die Sforza-Brüder waren durch den Pakt vom 15. Januar alles andere als zufriedengestellt. Das war der für Alexander VI. erfreulichste Zusatzeffekt des Abkommens: Ascanio Sforza zürnte auf das heftigste mit dem Monarchen, den er der Wortbrüchigkeit zieh: So glimpflich sollte der Papst nicht davonkommen! Der Unmut des Kardinals war so ungestüm, daß er das königliche Gefolge ohne Erlaubnis verließ und prompt in Ungnade fiel. Das hinderte Karl VIII. jedoch nicht daran, den Vizekanzler, seinen Gläubiger, mit immer neuen Geldforderungen zu bestürmen. Auch das Verhältnis des Herzogs von Mailand zum König trübte sich ein. Nicht, daß hier jemals viel Sympathie oder Vertrauen bestanden hätte. Commynes notierte schon bei der ersten Begegnung, wie sehr den Franzosen das großsprecherische Gehabe Ludovicos mißfiel.

Darüber hinaus durfte der Papst jetzt, als die Armee Richtung Neapel weiterzog, auf die Erleichterung der Römer zählen. Mit dem Abmarsch hatten die Plünderungen und Erpressungen in der schutzlosen Stadt endlich ein Ende. Nicht ohne Schadenfreude wurde vermerkt, daß dabei der Urheber des Unglücks selbst zu Schaden kam. Denn die schweizerischen und französischen Söldner im Dienst Karls VIII. hatten, ohne zwischen Freund und Feind zu unterscheiden, auch den Palast Kardinal Sforzas zu stürmen versucht. In letzter Minute zurückgeschlagen, hielten sie sich an Nebengebäuden schadlos. Viel zu spät – so die einhellige Einschätzung der Einheimischen – waren Galgen für marodierende Soldaten errichtet worden. Wer immer mit den Eindringlingen gemeinsame Sache gemacht hatte, tat gut daran, sich nicht auf der Straße zu zeigen.

Auf weitere erfreuliche Nachrichten mußte Alexander VI. nicht lange warten.

> Als man sich Velletri näherte, befahl der König dem Kardinal von Valencia (= Cesare Borgia), voraus zu ziehen; er selbst wollte einem Jagdvergnügen nachgehen. Cesare kam die Anweisung äußerst gelegen. Denn da er sich nicht ehrenvoll beauftragt, sondern als Gefangener und Geisel fühlte, plante er von Anfang an, sich abzusetzen. Dazu bot sich jetzt die Gelegenheit. Beim Quartiermachen im Stadtpalast von Velletri bewog er den Chef der örtlichen Garnison, der ihm bereits vielfältig verpflichtet war, durch mancherlei Versprechungen dazu, ihn als Stallknecht verkleidet durch eine Geheimtür entweichen zu lassen. Cesare bestieg flugs ein aufs beste ausgerüstetes Reittier, als ob er es zur Tränke führen wollte, trabte damit, ohne bei irgend jemandem Aufsehen oder gar Verdacht zu erregen, aus den Mauern heraus – und sprengte mit unerhörter Schnelligkeit in der umgekehrten Richtung, nach Norden in Richtung Veji, davon.[6]

Die Römer, so Sigismondo dei Conti im Anschluß an seinen Bericht über Cesares Flucht, waren von diesem Husarenstück gar nicht angetan. Sie befürchteten, daß Karl VIII. zurückkehren und den Bruch des Vertrags grausam rächen würde. Doch der König reagierte ritterlich auf die Übertölpelung: ein gelungener Jünglingsstreich, wir waren alle einmal neunzehn Jahre alt. Alexander VI. aber wusch seine Hände in Unschuld. Daß die unerlaubte Entfernung Cesares von der fremden Truppe nicht mit ihm abgesprochen sein sollte, ist jedoch schwer zu glauben. Da ihm spektakuläre Erfolge beschieden waren, tat sich der französische König leicht damit, die

Schlappe herunterzuspielen. Denn beim Anmarsch des mächtigen französischen Heeres löste sich die Herrschaft des Hauses Aragón in Neapel wie von selbst auf. Am 22. Februar 1495 bestieg König Ferrandino eine von Spanien geschickte Galeere und verließ sein Königreich. Die Abschiedsbotschaft an seine Untertanen zeugte wiederum von viel gesundem Menschenverstand: Ich kann euch nicht mehr helfen, helft euch selbst. Das hieß im Klartext: Kollaboriert mit den neuen Herren, wo und wie ihr es für nötig haltet. Ich aber halte mich bereit, falls ihr die alte Herrschaft erträglicher findet als die neue.

Dieser Augenblick schien fern, als Karl VIII. unmittelbar darauf unter dem Beifall des Volks von Neapel in die Hauptstadt seines neuen Königreichs einzog – und war doch nahe. Die kühnen Hoffnungen der Masse, daß ihnen der Machtwechsel zu besseren Lebensbedingungen, ja zu einem wahren Schlaraffenland verhelfen würde, waren schnell enttäuscht. Die Franzosen mußten ihren Krieg vor Ort finanzieren, zudem war die Lebensmittelversorgung der Feindseligkeiten wegen unterbrochen. Alles wurde schlechter, so der vorherrschende Eindruck. Prompt kam Sehnsucht nach der guten alten Zeit, sprich: nach der sanften Herrschaft der Aragonesen auf. Und so begann es in der Stadt am Vesuv bald zu gären. Neapel sehen und sterben. Ende Februar 1495 starb Prinz Djem, die kostbare Geisel. Karl VIII. aber war am Ende seines Triumphzuges angekommen; er steckte in einer Sackgasse. Oder sogar in der Falle.

Die Mühelosigkeit seines Eroberungszuges hatte nicht nur alle selbsternannten Experten überrascht, sondern auch den Möchtegern-Fädenzieher Ludovico Sforza in Mailand düpiert. Er hatte nämlich kalkuliert oder besser: spekuliert, daß es zu schweren Abnutzungskämpfen zwischen den feindlichen Armeen kommen würde, um dann als Schiedsrichter bzw. Friedensstifter das Zünglein an der Waage zu spielen. Statt dessen sah er sich mehr denn je zum finanziell ausgebeuteten Juniorpartner herabgedrückt. So wandelte sich der wendige Herzog auf wundersame Weise vom Steigbügelhalter des französischen Königs zum Garanten der «Ruhe Italiens». Dabei durfte er sich – Balsam für seine geschundene Seele – der Zustimmung der öffentlichen Meinung gewiß sein: Italien den Italienern, dieser Ruf ging wie Donnerhall von der Poebene bis zum Vesuv. Keine französische Herrschaft in Neapel! Natürlich stimmten auch die spanischen

Könige sowie Maximilian dieser Parole freudig zu. So kam es schon am 31. März 1495 zum Abschluß einer Abwehrliga. Sie durfte sich «heilig» nennen, weil Alexander VI. ihr höchstpersönlich seinen Segen gab, und zwar von ganzem Herzen.

Das süße Leben Karls VIII. in Neapel mit seinen Jagden und Festen fand so ein brüskes Ende. Was sollte man in dieser vertrackten Lage tun? Neapel stand kurz vor dem Aufruhr – und auf dem langen Weg zurück nach Frankreich wartete eine Welt von Feinden. Wollte man das soeben gewonnene Königreich nicht überstürzt wieder aufgeben, mußte man das Heer teilen. Die eine Hälfte würde die sakrosankte Person des Königs nach Frankreich zurückgeleiten, die andere hatte sich der Rückkehr Ferrandinos zu widersetzen. So begann schon am 20. Mai 1495 der Rückmarsch, der schnell zu einem beschleunigten Rückzug wurde. Die unmittelbarsten Auswirkungen zeitigte er für Alexander VI. Nochmals in Rom auszuharren erschien nicht opportun. Jetzt, da der Wind dem König ins Gesicht blies, mußte der Papst damit rechnen, als Geisel verschleppt zu werden. Zudem waren die von der Liga in Aussicht gestellten Truppenverbände nur zum kleinsten Teil am Tiber eingetroffen. Daher brach Alexander VI. am 27. Mai von Rom auf und begab sich nach Orvieto. Dort war er zwar nicht in Sicherheit, doch immerhin auf Fluchtdistanz. Seine Hauptstadt konnte er beruhigt zurücklassen. Die Römer standen hinter ihm; entsprechend frostig wurde Karl VIII. am 1. Juni in der Ewigen Stadt empfangen. Ja der Papst durfte sich jetzt sogar von humanistischen Autoren als Seele des italienischen Widerstands gegen die Barbaren feiern lassen.

So verlockend die Verfolgung und Gefangennahme des wortbrüchigen Pontifex maximus ihnen auch erscheinen mochte, die Franzosen hatten jetzt Dringlicheres zu tun. Sie wurden von einem Heer der Liga verfolgt, dessen Stärke sie unterschätzt hatten. Vor dem Übergang über den Apennin stellten sie sich ihm am 6. Juli 1495 bei Fornovo unweit Parmas zum Kampf. Er endete nach wenigen Stunden in einem gewaltigen Sommergewitter, welches das Flüßchen Taro zu einem reißenden Strom anschwellen ließ; seine Fluten waren rot vom Blut der Gefallenen und Verwundeten. Beide Seiten nahmen den Sieg für sich in Anspruch, doch war der Ausgang der Schlacht unentschieden. Allenfalls konnte man von logistischen Vorteilen für die Franzosen sprechen, die sich den Rückweg offenhielten.

Rückzug lautete ihre Devise jetzt auch in Neapel. Schon am 7. Juli 1495 zog Ferrandino, als Volkskönig gefeiert, wieder in seine Hauptstadt ein. Die französische Armee behauptete zwar noch einige Stützpunkte in den Provinzen, doch neigte sich auch dort die Waagschale bald zu ihren Ungunsten.

Wer jedoch glaubte, daß nun alles wie früher war, täuschte sich. Während Karl VIII. nach Neapel zog, war sein Cousin Ludwig von Orléans, der in weiblicher Linie von den Visconti abstammte, mit eigenen Erbansprüchen und einer eigenen Armee in der Lombardei eingefallen. Ludovico Sforzas Versuch, die Belagerung von Novara aufzusprengen, hatte in einem militärischen Desaster geendet, das die innere Erosion seiner Herrschaft erahnen ließ. Um so hektischer war der Herzog, der immer weniger Aristokraten hinter sich und seine Herrschaft beim Volk aufgrund hoher Steuern unpopulär wußte, bestrebt, dieser zusätzlichen Krise Herr zu werden. Zu diesem Zweck trat er schon im Oktober 1495 aus der Heiligen Liga aus und stellte sich erneut an die Seite Karls VIII. Mit diesem Wohlverhalten wollte er gewährleisten, daß der König seinen ungebärdigen und ungeliebten Cousin künftig an die Kette legte. Für die so schnöde im Stich gelassenen Bundesgenossen der Liga war das zum wiederholten Male Verrat auf mailändisch. Das durch den Abfall von Frankreich kurzfristig wieder aufgestockte Vertrauenskapital der Sforza tendierte erneut gegen Null.

Bittere Erfahrungen mußte auch Kardinal Ascanio machen. Er residierte zwar wieder im Vatikan, doch war auch hier nichts mehr wie zuvor. Aus der Sicht Alexanders VI. ließ sich der Wandel in einem einzigen Satz zusammenfassen: Der Vizekanzler saß nicht mehr am längeren Hebel. Denn er konnte den Papst nicht mehr erpressen. Und auch die römischen Barone waren geschwächt. Verginio Orsini nämlich hatte seine lange erfolgreiche Laufbahn mit einem gravierenden Fehler beendet. Er war nach diversen taktischen Manövern auf die Seite der Franzosen übergewechselt, als sich deren Stern bereits im Sinken befand. Dafür schmachtete er jetzt als Gefangener Ferrandinos hinter den dicken Mauern des Castel dell'Ovo in Neapel. Alexander VI. aber durfte optimistisch in die Zukunft blicken. Eine vergleichbar schwere Krise seiner Herrschaft würde sich nach menschlichem Ermessen kaum wiederholen. Und selbst wenn – hatte sich doch erwiesen, daß alle Ankündigungen kirchlicher Erneuerung im Endeffekt auf taktische Manöver hinausliefen, denen man mit politischen Mitteln wirkungsvoll begegnen konnte.

Nicht weniger deutlich hatte sich gezeigt, daß die Autorität des Papstamtes unerschütterlich war, selbst wenn dessen Inhaber im Rufe der Unzuverlässigkeit stand und seine geistliche Gewalt unverhohlen für die Zwecke seiner Familie einsetzte. Die eingeweihten Eliten folgerten daraus, daß Religion ein Herrschaftsmittel war. Dieser von Niccolò Machiavelli zwei Jahrzehnte später mit aller Schärfe ausgedrückten Erkenntnis hätte Alexander VI. kaum widersprechen können, handhabte er dieses Instrument doch selbst virtuos. Doch eine solche Indienststellung – hier täuschte sich Machiavelli – schloß nicht aus, daß der Papst, welcher die Religion zu sehr irdischen Zwecken benutzte, an deren Heilswirksamkeit glaubte. Mit anderen Worten: Alexander VI. war ohne jede Frage auf seine Weise ein frommer Christ, speziell seine Marienverehrung war tief und aufrichtig. Und noch ein Kernsatz Machiavellis ist falsch. Die große Mehrheit der Bevölkerung verlor angesichts des Widerspruchs zwischen der christlichen Lehre und dem Leben des Papstes nicht – wie der florentinische Staatsdenker in einem berühmten Kapitel seines Buchs vom Fürsten behauptete – den Glauben, so tief diese Kluft auch hervortrat. Im Gegenteil: die kleinen Leute dürften überwiegend den umgekehrten Schluß gezogen haben: Wie heilig mußte eine Religion sein, die trotz eines solchen Oberhaupts Bestand hatte!

Alexander VI. und seine Ratgeber mußten sich also nach der Auswertung der jüngsten Ereignisse ermutigt fühlen. Zum einen war die Herrschaft des Papstes erst einmal gesichert. Und zum anderen durfte man in Zukunft noch viel mehr wagen. So viele Verstöße gegen so viele als unantastbar geltende Normen waren ohne abträgliche Folgen geblieben. Was also sprach dagegen, das Regelsystem umzuschreiben? Das bedeutete konkret: Von jetzt an wurden alle Ressourcen des zurückgewonnenen Amtes rückhaltloser denn je einem großen Ziel untergeordnet: der dauerhaften Größe der Borgia. Das Unternehmen «irdische Ewigkeit» trat somit in eine zweite Phase ein. Der Papst und seine Berater sondierten mit aller Sorgfalt die Lage, sammelten Kräfte, entwarfen Pläne, testeten Konzeptionen und spielten Alternativen durch – mit langem Atem.

Als nächsten Schritt legten die günstigen Machtverhältnisse die Ernennung neuer Kardinäle nahe. Diesmal schaute kein «Überpapst» Alexander VI. bei der Aufstellung der Liste kritisch über die Schulter; ohne Rücksicht auf fremde Wünsche konnte dieser am 18. Februar 1496 seine ureigene Gefolgschaft im Senat der Kirche plazieren. Einer von vier roten Hüten ging an Juan Borgia-Lanzol, den Enkel von Juana Borgia, deren ebenfalls Juan getaufter Sohn schon 1493 den Purpur erhalten hatte. Von jetzt an gab es also zwei Kardinäle namens Juan Borgia, und zwar den Älteren und den Jüngeren, ihres Zeichens Neffe bzw. Großneffe des Papstes. Die drei anderen Kardinalate belohnten jahrelange treue Dienste. Juan Lopez war als Datar, d. h. Geheimkämmerer, für die Einkünfte aus geistlichen Gnaden zuständig gewesen. Bartolomé Martin, Bischof von Segovia, hatte als Haushaltsvorsteher des Papstes ebenfalls eine Vertrauensstellung inne. Eine solche Position bekleidete auch der vierte im Bunde, Juan de Castro, der als Kastellan der Engelsburg amtierte. Alexander VI. formte das Kardinalskollegium nach den Zielen seines Pontifikats um.

Prophet versus Papst

Dessen ungeachtet wurden auch unter einem Oberhaupt wie diesem, für das die Größe seiner Familie das Maß aller Dinge war, die Geschäfte der Kirche weitergeführt. Kirchliche Rechte gegen die Übergriffe der weltlichen Herrscher zu verteidigen war die unverzichtbare Voraussetzung für die Macht des Papsttums und den Erfolg von dessen Politik. Diesem Grundsatz entsprechend erließ Alexander VI. eine ansehnliche Anzahl von Verordnungen, die kirchliche Freiheiten und Freiräume (Immunitäten) vor der schleichenden Vereinnahmung durch den Staat und seine Obrigkeiten schützen sollten. In diesem Bereich war der zweite Borgia-Papst ohne Zweifel auch persönlich stark engagiert. Dasselbe gilt für die Bekämpfung von Häresien. Daneben lief die Routineadministration der Kurie weiter. Von diesen Seiten her betrachtet, fällt der Ausnahmepontifikat nicht aus dem Rahmen. Anders sieht es mit der kirchlichen Organisation der nach 1492 entdeckten Weltteile aus.

So wie der Papst auf Druck Ferdinands von Aragón der sich neu formierenden spanischen Inquisition weitreichende Freiräume zugestand, übertrug er den spanischen Majestäten 1493 für die eroberten und die noch in

Besitz zu nehmenden Gebiete jenseits des Ozeans Vollmachten, die in mancher Hinsicht auf eine staatliche Kirchenhoheit hinausliefen. Daß die Verleihung dieser Rechte primär auf eine effiziente Christianisierung im Namen des Staates abzielte, steht außer Frage; ebenso unbezweifelbar ist, daß durch diese weitreichenden Zugeständnisse zugleich Familieninteressen verfolgt wurden. Ein «Ich gebe, damit ihr gebt» war auch das Schiedsgericht Alexanders VI. über die Aufteilung der neu entdeckten Weltgegenden zwischen Spanien und Portugal. Als der Papst im Frühjahr 1493 auf Ersuchen des spanischen Königs die Demarkationslinie festlegte, welche die Einflußsphären beider Länder auf Dauer voneinander abtrennen sollte, zeichnete sich nämlich gerade das Doppelhochzeitsprojekt ab, das die Anerkennung Giovanni Borgias als Herzog von Gandía zur Folge haben sollte. Entsprechend großzügig wurden die spanischen Monarchen bei der Grenzziehung bedacht; ihnen fiel die gesamte südamerikanische Landmasse zu. Der im Juni 1494 zwischen Spanien und Portugal geschlossene Vertrag von Tordesillas sah demgegenüber wesentliche Korrekturen vor; durch die Verlegung der Trennlinie auf 46° 30´ westlicher Länge wurde der Großteil des heutigen Brasilien zur portugiesischen Einflußzone erklärt. So folgenreich diese Weichenstellungen für den gewaltsam unterworfenen Kontinent und die Kolonialmächte auch werden sollten, so spricht doch andererseits nichts dafür, daß sich Alexander VI. der Tragweite seiner Beschlüsse bewußt war. Wie hätte es auch anders sein sollen? Die Folgen von Entdeckungen und Eroberungen erschlossen sich Europa erst allmählich. Noch in seiner zwischen 1535 und 1540 verfaßten monumentalen Geschichte Italiens, die sich zu einer Chronik Europas ab 1490 ausweitete, waren Francesco Guicciardini, dem bedeutendsten Historiker der Zeit, die Ereignisse in Übersee keine nähere Erörterung wert.

Unauflöslich mit Politik verquickt, ja eine Machtfrage für beide Seiten war auch der Konflikt zwischen Savonarola und Alexander VI., der sich in den Verwicklungen des Italienzugs Karls VIII. anbahnte. Die Konfrontation des asketischen Bußpredigers und Propheten mit dem Pontifex maximus, der durch seine persönliche Lebensführung wie seinen Nepotismus die Verweltlichung des Papsttums verkörperte, gewann für viele Zeitgenossen eine hohe symbolische Aussagekraft: hier tätige Nächstenliebe, mystische Frömmigkeit und moralische Erbauung, dort das schiere Gegenteil, ja ein pervertiertes Zerrbild der christlichen Werte. Daß die beiden Protagonisten unvereinbare Auffassungen von den Aufgaben der Kirche hegten, steht wie eine Vielzahl weiterer Kontraste außer Frage. Doch so nachvollziehbar das Bedürfnis einer von endzeitlicher Erregung aufgewühlten Zeit auch war, in ihnen die Inkarnationen von Gut und Böse schlechthin zu erkennen, so waren die Ursachen dieses Konflikts doch komplexer.

Nach dem Rückzug der Franzosen im Sommer 1495 war Florenz der einzige italienische Staat von Belang, in dem die alten Machtverhältnisse nicht wiederhergestellt wurden – und das, obwohl eine solche Restauration von zumindest zwei Großmächten der Halbinsel lebhaft begrüßt worden wäre. Zum einen nämlich war der vertriebene Piero de' Medici ein treuer, wenngleich glückloser Verbündeter des Hauses Aragón in Neapel, mit dem der Papst soeben schwere Stunden überstanden hatte. Und zum anderen wurde das Wirken Savonarolas, des religiösen und ideologischen Wortführers der Republik Florenz, für Rom allmählich zum Problem. Als Prior von S. Marco, des ehemaligen Hausklosters der Medici, bekleidete der gebürtige Ferrarese zwar ein angesehenes geistliches, doch kein politisches Amt. Dennoch oder gerade deshalb war sein Einfluß auf die Politik stark, ja nicht selten ausschlaggebend. Denn er sprach von der Kanzel nicht nur mit der Wortgewalt, sondern auch mit dem Charisma, mit der Ausstrahlung und der Eindringlichkeit der Propheten des Alten Testaments. Dabei redete er der Allianz mit dem französischen König das Wort. Dieser – so vernahmen es die Florentiner von jetzt an nahezu wöchentlich – würde mit einer unwiderstehlichen Heeresmacht zurückkehren und der Reform der Kirche seinen Schutz angedeihen lassen. Diese umfassende Erneuerung des Glaubens und der Gläubigen aber sollte von Florenz ihren Ausgang nehmen. Denn Florenz war die Erwählte Stadt, die Gott geprüft und für würdig befunden hatte. Ihre Aufgabe war es, die Ungläubigen zu bekehren, die Welt im Christentum zu einen und so den Anbruch des Millenniums, der seligen tausend Friedensjahre vor dem Jüngsten Gericht, herbeizuführen.

Endzeitliche Botschaften ähnlicher Art verkündeten in Italien seit anderthalb Jahrzehnten viele selbsternannte Propheten, ohne dadurch das Papsttum zu entschiedenen Gegenmaßnahmen herauszufordern. Auch die scharfe Kritik, die Savonarola an den Sitten der Kurie und speziell des Papstes übte, fiel zunächst nicht aus dem zeitüblichen Rahmen heraus. Ja sie dürfte sogar eine Funktion erfüllt haben, die auch Rom nicht gänzlich ungelegen kam. In Schelt- und Mahnpredigten, welche den Lebenswandel von Papst und Prälaten drastisch genug ausmalten und zugleich zu Einkehr und Besserung aufriefen, fanden die kleinen Leute ihre skeptische Haltung gegenüber dem irdischen Personal der Kirche bestätigt und dadurch zugleich ein Ventil für diesen Antiklerikalismus des Alltags. Letztendlich förderte die Schilderung der Mißstände also die Gewöhnung an diese.

Darüber hinaus richteten sich die Vorwürfe Savonarolas keineswegs ausschließlich an die römische Adresse. Zielscheibe seiner Tadelreden war zumindest anfangs ebensosehr das florentinische Patriziat, dem die Gier nach Luxus und schrankenloser Macht sowie, aufs engste damit verbunden, gottloser Personenkult zur Last gelegt wurden. Dadurch wurde das diffuse Unbehagen der kleinen Leute an der Elitenkultur der Zeit artikuliert und ihrem politischen Streben ein klares Ziel gesetzt: eine Gemeinde, in der Glaube und Politik, Frömmigkeit und Patriotismus miteinander verschmelzen sollten.

Das alles mußte Alexander VI. also nicht sonderlich beunruhigen. Der Ruf nach einem zweiten Italienzug Karls VIII. allerdings war ein Störfaktor für die von ihm betriebene Politik. Wie ernst man ihn zu nehmen hatte, hing von den sich rasch wandelnden Konstellationen der großen Politik ab. Unvermeidlich mußte der Konflikt zwischen dem Propheten und dem Papst hingegen dadurch werden, daß sich Savonarola immer entschiedener als Sprachrohr Gottes ausgab und sich damit auf eine Autorität berief, die über dem Stellvertreter Christi auf Erden stand. Ja durch den Anspruch, den Willen Gottes kundzutun – und zwar so, wie ihn die Engel, die Botschafter des Allerhöchsten, ihm mitteilten – umging der Frate nicht nur die Autorität des Heiligen Stuhls, sondern stellte sie als wahrer Beauftragter des Herrn sogar regelrecht in Frage. Gegenmaßnahmen – so die römische Strategie – wurden fällig, sobald Savonarola das Charisma des Propheten dazu benutzte, um die Legitimität Alexanders VI. ausdrücklich in Abrede zu stellen. Dieser Ernstfall trat im Frühjahr 1495 ein. Von der Kanzel des Florentiner Doms herab verkündete der wortmächtige Dominikaner der ehrfürchtig lauschenden Menge, daß die Papstwahl des Jahres 1492 ungültig, da erkauft, und der Gewählte zudem ein Ungläubiger sei.

Darauf mußte Alexander VI. reagieren. So erging schon im Juli 1495 ein päpstliches Breve an den Prior von S. Marco. Im Ton verbindlich, lobte es zwar seinen seelsorgerischen Eifer, forderte ihn jedoch zugleich ultimativ auf, über seinen Anspruch, Sprachrohr Gottes zu sein, in Rom Rechenschaft abzulegen. Ob diese Vorladung ernst gemeint war, ist zu bezweifeln. Weit eher dürfte es sich um einen geschickten Schachzug handeln, um Savonarola ins Unrecht zu setzen. Leistete er dieser Aufforderung Folge, büßte er nicht nur sein Prestige ein, sondern erkannte zudem die Rechtsprechungsgewalt des Papstes an, dessen Rechtmäßigkeit er bestritt. Gehorchte er hingegen nicht, stempelte er sich selbst zum Rebellen gegen das Oberhaupt der Kirche ab und verschaffte diesem zugkräftige Argumente für ein verschärftes Vorgehen. Und genau so kam es auch. Auf die Weigerung des Frate, vor dem Pontifex maximus zu erscheinen, reagierte dieser mit harschen juristischen Zwangsmaßnahmen. In einem zweiten, nur sieben Wochen nach dem ersten ausgestellten Breve wurde das Kloster S. Marco seiner unabhängigen Stellung innerhalb des Ordensverbandes entkleidet und sein Prior einem Oberhaupt unterstellt, auf dessen Gefügigkeit Alexander VI. zählen durfte. Ins Zentrum von Savonarolas Wirkungsmacht schließlich zielte das Verbot zu predigen. Daß der Gemaßregelte dieser Weisung Folge leisten würde, war daher kaum zu erwarten.

Vor die Wahl gestellt, stimmlos und damit machtlos zu werden oder einer Kurie zu gehorchen, die er als Hort sittlicher Verwilderung mit Abscheu betrachtete, reagierte der Prior mit einer umfassenden Selbstrechtfertigung. In seiner Replik vom 29. September 1495 unterstrich er nicht nur seine Rechtgläubigkeit, sondern sprach sich auch, was sein Auftreten gegenüber dem Papst betraf, von allen Irrtümern frei. Dadurch aber sei nicht nur die Zurückstufung seines Klosters, sondern auch das übrige Vorgehen Alexanders VI. gegen ihn unbegründet. Nachdem Savonarola auf diese Weise die römische Jurisdiktionshoheit ausgehebelt hatte, mußte seine am Ende betonte Bereitschaft, sich eben diesem Urteil zu unterstellen, wenig glaubwürdig klingen. Dennoch ging dieser Punkt nach dem Urteil der Öffentlichkeit an den Propheten. Er hatte durch die überraschende Schlußwendung den Bruch mit dem Papsttum vermieden. Das zwang die Gegenseite dazu, ihre Strategie zurückzuschrauben. Tatsächlich schlug Alexander VI. in seiner Antwort andere Saiten an. Er verlieh darin seiner pastoralen Sorge Ausdruck, daß das Auftreten des Propheten, solange es nicht von der obersten Autorität der Kirche approbiert wurde, die einfachen Gemüter verwirrte und daher das Seelenheil vieler Menschen gefährdete. Als ein Zeichen seiner väterlichen Wertschätzung wolle er jedoch S. Marco vorerst wieder in seine alten Rechte einsetzen – vorausgesetzt, dessen Prior respektierte das weiterhin gültige Verbot zu predigen.

Dieses aber war längst ein Politikum. Die gläubige Gefolgschaft Savonarolas sah darin einen hinterhältigen Anschlag des gottlosen Papstes, der Florenz von der Kommunikation mit Gott abzuschneiden und ins Unglück zu stürzen beabsichtigte. Zudem hatte sich der harte Kern der Jünger längst um eine breite Schar von Mitläufern erweitert. Auf diese Weise bildete sich um den Frate, der die Zerstörung aller Netzwerke als Voraussetzung für die sittliche und politische Erneuerung predigte, selbst eine «Partei», die ihre Ziele mit den seit jeher üblichen Mitteln der florentinischen Politik verfolgte – und zwar einstweilen mit Erfolg. So erteilte die florentinische Stadtregierung Savonarola im Februar 1496 den Befehl, seine Kanzelreden ungeachtet des päpstlichen Verbots wiederaufzunehmen. Damit waren aus römischer Sicht gleich zwei gravierende Verstöße zu verzeichnen, die sich nutzbringend verwenden ließen. Zum einen hatte die Obrigkeit am Arno ihre Kompetenzen eklatant überschritten, ja, in der Sprache der Kurie ausgedrückt: die Freiheiten der Kirche aufs schwerste verletzt. Und zum anderen war der Frate endgültig in offenen Ungehorsam verfallen.

Die Begründung, die er für sein Vorgehen lieferte, lautete jetzt: Du sollst Gott mehr gehorchen als den Menschen. Das bedeutete konkret: Wenn eine Anweisung des Papstes gegen das Gebot der Nächstenliebe verstieß, war Widerstand oberste Christenpflicht. Genau diesen Fall sah Savonarola mit der Fortdauer des Predigtverbots eingetreten. Dem römischen Befehl Folge zu leisten – so seine Argumentation –, würde bedeuten, dem Gottesvolk die Botschaften Gottes vorzuenthalten. Damit war die Machtfrage ganz offen gestellt. Ein Prophet, der die Kompetenz für sich beanspruchte, die Beschlüsse des Papstes auf ihre Rechtmäßigkeit zu überprüfen, brach das institutionelle Gefüge der Kirche auf. Charisma kontra Amtsgewalt – der Ausgang dieser Konfrontation konnte besonnenen Beobachtern kaum zweifelhaft erscheinen. Savonarola mußte die göttlichen Ursprünge seiner Verkündigungen stets aufs neue erweisen. Mit anderen Worten: seine Vorhersagen mußten eintreffen. Kam es anders, bröckelte sein Prestige unaufhaltsam. Alexander VI. aber hatte weder Charisma noch einen Ruf zu verlieren. Er mußte nur zum richtigen Zeitpunkt die Autorität seines Amtes ausspielen. Darüber hinaus brauchte er nur abzuwarten, wie sich sein Gegner immer heilloser in den Fäden der politischen Netzwerke verstrickte. In der Tat ein ungleicher Kampf!

In seinen Fastenpredigten des Jahres 1496 steigerte der Prophet die Anklage gegen den Papst in apokalyptische Höhen. Endzeitliche Erregung schürte vor allem seine unterschwellig suggerierte Gleichsetzung Roms mit Babylon, dem Ort des Antichristen. Untermalt wurde sie von Schilderungen der römischen Lasterhaftigkeit, die wirksam genug an volkstümliche Einbildungskraft appellierten: Rom, die Stadt der vierzehntausend Huren. Die Töne Savonarolas wurden nicht zuletzt deshalb schriller, weil seine Vorhersagen und die hohen Erwartungen, die sich an diese knüpften, unerfüllt blieben. Karl VIII. als Erneuerer der Kirche? Daran glaubten immer weniger; was man sich über das lockere Privatleben des Königs erzählte, sprach gegen diesen hohen sittlichen Ernst. Der Frate geriet dadurch in immer akuteren Erklärungsnotstand. Er mußte seiner Zuhörerschaft verständlich machen, warum die von ihm als sicher bevorstehend verkündeten Ereignisse auf sich warten ließen, ohne dadurch seinen Rang als Prophet zu schmälern. Zu diesem Zweck entwickelte er eine eigentümliche Theorie der visionären Unschärfe. Er empfange die vom Himmel geschickten Gesichte, so übernatürlichen Ursprungs sie auch seien, mit menschlichen Augen. Dabei könnten kurzfristige Sehfehler auftreten, die schon durch die nächste Botschaft korrigiert würden. Zweifel an seinem Prophetenamt aber kämen dem Abfall von Gott gleich. Christ sein heiße, ihm, dem Sprachrohr des Herrn, frommen Herzens zu folgen. Dazu aber waren immer weniger Florentiner bereit. Um so heftiger fielen die Vorwürfe gegen Alexander VI. in den Fastenpredigten des Jahres 1497 aus. Savonarola suchte jetzt aus innerer Notwendigkeit die persönliche Konfrontation mit dem Pontifex maximus. Sein letztes Kapital war seine untadelige, ja heiligmäßige Lebensführung – und das krasse Gegenbild, das der regierende Papst im Vergleich dazu abgab. In seinen vehementen Anklagereden geriet ihm vorrangig dessen Nepotismus ins Visier. Dazu bestimmt, Vater aller Christen zu sein, förderte dieser pflichtvergessene Pontifex maximus allein seine leiblichen Sprößlinge. Dadurch verhöhnte und pervertierte er wie der leibhaftige Antichrist alle wahren Werte.

Zu diesem Zeitpunkt war der wortgewaltige Kanzelredner bereits exkommuniziert, d. h. aus der Gemeinschaft der Gläubigen ausgeschlossen. Diese Strafe hatte ihm ein weiteres Breve Alexanders VI. vom 7. November 1496 für den Fall angedroht, daß er sich der Eingliederung seines Klosters in die neugeschaffene toskanisch-römische Kongregation der Dominikaner widersetzte. Diese Unterordnung aber lehnte der Frate mit derselben Begründung wie zuvor ab. Der Beschluß sei von seinen Feinden aufgrund falscher Informationen von einem übel beratenen Papst erschlichen worden und widerspreche überdies dem göttlichen Gesetz. Die Aufsicht über den betreffenden Klosterverband hatte Alexander VI. im übrigen Kardinal Oliviero Carafa übertragen, der dem Predigerorden und insbesondere Savonarola nahestand. Das war ein genialer Schachzug. Durch die Berufung seines innerkirchlichen Gegners trat Alexander VI. als ein unparteiischer Schiedsrichter vor die Öffentlichkeit. Zugleich manövrierte er den unbequemen Kirchenfürsten in eine Zwickmühle hinein. Sympathisierte Carafa allzu offen mit dem Frate, geriet er selbst ins Zwielicht. Um dem Verdacht, die Spaltung der Kirche zu fördern, entgegenzuwirken, mußte er daher energischer gegen den Prior vorgehen, als es seiner Gesinnung entsprach. Alles lief also auf eine gezielte Eskalation hinaus. Am 13. Mai 1497 exkommunizierte Alexander VI. Savonarola nochmals in einem eigens zu diesem Zweck ausgestellten Breve. In seiner Replik vom 19. Juni spitzte der aus der Gemeinschaft der Gläubigen Ausgeschlossene daraufhin seine Thesen weiter zu. Jeder Christ sei vor die Wahl gestellt, Gott und das heißt: dessen Propheten, oder den Anweisungen des Papstes und damit den Menschen zu gehorchen. Die Seligkeit hänge von dieser Entscheidung ab.

Doch auch Irdisches stand auf dem Spiel. Florenz war politisch isoliert und wirtschaftlich geschwächt. Und die Vorhersagen seines geistlichen Oberhaupts wollten und wollten nicht eintreten. Schlimmer noch: Savonarola wurde jetzt immer mehr zum Parteiführer. Er begünstigte seine Anhänger und benachteiligte die anderen. Dementsprechend polarisierten sich die inneren Verhältnisse am Arno. Alle zwei Monate wurde die Wahl der neuen Stadtregierung, die mit einem Losverfahren gekoppelt war, zu einer Entscheidung über Sein oder Nichtsein. Als Anfang 1498 eine Savonarola ergebene Mehrheit ans Ruder gelangte und ihm erneut den Befehl zu predigen erteilte, lieferte sie Alexander VI. die Rechtfertigung einer letzten, extremen Maßnahme. In seinem Breve vom 26. Februar 1498 drohte der Papst Florenz mit dem Interdikt. Diese schwerste aller Kirchenstrafen hätte zur Folge, daß der Gottesdienst suspendiert würde und weder rechtsgültig getauft, geheiratet noch begraben werden könnte; zudem mußte aller Handel und Wandel mit der gebrandmarkten Gemeinde zum Stillstand kommen. Für eine Stadt wie Florenz, die von Kommerz und Gewerbe lebte, hätte das fatale Folgen. Um dieses Verhängnis abzuwenden, suchte die Regierung verzweifelt nach einem Kompromiß. Er sollte das Gesicht aller Seiten wahren und hätte deshalb darin bestehen können, daß der Frate die Autorität des regierenden Pontifex maximus formell anerkennt, worauf dieser seine Strafandrohungen zurücknimmt.

Doch für eine einvernehmliche Lösung wie diese waren die Gemüter zu erregt. Prophet Gottes oder Betrüger: diese Alternative schloß jegliche Neutralität kategorisch aus. Ein Ende der quälenden Ungewißheit verhieß Anfang März der Vorschlag eines Franziskaners: Ein Gottesurteil sollte die Entscheidung herbeiführen, wo der Richtspruch des Menschen versagte. Diese Feuerprobe gewann rasch eine unwiderstehliche Anziehungskraft. Denn sie versprach klare Alternativen. Verbrannte der Franziskaner, hatte Savonarola recht. Wurde der Dominikaner zu Asche, war der Prior von S. Marco als Betrüger entlarvt und mußte Florenz binnen Tagesfrist verlassen. In beiden Orden fanden sich Männer, die den Schritt durch die Flammen wagen wollten. Alexander VI. allerdings erhob gegen das geplante Vorgehen Einspruch. Hatte er, wie seine Gegner suggerierten, Angst, durch das Schiedsgericht Gottes als Betrüger demaskiert zu werden? Daß der Papst sich und seine Familie von der Vorsehung erwählt glaubte, steht außer Frage. Selbst ein Meister der Manipulation, dürfte er wohl eher Machenschaften hinter den Kulissen befürchtet haben, die sich seiner Kontrolle entzogen.

Doch sein Verbot blieb ohne Wirkung. Ein Stein war ins Rollen geraten, und niemand vermochte ihn jetzt noch aufzuhalten. Der 7. April 1498 sollte die Entscheidung bringen. Die riesige Menschenmenge auf der Piazza della Signoria wartete Stunde um Stunde. Vergeblich, es tat sich nichts. Am frühen Nachmittag dann die Nachricht, die alle zutiefst enttäuschte: keine Feuerprobe! Die hoch geschichteten Holzstöße wurden wieder abgetragen. Theologische Komplikationen, so hieß es, standen der übernatürlichen Wahrheitsfindung im Wege. Der Dominikaner beharrte darauf, mit der Hostie in die Flammen zu gehen; für seinen Kontrahenten war das Blasphemie. Und deshalb sollten die Florentiner unverrichteter Dinge nach Hause gehen, in derselben Ungewißheit wie zuvor? Im Augenblick der tiefen Enttäuschung über das Ausbleiben des Gottesurteils gewannen die Gegner des Frate die Oberhand; sie ließen ihn ins Gefängnis werfen und leiteten einen hochnotpeinlichen Strafprozeß ein. In diesem kritischen Moment intervenierte Alexander VI. ein letztes Mal. Die Stadtregierung sollte ihm den Gefangenen ausliefern. Natürlich hütete sie sich, diesem Ersuchen stattzugeben. Der gestürzte Prophet in einem römischen Kerker wäre ein Druckmittel gewesen, das sich jederzeit gegen ein unbequemes Regime am Arno hätte verwenden lassen.

Savonarolas Schicksal erfüllte sich in Florenz. Die für die Monate Mai und Juni ausgelosten Mitglieder der Regierung waren ihm überwiegend feindlich gesinnt. Sie ließen den großen Prediger foltern und angebliche Geständnisse in Umlauf bringen. Er sollte bekannt haben, daß von Anfang an alles Lug und Trug war – die Botschaften von Gott, die Zwiesprache mit den Engeln, alles erdichtet und erfunden. Doch an diese suspekten Enthüllungen glaubten keineswegs alle Florentiner, der harte Kern der Anhänger blieb seinem geistlichen Führer treu. Zu schützen vermochten ihn seine Gefolgsleute jedoch nicht mehr. Am 23. Mai 1498 wurde Girolamo Savonarola erst erwürgt und dann verbrannt. Sein Erbe lebte in Florenz untergründig fort.

Alexander VI. hatte auf der ganzen Linie gesiegt. Zudem sah sich die Kurie in ihren Überzeugungen bestätigt. Sie lauteten: Stärker als alles persönliche Charisma ist die Macht des Amtes und damit der Tradition. Mönchsgezänk wird nur dann gefährlich, wenn es sich mit Politik verquickt. Dann muß man ihm mit politischen Mitteln entgegentreten. Mit demselben Rezept sollte Rom zwanzig Jahre später die Anfänge der Reformation bekämpfen.

Papst versus Prophet – die Konfrontation dauert bis heute an. Die Anhänger des Frate, die im 21. Jahrhundert seine Heiligsprechung betreiben, befinden sich in einem Dilemma. Mögen sie auch – dem Urteil der meisten Historiker entgegen – die nicht abgesandten Briefe für gefälscht erklären, die im Namen Savonarolas die Fürsten Europas zur Absetzung Alexanders VI. aufrufen, unbestreitbar ist und bleibt, daß der Dominikaner dem Borgiapapst mehrfach den Gehorsam verweigert und die Legitimation abgesprochen hat. Rechtfertigen läßt sich dieser Widerstand nur, wenn man sich Savonarolas Sichtweise zu eigen macht und Alexander VI. als unrechtmäßig gewählt betrachtet. Dann ist jedoch auch die Erhebung Alessandro Farneses zum Kardinal und dessen späterer Pontifikat null und nichtig. Ohne Paul III. aber gibt es kein Konzil von Trient und keine katholische Reform. Ein Dilemma, wie gesagt.

Für die Intellektuellen der jungen Generation war Savonarolas Aufstieg und Untergang nicht zuletzt eine Herausforderung zum Nachdenken. In den Augen des 1483 geborenen Patriziers Francesco Guicciardini hatten sich auch zehn Jahre nach der Hinrichtung des Frate die Widersprüche nicht auflösen lassen, im Gegenteil. Wenn dieser wirklich ein Betrüger war, wie konnte er dann in einer Stadt wie Florenz, wo jeder jeden beobachtete, als leuchtendes Vorbild seiner Mitbürger gelten? Lehrte nicht die Kirche selbst, daß man Gut und Böse an ihren Früchten erkennen sollte – und war nicht das Leben und Wirken Savonarolas erkennbar gut? Erst in fortgeschrittenem Lebensalter und vollends bei der Abfassung seiner Geschichte Italiens ab 1535 zog Guicciardini eine weitaus radikalere Konsequenz aus dem Sturz des Propheten, der in der zeitlichen Distanz längst zu einer Episode geschrumpft war: Religion ist nichts anderes als ein Mittel der Politik. Das Übernatürliche ist dem Verständnis des Menschen entzogen. Gott spricht nicht zu ihm. Und nicht Gott, sondern der Mensch allein bestimmt die Geschichte.

Ironie der Geschichte: Am 7. April 1498, als Florenz der Entscheidung durch die Flammen harrte, entschied sich auch das Schicksal der Borgia. Sie wußten es nur noch nicht.

Die Stunde der Nepoten

Bis dahin war es von der Kardinalsernennung im Februar 1496 jedoch noch ein weiter Weg. Der Kampf um den Staat der Borgia, dem jetzt alle Mittel des Papsttums zuflossen, begann in der römischen Campagna. In diesem menschenarmen Landgürtel der Ewigen Stadt hatten im Laufe des 13. Jahrhunderts einige große Baronalfamilien ihre Herrschaft errichtet. In der Folgezeit entrissen diesen die Nepoten so viele Stützpunkte wie möglich – um sich danach selbst gegen nachrückende Papstverwandte zur Wehr zu setzen. In diesem Ringen zählte allein das Gesetz des Stärkeren. Die Sippe des Pontifex maximus war stark, solange dieser lebte. Mit wieviel Land und wie lange sie sich danach zu behaupten vermochte, hing davon ab, wieviel soziales Kapital in Form von nützlicher Vernetzung sie angesammelt hatte. Um sich gegen die Unwägbarkeiten zu schützen, die der regelmäßige Herrschaftswechsel am Tiber verursachte, sicherten sich die großen Familien im Kirchenstaat mehrfach ab: durch Solddienste für fremde Mächte, Verschwägerungen und weitere vertrauensbildende Maßnahmen, die dauerhaften Schutzverträgen gleichkamen.

Als die Borgia den Kampf um die römische Campagna aufnahmen, zählte man gerade einmal fünfeinhalb Überlebende. Außer den Colonna und Orsini, die trotz aller Begehrlichkeit der Papstverwandten in zwei Jahrhunderten den Löwenanteil der Macht behalten hatten, konnten sich die Conti, Savelli und Caetani auf Dauer behaupten. Und, zur Hälfte, die Della Rovere, deren Stellung durch das Exil Kardinal Giulianos empfindlich geschmälert worden war. Alexander VI. hatte also die Wahl: Wen sollte man zuerst attackieren? Wer war das schwächste Glied in dieser Kette, wer hatte die geringste Rückendeckung? Die Antwort konnte anno 1496 nur lauten: die Orsini. Denn sie hatten ihre traditionellen Verbündeten am Vesuv verloren; zudem saß ihr Oberhaupt hinter Festungsmauern ein. Ihre Enteignung formaljuristisch zu begründen fiel nicht schwer. Das herrschende Gewohnheitsrecht war vage, Verträge waren meist nicht auffindbar, Bilanzen über Zahlungen kaum vorhanden. Mit anderen Worten: gegen den Vorwurf des Vertragsbruchs und die Anklage, Rebellen zu sein, konnte sich kaum eine große Familie des Kirchenstaats verteidigen.

Zudem hatte Alexander VI. die wirkungsvollere Propaganda auf seiner Seite: alles für den Staat und die Rechte der Kirche! Dabei tat es wenig zur Sache, daß diese zugkräftige Parole keiner ernsthaften Prüfung standhielt. Denn was die Orsini verlieren sollten, würden die Borgia gewinnen. Was aber die Nepoten gewannen, verlor das Papsttum – diese simple Gleichung galt gerade im römischen Umland mehr denn je. Da jedoch die meisten Fürsten Europas bemüht waren, ihre Macht durch die Zurückdrängung nachgeordneter Gewalten zu verstärken, konnte Alexander VI. mit diesem Motto bei seinesgleichen auf Verständnis hoffen. Die römischen Barone sahen diesen Kampf naturgemäß in einem ganz anderen Licht. Für sie wie die regionalen Eliten des Kirchenstaats allgemein mußte eine legitime Herrschaft abgestuft sein: dem Papst die Oberhoheit, ihnen die Entscheidungsbefugnisse vor Ort. Über das, was den «Staat» jetzt und künftig ausmachen sollte, konnte man sich nicht verständigen.

Im Propagandakrieg gegen die Orsini berief sich Alexander VI. überdies auf wenige Monate zurückliegende Ereignisse. Hatten ihn die «Bärchen» (was der Familienname der Orsini wörtlich bedeutet) nicht in der Stunde der Not schnöde im Stich gelassen? Solche Treulosigkeit schimpfte sich in der feudalen Fachsprache Felonie. Natürlich konnte man diese Wortbrüchigkeit auch den Colonna vorhalten, die sich ähnlich, wenn nicht schlimmer verhalten hatten. Doch sie genossen die Unterstützung Ascanio Sforzas und waren daher vorerst unantastbar. Von einem Doppelschlag träumte Alexander VI. gleichwohl. Wenn die Colonna außerhalb seiner Reichweite waren, dann sollten zumindest die ohnehin angeschlagenen Della Rovere mit entmachtet werden Doch als der Papst den versammelten Kardinälen seine Absicht vortrug, gleich beiden Familien ihre Herrschaftsrechte im römischen Umland zu entziehen, erhoben selbst gemeinhin devote Kreaturen schüchternen Einspruch. Damit überspanne man die eigenen Kräfte, so ihre unterwürfige Widerrede. Vom verheerenden Eindruck in der Öffentlichkeit wagten sie nicht zu sprechen.

Dann also nur gegen die «Bärchen»! Um die Reihen der Borgia zu schließen, ließ Alexander VI. seinen Sohn Giovanni, den Herzog von Gandía, aus Spanien nach Rom beordern. Am 10. August 1496 vermerkte Johannes Burckard dessen Ankunft. In seiner Eigenschaft als Zeremonienmeister bereitete sie ihm Kopfzerbrechen. Wo stand der Herzog protokollarisch, vor beziehungsweise hinter wem sollte er künftig gehen und sitzen? Die Antwort Alexanders VI. erfolgte prompt: Giovanni allerorten, ganz oben, dem Herzen des Vaters am nächsten! Diese neue Rangordnung gefiel keineswegs allen und speziell denen nicht, die auf echte Verdienste pochen zu können meinten. So kam es bald zu häßlichen Szenen. Indigniertes Kopfschütteln erregte Giovanni Borgia, als er dem hochberühmten und vielbewunderten spanischen Feldherrn Gonzalo Fernandez de Cordoba bei dessen Besuch in Rom den Vortritt streitig machte. Ein geckenhafter Jüngling vor dem Heros des Zeitalters – verkehrte Welt, verkehrte Werte!

Doch mit solchen Form- und Rangfragen hatte es nicht sein Bewenden. Zur Besorgnis seiner engsten Berater hatte sich Alexander VI. in den Kopf gesetzt, aus dem flatterhaften Kostümherzog einen Aristokraten von echtem Schrot und Korn zu machen. Und was konnte den unsteten Schürzenjäger zum Mann reifen lassen, wenn nicht ein militärischer Oberbefehl? Risiken – so schien es – gab es dabei keine. Die Orsini waren schließlich so gut wie besiegt. Das zu verkünden wurde zumindest Ascanio Sforza nicht müde. Ihm lag die Niederlage der Barone ebenfalls am Herzen. Zum einen wären die Borgia dann endlich saturiert. Zum anderen gewönnen die Colonna, seine Verbündeten, die Oberhand über ihre ewigen Rivalen.

Kurzfristig unterbrochen wurden die Vorbereitungen zum Feldzug durch eine Todesnachricht aus Neapel. Dort starb im Oktober 1496 mit Ferrandino der dritte König in weniger als drei Jahren, und zwar in der Blüte seiner Jahre und, wie der Hofklatsch zu wissen glaubte, bei seinen allzu intensiven Bemühungen, einen Thronfolger zu zeugen. Tiefgründiger waren die Gedanken Philippe de Commynes' über diesen Totentanz der gekrönten Häupter. Gott hatte ihnen Schlimmeres ersparen wollen, so seine tröstliche Reflexion. Gott besetzte das Schachbrett der Politik nach unerforschlichem Gutdünken mit seinen Figuren. Und er hatte einen unerschöpflichen Vorrat an Königen, Damen und Bauern, um jedem allzu Mächtigen seinen Widerpart entgegenzustellen. Ohne diesen Stachel im Fleisch gaben die Großen, von Hochmut gebläht, nicht Gott, sondern sich selbst die Ehre. Einsichten eines klugen Diplomaten.

In Rom hingegen überwog das Bedauern über eine Gelegenheit, die man ungenutzt verstreichen lassen mußte. Ganz ähnlich die Reaktion in Spanien. Sowohl Alexander VI. als auch Ferdinand von Aragón hatten ihre eigenen Pläne mit Neapel. Der sterbende Ferrandino jedoch machte beiden einen Strich durch die Rechnung. Auf dem Totenbett bestimmte er seinen Onkel Federico d'Altamura zum Nachfolger. Sollte er der letzte seines Hauses auf dem Thron von Neapel sein? Symptome der inneren Schwäche mehrten sich in den letzten Jahren. Vielleicht brauchten die Borgia also nur abzuwarten. Aufgeschoben mußte nicht aufgehoben heißen. Einer Belehnung Federicos mit Neapel stellten sich auch deshalb keine Hindernisse entgegen, weil der Papst alle Energien auf die römische Campagna konzentrieren mußte.

Dort nämlich standen die Zeichen auf Krieg. Zum Oberbefehlshaber der päpstlichen Truppen war tatsächlich Giovanni Borgia ausersehen. Um der Expansion seiner Nepoten Legitimation zukommen zu lassen, verlieh Alexander VI. seinem Lieblingssohn den altehrwürdigen Titel eines Generals der Kirche; zusätzlich erhob er ihn zum Legaten der Provinz Patrimonio, des Gebiets nördlich von Rom, in dem die Hauptbesitzungen der Orsini lagen. Und am 26. Oktober 1496 wurde die päpstliche Bulle verlesen, die Verginio Orsini, seinen Sohn Gian Giordano, seinen Schwager Bartolomeo d'Alviano sowie Paolo Orsini zu Rebellen gegen die Kirche und, noch hochtrabender, zu «Feinden Italiens» erklärte. Ausgenommen von diesem Bannfluch waren der Kardinal der «Bärchenfamilie» und deren in Pitigliano begüterter Zweig, der unter dem Schutz Venedigs stand.

Trotz seines stolzen Ranges konnte Giovanni Borgia diesen Krieg natürlich nicht selbst führen. Dazu fehlte ihm jegliche Erfahrung, von Talent und Eignung ganz zu schweigen. Auf der Gegenseite aber hatte mit Bartolomeo d'Alviano einer der renommiertesten condottieri Italiens das Kommando. So war es dringend angeraten, einen gleichwertigen Söldnerführer anzuwerben und diesem die eigentliche Befehlsgewalt zu übertragen. Diese undankbare, da offiziell untergeordnete Rolle bekleidete schließlich Guidobaldo, seines Zeichens Herzog von Urbino und Sohn des großen Federico da Montefeltro (1422–1482). Dieser war als Feldherr wie Bauherr der Stolz seines Zeitalters gewesen. Guidobaldo hatte zwar die Intelligenz, doch nicht die Körperkraft seines Vaters geerbt. Im Gegenteil, er war so gichtbrüchig, daß er sich kaum bewegen konnte. Ein zwanzigjähriger Nepot und ein kranker condottiere führten also das päpstliche Heer gegen die unbeugsamen Barone.

Dennoch lief anfangs alles wie vorgesehen. Schon beim ersten Angriff fielen zehn Orsini-Festungen fast kampflos. Doch der Siegeszug täuschte; denn die Gegner schonten und sammelten ihre Kräfte. Zentrum ihres Widerstands wurde die feste Burg von Bracciano. Und hier kam der Vormarsch zum Stillstand. Immer wieder rannten die päpstlichen Truppen gegen die starken Mauern des kurz zuvor auf dem neuesten Stand der

Festungstechnik umgebauten Schlosses an. Statt sie zu erstürmen, holten sie sich blutige Köpfe, selbst dann noch, als die schwere Artillerie König Federicos von Neapel ihre Geschütze verstärkte. So gingen die Verluste der Angreifer in die Hunderte, bei einer Heeresstärke von höchstens 5000 Mann kein geringer Blutzoll. Nicht nur deshalb war die Moral der Verteidiger ausgezeichnet. Sie wußten zudem, daß ein Ersatzheer unterwegs war. Angeworben hatte diese Truppe eine Koalition der Borgia-Gegner. Dazu zählten der König von Frankreich, Giuliano della Rovere sowie die Baglioni und die Vitelli, die in Perugia beziehungsweise in Città di Castello eine vom Papst nicht bestätigte Vormachtstellung einnahmen.

Die Bemühungen Alexanders VI., seinerseits Alliierte zu gewinnen, aber schlugen fehl. Seine Parole «Italien den Italienern» verfing diesmal nicht. Allzu offensichtlich ging es hier nicht um einen nationalen Abwehrkampf, sondern um die Interessen der Nepoten. Dafür aber rührte sich keine Hand. Im Gegenteil: die Republik Venedig ließ ihrem Schützling, dem Grafen von Pitigliano, freie Hand, um seinen Verwandten zur Hilfe zu eilen. Das Weihnachtsfest 1496 war Alexander VI. auf diese Weise gründlich verdorben. Vor Wut und Ungeduld erkrankte er und blieb daher der feierlichen Messe am 25. Dezember fern. Geld für aufwendige Feiern war ohnehin nicht vorhanden. 30 000 Dukaten kostete dieser Feldzug pro Monat. Eigentlich konnte man sich diesen Krieg nicht leisten. Auch wenn dessen Ausgang noch zu den schönsten Hoffnungen berechtigte, war es daher an der Zeit, vorsorglich nach einem Sündenbock Ausschau zu halten. Diese Rolle war Ascanio Sforza wie auf den Leib geschrieben. Hatte er nicht von einem militärischen Spaziergang nach Bracciano gesprochen? So mußte der stolze Vizekanzler jetzt wieder einmal seine Koffer packen und aus dem Vatikan ausziehen. Sogar von seinem eigenen Bruder sah er sich im Stich gelassen. Selbst Ludovico Sforza votierte jetzt für eine friedliche Beilegung des Konflikts mit den Orsini.

Diese aber witterten Morgenluft und schritten zur Tat. Zuerst sprengte das Ersatzheer unter der Führung Vitellozzo Vitellis den Belagerungsring um Bracciano auf. Und kurz darauf, am 25. Januar 1497, schlug das Aufgebot der Orsini unter der Führung Bartolomeo d'Alvianos die päpstliche Armee bei Soriano vernichtend. Giovanni Borgia wurde verletzt und mußte unverzüglich kapitulieren, der Herzog von Urbino geriet sogar in Gefangenschaft. Die Barone triumphierten über ihren Oberherrn in Rom. Zwar mußten sie im Frieden, der am 5. Februar geschlossen wurde, Zugeständnisse machen und eine Kaution von 50 000 Dukaten für künftiges Wohlverhalten hinterlegen, doch war von ihrer Enteignung keine Rede mehr. Im Gegenteil: schon bald titulierte sie Alexander VI. in offiziellen Schriftstücken wieder als «geliebte Söhne». Der Clan der «Bärchen» schaute nach vorn und begrub seinen Toten. Kurz vor der Schlacht von Soriano nämlich war Verginio Orsini in der Gefangenschaft gestorben. An Gift? Nutzen brachte dieser Tod, so die überwiegende Einschätzung, allein dem Papst. Doch reichte der lange Arm Alexanders VI. wirklich bis hinter die Mauern des Castel dell'Ovo in Neapel?

Und eine weitere Frage drängte sich auf: Waren die Colonna nach diesem Fehlschlag die nächsten, gegen die sich der Expansionsdrang der Borgia richten würde? Grund zur Besorgnis hatten die Rivalen der Orsini mehr als genug. Sie nannten mindestens ebensoviele stolze Burgen in der Campagna ihr eigen wie die Orsini. Zudem war ihr Protektor Ascanio Sforza in Ungnade gefallen. Und auch für diesen und seinen Bruder in Mailand brachen härtere Zeiten an. Im November 1496 und im Januar 1497 starben kurz nacheinander Ludovicos illegitime Lieblingstochter Bianca Maria und seine Gattin Beatrice d'Este. Nicht wenige sahen darin ein Zeichen, daß Gott den Tod Gian Galeazzos und den Hochmut des Herzogs bestrafte. Zudem trafen schlechte Nachrichten aus Frankreich ein. Karl VIII. hatte die Schmach des schnellen Rückzugs aus Italien nicht vergessen und plante einen zweiten, besser vorbereiteten Angriff. Dieser sollte zangenförmig erfolgen, gleichzeitig gegen Neapel und Mailand. Gravierender noch als diese Bedrohung war der Prestigeverlust der Sforza auf der internationalen Bühne. Als Anfang 1497 Frankreich, Spanien und England ihre Einflußzonen abgrenzten, hielt es niemand für nötig, den Rat Mailands einzuholen. Fast hatte es den Anschein, als habe man die Sforza bereits abgeschrieben. Hilfe kam allein aus Neapel. König Federico leistete dem alten Feind seines Hauses in der Stunde der Not eine Subsidienzahlung von 10 000 Dukaten. Eine rührende Geste des guten Willens. Zu mehr reichten die weitgehend erschöpften Ressourcen Neapels nicht aus.

Auch Alexander VI. plante jetzt ohne die Sforza. Nach dem Desaster von Soriano waren ihm die Ratschläge Kardinal Ascanios und alle Halbherzigkeiten verleidet. Um die Della Rovere zu vertreiben, die erneut von ihrem Kastell in Ostia aus Getreideschiffe auf dem Tiber überfielen, lieh er sich von den spanischen Königen deren Feldherrn aus. Gonzalo Fernandez attackierte das leidige Widerstandsnest mit solchem Furor, daß die Besatzung binnen drei Wochen die Waffen streckte. Der Krieg der Nadelstiche hatte damit ein Ende. Die Schlußfolgerung daraus lautete: Die Borgia brauchten einen mächtigen Verbündeten, wie ihn Italien momentan nicht zu bieten hatte. Bei der Suche nach diesem starken Arm aber waren die geschwächten Sforza nur noch lästig. So fiel der Verdacht sofort auf den Papst, als der Vizekanzler im Januar und Februar 1497 lebensgefährlich erkrankte. In den wenigen lichten Momenten des Dämmerzustands zwischen Fieber und Ohnmacht beschwor Ascanio Sforza seine Diener, ihn nach Genazzano zu den Colonna zu bringen, und zwar mit starker Eskorte und so viel Geld wie möglich. Offenbar glaubte auch er, Opfer eines Giftanschlags zu sein. So begab sich Alexander VI. am 3. März 1497 selbst ans Krankenbett, um dieses Gerücht als haltlos zu erweisen. Oder wollte er dem ehemaligen Überpapst durch diesen Besuch einen tödlichen Schrecken einjagen? Die Begrüßung jedenfalls fiel herzlich aus. Nach inniger Umarmung schwelgten beide in Erinnerungen an gemeinsame Unternehmungen. Doch Ascanio traute diesem Frieden offenbar nicht. So elend er sich auch fühlte, er kämpfte. Unter Aufbietung aller Kräfte simulierte er Besserung. Bald werde er wieder auf den Beinen sein und seine Geschäfte aufnehmen. So war der Papst, der sich Gewißheit verschaffen wollte, verunsichert. Wer hatte recht, der Kranke, der sich optimistisch gab, oder die Ärzteschaft, die ihrem Patienten nur geringe Überlebenschancen einräumte? Zumindest hatte der Kardinal einstweilen das Schlimmste verhütet: schon bei Lebzeiten abgeschrieben zu sein.

Die Mediziner täuschten sich. Der Mailänder Kirchenfürst überstand die Krisis und kam allmählich wieder zu Kräften. Er rettete nicht nur sein Leben, sondern auch sein inzwischen stark gewachsenes Vermögen. Dieses nämlich wäre im Falle seines Todes nicht an die Sforza, sondern an die Kirche, d. h. an die Borgia gefallen. So bewegt sich Alexander VI. bei der Visite auch präsentierte, die facultas testandi, das Recht, per Testament über seine Besitztümer zu verfügen, verweigerte er dem scheinbar Moribunden ungerührt. Damit nährte er den bösen Verdacht: Tötete dieser Papst seine

Kardinäle, um sie zu beerben? Die Symptome des Siechtums sprachen – noch – gegen diese Theorie. Der Kardinal litt wie so viele Mächtige seiner Zeit an Syphilis.

Erholung war dem Rekonvaleszenten nicht gegönnt. Kaum genesen, mußte er sich gegen den nächsten Schlag Alexanders VI. wappnen. Dieser zielte nicht nur gegen ihn, sondern gegen die Ehre des Hauses Sforza insgesamt. Ihm drohte die Lächerlichkeit. Im Mai 1497 nämlich verdichteten sich die Gerüchte, daß Alexander VI. die Ehe seiner Lieblingstochter Lucrezia aufzulösen gedachte. Dafür sah das kanonische Recht, das keine Scheidung, sondern nur die nachträgliche Erklärung der Ungültigkeit kannte, eine Reihe von Gründen vor. Mit unfehlbarem Gespür wählte Alexander VI. den für die Sforza peinlichsten aus: Impotenz des Gatten, d. h. Nichtvollzug der Ehe – und das nach immerhin vier Jahren. Daß der virile Giovanni Sforza so lange eine Josephsehe geführt haben sollte, amüsierte die Öffentlichkeit köstlich. Fürwahr, mit dieser Familie ging es bergab. Selbst die Zeugungsfähigkeit kam ihr abhanden, und das nach so stolzen Anfängen. Francesco, der erste Herzog, hatte immerhin nicht weniger als drei Dutzend Sprößlinge in die Welt gesetzt. Und welch ein Kontrast zu den Borgia! Alexander VI. gab viel auf die Kraft seiner Lenden. Fruchtbarkeit verbürgte nicht nur die Macht seiner Familie, sondern spiegelte auch ihr hohes Geschick wider. Daß er so dachte, zeigte eine dramatische Episode. Arm, ja gottverlassen sind diejenigen, welche am Ende ohne männliche Nachkommen dastanden – das sollte er in der Hitze des Zorns den Gesandten der spanischen Majestäten ins Gesicht schleudern. Isabella und Ferdinand hatten zu diesem Zeitpunkt nur noch Töchter.

Widerstand gegen die Auflösung ihrer Ehe artikulierte auch Lucrezia. Die siebzehnjährige Tochter des Papstes hatte mehr eigenen Willen, als das patriarchalische Familienmodell der Zeit ihr zubilligte. Wie immer ihre Beziehungen zu dem Gatten auch waren, den sie nicht selbst ausgesucht hatte – durch eine solche Annullierung war auch sie blamiert. Zum Zeichen ihrer Opposition begab sie sich daher, ohne um Erlaubnis zu fragen, in das vornehme römische Nonnenkloster S. Sisto. Auf diesen Akt der Renitenz reagierte Alexander VI. ausgesprochen ungnädig, nämlich mit Hausarrest und Schweigegebot. Auch der Einspruch Ascanio Sforzas gegen die Ungültigkeitserklärung der Ehe, die er als eines seiner politischen Meisterstücke betrachtet hatte, sollte erfolglos bleiben. Mehr noch: nach mancherlei Auf und Ab mußte er einsehen, daß die politisch fetten Jahre vorbei waren. Er und sein Bruder in Mailand hatten jetzt zu nehmen, was übrig blieb: die Brosamen vom Tisch der päpstlichen Diplomatie. Ja sie durften froh sein, wenn diese überhaupt noch für sie abfielen.

Alexander VI. aber schwelgte in kühnen Plänen. Gestärkt unter so viel Schwachen in Mailand, Florenz und Neapel, glaubte er den Zeitpunkt gekommen, um im Süden in die Offensive zu gehen. Ferdinand von Aragón nämlich war nicht länger gesonnen, der politischen Agonie seiner Verwandten am Vesuv tatenlos zuzusehen. Wie immer der Thronstreit zwischen Federico, Ferdinand und Karl VIII. auch ausgehen mochte, die Nepoten konnten in diesen Auseinandersetzungen sehr wohl das Zünglein an der Waage spielen oder sogar als lachende Vierte selbst die Krone gewinnen. Der nächste Schritt in diese Richtung war bereits geplant. Alexander VI. hatte die Absicht, Giovanni Borgia die kirchlichen Lehen Benevent, Terracina und Pontecorvo zu verleihen.

Dieselben Gebiete hatte weiland Calixtus III. für Pedro Luis auserkoren. Der Skandal war 1497 nicht geringer als 1458. Und zwar aus denselben Gründen: diese Investitur stärkte die Nepoten auf Kosten der Kirche. Zudem leistete sie weiteren Verschleuderungen Vorschub und öffnete den Borgia das Einfalltor nach Neapel. Nicht zuletzt war die Vergabe der Lehen ein Bekenntnis Alexanders VI. zu seinen Wurzeln. Was der Onkel nicht vollendete, brachte der Neffe zum Abschluß. Das – so fürchtete die innerkirchliche Opposition – verhieß noch weitaus Schlimmeres für die Zukunft. Kardinal Ascanio aber diente sich regelrecht an. Er werde höchstpersönlich – so ließ er verlauten – zu Federico reisen und nicht nur dessen Plazet erwirken, sondern darüber hinaus eine Allianz zwischen Neapel, Rom und Mailand abschließen. Doch daran hatte Alexander VI. längst kein Interesse mehr. So verweigerte er dem Vizekanzler selbst die Rolle des unterwürfigen Vermittlers. Und er stellte nicht nur den König, sondern auch die Kardinäle vor vollendete Tatsachen.

Im Konsistorium vom 7. Juni 1497 nämlich mußten sich die sechsundzwanzig anwesenden Purpurträger anhören, daß die Belehnung beschlossene Sache sei. Die Vergabe der Gebiete an Giovanni Borgia erfolge im Interesse der Kirche. Die Kardinäle wußten, daß das so nicht stimmte.

Doch nur einer von ihnen protestierte, und zwar geharnischt: Kardinal Francesco Todeschini Piccolomini. Die Abtretung strategisch so bedeutsamer Herrschaftsrechte habe eine irreparable Schwächung der Kirche und ihres Staates zur Folge. Ja sie sei ein gravierender Mißbrauch der Herrschaft. Selbst der nüchterne Zeremonienmeister Burckard war von dieser Haltung beeindruckt. So mutig hatte dem Papst in der Öffentlichkeit noch niemand widersprochen. Die spanischen Könige schlugen in dieselbe Kerbe. Sie richteten über ihren Botschafter aus, daß sie nicht einverstanden seien. Das Sündenregister, das sie Alexander VI. bei dieser Gelegenheit vorhielten, war auf dem neuesten Stand. Der Getadelte aber hatte seine Lektion im Winter 1494/95 gelernt. Wenn es hart auf hart kam, zählte nicht die Moral, sondern die Macht.

Kaum war die Verleihung Benevents nebst umliegender Gebiete durchgepeitscht, erfolgte der nächste Schachzug. Schon am 8. Juni wurde Kardinal Cesare Borgia zum Legaten für die feierliche Krönung Federicos in Neapel ernannt. Der neue König würde auf diese Weise an seinem Ehrentag von Giovanni, Jofré und Cesare Borgia umringt dastehen. Seine Herrschaft war eingekreist.

Tot im Tiber

Mit Ascanio Sforza aber spielte der Papst Katz und Maus: wie du einst mir, so ich jetzt dir. Erst die Zusicherung, daß man den Ruf Giovanni Sforzas schonen werde. Dann, wenige Tage darauf am 14. Juni 1497, ein Gespräch unter acht Augen. In Gegenwart seiner Söhne Giovanni und Cesare eröffnete Alexander VI. dem Vizekanzler, daß die Auflösung von Lucrezias Ehe erfolgen werde, weil sie nie vollzogen worden sei. Der Mailänder Kardinal mußte diesen Schlag mit unbewegter Miene hinnehmen. Einen Bruch mit dem Papst konnte er sich zum gegenwärtigen Zeitpunkt nicht erlauben.

Großes war erreicht, Größeres in naher Zukunft zu erwarten. Die Familie Borgia hatte reichlich Grund zu feiern. Bei erfreulichen Anlässen wie diesem erinnerte sie sich ihrer Wurzeln und zelebrierte Geschlossenheit. So wurde für den Abend des 14. Juni ein Diner im vertrautesten Kreis verabredet. Stattfinden sollte es in einem Weingarten Vannozzas, der weit außerhalb des bebauten Stadtgebiets zwischen den Kirchen S. Pietro in Vincoli und S. Martino ai Monti lag. Hier, in der Schweigezone der Ruinen, wo nach Einbruch der Dunkelheit die Herrschaft der Gesetzlosen begann, zu speisen, verschaffte der vornehmen Gesellschaft Roms einen ganz besonderen Kitzel. Die Borgia zeigten damit zudem ihre Macht und ihren Einfluß an: Kein Meuchelmörder wagt es, sich an uns zu vergreifen; wir fürchten uns nicht, wir werden gefürchtet. So war es für Giovanni und Cesare Ehrensache, mit möglichst kleiner Eskorte zum abendlichen Picknick im Grünen zu reiten. Daß jemand so viel Ruchlosigkeit beziehungsweise selbstmörderische Unvernunft aufbrachte, sich gegen das Leben der Nepoten zu vergehen, sprengte offenbar deren Vorstellungskraft.

Oder vielleicht doch nicht? Nach Einbruch der Dunkelheit verabschiedeten sich die beiden Brüder von ihrer Mutter und ritten auf ihren Maultieren in Richtung Vatikan zurück. In Höhe von Ascanio Sforzas Palast in der heutigen Via del Pellegrino scherte der Herzog von Gandía unvermutet aus. Er habe noch etwas vor. Was, konnte sich Cesare denken. Und er warnte den Bruder, vorsichtig zu sein. Weil nachts alle Ehebrecher grau und den Dolchen gehörnter Ehemänner oder wütender Väter schutzlos ausgesetzt sind? Oder fürchtete er eine konkrete Gefahr? Oder war alle Sorge nur geheuchelt? Die wenigen Worte, die bei diesem Abschied fielen, sollten schon wenig später auf die Goldwaage gelegt werden. Im übrigen verschwand Giovanni nicht alleine in der römischen Sommernacht. Mit ihm ging ein vertrauter Diener. Und hinter ihm auf dem Maultier saß eine vermummte Gestalt, die seit drei Wochen nicht von seiner Seite wich. Hinter der Maske vermuteten die Römer eine Kupplerin, die den Herzog mit willigen Römerinnen versorgte. Schließlich hatte der junge Ehemann seine Gattin in Spanien zurückgelassen.

Giovanni aber tat Cesares Warnung leichthin ab. An der Piazza dei Giudei trennte er sich von seinem Diener. Dieser sollte eine Zeitlang auf seinen Herren warten und dann gegebenenfalls allein nach Hause gehen. Doch diesen Befehlen konnte er nicht Folge leisten. Kurz darauf wurde er aus dem Dunkeln attackiert und übel zugerichtet, doch nicht getötet. Wer immer hier seine Hände im Spiel beziehungsweise am Degen hatte, er fürchtete die Aussage dieses Zeugen offensichtlich nicht. Danach soll der Sohn des Papstes nur noch ein weiteres Mal gesehen worden sein, und zwar bei S. Maria del Popolo im Norden der Stadt. Doch diese Aussage ist nicht gesichert. Vor allem der Ort macht wenig Sinn. Warum sollte der Herzog erst in die eine und dann in die andere Richtung reiten? Um Verfolger abzuschütteln? In der Nähe dieser Stelle lag im übrigen der Gartenpalast Ascanio Sforzas.

Als sein Sohn am nächsten Morgen nicht im Vatikan erschien, lächelte Alexander VI. noch nachsichtig – schließlich war er auch einmal jung. Als der Herzog bis zum Abend nicht auftauchte, wich die Gelassenheit der Sorge und dann der Panik. Jetzt schwärmten alle Büttel, Häscher und Spione Roms aus, um Nachrichten zu sammeln. Der wichtigste Informant aber meldete sich selbst. Am 16. Juni gab ein aus Dalmatien stammender Holzhändler die folgende Aussage zu Protokoll. Er habe in der Nacht vom 14. auf den 15. vor der Kirche S. Girolamo degli Schiavoni im Boot geschlafen, um seine Ware zu bewachen. Nach einiger Zeit sei er von Stimmen geweckt worden. Zwei Männer sondierten das Terrain und riefen dann einen dritten, der ein Maultier am Zügel führte. Darauf lag quer ein menschlicher Körper, der an Kopf und Füßen von zwei weiteren Gestalten gestützt wurde. Als die Gruppe am Flußufer ankam, wurde das Lasttier gewendet und der leblos erscheinende Körper in den Tiber geworfen. Befragt, warum er dieses Vorkommnis nicht sofort zur Anzeige gebracht habe, reagierte der Zeuge mit einem Achselzucken. Eine solche Entsorgung mißliebiger Personen sei nichts Besonderes; bisher habe sich niemand dafür interessiert.

Der Bericht weckte die schlimmsten Befürchtungen. Wer schwimmen konnte, stürzte sich in die Fluten; hohe Prämien winkten. Die Suche dauerte nicht lange. Am selben Tag noch wurden die sterblichen Überreste des Herzogs von Gandía aus dem Wasser gezogen: die Kehle durchschnitten, von acht weiteren Dolchstößen verunstaltet. Seine prächtige Gewandung aber hatte man ihm belassen, wie auch die dreißig Dukaten, die er bei sich trug. Ein Raubmord schied somit aus. Statt dessen wiesen die vielen Wunden auf eine Tat im Affekt hin. Wer so tötete, dokumentierte seinen Haß – und seine Rache. Der Papst wimmerte und tobte wie ein verwundetes Tier. Im Augenblick der tiefsten Trauer und Verzweiflung fielen Äußerungen, die tief blicken ließen: in eine geschundene Seele, aber auch in eine Wertordnung. Alles auf der Welt gebe er her, um den geliebten Sohn wieder zum Leben zu erwecken. Der venezianische Botschafter und seine Kollegen vernahmen diesen Aufschrei nicht ohne Mitgefühl, schließlich waren sie selbst

Familienväter. Doch sollte ein Papst, bei allem verständlichen Schmerz, nicht Tröstung im Glauben finden?

Die Römer aber spielten Detektiv: Wer war es, und warum? Während man um die Wette vermutete, schaute alles gebannt auf den Papst: Wen würde er entlasten, wen beschuldigen oder durch sein Schweigen erst recht ins Gerede bringen? Ehrenrettungen ließen nicht lange auf sich warten. Ascanio und Giovanni Sforza: über jeden Verdacht erhaben. Der Herr von Mirandola, dessen Tochter der Sohn des Papstes allzu hartnäckig, ja sogar erfolgreich nachgestellt haben sollte: kein Thema. Abwinken auch bei weiteren illustren Namen. Die Liste war lang, denn die Borgia hatten nach knapp fünf Pontifikatsjahren viele Feinde. Und ihre Freunde waren meist die Feinde von gestern und deshalb kaum vertrauenswürdiger. Die meisten Römer tippten schließlich auf die Orsini. In diesem Fall wäre es eine klassische Vendetta: das Blut Giovanni Borgias für den Tod Don Verginios. Zudem erwähnte Alexander VI. den «Bärchen»-Clan mit keinem Sterbenswörtchen. Das sagte eigentlich alles. Doch dem ominösen Schweigen folgten keine Taten. Die Rache ist mein, spricht der Herr – sollte Alexander VI. auf seine alten Tage frommen Gewaltverzicht üben? Oder hatte er geheime Informationen, welche die Orsini von jedem Verdacht reinwuschen? So schien es zu sein, denn in der Folgezeit erfreuten sich die Barone der höchsten Gunst. Einer durfte den Enkel Alexanders VI. aus der Taufe heben, ein anderer war als neuer Gatte Lucrezias im Gespräch. Doch sicher durften sie sich deshalb nicht fühlen.

Neue Indizien zum Mordfall Giovanni Borgia sind bis heute nicht aufgetaucht. Dafür sind alte Widersprüche unaufgeklärt. Der eklatanteste von ihnen betrifft den Fundort der Leiche. Dieser nämlich lag ein gutes Stück oberhalb von S. Girolamo. Wen auch immer der Holzhändler gesehen hatte, der Mörder des Papstsohns konnte es eigentlich nicht gewesen sein – Tote schwimmen nicht gegen den Strom. Ins Auge sticht zudem, wie auffällig Ascanio Sforza durch anonyme Denunziationen belastet und wie eilfertig er von Alexander VI. reingewaschen wurde. Irgend jemand zeigte mit dem Finger auf den Vizekanzler und damit auf die Sforza insgesamt – als ob das an diesem Tag der Demütigung noch notwendig gewesen wäre! Der Verdächtige mit dem plausibelsten Motiv, Lucrezias Noch-Ehemann, allerdings hatte ein Alibi. Er war zehn Tage zuvor aus Rom abgereist, wutschnaubend, wie sich jetzt viele erinnerten. Diese Abwesenheit kam manchen auffällig vor. Auftragsmörder konnte man schließlich in Rom problemlos anwerben. Und doch spricht ein gewichtiger Grund gegen Giovanni Sforzas Täterschaft. Er rächte sich an seinem Ex-Schwiegervater nicht mit dem Dolch, sondern mit der Feder. Und diese war mindestens so tödlich. Alexander VI. habe die Ehe seiner Tochter aufgelöst, weil er selbst nicht die Hände von ihr lassen könne ...

Selbst diesen Inzest traute man dem Papst allmählich zu, so wie man Cesare des Brudermords bezichtigte. Nach etwa einem Jahr nämlich war der älteste Sohn Alexanders VI. der Hauptverdächtige. Inzwischen war absehbar, daß er von diesem Todesfall am meisten profitierte. Denn er nahm den Platz Giovannis ein, sowohl als Lieblingssohn wie als Stammhalter der Dynastie. Und auch daß er über Leichen zu gehen bereit war, stand bald außer Zweifel. Die Öffentlichkeit schloß daher die Akten: Kain und Abel am Tiber. Doch das beweist gar nichts. Blut ist dicker als Wasser, speziell für die Borgia; und der Zusammenhalt unter den Sprößlingen Vannozzas war eng. Gewiß, Cesare liebte es später, seine Feinde zuerst in Sicherheit zu wiegen und sie dann verblendet in die Falle taumeln zu sehen. Doch den eigenen Bruder kaltblütig ermorden lassen, an diesem Tag des Triumphs, nach einem Fest der familiären Harmonie? Dagegen spricht, daß Alexander VI. eine solche Tat nach menschlichem Ermessen nie verziehen hätte. Von einer psychischen Abhängigkeit des Vaters vom Sohn oder gar einer senilen Hörigkeit nämlich konnte weder jetzt noch später die Rede sein. Schon der Schatten eines Verdachts hätte ausgereicht, um Cesare zu diskreditieren – so sollte man meinen. Andererseits hatte der Papst für seine großen Pläne jetzt nur noch diesen einen Sohn; Jofré war dafür zu schwach. Dennoch wäre Cesare dieses Risiko wohl kaum eingegangen. Und die Orsini? Die Aussöhnung mit Alexander VI., so brüchig sie auch sein mochte, hatte sie eine Schlacht, einen Toten und viel Geld gekostet. Das alles durch einen Anschlag in Frage zu stellen, dessen man sie unweigerlich verdächtigen mußte, wäre äußerst unbedacht. Doch wieviel zählte abwägende Klugheit gegen das archaische Gebot der Blutrache? Auch in der Folgezeit waren die Orsini, was die Zweckrationalität ihres Handelns betraf, für mancherlei Überraschungen gut. Trotzdem drängt sich zur These ihrer Täterschaft ein «eher nicht» auf.

Legt man die Aussage des Holzhändlers dort ab, wo sie offenbar hingehört, nämlich ad acta, dann wird zugleich das Szenario der sorgfältigen Planung hinfällig. So aber ist plötzlich der unglaubwürdigste aller Täter der wahrscheinlichste: der große Unbekannte, der im Affekt tötet. Potentielle Mörder aus verlorener Ehre gab es in Rom reichlich, Giovanni Borgia wilderte in so vielen fremden Revieren. Wer auch immer zustach, sein Dolch zerfetzte die Sakralität der Nepoten. Wenn das eigen Fleisch und Blut des Pontifex maximus nicht mehr tabu war, dann mußte er selbst um sein Leben fürchten. Konsequenterweise wurde Giovanni Borgias Ermordung als Staatsaffäre behandelt. Der trauernde Vater ließ es sich nicht nehmen, den Mächten Italiens seinen Verlust in offiziellen Schriftstücken anzuzeigen. Darin ist von «Schmerz und tiefer Niedergeschlagenheit»[7] die Rede, die Gott ihm in seinen unerforschlichen Ratschlüssen zuzufügen für gut befand – auf daß aus diesem Leid Nutzen für die Kirche und den Glauben erwachsen möge. Die Republik Venedig, Empfängerin eines solchen Breve, kondolierte im selben Ton: Gott hat gegeben, Gott hat genommen.

Die Folgen des Attentats für den Alltag der Kurie waren einschneidend. Die ohnehin schon strengen Personenkontrollen im Vatikan wurden verstärkt, auch Botschafter hatten keinen freien Zutritt mehr. Terrorangst ging um am Grab des Apostelfürsten. Doch das war nichts gegen die Sensation, die sich drei Tage nach der Todesnachricht ereignete. Am 19. Juni 1497 hielt der gramgebeugte Papst im öffentlichen Konsistorium, in Gegenwart der Kardinäle und der Botschafter, eine Rede, die der Ankündigung seiner Abdankung gleich- oder doch zumindest nahekam. Ihre zentralen Aussagen, kurz zusammengefaßt: Wir haben den Herzog von Gandía mehr geliebt als das Papsttum. Und wenn man uns sieben Pontifikate böte, der Verlust wäre damit nicht wettgemacht. Warum dieser Schlag? Vielleicht unserer Sünden wegen. Und so wollen wir nun nicht mehr an uns, sondern an die Belange der Kirche allein denken. Zu diesem Zweck werden wir von der Regierung in eigener Person Abstand nehmen. Statt dessen werden wir das Steuer des Petrusschiffleins in bewährte Hände legen. Zuerst sollen sechs Purpurträger konkrete Reformvorschläge ausarbeiten. Danach sollen die Kardinäle als Gruppe alle wichtigen Entscheidungen treffen. Ihre Sache wird es sein, die lukrativen Benefizien zu verleihen, und zwar solo merito, nach den für die Kirche erbrachten Leistungen und Opfern allein. Doch damit nicht genug. Wir werden für eine umfassende Erneuerung der Kirche Sorge tragen. Und zwar zuerst am Haupt, d.h. bei uns selbst. Wir werden mit gutem Beispiel vorangehen. Wir werden unser Leben ändern. Und dann wird die Kirche auch an ihren Gliedern genesen.

Der Botschafter der Republik Venedig traute seinen Ohren nicht: welch eine Fügung durch einen einzigen Mordstahl! Ernst gemacht werden sollte nicht nur mit der neuartigen Methode der Benefizienvergabe nach Würdigkeit, sondern auch mit der Eindämmung der überbordenden Einkünfte und der Einschärfung eines sittlichen Lebenswandels. Künftig sollte kein Kleriker mehr als 6000 Dukaten im Jahr aus Ämtern, Kommendatarabteien und Bistümern zusammen beziehen. Das war ein niedriges Limit. Mit dem prunkvollen Lebensstil der Kirchenfürsten hätte es so ein Ende, ostentative Bescheidenheit lautete die neue Devise. Eine regelrechte Revolution schließlich war das Verbot, mehr als ein Bistum pro Kopf zu verleihen. Dadurch würde der Einfluß der führenden Kurialen, von denen die reichsten über mehr als ein Dutzend Diözesen verfügten, dahin schmelzen. Und wichtiger noch, daraus erwüchse eine neue Kirche mit Oberhirten, die vor Ort residierten. Arrivederci Roma oder fahrt hin, ihr Pfründen! Vor diese bittere Alternative gestellt, zitterten die Prälaten an Haupt und Gliedern – und setzten Himmel und Hölle in Bewegung, um den Umsturz ihrer Lebensverhältnisse zu verhindern. Offenbar mit Erfolg. Schon am 28. Juni schätzte der venezianische Diplomat die Lage ganz anders ein: Von den sechs Reformkardinälen spreche niemand mehr. Alexander VI. habe den Geschmack am Regieren wiedergefunden, und zwar mehr denn je.

Der kurze Sommer der Reform

Hielt der Erneuerungseifer des aufgewühlten Papstes also nur ganze neun Tage an? Oder war alles nur ein weiterer Akt der Verstellung, für die dieser Papst berühmt war? Hatte er in Wirklichkeit nie die Absicht gehabt, die Herrschaft und damit auch die Förderung seiner Familie aufzugeben? War soviel Abgefeimtheit überhaupt vorstellbar? Konnte ein Vater so gefühllos sein und den Tod seines Lieblingssohns dazu benutzen, seine Gegner in die Falle zu locken? Girolamo Donato beobachtete, dachte nach, wog ab und machte seinem Ruf als klügster Diplomat Italiens alle Ehre. Gegen die Aufrichtigkeit der Reformabsichten – so das Wider und Für des Venezianers – sprach im Grunde schon die Rede vom 19. Juni, die diese Neuerungen ankündigte. Denn auf die feierliche Erklärung, künftig die Interessen der Borgia hintanstellen zu wollen, ließ der angeblich so tiefbewegte Papst die trockene Feststellung folgen, daß die Ehe Lucrezias, da nie vollzogen, als nicht geschlossen zu betrachten sei. Beides paßte nicht zusammen. Im Augenblick der abgrundtiefen Trauer plante Alexander VI. für die Zukunft seiner Familie. Andererseits schien seine Erschütterung alles andere als gespielt zu sein; und auch die Angst vor weiteren Strafen Gottes klang durchaus aufrichtig. So blieb nur das Fazit, daß sich hier viele Motive vermischten. Und ein Stoßseufzer:[8]

> Eines aber ist sicher, daß dieser Papst unerhörte und unerträgliche Dinge tut, und zwar so, daß es nichts gibt, dem er nicht bei entsprechender Gegenleistung sein Plazet erteilt.

Kein Wunder, daß die Römer Gespenster sahen. Nachts glauben sie, den Geist des toten Herzogs heulen zu hören. Er fand keine Ruhe, bis sein Mörder bestraft war. Da die Rache auf sich warten ließ, machte er überdies mit allerlei flackernden Lichtern auf sich aufmerksam. Und zwar so penetrant, daß ängstliche Gemüter vom Teufel zu reden begannen, der mit dem Papst, seinem treuen Gehilfen, neue Pläne zu besprechen hatte.

Um genauer abschätzen zu können, was Alexander VI. mit der Ankündigung der Reform wirklich bezweckte, bietet es sich an, die Zusammensetzung der Kommission ins Auge zu fassen, welche sie ins Werk setzen sollte. Wer wurde damit beauftragt, die Verfassung einer neuen Kirche zu entwerfen? Dabei richtet sich der Blick zunächst auf die sechs mit dieser Aufgabe betrauten Kardinäle, danach auf die vier Kommissare, die ihnen im Hintergrund zuarbeiteten. Sie sammelten das Material, suchten nach Präzedenzfällen, berücksichtigten die gültigen Statuten, bedachten die rechtlichen Folgen und wogen die konkurrierenden Interessen gegeneinander ab. Wer also lenkte und dachte in diesem Gremium?

Von den sechs Purpurträgern war die Reformgesinnung Todeschini Piccolominis und Carafas über jeden Zweifel erhaben. Mit ihnen berief Alexander VI. die Vertreter der Gegenkirche. Auch der einundneunzigjährige

Jorge da Costa, der Erzbischof von Lissabon, gehörte zu dieser kleinen Fraktion, die den Zeitgeist mißbilligte und Erneuerung aus den reinen Quellen der – an die veränderten Zeitläufte angepaßten – Tradition schöpfen wollte. Raffaele Sansoni Riario hingegen hatte sich im Konklave von 1492 als käuflich erwiesen. Zudem wurde die von ihm geleitete Camera apostolica, das Wirtschafts- und Finanzministerium der Kirche, in allen von jetzt an ausgearbeiteten Reformmemoranden ausgespart; offensichtlich verbat sich der Nepot Sixtus' IV. jede Einmischung in seine Kompetenzen. Zu den Befürwortern der Erneuerung gehörte er mithin sicher nicht, eher zu denen, die sie unauffällig verhindern wollten. Eindeutig war die Ausrichtung Kardinal Antoniotto Pallavicinis. Mit ihm nahm eine ergebene Kreatur Alexanders VI. in der Kommission Einsitz. Ein Technokrat war ebenfalls Gian Antonio Sangiorgio, der Kardinal von Alessandria. Allerdings hatte er sich als Spezialist des kirchlichen Rechts einen Namen gemacht und galt trotz der Patronage der Sforza, die ihm den roten Hut eingebracht hatte, inzwischen als einigermaßen unabhängig. Eine abschließende Sortierung und Summierung ist also schwierig. Entweder stand es vier zu zwei für die Reformer. Oder drei zu drei. Das wäre ein Patt.

Von den vier Kommissaren waren zwei Experten, die ihre Nominierung allein ihrer Qualifikation verdankten. Ganz anders sah es im Fall von Bartelemi Flores und Ludovico Podocataro aus. Der letztere stammte aus Zypern und war Arzt. Mit der Heilkunde der Antike bestens vertraut, hatte er sich bei Alexander VI. großes Ansehen erworben; die Künste der Lebensverlängerung standen beim Borgia-Papst hoch im Kurs. 1500 wurde Podocataro sogar Kardinal. Man darf also darauf schließen, daß er seinem Herrn auch in dieser Kommission gute Dienste erwies. Hoffnungen auf weiteren Aufstieg hegte auch Flores, seines Zeichens Erzbischof von Cosenza. Er galt ebenfalls als Intimus des Papstes. Seine Zukunft allerdings gestaltete sich alles andere als glänzend. Im September 1497 ergriffen ihn die Häscher des Papstes und sperrten ihn in die Verliese der Engelsburg. Zur Last gelegt wurde ihm die Fälschung von zahlreichen Dokumenten; selbst päpstliche Bullen sollten darunter sein. Flores bestritt dies, doch vergeblich.

So heterogen die verfassunggebende Kommission der Kirche auch zusammengesetzt war, eins steht fest: Der Papst hörte mit. Von Selbstentmachtung konnte keine Rede sein. Letztendlich hatte Alexander VI. alles unter

Kontrolle. Seine Vertrauensmänner sorgten dafür, daß ihm die Reform nicht entglitt. Doch wozu das ganze Unternehmen, wenn es von vornherein dazu verurteilt war, von Bedenken befrachtet in administrative Routine und schließlich in Vergessenheit zu versinken? Um die Öffentlichkeit zu täuschen, die spanischen Könige durch ostentatives Wohlverhalten für sich zu gewinnen, gar die feindliche Kurienpartei durch Vorspiegelung falscher Handlungsspielräume ihre Karten aufdecken beziehungsweise überreizen zu lassen – oder doch aus Angst vor dem Tag des Gerichts, aus Sorge um das eigene Heil? Ist die Ankündigung der Reform als Eingeständnis zu werten, den Anforderungen des Papstamts nicht genügt zu haben? Schlug in der Brust Alexanders VI. zumindest in diesem Sommer ein gequältes Herz, plagte ihn das schlechte Gewissen des Amtsmißbrauchs? Oder war alles nichts weiter als ein Spiel mit fremden Normen, mittels derer man die anderen manipulierte?

Donatos Skepsis gegenüber allen Schlußfolgerungen, die auf ein simples «entweder – oder» hinausliefen, bleibt bis heute maßgebend. Statt dessen ist von einem «sowohl als auch» auszugehen. Mit anderen Worten: viele Seelen wohnten in einer Brust. Alexander VI. puren Zynismus in der Handhabung des Herrschaftsinstruments Religion zu unterstellen reduziert die Vielfalt der Antriebe zu platter Eindimensionalität. Man dürfte der Persönlichkeit des Borgia-Papstes näher kommen, wenn man das Unternehmen Kurienreform aus der Betroffenheit über den Mordanschlag entspringen, doch dann sehr bald zusätzliche Motive ins Spiel kommen läßt. Ob Alexander VI. über die ersten Stunden der Erschütterung hinaus die feste Absicht hegte, seine Regierung radikal neu auszurichten und dabei hinter den Kardinälen zurückzutreten, ist zu bezweifeln; allenfalls war dieses Modell der Souveränitätsverlagerung eine Option unter anderen. So aber fanden in die Verlautbarung vom 19. Juni über alle authentische Verzweiflung hinaus bereits mancherlei taktische Berechnungen Eingang. Die Seele des Mächtigen ist ein unbekanntes Land mit vielen Abgründen. Deren dunkle Tiefen lassen sich hinter der Nebelwand des alles verdeckenden Scheins nur durch eine empirische Psychologie ausleuchten, die an den nüchternen Fakten ansetzt. So lautete das Fazit Francesco Guiciardinis, der ein Vierteljahrhundert später einem Papst als engster politischer Ratgeber diente.

Die Fakten zur Reform Alexanders VI. sind rasch resümiert. Nach den hinterlassenen Schriftstücken zu urteilen, stürzte sich der harte Kern der Erneuerer mit wahrem Feuereifer in die Arbeit. Ja es hat den Anschein, als sei ein sehnsüchtig erwartetes Stichwort gegeben worden, das lang angestaute Energien mit einem erlösenden Schlag freisetzte. Vor allem die eigenhändigen Notizen Kardinal Todeschini Piccolominis wirken wie mit größter Hast, ja in einem eruptiven Akt der Gewissensentlastung aufs Papier geworfen. Bunt durchmischt, oft chaotisch durcheinandergewirbelt reihen sie in atemloser Abfolge ein Stichwort der Reform ans andere. Setzt man die großen und kleinen Veränderungen zu einem einheitlichen Bild zusammen, so hat man den in sich geschlossenen Entwurf einer anderen Kirche vor Augen. In diesem Modell waren die Gewalten nicht mehr in der Hand des Pontifex maximus geballt vereint, sondern kunstvoll getrennt. So konnten sich der Papst und die Kardinäle – allesamt für sich genommen fehlbare Menschen – wechselseitig beaufsichtigen, zur Einhaltung verbindlicher Normen anleiten und notfalls auch in Schach halten. Die neue Elite der Kirche sollte nicht mehr nach Fürsprache der Mächtigen berufen, sondern ausschließlich nach den Kriterien des sittlichen Ernstes, der Bildung und des seelsorgerischen Eifers ausgewählt werden. Ihre Daseinsberechtigung fand sie allein im Dienst an den Gläubigen und in der Reinhaltung der Lehre. Dementsprechend wurde der Kurie ein Lebensstil vorgeschrieben, der die Majestät des Amtes mit persönlicher Untadeligkeit und Anspruchslosigkeit verschmelzen sollte. Auf diese Weise wurde die verhängnisvolle Kluft zwischen Theorie und Praxis geschlossen und dem Klerus insgesamt eine neue Glaubwürdigkeit zuteil.

Im Sommer 1497 und noch geraume Zeit danach blieb das eine Utopie. Zugleich trat die real existierende Kurie hinter diesem Entwurf wie im Gegenlicht hervor. Diese Gegensätze waren unüberbrückbar. Dort, in der virtuellen Welt der reformierten Kirche, das Streben nach einer würdigen Selbstdarstellung, hier, in der römischen Realität des Jahres 1497, ein Cesare Borgia, der Stiere auf dem Petersplatz tötete; dort die Vergabe von Benefizien nach Verdienst, hier der römische Pfründenmarkt mit seinem ausgeklügelten System der Anwartschaften, Pensionen und Reservierungen; dort das unverbrüchliche Prinzip «ein Kleriker, maximal ein Bistum», hier die Diözesen-Imperien der eingefleischten «Pluralisten» wie Cesare Borgia.

Das Bild einer anderen Kirche war also – bei aller Rückbesinnung auf älteste Reformtraditionen im neuen humanistischen Geist – vor allem ein Gegenbild zur Herrschaft der Borgia. Diese Frontstellung zeigte sich am unversöhnlichsten in den Planungen für den künftigen Umgang mit Gnaden: Schluß mit dem Pfründensammeln in der Wiege, kein Schacher mehr mit der Legalisierung von Verbrechen; statt dessen gleiches Recht für alle, gerade auch für die Hochgeborenen, die mit gutem Beispiel vorangehen sollten. Damit war auch das Ende des Nepotismus besiegelt. Für die Versorgung von Verwandten galt das Gebot der Nächstenliebe, wie für alle anderen auch: Sind sie bedürftig, helfe man ihrer Not dezent ab, mehr nicht.

Was blieb dem Papst so noch? Das Einvernehmen mit seinen Kardinälen, die mit ihm zusammen die Kirche regierten, und mit der Christenheit, die diese fürsorgliche Herrschaft akzeptierte – sowie das Einverständnis Gottes. Das Amt des Stellvertreters Christi auf Erden, so Kardinal Todeschini Piccolomini, sollte die Einigkeit der Christen, die Einheit im Glauben und die Eintracht im Leben gewährleisten. Bei Erasmus von Rotterdam hieß es wenige Jahre später: Beten, Nachtwachen, Entbehrungen, Tränen, notfalls das Martyrium sind des Papstes Aufgaben. Zur Durchsetzung dieser Erneuerung aber war die von Alexander VI. ins Leben gerufene Kommission nicht geschaffen. Nachdem die Träume der Reformer zu Papier gebracht waren, schlug die Stunde der Pragmatiker. Das am Ende verabschiedete Konzept war entsprechend unverbindlich. Die vier Reformbullen, die es umsetzen sollten, wurden nie gedruckt. Der Wind des Wandels, wenn er denn je geblasen hatte, wehte nicht mehr.

Im Gegenteil. Schon im Spätherbst 1497 übertrug Alexander VI. die Benefizien eines sterbenden Kardinals an seinen ältesten Sohn. Dieser Akt des Nepotismus war pikant. Zum einen machte die Verleihung definitiv deutlich, was von den guten Vorsätzen des Papstes zu halten war. Und zum andern wollten die Gerüchte nicht verstummen, daß Cesare Borgia das Kardinalat niederlegen und sich einen Staat erobern wollte. Cesena, Fano und Faenza wurden als Objekte seiner Begierde genannt. Diese drei Städte der Romagna aber waren alles andere als herrenlos.

4.

DER ENTFESSELTE PAPST (1498–1503)

Die Balken der Geschichte

Wenn sich diese Gerüchte bewahrheiteten, dann standen Italien politische Umwälzungen bevor. Denn die Romagna war ein Pulverfaß, an das nur die Lunte gelegt werden mußte. In diesem heißumkämpften Gebiet trafen seit langem die Forderungen der Päpste nach uneingeschränktem Gehorsam auf den Widerstand ihrer «Vikare». Diese nämlich faßten ihre Herrschaft – meist über eine größere Stadt und ihr Umland – keineswegs als delegiert und damit als abhängig, sondern als eigenständig auf. Und so stellten sie ihre Macht auch nach außen dar. Die Malatesta in Rimini z. B. scheuten sich nicht, ihre de jure untergeordnete Position in Bauten, Reliefs und Bildern mit der Vollgewalt römischer Cäsaren zu vergleichen. Das war eine hochtönende Propaganda für Stadtherrn (signori), die zum einen auf die wohlwollende Duldung ihrer lokalen Eliten angewiesen waren und sich zum anderen der Bemühungen des nach 1420 wieder erstarkten Papsttums zu erwehren hatten, die lange schleifenden Zügel enger zu ziehen. Noch brisanter wurde die Gemengelage, als sich seit dem Pontifikat Sixtus' IV. auch noch Nepoten in diesem ohnehin schon überfüllten Herrschaftsraum ansiedelten. Zur Zuspitzung dieser Machtverteilungskämpfe trug zudem die räumliche Nähe zum Territorium Venedigs bei, ohne dessen Billigung in der Gegend zwischen Ravenna und Bologna nichts auszurichten war. Effizienter als die wechselnden Päpste zog die Markusrepublik in der Romagna die Fäden; zu ihren Schutzbefohlenen zählten die jetzt akut bedrohten älteren und mächtigeren Stadtherrenfamilien, die sich in der Stunde der Not vom großen Nachbarn im Norden Überlebensgarantien erhofften.

Wer hier einen großflächigen Staat unter straffer Führung errichten und auf Dauer behalten wollte, sah sich also mit einer wahrhaft herkulischen

Aufgabe konfrontiert. Zunächst galt es, ein rundes Dutzend «Vikare» abzusetzen und aus ihrem angestammten Herrschaftsgebiet zu verdrängen. Mit einem zum Äußersten entschlossenen Papst wie Alexander VI. im Rücken, der dieser gewaltsamen Vertreibung seinen Segen gab und die nötigen Geldmittel zur Verfügung stellte, war eine solche Eroberung politisch wie militärisch durchführbar – vorausgesetzt, Venedig gab sein Plazet. Das Problem war, wie es danach weitergehen sollte. Konnte es einem von den Schalthebeln der Macht in Rom entfernten Nepoten, der sich erfahrungsgemäß einer Welt von Feinden gegenüber sah, gelingen, sich im Hexenkessel der Romagna zu behaupten? Stünden dem nicht gewachsene Loyalitäten entgegen, d. h. würde der Strom der nach Rache dürstenden Enteigneten nicht unwiderstehlich anschwellen und den Usurpator wegspülen? Würde sich Venedig nicht mit dem neuen Papst auf Kosten des abgehalfterten Nepoten verbünden? Fragen über Fragen, eine begründeter als die andere. Der Papst und sein Sohn müssen sie sich gestellt haben. Dennoch gingen sie das Wagnis ein. Die Größe der Borgia rechtfertigte selbst eine extreme Risikopolitik.

Mochte Alexander VI. die Entmachtung der signori noch so wortreich als Stärkung des Kirchenstaats rechtfertigen – das Gegenteil wäre der Fall. Eine erbliche Familienherrschaft in der Romagna würde die Macht des Papsttums irreparabel schwächen. Ja mit einem Borgia-Herzog im Norden seines Territoriums lief jeder nach Alexander VI. regierende Pontifex maximus Gefahr, zu dessen Befehlsempfänger herabgedrückt zu werden. So betrachtet, mußte sich das Unternehmen Staatsgründung zumindest längerfristig als zum Scheitern verurteilt darstellen. Hatten die Borgia – so fragten sich nicht wenige der nachdenklichen Zeitgenossen – also einen Geheimplan und verborgene Ressourcen, die ihre unbegreifliche Zuversicht rechtfertigten? Eine bestürzende Strategie zeichnete sich in der Tat ab. Sie lautete: Nur tote Stadtherrn sind gute Stadtherrn. Wer erwürgt im Tiber trieb, konnte nicht zurückkehren.

War es ein Zufall, daß diese Vabanquepolitik so kurz nach dem Trauma des geglückten Mordanschlags gegen Giovanni Borgia einsetzte? Psychologische Erklärungen dieser Art liegen verführerisch nahe. Erschütterung erzeugt zuerst Verzweiflung, dann Zerknirschung – die schließlich ins Gegenteil umschlägt, nach dem Motto: jetzt erst recht, jetzt ist alles erlaubt. Wie immer es auch im Gemüt Alexanders VI. aussehen mochte, niemandem konnte verborgen bleiben, daß von nun an letzte Hemmungen fielen, von außen erzwungene, aber auch selbst auferlegte. Dementsprechend kochte die Gerüchteküche schier über. Im folgenden seien daher einige sensationelle Meldungen aufgeführt, die den Kurieren in den Machtzentren Italiens aus den Händen gerissen wurden!

16. September 1497: Alexander VI. will, daß Cesare das Kardinalat niederlegt, die Witwe Ferrandinos von Neapel heiratet und als deren Mitgift das Herzogtum Taranto erhält. 22. September: Der Papst plant ein komplettes Bäumchen-wechsel-Dich innerhalb der Familie Borgia. Cesare wird Sanchia, Jofrés Gattin und seit geraumer Zeit seine Geliebte, ehelichen – und der vom eigenen Bruder Gehörnte an dessen Stelle den Kardinalspurpur erhalten. Dadurch ist eine weitere Skandalscheidung unvermeidlich. Sei's drum, die entfesselte Papstfamilie nimmt auf solche Empfindlichkeiten keine Rücksicht mehr. Schließlich hat Cesare, der die anstößige Umverteilung betreibt, einen guten Grund: Er will endlich – so der venezianische Botschafter mit unüberbietbarer Prägnanz – «bellicose», kriegerisch, werden.[9]

Dezember 1497: Der Papst wird Cesare die erbliche Herrschaft über Cesena und Fano verleihen. Januar 1498: Lucrezia Borgia wird demnächst wieder heiraten. Aussichtsreichste Kandidaten sind der Herr von Piombino aus der Familie Appiano sowie Francesco Orsini, der Herzog von Gravina aus dem apulischen Zweig des Clans. Wenige Tage später: Cesare Borgia wird den roten Hut zurückgeben und die Tochter König Federicos von Neapel ehelichen, und zwar mit Taranto oder Altamura als Mitgift der Braut. Der resignierte Kommentar Girolamo Donatos:

> So also macht dieser Papst alles, auch das Unerlaubteste, erlaubt. Und all sein Trachten richtet sich darauf, seinen Söhnen Staaten zu verschaffen, und zwar sowohl Cesare wie Jofré.

Sein Stoßseufzer kurz darauf:[10]

> Und so ist er alles andere als ein guter Hirte, sondern begierig nach neuen Dingen.

Vernichtender kann das Urteil nicht lauten. Das Gute nämlich liegt nicht in der Zukunft, sondern im Schoße der Vergangenheit. März 1498: Das

Ehebündnis Lucrezias mit dem Orsini-Herzog ist jetzt unter Dach und Fach.

Am Ende wurde nichts daraus. Das gilt für fast alle dieser Meldungen. Frei erfunden waren sie dennoch nicht. Die meisten der kolportierten Pläne hatten Alexander VI. und sein Sohn zumindest zeitweise wirklich erwogen. Bei aller aggressiven Unstetheit blieb die Romagna das lockende Ziel. Doch diese Priorität schloß zusätzliche Optionen nicht aus. Und von diesen gab es viele, alte und neue. Die Eroberung des Königreichs Neapel mochte vorübergehend auf Platz zwei der Wunschliste zurückgestuft werden, ad acta gelegt war sie keineswegs. Einstweilen aber hatten alle diese Objekte der Borgia-Begehrlichkeit eines gemeinsam: Sie waren unerreichbar. So stark das Blatt in den Händen Alexanders VI. momentan auch sein mochte, der entscheidende Trumpf war nicht darunter. Für das Unternehmen Romagna stand zwar alles bereit, was das Papsttum an Geld und nützlichen Beziehungen in die Waagschale zu werfen vermochte, doch zum großen Coup reichte das nicht aus. Was fehlte, war ein mächtiger Verbündeter.

Ihn brauchten die Borgia um so dringender, als Cesare endlich den roten Hut zurückgeben und aus dem geistlichen Stand austreten wollte. Damit zeichnete sich ein Skandal ab, der die gesamte Christenheit erschüttern mußte. Kommenden, selbst Bistümer konnte man tauschen. Doch ein Kardinalat erlosch erst mit dem Tod. Wer ohne Not den Purpur ablegte, versündigte sich an der Heiligkeit des Amtes. So die vorherrschende Meinung. Alexander VI. hingegen dürfte pragmatischer gedacht haben. Wer wie er Kardinalate verkaufte, betrachtete sie vermutlich als Ware und deren Umtausch als nicht ausgeschlossen. Doch der Papst mußte der Frömmigkeit der anderen Rechnung tragen. Sein Amt und seine Macht beruhten auf ihr. So mußte er sich fragen, wieviel er der Öffentlichkeit noch zumuten konnte. Als vor geraumer Zeit ein betagter Kardinal sein Leben in klösterlicher Abgeschiedenheit, fern von den Verlockungen der Welt, beschließen wollte und daher um Entpflichtung nachsuchte, wurde ihm diese verweigert. Die Begründung: ein Fürst der Kirche flieht nicht vor Versuchung und Verantwortung. Und jetzt ein Rücktritt aus so niederen Motiven!

Der unvermeidliche Eklat mußte sich also zumindest lohnen. Ein solcher Gegenwert aber war vorerst nicht in Sicht. Wahrscheinlich kam es deshalb zu Verzögerungen. Wie die Kurzmeldungen der Rubrik «Neueste

Nachrichten aus dem Vatikan» zeigen, waren selbst die gut informierten Diplomaten über den rasch wechselnden Stand der Dinge nicht immer auf dem Laufenden. Als sicher galt freilich, daß Cesare «weltlich» werden wollte. Ob ihm der Papst diesen Herzenswunsch erfüllen würde, schien hingegen weit weniger gewiß. Vielerlei mußte Alexander VI. vorab bedenken. War dieser Schritt einmal vollzogen, fehlte dem Anhang der Borgia im nächsten Konklave ein Führer von Format. Kaum minder gravierend war der finanzielle Verlust. Cesares Pfründen warfen 1497 insgesamt 32 000 Dukaten Jahresertrag ab. Das war zwar weniger, als sein Vater am Ende seiner Laufbahn als Kardinal bezogen hatte, doch gleichwohl eine enorme Summe. Daß Alexander angesichts dieser harten Fakten ins Grübeln geriet, ist also keineswegs ausgeschlossen. Dennoch spricht weit mehr dafür, daß vor den Augen der Öffentlichkeit ein Rollenspiel ausgetragen wurde. Darin kam Cesare der Part des ungestüm Fordernden, Alexander die Rolle des von Skrupeln geplagten Zaudernden zu. Sinn der Darbietung: wenn am Ende dem ungebührlichen Ersuchen nachgegeben wurde, konnte der Papst immerhin mildernde Umstände beanspruchen. Mochte den ersten Stein werfen, wer als liebender Vater der unvernünftigen Jugend nie einen törichten Wunsch versagt hatte.

Glaubt man den Diplomaten, dann zeigte der Noch-Kardinal um dieselbe Zeit sein wahres Gesicht. Unter dem Datum des 22. Februar 1498 vermerkt der venezianische Gesandte, daß ein vertrauter Diener des Papstes namens Peroto tot im Tiber aufgefunden worden sei; zusammen mit ihm habe man die Leiche einer Zofe Lucrezias mit Namen Penthesilea aus dem Wasser gezogen. Der Zeremonienmeister Burckard berichtet dieselben Fakten, und zwar mit dem vielsagenden Zusatz, daß «darüber in der Stadt so manches geredet werde».[11] Was genau da getuschelt wurde, davon künden später angefertigte Berichte – oder schmücken sie die Begebenheit phantasievoll aus? Peroto habe sich schutzflehend unter den Mantel des Heiligen Vaters geflüchtet, um dem Dolch Cesares zu entgehen. Der Mordstahl habe sein Opfer allerdings dennoch gefunden und das weiße Gewand des Papstes über und über mit Blut besudelt. Und auch die Ursache des Dramas will man jetzt, im Abstand von mehreren Monaten, kennen. Peroto habe sein Amt im Herzen des Palastes dazu mißbraucht, Lucrezias Herz zu brechen. Ihr Bruder habe also die Ehre der Borgia mit Blut reingewaschen. Die

Dienerin schließlich habe sterben müssen, weil sie Mitwisserin gewesen sei. Als Frucht dieser Liaison habe Lucrezia einige Monate später ein Kind zur Welt gebracht. Die Geburt datiert Burckard auf den 16. Februar 1499 – fast genau ein Jahr nach dem Tod im Tiber! Gerüchte gehorchen nicht der Logik.

Mochten die verängstigten Römer auch die Gespenster im Vatikan lauter denn je rumoren hören und sich hinter vorgehaltener Hand zuflüstern, daß die Orsini einen Anschlag gegen das Leben des Papstes planten – dieser ließ sich die Stimmung nicht verderben. Wenige Tage nach den ominösen Todesfällen im innersten Kreis der Domestiken war ein Fest angesagt, dem auch die angeblich soeben ihres Liebhabers beraubte Lucrezia beiwohnte. Ja sie war sogar der Mittelpunkt dieser langen Nacht im Vatikan mit Tanz und Komödienaufführung, denn ihre Heirat mit dem Herzog von Gravina, so schien es, war definitiv vereinbart. Eben noch wie seine ganze Sippe des Mordes verdächtig, jetzt Schwiegersohn in spe – selbst die gewieftesten Kurienkenner schüttelten perplex das Haupt. Wie sollte man hier noch entscheiden, wer Freund und wer Feind war? Angesichts der unberechenbaren Politik Alexanders VI. verflüchtigten sich alle Gewißheiten. Überhaupt war im Frühjahr 1498 alles in der Schwebe. Und der Königsweg, welcher die Borgia zur ultimativen Größe führen sollte, zeichnete sich weniger denn je ab. Für das Haus Aragón in Neapel jedenfalls war das Maß voll. Nicht noch ein Sohn des Papstes als Würdenträger bei Hofe, so lautete die kategorische Devise König Federicos. Mit dieser harschen Antwort reagierte er auf den Vorschlag Alexanders VI., seine Tochter Carlotta mit Cesare Borgia zu verheiraten. Eine Krone, die nur mit der Unterstützung der Nepoten behauptet werden konnte, war es nicht wert, getragen zu werden. Sollte die Königsfamilie tatsächlich lieber den Verlust der Macht hinnehmen als in eine weitere Ehe mit den Borgia einwilligen? Für Alexander VI. war soviel aristokratische Würde schwer vorstellbar. Statt dessen lautete sein Motto: Steter Tropfen höhlt den Stein.

Im Drang nach Süden blockiert und auch sonst an der Entfaltung der angestauten Energien gehindert, weiteten Alexander VI. und Cesare ihre Planspiele systematisch aus. Das andauernd von inneren Unruhen erschütterte Siena, das rebellische Pisa, ja selbst das stolze Florenz rückte vom Frühjahr 1498 an in ihr Blickfeld, sehr zum Schrecken der dort regierenden politischen Klasse. Schatten lasteten auch auf dem Gemüt Ludovico Sforzas. Ihn quälte das Gespenst einer französisch-venezianischen Einigung zu seinem Nachteil, womöglich mit aktiver Unterstützung des Papstes. Um dies zu verhindern, betätigten sich die Sforza-Brüder in Mailand und Rom als beflissene Gehilfen der Borgia beim Schmieden kühner Staatsgründungspläne. Ihre Hoffnung: waren Alexander VI. und sein Sohn erst einmal saturiert, dann würde sich auch das übrige Gefahrenpotential eindämmen lassen. Ihre Angst: daß die Borgia ihr Territorium mit Hilfe Karls VIII. gewinnen und sich dann mit diesem gegen Mailand zusammenschließen könnten. Dagegen war Ludovico jedes Mittel recht, auch wenn es einer Demütigung gleichkam. So entwickelte er den phantastischen Plan, das Reichslehen Mailand der Oberhoheit Frankreichs zu unterstellen – und das alles nur für die Zusage, daß Ludwig von Orléans, der unruhige Cousin des Monarchen, vom Hof verbannt werden sollte. In Ungnade gefallen, wäre er außerstande, seine Ansprüche auf das mailändische Erbe an der Spitze eigener Truppen einzulösen.

Auf das Motto, daß der Zweck selbst die kläglichsten Mittel heiligt, wurde auch Kardinal Ascanio eingeschworen. Er sollte seinen Teil dazu beitragen, daß es nicht zur Umkehr der Allianzen kam, d. h. einem Bündnis zwischen Alexander VI. und Karl VIII. Auch wenn diese Annäherung angesichts der unausgeräumten Differenzen unwahrscheinlich war, konnte man nicht vorsichtig genug sein. So bemühte sich der Vizekanzler, die Begierde der Borgia auf möglichst unschädliche Objekte, z. B. auf die reichen Städte der Toskana, zu lenken. Gleichzeitig versuchte der Vizekanzler mit allen Mitteln, seinen Einfluß im Kardinalskollegium zu behaupten. Nur hier kein Zeichen der Schwäche geben! Seine Angst konnte er in der chiffrierten Korrespondenz mit seinem Bruder artikulieren, nach außen aber mußte er unerschütterliche Selbstsicherheit zur Schau stellen. Und so trumpfte Ascanio Sforza bei der ersten sich bietenden Gelegenheit entsprechend auf. Im März 1498 war das Erzbistum Genua durch den Tod des Kardinals Fregoso vakant und die Schar der Interessenten groß. Heiße Anwärter gab es gleich zwei: einen Protégé Ascanios und einen Schützling seines Kardinal-Kollegen Antoniotto Pallavicini. Beide Kandidaten waren mit ihren Patronen verwandt, für diese stand also die Ehre der Familie auf dem Spiel. Und beide Protektoren wußten nur allzu gut, wie man unter diesem

Papst am leichtesten ans Ziel gelangte. Beide versprachen Cesare Borgia goldene Berge.

Wem also den Vorzug geben? Pallavicini war ein treuer Gefolgsmann des Papstes; dasselbe würde für seinen Kandidaten gelten. Ascanio Sforzas Stern war zwar im Sinken begriffen, doch unnötig vor den Kopf stoßen wollte man ihn dennoch nicht, dazu waren die Wechselfälle der Politik zu unberechenbar. Eine heikle Lage, fürwahr, doch für einen Meister des «Ich gebe, damit ihr gebt» wie Alexander VI. kein Problem. Seine Lösung war schnell, effizient und ganz und gar unkonventionell. In seinem Auftrag lud Cesare Borgia Pallavicini am Sonntagmorgen zu einem Gespräch unter vier Augen ein. Dieser glaubte an eine Einigung unter Freunden. Doch während beide plauderten, schuf der Papst vollendete Tatsachen, und zwar im Handstreich. Er rief die zufällig im Vatikan anwesenden Kardinäle zu deren Verblüffung zu einem Sonder-Konsistorium zusammen, präsentierte als Tagesordnungspunkt die Wiederbesetzung des Erzbistums Genua sowie als einzigen Kandidaten den Schützling Ascanio Sforzas – und ließ abstimmen. Die Purpurträger wußten zwar kaum, wie ihnen geschah, doch sie hoben anstandslos die Hand zum Zeichen der Zustimmung. Weil Alexander VI. an diesem schönen Frühlingsmorgen nur zufriedene Gesichter sehen wollte, wurde flugs ein Zusatztraktandum angefügt: die Vergabe eines Bistums auf Korsika. Der glückliche neue Oberhirte? Niemand anders als der Protégé Kardinal Pallavicinis! So «einvernehmlich» regierte dieser Papst mit seinen Kardinälen.

Eine Woche später, am 7. April 1498, wartete das Volk von Florenz auf das Gottesurteil über den Propheten Savonarola – vergeblich. Eine Entscheidung fiel an diesem Tage dennoch. Philippe de Commynes berichtet:[12]

> Als er nun von der ganzen Welt am höchsten geschätzt wurde und durch die Absicht, die Kirche zu reformieren, auch seine Pflicht vor Gott zu tun beabsichtigte, ging der König (= Karl VIII.) am Vorabend des Palmsonntags mit seiner Gemahlin Anne de Bretagne aus deren Gemächern heraus, um in den Gräben des Schlosses Amboise einem Ballspiel zuzuschauen – etwas, was er noch nie zuvor getan hatte. Dabei mußten König und Königin eine wegen der vom König in Auftrag gegebenen Bauarbeiten teilweise eingerissene Galerie durchqueren (...), den schäbigsten und unsaubersten Ort, den man sich nur denken kann, verrichtete doch jedermann dort seine Notdurft. Dabei stieß der König, obwohl sehr klein von Statur, mit der Stirn gegen den Türbalken. Daraufhin sah

> Karl den Spielern zu und unterhielt sich mit ihnen allen (…). Und kaum hatte er gesagt, er hoffe wenn möglich weder eine Todsünde noch eine läßliche Sünde zu begehen, fiel er nach hinten und konnte nicht mehr sprechen (…). Jeder, der ihn sehen wollte, kam zu ihm in die Galerie, wo er auf einem abgenutzten Strohsack lag. Von ihm stand er nicht mehr auf, bis er seine Seele Gott zurückgab, und zwar um neun Uhr des nächsten Tages (…). So starb dieser große und mächtige König, der so viele prachtvolle Residenzen sein eigen nannte und just zu diesem Zeitpunkt ein schönes neues Schloß bauen ließ – und konnte zum Sterben nicht einmal eine bescheidene Kammer finden.

Commynes' Ferndiagnose lautete: ein Schlaganfall nach Zertrümmerung der Stirnadern. Unmittelbar nach dem Aufprall hatten die Ärzte dem König vorausschauend zu Aderlässen geraten. Doch Karl VIII. liebte die Schröpfköpfe nicht.

Zeit der Verlockungen

Papsttreue Chronisten hingegen sahen höhere Gewalt im Spiel. Karl VIII. war gerade einmal 28 Jahre alt geworden. Das war kein Alter zum Sterben, es sei denn, man fiel in der Schlacht. Gott selbst habe den König so elendiglich zugrunde gehen lassen, um ihn für seinen Ungehorsam gegenüber dem Stellvertreter Christi zu strafen.

Ein Stoß gegen den Türrahmen und alles wird anders? Natürlich änderten sich die Lebensumstände der meisten Franzosen dadurch nicht im geringsten. Für eine schmale höfische Elite aber bedeutete der Gehirnschlag des Königs eine vollständige Umwälzung aller Verhältnisse: neue Günstlinge, neue Feindschaften, neue Netzwerke, neue Führungskräfte. Und dazu eine neue Politik, in Frankreich wie in Italien. Der König ist tot, es lebe der König. Karl VIII. starb ohne Leibeserben. Der neue König hieß daher Ludwig XII. aus dem Hause Orléans. In einem politischen System, das auf die Sakralität des Monarchen und auf persönliche Loyalitäten gegründet war, entschied sein Wille, zumindest in der großen Politik, d. h. über Krieg und Frieden.

Was Ludwig XII. wollte, machten schon seine ersten Ernennungen unmißverständlich deutlich. Zum militärischen Oberbefehlshaber berief er den Mailänder Aristokraten Gian Giacomo Trivulzio, den unbestrittenen

Anführer aller Feinde Ludovico Sforzas und seit Jahren im Exil unermüdlich gegen diesen aktiv. Politischer Chefberater wurde mit Georges d'Amboise ein ebenso listenreicher wie ehrgeiziger Prälat, der nichts sehnlicher wünschte, als zuerst Kardinal und dann Papst zu werden. Damit war eine klare Marschroute vorgegeben: nach Mailand! Wie sich schnell zeigte, führte der Weg in die lombardische Metropole über Rom. Wenn es noch eines Beweises bedurfte, daß den Borgia nützte, was den Sforza schadete – hier war er. Der König nämlich hatte nicht nur lockende Ziele, sondern auch ein großes Problem. Kinderlos mit Jeanne de France, einer Prinzessin aus der bislang regierenden Linie des Königshauses, verheiratet, betrieb er, auf den Thron gelangt, die Auflösung dieser Ehe um jeden Preis. Ausschlaggebend dafür war eine politische Notwendigkeit: Ludwig XII. mußte Anne, die Witwe seines Vorgängers, heiraten, um deren Erbe, das Herzogtum Bretagne, weiterhin an die französische Krone zu binden.

Für solche Fälle war der Papst zuständig. Und dieser witterte die einmalige Gelegenheit, die sich bislang nicht hatte bieten wollen. Was der eine nicht hatte, gab der andere. Der König brauchte die Dispens, Cesare Borgia einen großen Verbündeten. Daß ein kolossales Tauschgeschäft in der Luft lag, zeichnete sich schon beim ersten Austausch von Gesandten im Juni 1498 ab. Zugleich waren beide Seiten gewarnt. Alexander VI. eilte der Ruf voraus, daß er nicht zu seinen Zusicherungen stand. Ludwig XII. seinerseits galt als chronisch geizig. Sein Unwille abzugeben war ebenso legendär wie Alexanders Fähigkeit zu täuschen. Bevor die Verhandlungen überhaupt eröffnet wurden, herrschte somit Mißtrauen auf beiden Seiten. Wer hatte die stärkeren Trümpfe, der König oder der Papst? Wer würde seine zuerst aus der Hand geben müssen? Insgesamt schien den Diplomaten das Blatt Alexanders VI. schlechter bestückt zu sein. Hatte er die Karte der Eheauflösung auf den Tisch gelegt, konnte er kaum noch einen Stich machen. Ludwig XII. dagegen hatte einiges in der Hinterhand. Denn die Borgia wollten so viel von ihm, daß er seine Zugeständnisse nach und nach ausspielen konnte.

Wie immer in Zeiten extremer Anspannung fiel Alexander VI. in Ohnmacht, besonders spektakulär am Fronleichnamsfest 1498. Volle zwei Stunden lang war der Pontifex maximus ohne Bewußtsein. Wieder zu sich gekommen, verkündete er, den Mörder Giovannis gesehen zu haben – und machte so zur Bewunderung des venezianischen Botschafters im Handumdrehen aus einer physischen Schwäche einen psychologischen Pluspunkt. Ansonsten nutzten Vater und Sohn die Zeit der Erwartung dazu, Geld zu beschaffen. Die künftigen Feldzüge würden teuer, soviel stand fest. Um Methoden der Finanzierung war der Papst nicht verlegen. So ließ er kurzerhand den Bischof von Calahorra in der Engelsburg gefangen setzen. Die Anklage lautete, er sei ein Marrane, d. h. ein nur zum Schein bekehrter Jude. Von diesem Vorwurf sollte sich der notorisch wohlhabende Prälat mit 20 000 Dukaten freikaufen. Ende Juli wurde er dessenungeachtet als Häretiker verurteilt. Um dieselbe Zeit wurden nicht weniger als zweihundert angebliche Marranen zur selben Buße verurteilt. Sie kam einer Enteignung gleich – und füllte die päpstlichen Kassen.

Währenddessen gingen in der blutgetränkten römischen Campagna ungewöhnliche Dinge vor sich. Bisher konnte sich noch jeder Papst darauf verlassen, daß sich die Colonna und Orsini ohne sein Zutun zerfleischten. Und diese Regel schien auch weiterhin zu gelten. Am 12. April 1498 fügten die Colonna ihren Rivalen eine schwere Niederlage zu. Alexander VI. konnte es recht sein. Sollten die Orsini nur sehen, daß sie ohne seine Hilfe nichts auszurichten vermochten! Doch dann rieb er sich wie ganz Rom erstaunt die Augen. Anstatt den Gegner, wie es sich gehörte, in die Enge zu treiben, schlossen die Colonna Frieden. Für den Papst bedeutete diese nicht von außen erzwungene Einigung ein Alarmsignal. Offenbar hatten die Barone erkannt, daß sie sich nur gemeinsam gegen die Borgia behaupten konnten. Würden sie dieser Einsicht auch künftig folgen?

Als Heiratskandidaten für Lucrezia Borgia kamen die Herzöge der Familie Orsini jedenfalls vorerst nicht mehr in Frage. Andererseits widerstrebte es dem Papst, das soziale und politische Kapital der Hand seiner Tochter brachliegen zu lassen. Selbst eine mittelmäßige Verzinsung war besser als gar keine. Und so ehelichte die achtzehnjährige Lucrezia nach kürzester Brautzeit im Juli 1498 Alfonso von Aragón, den Fürsten von Bisceglie, einen unehelichen Sohn des unglückseligen Nachfolgers König Ferrantes. Gefeiert wurde die Hochzeit im Vatikan mit dem Aufwand, der inzwischen zum Markenzeichen der Borgia geworden war: Komödien und Tanz die ganze Nacht hindurch. Und Ohnmacht hin, Ohnmacht her, der Brautvater mit der Tiara stellte bis zum Morgengrauen seine beneidenswerte Jugendfrische unter Beweis. Gab es denn überhaupt etwas zu feiern? So fragten sich die politischen Beobachter. Welchen Sinn hatte diese Heirat für die Borgia? Wollten sie nicht König Federico beerben? Und jetzt die Ehe Lucrezias mit einem nachgeordneten Prinzen! Das sah doch sehr nach einem Rückzieher, ja nach einem Rückschritt aus. Stand doch offenbar nicht einmal ein legitimer Sproß der geschwächten Herrscherfamilie für die Tochter des regierenden Pontifex maximus zur Verfügung. Am Hof von Neapel waren auf diese Weise keine Zugewinne zu erzielen. Allenfalls konnte Alexander VI. diese Heirat als ein Druckmittel einsetzen, um sein Herzensanliegen, die Vermählung Cesares mit der Tochter König Federicos, doch noch durchzusetzen. Traf diese Vermutung zu, dann hing ein Damoklesschwert über dem Haupt des jungen Bräutigams. Schrieb der Papst diesen Plan endgültig ab, dann wurde der Fürst von Biscgelie ungeachtet seines glänzenden Titels totes Kapital. Immerhin war die Braut an ihrem zweiten Ehrentag glücklich. Schön, ritterlich und in allen höfischen Künsten bewandert, war Alfonso ein Gatte ganz nach ihrem Herzen.

In der fieberhaften Erwartung des Sommers 1498 wagte es Alexander VI., die Christenheit vor den Kopf zu stoßen. Die Verhandlungen mit Frankreich ergaben nur Sinn, wenn Cesares Hand frei war. Vier Wochen nach dem Hochzeitsbankett seiner Schwester löste der älteste Sohn des Papstes daher seine Union mit der Kirche auf. Am 17. August sagte er dem roten Hut Valet und wurde «weltlich». Den skandalösen Abgang versuchte Alexander VI. so unauffällig wie möglich und mit den seit langem vorbreiteten Floskeln über die Bühne zu bringen: Cesare sei für den geistlichen Stand nicht geschaffen, sein Austritt daher um seines Seelenheils willen unumgänglich. Augen zu und durch, große Ziele winkten. Die Borgia hatten einen Kardinal verloren, doch dafür einen Fürsten gewonnen. Mit ihm ließ sich Staat machen, im doppelten Wortsinn. Durch Intelligenz, schnelle Auffassungsgabe und Skrupellosigkeit war der Sohn dem Vater ähnlich. Wie dieser hegte er eine hohe Auffassung von seiner Würde. Der Degen saß ihm lockerer als den Fürsten von Geblüt. Dieses forcierte Auftreten spiegelte die Unsicherheit des Aufsteigers, ja seine Überanpassung an wesensfremde Standards wider. Zudem zeigte es das Bemühen um ein Image: Cesare Borgia mit dem eisernen Willen und der eisernen Hand.

In der Zwischenzeit hatten die Botschafter die alles entscheidenden Verhandlungen zwischen Ludwig XII. und Alexander VI. begonnen. Zuerst legten beide Seiten ihre Ansprüche fest. Ludwig XII. verlangte außer der Eheannullierung freie Hand bei der Eroberung Mailands und, wie schon sein Vorgänger, die Belehnung mit dem Königreich Neapel. Alexander VI. forderte für Cesare ein einträgliches französisches Fürstentum, Truppen für die Eroberung der Romagna sowie eine hochgeborene Braut. Wunschkandidatin war ungeachtet ihrer Sprödigkeit weiterhin Carlotta von Aragón, die am französischen Hof lebte. War sie nicht zu haben, mußte eine gleichwertige Gattin gefunden werden. Das hieß im Klartext: wenn der Einfluß des Königs nicht ausreichte, um die Prinzessin zur Ehe mit dem Sohn des Papstes zu bewegen, dann sollte er sich gefälligst anstrengen, einen angemessenen Ersatz zu finden. Nicht zuletzt deshalb gestalteten sich die Verhandlungen schwierig: Fremder Wille kam ins Spiel.

Seiner bewährten Taktik folgend, zeigte sich Alexander VI. bei gleichzeitiger Vorlage exorbitanter Forderungen zugeknöpft. Dadurch sollte sein Gegenüber in die Defensive gedrängt werden. Der König wäre um seiner Selbstachtung willen gezwungen, die Ansprüche des Papstes zurückzuweisen, dadurch ins Unrecht gesetzt und zur Wiedergutmachung gezwungen. Darüber hinaus war es angeraten, die eigenen Zugeständnisse, d. h. vor allem die Auflösung der königlichen Ehe, als rare und daher kostbare Gunsterweise auszugeben, die sich in Gegenleistungen kaum aufwiegen ließen. Von einem Entgegenkommen in Sachen Mailands und Neapels war daher zunächst keine Rede. Die Eroberung der lombardischen Kapitale konnte Alexander VI. allenfalls erschweren, doch kaum verhindern. Und das südliche Königreich hatte momentan für Ludwig XII. keine oberste Priorität.

So bestätigte sich, was die Diplomaten von vornherein vermuteten: Der König saß am längeren Hebel. Und diese Position nutzte er weidlich aus. Über seine Ehesache sollte zuerst verhandelt werden, hierüber ließ der Monarch keinesfalls mit sich reden. Diese Reihenfolge war eine Rangfolge. Zudem hatte sie den Vorteil, die Gegenseite in die Enge zu treiben. Gab sie zu schnell nach, verlor sie ihr Faustpfand. Verweigerte Alexander VI. hingegen die Annullierung der Ehe zu lange, lief er Gefahr, den Monarchen zu Kurzschlußhandlungen zu reizen. Alles hing also davon ab, Hoffnung und

Angst richtig zu dosieren. Und diese Mischung beherrschte der Borgia-Papst virtuos.

Dabei nutzte er geschickt die Ressourcen der Tradition. Die Ehe war schließlich ein Sakrament, ihre Auflösung daher eine tiefernste Angelegenheit, ja Gewissenssache. Das bedeutete konkret: wenn sich nach gebührender Prüfung herausstellen sollte, daß es keine guten Gründe für die Annullierung gab, dann konnte sie auch nicht erfolgen. So einfach war das. Und für den Adressaten dieser Botschaften, den König, so schwer zu akzeptieren. Er sah darin schlicht ein Erpressungsmanöver, wohl nicht zu Unrecht.

Nervenkriege

Daran lassen die von Alexander VI. gezeichneten und gesiegelten Texte kaum einen Zweifel. In ihnen gelangen zwei grundverschiedene Formen der Rede wie der Argumentation zur Anwendung. Zum einen wird in den Brevi, die der Papst nach Frankreich schickte, mit uralten Formeln die päpstliche Schlüsselgewalt zu binden und zu lösen beschworen. «Maturam requirebat considerationem»,[13] reifliche Erwägung aller Gründe erfordere eine Angelegenheit von so hoher Bedeutung für das Diesseits wie das Jenseits, so lautet das Leitmotiv schon in der ersten päpstlichen Verlautbarung vom 31. Juli 1498. Damit ihm nicht einmal die böswilligsten Zungen Voreingenommenheit oder gar Pflichtverletzung aus Gefälligkeit vorwerfen können, weise es der Pontifex maximus weit von sich, einen Fall von solcher Tragweite alleine zu entscheiden. An seiner Statt möge eine Kommission von Experten das Urteil fällen, die über jeden Verdacht der Bestechlichkeit erhaben sind.

Das ist ein klares Signal: Ein Schnellverfahren wird es nicht geben. Zudem ist die Würde des Papstamts verbal gewahrt. In Rom werden Entscheidungen allein nach dem Buchstaben des Gesetzes, ohne Ansehen der Person, getroffen – dieser majestätischen Beschwörung unverbrüchlicher Regeln hat Ludwig XII. nichts Ebenbürtiges entgegenzusetzen. Alle Eingeweihten wissen, daß die Annullierung seiner Ehe ein rein politisches Geschäft ist; sein Ansinnen verstößt daher genau gegen den Kodex der Unbestechlichkeit, auf den sich Alexander VI. beruft. Der König ist also ins

Unrecht gesetzt, was den Zweck der verbalen Übung ausmacht. Nun aber ist es Zeit, zum Kern der Sache zu kommen respektive – etwas salopp, aber zutreffend ausgedrückt – mit dem Zaunpfahl zu winken. Das eben noch so würdevolle Breve des Papstes wechselt daher urplötzlich in die Sprache der nützlichen Netzwerke über. Alles väterliche Entgegenkommen, welches der Papst dem Monarchen jetzt schon erweise und ihm auch für die Zukunft verheiße, verdanke dieser der Fürsprache Cesare Borgias. Im Klartext: Wohltaten für diesen werden die Schwierigkeiten der Eheannullierung aus dem Weg räumen. Ein einziger Satz genügt, um die Botschaft vom Kopf auf die Füße zu stellen. Der König darf aufatmen – Bodenhaftung ist hergestellt. Da ist etwas zu machen.

Der Papst hat seine Bereitschaft zum «Ich gebe, damit du gibst» signalisiert. Das ist eine Gegenleistung wert. So ist jetzt der König am Zuge. Er verleiht Cesare das Valentinois, d. h. das Gebiet von Valence nebst der Stadt selbst. Der Sohn des Papstes hat damit sein vornehmes Herrschaftsgebiet, wenngleich noch nicht den Titel. Doch diese Großzügigkeit täuscht. Ludwig XII. ist seinem Ruf als Geizhals gerecht geworden. Denn er verschenkt etwas, was ihm nicht unangefochten gehört. Seit fast drei Jahrhunderten streiten die Päpste und die französischen Könige darüber, wem hier die Herrschaftsrechte zufallen. Die Übertragung von Valence an Cesare Borgia ist, so betrachtet, ein genialer Schachzug. Alexander VI. wird sich hüten, dagegen Widerspruch einzulegen; durch diesen Verzicht aber ist die königliche Oberhoheit stillschweigend anerkannt. Der Nepotismus hat gesprochen, der Fall ist entschieden.

Damit ist der Ball aus Chinon, wo der französische Hof weilt, wieder nach Rom gespielt worden. Ludwigs Freigebigkeit – wenngleich mit umstrittenem Gut – verlangt nach einer gleichwertigen Geste. Und auch diese läßt nicht auf sich warten. Am 13. September 1498 unterzeichnet der Papst ein weiteres Breve, das den König von allen Hindernissen, die einer Ehe mit Anne de Bretagne entgegenstehen, dispensiert. Das ist glänzend pariert. Denn diese Lizenz zur Wiederverheiratung ist der zweite Schritt vor dem ersten. Solange die erste Heirat nicht annulliert ist, kann man damit nichts anfangen. Insofern ist sie ein würdiges Äquivalent für das Valentinois ohne den dazugehörigen Herzogtitel. Womit jetzt wieder Chinon am Zuge wäre. Doch dort ist man über die raffinierte Replik verärgert.

Diese Verstimmung macht ein zweites Breve unumgänglich. In diesem auf den 25. September datierten Schriftstück ergeht sich Alexander VI. in Bekundungen überströmender Dankbarkeit; soviel Ergebenheit, Freundschaft und Generosität des Königs verdienen den Ausdruck seiner väterlichen Anerkennung. Väterlich im doppelten Sinne: vom Papst als Vater aller Christen – und als Vater Cesares:[14]

> … so möget Ihr nun wissen, daß Ihr alles, was ihr an Gnade, Gunst und Förderung dem Herzog und seinen Angelegenheiten erweist, unserer Person selbst zukommen laßt.

Derselbe Cesare Borgia wird kurz danach als «das Teuerste, was wir auf Erden besitzen»,[15] bezeichnet und nochmals dem König sowie der künftigen Königin, Anne de Bretagne, empfohlen. Stärke und Schwäche des nepotistischen Papsttums scheinen in diesem Schriftstück auf: Als Papst ist Alexander VI. Gebieter, als Vater ist er Bittsteller. Aber natürlich ist dieses Ans-Herz-Legen nicht der einzige Zweck des Breves. Alle Herzlichkeit kann nicht darüber hinwegtäuschen, daß der Papst sich in Obstruktion übt. Er wartet auf die Gegenleistung für das Breve vom 13. September und für den roten Hut, den er Georges d'Amboise, dem Günstling des Königs, vier Tage darauf verliehen hat. Doch statt ein Äquivalent zu bieten, stellt Ludwig XII. weitere Forderungen. So geht es nicht, befindet Alexander VI., sondern Schritt für Schritt.

Und wieder hat die Gegenseite verstanden. Wenige Tage nach Erhalt der Botschaft vom 25. September wird das Valentinois zum Herzogtum erhoben und Cesare Borgia, der ehemalige Kardinal von Valencia, zum Duca Valentino. Das ist zwar noch nicht der souveräne Staat, von dem die Borgia träumen, doch immerhin eine substantielle Absicherung. Wenn sich die Dinge in Italien ungünstig entwickeln sollten, hatten sie am Südfuß der Alpen ein nobles Refugium. Ich habe gegeben, damit du gibst: Nach dieser Devise werden die Forderungen Ludwigs XII., daß Alexander VI. jetzt auch in der Hauptsache nachgeben möge, immer drängender. Sein nächstes Schreiben an den Papst imitiert die würdevoll altmodische Sprache der päpstlichen Texte: warum in Gottes Namen diese betrübliche Verzögerung eines so heilswichtigen Aktes? Welcher Sünden wegen haben wir soviel Seelenqual verdient? Die Antwort des Papstes vom 20. November 1498 schlägt salbungsvolle Töne der Anteilnahme und des Trosts an: Er verstehe selbst nicht, warum die Entscheidung im Eheprozeß des Königs so lange auf sich warten lasse, doch hätten die Experten von mancherlei heiklen Punkten, ja Widersprüchlichkeiten gesprochen. Und in ein so diffiziles Geschäft dürfe sich auch ein Papst nicht einmischen. Zu Besorgnis, wie sie Ludwig an den Tag lege, bestehe jedoch kein Anlaß. Dieser solle statt dessen auf Gott vertrauen und zuversichtlich sein. Schließlich herrsche zwischen ihm und dem Papst ja «mutua benevolentia», ein wechselseitiges Wohlwollen, das zu den schönsten Hoffnungen berechtige. Was damit gemeint ist, macht die Schlußwendung deutlich. Der König habe Cesare, seinem engagiertesten Fürsprecher in der verzwickten Ehefrage, schon so viele Wohltaten erwiesen – und auf diesem Wege solle er nur eifrig fortfahren. Und als ob das noch nicht eindeutig wäre, folgt der trockene Zusatz: Man erwarte noch ausgeprägtere Beweise dieser königlichen Gunst.

Doch auch das wirkungsvollste Druckmittel muß sich irgendwann erschöpfen. Zögert man die Dispens weiter hinaus, riskiert man den Unmut des allzulange Hingehaltenen. Eine solche Reaktion fürchtet Alexander VI. ohnehin schon seit geraumer Zeit. Schließlich ist er nicht der einzige, der sich dem mächtigen Monarchen als künftiger Bündnispartner anbietet. Vor allen anderen ist die Republik Venedig zur Stelle. Kaum ist die Nachricht vom plötzlichen Tod Karls VIII. an der Lagune eingetroffen, hat die Serenissima Botschafter an den neuen König gesandt. Sie überbringen ähnliche Offerten wie die Borgia: Die Markusrepublik und der Monarch haben die gleichen Interessen. Beiden ist die Herrschaft der Sforza in Mailand ein Dorn im Auge. Gegen großzügige Grenzkorrekturen im Osten des Herzogtums wird Venedig den König bei der Eroberung seines rechtmäßigen Erbes unterstützen.

Wer zu spät nachgibt, den bestraft die internationale Diplomatie. Nach diesem Grundsatz erging am 17. Dezember 1498 das Urteil im Prozeß, der über die Auflösung der Ehe von Ludwig XII. und Jeanne de France geführt wurde. Verfaßt wurde es von den Kardinälen, die diesen Fall offiziell zu bearbeiten hatten und die, wie die Sentenz feierlich verkündet, «im Angesicht Gottes alleine Gericht gehalten haben».[16] Nach ebenso sorgfältiger wie ausgewogener Behandlung der Materie habe sich die lautere Wahrheit ermitteln lassen: Die Ehe sei null und nichtig, da nie vollzogen; einer neuen

Heirat des Königs stehe somit nichts im Wege. Endlich, so die Reaktion in Chinon. Dort war schon vor dem Eintreffen der Nachricht alles für die Hochzeit Ludwigs mit Anne de Bretagne vorbereitet worden. So ging die Zeremonie rasch über die Bühne. Bereits im Januar 1499 waren die beiden ein Paar. Alexander VI. hatte seinen Trumpf ausspielen müssen.

Nur gut, daß er seine Sache inzwischen in den besten Händen wußte. Schon im Herbst 1498 nämlich hatte er Cesare Borgia nach Frankreich geschickt. Verhandlungen von dieser Tragweite führte man am besten von Angesicht zu Angesicht; die Präsenz des Sohnes war um so dringlicher, als es nicht zuletzt um eine vornehme Braut für diesen ging. Cesare aber stand eine Bewährungsprobe bevor. Vermochte er bei Hof zu reüssieren? Hatte er sein aufbrausendes Temperament unter Kontrolle, falls die stolzen französischen Aristokraten ihm, dem Bastard des Papstes, herablassend oder gar despektierlich entgegentraten? Gelang es Cesare, den König zu beeindrucken? Würde man ihm die Eroberungen zutrauen, für die er Truppen forderte? Der Papst jedenfalls hatte getan, was er konnte. An Bekundungen, daß sein Sohn sein Alter ego sei, hatte er wahrlich nicht gespart. Und auch materiell ließ er es an nichts fehlen. Sechs Wochen lang war Cesares Frankreich-Expedition mit allem ausgerüstet worden, was gut und teuer war. Das vornehmste Gefolge, die luxuriösesten Kleider, die glänzendsten Waffen, die nobelsten Reittiere, die verschwenderischsten Geschenke: prächtiger konnte kein König auftreten. Cesare selbst hingegen ritt in schwarzen Samt gewandet. Das verlieh ihm den Ausdruck herber Strenge, der einem Emissär des Heiligen Vaters wohl anstand. Zugleich machte dieser Kontrast deutlich, daß aller Prunk letztlich nur die Erwartungen der anderen Seite erfüllen sollte.

Ende Oktober 1498 wohlbehalten mit seiner Schiffsladung der erlesensten Kostbarkeiten in der Provence eingetroffen, mußte der Sohn des Papstes von nun an dem Reiseplan folgen, den sein Gastgeber für ihn ersonnen hatte. Dieses Itinerar aber sah viele kleine Etappen vor. Widerwillig mußte der Brautsucher mit den vielen hochfliegenden Plänen im Gepäck im Schneckentempo vorwärts rücken. So traf er erst in Chinon ein, als Weihnachten und die Wiederverheiratung des Königs vor der Tür standen. So lange dieser Zug auch dauerte, die ersten Nachrichten, die nach Rom gelangten, stimmten hoffnungsfroh. Der Sohn des Papstes machte Eindruck. An einem konservativen Hof, der die ritterlichen Künste in Ehren hielt, erregte seine Geschicklichkeit im Reiten und Fechten Bewunderung. Daß er nicht nur ein Mann des Degens, sondern auch des Wortes war, zeigte sich rasch in den anschließenden Besprechungen. Währenddessen war sein Vater an einer anderen diplomatischen Front tätig. Wenn Rom und Venedig gemeinsam um die Gunst Ludwigs XII. warben, bot sich eine Tripelallianz an. Aus der Sicht des Papstes war sie um so willkommener, als dadurch den künftigen Feldzügen Cesares in der Romagna ein mächtiger Flankenschutz im Norden zuteil würde.

Für die Borgia ging es dabei um ihren Staat, für die Sforza aber um Sein oder Nichtsein. Käme es zu diesem anvisierten Dreierbündnis, dann würde ihnen der Boden unter den Füßen weggezogen. Aus Mailand vertrieben, in Rom entmachtet – das bedeutete den politischen Tod gleich zweifach. Ascanio Sforza fieberte deshalb den Nachrichten aus Frankreich nicht weniger entgegen als Alexander VI. Tat sich dort etwas, jubelte der Papst; stagnierten die Unterredungen, trumpfte der Kardinal auf: ein Wechselbad der Gefühle. Dabei handelten beide Akteure nach der Devise: Treffen keine Botschaften ein, dann muß man Gerüchte in die Welt setzen. Und zwar so, daß sie den Gegner da treffen, wo er am verwundbarsten ist. So tanzten Alexander VI. und sein ehemaliger Wahlhelfer jetzt ein bizarres Ballett. In diesem Pas de deux stand keiner dem anderen an Kreativität nach. Jeder erfand mit schier unerschöpflichem Einfallsreichtum neue Figuren: kühne Wendungen, verwirrende Pirouetten, plötzliche Umkreisungen, abrupte Abgänge. Doch soviel Staub auch aufgewirbelt wurde, er konnte auf Dauer nicht verdecken, daß die Rollen ungleich verteilt waren. Der Papst machte die großen Sprünge, der Kardinal aber taumelte schließlich am Abgrund.

Angst abzustürzen hatte auch Alexander VI. Schlugen die Verhandlungen in Chinon doch noch fehl, dann erwies sich der Boden, auf dem die Borgia standen, als brüchig. Und auch wenn durch die Ehedispens eine große Vorleistung erbracht worden war, definitiv entschieden war noch nichts. In diesem Zustand der unerträglichen Anspannung weideten sich die Kontrahenten an den Qualen des anderen, ja sie zogen aus dieser Not seelische Nahrung. Der venezianische Botschafter Girolamo Donato mußte nur die Vorzimmer des Vatikans betreten, um an den Mienen der Höflinge den

Stand der Dinge abzulesen. Seine Notizen halten die Choreographie der Verstellung, der Einschüchterung und des Triumphs für die Ewigkeit fest.

Im Oktober 1498 ging Ascanio Sforza bei Lucrezia Borgia ein und aus. Das war eine kluge Wahl. Die Tochter des Papstes stand fest zu ihrem Gatten und dessen Familie, die durch eine Tripelallianz nicht minder bedroht wäre. Die potentiellen Verlierer taten sich also zusammen. Ihre Koalition sollte sich nach menschlichem Ermessen um unzufriedene römische Barone erweitern lassen. Doch mit diesen häuslichen Turbulenzen konnte man einen Alexander VI., der längst in anderen Dimensionen kalkulierte, kaum noch erschrecken. Wenn ihn nur noch Verwicklungen von europäischen Ausmaßen einzuschüchtern vermochten, dann mußte man sie eben als Menetekel an die Wand malen. Diese Spiegelfechterei eröffnete Ludovico Sforza im Oktober 1498 mit der sensationell aufgemachten Ankündigung, daß der römische König Maximilian den Sforza politisch und militärisch zur Seite stehen werde; seine Truppenmacht sei zudem weit höher einzuschätzen als die Ludwigs XII. Und auch Venedigs Potential werde überbewertet. Doch dieser Schuß verfehlte sein Ziel. Was man von Maximilian zu erwarten hatte, wußte man in Italien längst: unablässige Geldforderungen und planlosen Aktionismus. Alexander VI. war nicht verängstigt, sondern ermutigt. Er hörte das Pfeifen des Kindes im Walde.

Wollte man ihm Angst machen, dann mußte man Spanien ins Spiel bringen. Das erkannte Ascanio Sforza schnell. Und der Zufall half ihm, aus dieser Erkenntnis Nutzen zu ziehen. Im November und Dezember 1498 trafen Gesandte Portugals und der katholischen Majestäten am Tiber ein, die dem Papst unangenehme Dinge zu sagen hatten. Käuflichkeit, Nepotismus, Vernachlässigung seiner geistlichen Pflichten: diese Vorwürfe kannte Alexander VI. zu Genüge, doch war der Ton, in dem sie vorgetragen wurden, schärfer geworden. Und genau hier hakte der Vizekanzler ein: Die iberischen Könige planten ein Konzil zur Absetzung eines pflichtvergessenen Papstes, der die Könige der Christenheit gegeneinander aufhetze. Touché – ein Schwachpunkt des Papstes war getroffen. Dieser habe sich, so meldete Ascanio stolz nach Mailand, in kraftlose Floskeln geflüchtet und sei zutiefst verunsichert.

Kam nun der tiefe Sturz nach dem steilen Aufstieg? Schon am 16. November war Alexander VI. davon überzeugt gewesen, daß die Liga mit

Frankreich so gut wie abgeschlossen sei – und dürstete jetzt, so Donato sechs Tage später, wie ein Verschmachtender nach der bestätigenden Nachricht. Diese aber wollte und wollte nicht kommen. Statt dessen fiel der Papst in ein schwarzes Loch. Seine Sorge war zeitweise stärker als die Vernunft. Denn diese hätte ihm sagen müssen, daß die Drohungen Spaniens ein Mittel zum politischen Zweck waren. Falls sie überhaupt so ausgesprochen worden waren, wie der Vizekanzler sie wiedergab. Der gut informierte Donato jedenfalls wußte von so harten Worten nichts zu berichten. Gleichwohl ließ Alexander VI. um die Jahreswende 1498/99 nochmals seine Bewachung verstärken. Der Vatikan wurde zur Superfestung ausgebaut, in der 600 Bewaffnete rund um die Uhr auf der Hut waren. Ob so viele Hellebarden die Angst fernzuhalten vermochten, ist jedoch zu bezweifeln. Denn jetzt begann Ascanio Sforza in Gegenwart des Pontifex maximus immer hochtönender von europäischen Koalitionen zu sprechen, die der Kirche zu einem würdigen neuen Haupt verhelfen würden.

Und er zog ein weiteres Register. Im Konsistorium vom 10. Dezember 1498 schleuderte er dem Papst aus Spanien die Anklage ins Gesicht, eine fremde Macht zu rufen und damit Italien ins Verderben zu stürzen. Doch gegen diesen Vorwurf wußte sich Alexander VI. zur Wehr zu setzen. Gewiß, so entgegnete er mit beißender Ironie, er beabsichtige ein Bündnis mit Ludwig XII., doch habe nicht er, sondern Ludovico Sforza als erster die Franzosen nach Italien geholt. Dieser habe den Gleichgewichtszustand zerstört, den er, Alexander, jetzt durch dieselbe Maßnahme wiederherzustellen gedenke. Das alles waren Gespinste von Halbwahrheiten, die das gebildete Publikum mit zündenden nationalistischen Schlagwörtern für sich einnehmen und den Gegner einschüchtern sollten. Zu diesem Zweck kündigten die Sforza als nächstes den unmittelbar bevorstehenden Abschluß eines mailändisch-venezianischen Bündnisses an – und punkteten abermals. So unwahrscheinlich eine solche Allianz nach Maßgabe der Interessenlage auch war, Alexander VI. hielt extreme, von wachsender Verzweiflung diktierte Reaktionen des in die Enge getriebenen Herzogs jederzeit für möglich. So wurde Donato in den Vatikan einbestellt und mußte beschwichtigende Worte sprechen: Nein, Ludovico habe sich bislang nicht so weit erniedrigt, daß er die Fortdauer seiner Herrschaft durch Abtretungen von Gebieten an die Markusrepublik zu erkaufen versuche. Zudem sei Venedig für einen solchen Handel nicht zu haben. Der Papst war halbwegs beruhigt, zumindest fürs erste.

Während all dieser Manöver und Intrigen harrte er weiterhin der erlösenden Nachricht aus Frankreich: «mit höchster Erwartung», ja «mit geradezu wahnwitziger Inbrunst». Und am 18. Dezember war er mit der Welt so zerfallen, daß er von Geschäften nichts hören wollte.[17]

> Er ist zutiefst besorgt über die Dinge in Frankreich, von denen er unbedingt den Fortgang erfahren möchte; in Ermangelung solcher Nachrichten aber befindet er sich in einem Zustand völliger Entschlußlosigkeit.

So lautete Donatos Diagnose. Schließlich war Alexander VI. «mit Leib und Seele darauf bedacht, seinem Sohn einen Staat zu verschaffen.»[18] Zwischen Hoffen und Bangen hin- und hergerissen, erwies er sich weiterhin als anfällig für die Phantasmagorien der Angst, die Ascanio Sforza als nächste beschwor: eine Tripelallianz aus Venedig, Mailand und Florenz. Im entscheidenden Moment aber überwog stolze Zuversicht. Immer dann, wenn er unmittelbar attackiert wurde, lief dieser Papst zur Höchstform auf. Das mußten auch die hartnäckigen Gesandten aus Spanien erfahren, die nicht aufhörten, ihm mit ihren Vorhaltungen zu Leibe zu rücken. Als sie in einer äußerst unwillig gewährten Audienz am 24. Dezember 1498 erneut den Katalog der Anklagen verlasen, ging Alexander VI. unvermutet zum Angriff über. Und er fand die richtigen, die tödlich verletzenden Worte: Mag die Ermordung Giovanni Borgias auch eine Strafe des Himmels sein – Gott hat die spanischen Majestäten durch den frühen Tod des einzigen Sohnes viel schwerer geschlagen, und zwar wegen ihrer andauernden Übergriffe in kirchliche Rechte. Das waren «stranie e superbe parole»,[19] unerhörte, befremdend hochmütige Worte, wie der nachdenkliche Donato befand. Es fehlte nicht viel, und sie hätten Handgreiflichkeiten nach sich gezogen.

Zur Folge hatten sie, ungeachtet aller Selbstherrlichkeit des Papstes, einen Akt der Abtretung. Im März 1499 unterstellte Alexander VI. Benevent und die angrenzenden Gebiete wieder der unmittelbaren Herrschaft der Kirche. Die Ausgliederung der Lehen aus dem Familienbesitz dürfte den Borgia nicht schwergefallen sein. Denn an der neapolitanischen Front tat sich momentan nichts. Zwar war die Heirat Cesares mit Carlotta von Aragón noch nicht abgeschrieben, doch behielt die Eroberung der Romagna

Abb. 5 Francesco Jacovacci, Alexander VI. und der venezianische Gesandte (1883, Rom, Galleria Nazionale d'Arte moderna). Die opulenten Gemächer des Vatikans als Hölle auf Erden: in diesem unheimlichen Bild ist der greise Alexander VI. der listenreiche Versucher, der den ehrlich-aufrechten Botschafter der Markusrepublik in seine abgefeimten Ränke verstricken möchte. Dabei weist die gewundene Körperhaltung den Papst als Verdreher der Wahrheit aus, während die steile Falte im Teppich die gestörte Weltordnung anzeigt. Die am wenigsten unvollkommene Verkörperung des Teufels in Menschengestalt hat Stendhal Alexander VI. genannt – genau so ist er hier gemalt.

durch die Verhandlungen mit Frankreich die allerhöchste Priorität. Angesichts der Pläne, die man für den Norden des Kirchenstaats hegte, war der ostentative Verzicht im Süden ein geschicktes Manöver. Auf diese Weise ließ sich nicht nur der spanische Vorwurf entkräften, daß der Pontifikat Alexanders VI. die Interessen der Kirche schädige, sondern sogar die propagandistische Offensive antreten: Seht her, wir haben diese Gegenden unter unseren persönlichen Schutz genommen, als sie bedroht waren, und geben sie jetzt, da sie sicher sind, uneigennützig wieder her! Doch das war nur die Schauseite. Wie immer hegte der Papst dabei einen Hintergedanken. Sein Plan war es, sich Isabella und Ferdinand – ungeachtet des jüngsten Affronts – gewogen zu machen. Sie sollten ihre Einwilligung dazu erteilen, daß das Erzbistum Valencia den Borgia auch nach dem Austritt Cesares aus dem geistlichen Stand erhalten blieb. Und diese Bemühungen zeitigten den erhofften Erfolg; die reiche Erzdiözese ging an Kardinal Juan Borgia-Lanzol den Jüngeren über.

Das alles wurde nebensächlich, als im Januar 1499 alarmierende Nachrichten aus Frankreich eintrafen. Dort hatte Cesare die Geduld und, wie es schien, auch die Nerven verloren: entweder die Hand Carlottas – oder seine sofortige Abreise! Ascanio Sforza frohlockte, Alexander VI. war entsetzt. So sehr er das unbedachte Ultimatum mißbilligte, die Schuld sah er auf der Seite der anderen. Die Königstochter zierte sich, weil sie vom französischen König dazu ermutigt wurde. Doch hier irrte der Pontifex maximus. Die stolze Prinzessin widerstand nicht nur dem Drängen Ludwigs XII., sondern auch den nicht minder starken Pressionen des Kardinals Della Rovere. Dieser hatte sich wieder einmal mit dem Papst ausgesöhnt und glaubte seine Interessen mit dieser Heiratsallianz zu wahren. Um dieselbe Zeit wartete der französische Monarch auf den Ausgang seiner Verhandlungen mit Venedig: Stand die Liga oder fiel sie? Für die Forderungen Cesare Borgias hatte er in diesen Tagen extremer Anspannung kein offenes Ohr.

In Rom aber lagen die Nerven blank. Ascanio Sforza nutzte die Gunst des Augenblicks und behauptete, daß das Dreierbündnis Mailands mit Venedig und Florenz kurz vor dem Abschluß stehe. Natürlich waren diese Beteuerungen aus der Luft gegriffen; im angegriffenen Gemüt des Papstes fielen sie dennoch auf fruchtbaren Boden. Zu allem Überfluß verlangten die spanischen Gesandten jetzt auch noch eine öffentliche Audienz, um ihre Anklagen nicht nur den Kardinälen, sondern auch den in Rom akkreditierten Diplomaten vortragen zu können. Am 25. Januar 1499 war es soweit. Bei dieser Gelegenheit konnte Alexander VI. zum ersten Mal nicht an sich halten. Auf den Vorwurf, er sei nicht der rechtmäßig gewählte Papst, reagierte er mit der Drohung, die Botschafter im Tiber ertränken zu lassen. Und er wurde ausfallend: die Königin sei keineswegs die keusche Dame, die sie der Öffentlichkeit vorspiele. Auf den Wutausbruch folgte der

Katzenjammer und die Reue, sich auf die Verhandlungen mit Frankreich überhaupt eingelassen zu haben. Was war, wenn Spanien mit den Repressalien Ernst machte?

So hatte jetzt wieder einmal Ascanio Sforza Oberwasser. Doch nicht lange. Denn gute Nachrichten ließen nicht auf sich warten. Cesares Ultimatum – so verkündeten die Depeschen – sei vergessen und verziehen. Und der Abschluß des venezianisch-französischen Bündnisses stehe unmittelbar bevor. Beide Seiten seien sich endlich einig geworden. Sie hätten dem Pakt eine Klausel hinzugefügt, die den Beitritt des Papstes vorsehe. Offiziell bestätigt wurden diese Meldungen jedoch vorerst nicht. So fiel Alexander VI. allenfalls ein Steinchen vom Herzen, wenn überhaupt. Der Vizekanzler nämlich verstand es, die aufkommende Freude in neue Besorgnis zu verwandeln. Alle Welt, so sein giftiger Kommentar, wisse von der Treulosigkeit der Venezianer, die allein ihrem Staat, doch weder Gott noch den Menschen die Treue hielten. Mit französischer Rückendeckung würden sie erst recht keine Hemmungen haben, ihrerseits die Eroberung der Romagna in Angriff zu nehmen. Das war bei nüchterner Betrachtung nichts anderes als eine verzweifelte Retourkutsche, denn mit der französisch-venezianischen Einigung war nicht die Herrschaft Alexanders VI., sondern die Existenz des Sforza-Staates in Mailand akut gefährdet.

Doch Angst fragt nicht nach Vernunft. Und so war Alexander VI. mehr denn je bestrebt, dem qualvoll in die Länge gezogenen Spiel ein Ende zu bereiten. Er habe – so gutunterrichtete Kreise – Cesare neue, verbindliche Instruktionen geschickt. Ihr Tenor: lieber den Spatz in der Hand als die Taube auf dem Dach. Das hieß: wenn nicht Carlotta, dann in Gottes Namen eine andere Dame von hoher Geburt. Als mögliche Alternativ-Bräute wurden seit einiger Zeit Prinzessinnen aus den vornehmen Häusern Montpensier und Bourbon gehandelt. Erst im Februar 1499 schob sich der Name Charlotte d'Albret nach vorne. Die sechzehnjährige Schwester des von Frankreich abhängigen Königs von Navarra galt als die schönste Frau bei Hof. Cesare aber fiel es schwer, von den alten Plänen abzulassen. Durch seine Hartnäckigkeit handelte er sich eine brennende Demütigung ein. Am 24. Februar 1499 sagte ihm der Botschafter König Federicos von Neapel ins Gesicht, daß sein Herr die geliebte Tochter für nichts in der Welt an den Bastard des Papstes verschachern werde. Die Reaktion des tödlich Beleidigten: selbst attackieren! Er habe allen Grund, stolz auf seine Geburt zu sein; der Bastard sei Federico selbst.

Während dieser Austausch von Artigkeiten erfolgte, glaubte Alexander VI. immer noch, daß Carlotta und Federico Vernunft annehmen würden. Doch schon am 4. März färbten sich die Nachrichten wieder düster ein: Cesares Stern am Hof von Chinon sei im Sinken, man betrachte ihn nur noch als lästigen Bittsteller. Sofort verfiel der Papst in tiefe Melancholie. Des einen Leid, des anderen Freud. Ludovico Sforza malte flugs eine gesamtitalienische Abwehrliga gegen Ludwig XII., den barbarischen Eindringling, und das verräterische Venedig an die Wand. Zu seinem Entzükken bat Alexander VI. schüchtern darum, mit von der Partie sein zu dürfen. Ja er ersuchte den Herzog von Mailand sogar darum, zwischen Rom und Neapel zu vermitteln. Und er fragte überdies an, ob Ludovico bereit sei, der Eroberung Urbinos durch Cesare seinen starken Arm zu leihen. Nichts lieber als das! Als am 12. März die Aussichten auf eine Übereinkunft in Chinon vollends geschwunden zu sein schienen, sprach alles für die Wende. Wäre Cesare nicht in Frankreich – so rief der Papst aus –, er würde nicht zögern, zum Abschluß eines solchen Bündnisses zu schreiten! Doch die Euphorie der Sforza war verfrüht. In ihrer politischen Todesangst griffen sie nach jedem Strohhalm.

An Ostern war die Anspannung unerträglich. Selbst der Peterskirche, so schien es den Römern, wurde die Aufregung zu viel. Teile ihrer Mauern stürzten ein: ein Zeichen! Der Papst aber glaubte nicht an den Wink des Himmels, sondern an ein Werk seiner Feinde. Sogar die Venezianer, gemeinhin Ausgeburten kühler Rationalität, waren mit ihrer Weisheit am Ende. Wenn die Vernunft nicht weiterhalf, mußten eben höhere Mächte befragt werden. Schon einige Wochen zuvor hatten die vorausschauenden Politiker an der Lagune daher einen Geist konsultiert. Dessen Prognose, von einem Medium mitgeteilt: Alexander VI. komme als dauerhafter Bundesgenosse nicht in Frage, da er im Laufe des Jahres 1499 das Zeitliche segnen werde. Soviel zur Zuverlässigkeit übernatürlicher Auskunftsmittel!

Am 9. April 1499 neigte sich die Zeit der qualvollen Ungewißheiten dem Ende zu; an diesem Tag erhielt der Papst die seit zwei Monaten ersehnte Nachricht, daß die Liga zwischen Frankreich und Venedig definitiv Bestand habe. Zudem sei Cesares Heirat mit Charlotte d'Albret unter Dach und Fach. Vorsicht schien gleichwohl immer noch geboten. So brachte Alexander VI. die geradezu übermenschliche Selbstbeherrschung auf, sein Frohlocken zu verbergen. Im Konsistorium zeigte er sich enttäuscht über Frankreich. Und auch über die D'Albret hörte man in den nächsten zehn Tagen aus seinem Munde kein freundliches Wort. Auf diese Weise täuschte er selbst den stets mißtrauischen Ascanio Sforza. Dieser nämlich wurde nicht müde zu verkünden, daß sich Mailand und Venedig ebenso heimlich wie endgültig einig geworden seien. Darüber konnte Alexander VI. nur lachen, heimlich versteht sich. Denn er wußte es besser, und zwar aus sicherer Quelle.

Am 22. Mai 1499 war die Tragikomödie der Wirrungen ausgespielt. An diesem strahlenden Frühlingstag überbrachte ein staubbedeckter Bote die triumphale Neuigkeit: Die Ehe Cesare Borgias mit der Königstochter sei nicht nur geschlossen, sondern auch schon vollzogen worden. Und zwar – wie die ehrfürchtig staunenden Römer bald erfuhren – acht Mal allein in der Hochzeitsnacht! Borgia ist eben Borgia. Und Potenz gehört zum Image. Von Cesares sexuellen Heldentaten sollten alle wissen, die Kardinäle sogar aus erster Hand. So ließ Alexander VI. im Konsistorium Charlottes Briefe verlesen. Darin verlieh die Prinzessin – «in anzüglichen Ausdrücken»,[20] wie die wenigen strenger Denkenden mißbilligend vermerkten – ihrem Stolz auf den starken Gatten und der Hoffnung Ausdruck, ihren dreifach gekrönten Schwiegervater demnächst am Tiber in die Arme schließen zu können.

Nicht weniger interessant als der Ehevollzug war der Ehevertrag. Dessen Konditionen brachte Donato unverzüglich in Erfahrung. Venedig las also mit. Die Braut habe 30 000 Franken als Mitgift in die Ehe eingebracht, der Ehestifter Ludwig XII. zusätzlich 80 000 beigesteuert, wovon Cesare ein weiteres repräsentatives Lehen in Frankreich erwerben wolle. Um den adelsstolzen D'Albret eine Ehe zu versüßen, die nach dem Kriterium der Abstammung eine Mesalliance war, habe der Papst überdies per Breve versprochen, den Bruder der Braut zum Kardinal zu erheben. Doch solle diese Klausel vorerst geheim bleiben. Von Konzil und Absetzung, so das Fazit des Botschafters, rede angesichts dieser Erfolge niemand mehr. Die Vorhaltungen Isabellas und Ferdinands hätten für den Papst ihren Schrecken verloren. Ja dieser fühle sich jetzt jeglicher Verpflichtung zur Rücksichtnahme auf die spanischen Majestäten ledig und mache dies durch sein Verhalten auch deutlich.

Die Zeit der Verstellungen war vorbei. Nach der drückenden Sorge folgten jetzt Bekundungen überschäumender Freude. Zur Feier der Nepotenhochzeit in Frankreich wurde Rom festlich illuminiert. Und nochmals hatten die Römer Grund zum bewundernden Raunen. Der Sohn des Papstes – so verlautete aus sicherer Quelle – habe seinen Namen geändert; er nenne sich jetzt mit speziellem Privileg Ludwigs XII. Don Cesare di Francia. Die stolze Signatur vermochte jedoch nicht darüber hinwegzutäuschen, daß ihn die echten Aristokraten weiterhin als einen krassen Parvenü von dubioser Abkunft betrachteten. Nach den Damen aus den Häusern Aragón, Montpensier und Bourbon hatte auch die Herzogin von Foix dem Sohn des Papstes eine Abfuhr erteilt. Charlotte d'Albret war also nur die fünfte Wahl.

Doch nicht nur Cesares Heirat, auch das Bündnis zwischen dem Papst und dem König, das damit Gestalt gewann, verlangte nach Deutungen. Der kuriale Humanist Sigismondo dei Conti äußerte sich, so scheint es auf den ersten Blick, voll des Lobes über die Achse Frankreich – Rom. Alexander VI. habe diese Allianz geschlossen, um die Rechte der Kirche wieder in Kraft zu setzen und, was mindestens ebenso schwer wiege, die Ruhe und Ehre Italiens zu retten. Das ist ein seltsames Argument zugunsten einer päpstlichen Politik, die im Zusammenspiel mit Venedig französischen Heeren auf Jahre hinaus Tür und Tor nach Italien auftat! Zudem hegte Dei Conti nur Verachtung für die gallischen Barbaren, die jetzt ihre grausamen Instinkte im zivilisiertesten Land der Erde auslebten. Sein Lob Alexanders VI. war also vergiftet.

Böse Ironie war eine Möglichkeit, mit den bestürzenden Tatsachen umzugehen, Empörung eine andere. Dreieinhalb Jahrzehnte später erregte die Politik des Borgia-Papstes den heiligen Zorn Francesco Guicciardinis. Seine These lautete: Durch Vorsicht, Augenmaß und Zurückhaltung wäre der Untergang Italiens, der sich ab 1494 respektive 1499 vollzog, vermeidbar gewesen. Nicht wenige Historiker des 19. Jahrhunderts haben seine Diagnose im Geiste eines romantisch gesteigerten Nationalismus erweitert: Frankreich und Spanien, von einem spanischen Papst ins Land gerufen, hätten dem italienischen Nationalgeist auf Jahrhunderte hinaus den Garaus gemacht. Doch diese Deutungen halten einer nüchternen Prüfung der

Fakten nicht stand. Interventionen der beiden im Inneren konsolidierten Großmächte Frankreich und Spanien hätte aller Voraussicht nach auch ein Meisterdiplomat vom Rang Lorenzos de' Medici nicht verhindern können.

Davon unbenommen bleibt zu konstatieren, daß der Nepotismus Alexanders VI. zu einem zentralen Faktor der europäischen Politik geworden war. Diese Entwicklung hielt Girolamo Donato im Schlußbericht über seine zweijährige römische Mission vor dem venezianischen Senat als die eigentliche Grenzüberschreitung des Pontifikats fest. Daß das Bündnis mit Frankreich ausschließlich den Interessen der Familie Borgia, ja letztendlich allein den hochfliegenden Plänen des Pontifex maximus für Cesare diente, stand für den Gesandten außer Frage. Zweifel daran verboten sich schon deshalb, weil Alexander diese Motivation im Gespräch offen aussprach. «Per l'amor porta al nostro ducha»,[21] der Gunst wegen, die der König dem Herzog von Valence erweise, habe er die Allianz geschlossen. Diese müsse jetzt schleunigst zur Errichtung eines Borgia-Staates führen. Ein Krieg um die Romagna wurde dadurch unausweichlich. Doch habe der länderhungrige Papst – so warnte Donato – noch viel ehrgeizigere Ziele damit keineswegs ad acta gelegt; selbst auf die Gebiete der Sforza werfe er jetzt begehrliche Blicke.

Das eigentliche Vermächtnis des scheidenden Gesandten aber war sein Charakterporträt Alexanders VI. Von seinem Wesen her sei der Papst schwer durchschaubar, listenreich und vielschichtig. Aufgrund dieser doppelten Natur habe er bei den italienischen Mächten wie bei den Kardinälen alles Vertrauen verloren. Denn er wandle sich mit den Umständen, sei sprunghaft und unberechenbar, außer daß sich alles Trachten auf die Größe des Sohnes richte. Vor allem aber wisse er meisterhaft zu heucheln. Dadurch klingt zum ersten Mal im Bericht eines Zeitgenossen ein Leitmotiv an: die Zerstörung sozialen Kapitals. Doch damit war die Widersprüchlichkeit von Pontifex und Pontifikat noch längst nicht erschöpft.

> Der Papst ist 69 Jahre alt, führt ein sehr geregeltes Leben und tut gerade das nicht, was man ihm so gerne unterstellt. Er erfreut sich bester Gesundheit, ist nie ernsthaft krank – und tut etwas dafür.[22]

Ein zweites Leitmotiv: Mythos und Wirklichkeit. Der Papst hielt sich nicht nur – wie alle wußten – bei Speise und Trank, sondern auch – was niemand glaubte – in puncto Frauen zurück. Wiederum hatte der kluge Diplomat zweifellos recht. Denn auch hier galt die Devise: mäßig, aber regelmäßig. Alexander VI. schonte seine Kräfte. Und auch wofür, sagte Donato. Das dritte Leitmotiv hieß Lebensverlängerung. Das Schlüsselwort des Pontifikats aber lautete viertens «dissimular» – die anderen über die eigenen Absichten täuschen: Dieser Papst tat ohne Skrupel, was seiner Familie nützte. Damit ist fünftens das Leitmotiv schlechthin genannt: der Staat der Borgia.

Der Untergang des Hauses Sforza

Donatos Lehre für seine Republik lautete also: Wer sich mit diesem Papst verbündet, nehme sich in Acht! Die Mahnung kam zum rechten Zeitpunkt. Gerade jetzt kämpfte Venedig mit einem übermächtigen Gegner, dem Osmanischen Reich. Um sich in diesem ungleichen Duell behaupten zu können, appellierte die Serenissima an den Papst. Er möge das Gewissen, die Finanzen und die Soldaten der Christentheit zum Kampf gegen die Türken mobilisieren. Doch auch in dieser Hinsicht machte sich Donato keine Illusionen. Alexander VI. war nicht Pius II. Zuerst Cesares Feldzug in der Romagna, dann, falls noch etwas übrigblieb, der Kreuzzug – so werde die Rangfolge des Borgia-Papstes aussehen.

Mit dem Vollzug von Cesares französischer Ehe war das Schicksal der Sforza besiegelt. Alexander VI. selbst gab ihrem Sturz seinen Segen. «Das ganze Haus der Herzöge von Mailand muß besiegt und vernichtet werden»,[23] so sein lakonisches Urteil, das dem Vizekanzler von dessen Feinden eilfertig kolportiert wurde. Doch das Katz-und-Maus-Spiel war deshalb noch nicht zu Ende. Der Papst ließ es weiterhin nicht an Beteuerungen fehlen, daß er die französische Eroberung der Lombardei nicht unterstützen werde. Doch seine Taten widersprachen den Worten. Denn die militärische Kooperation mit Ludwig XII. lief unverzüglich an, und zwar in bezeichnender Art und Weise. Auf Anweisung Cesare Borgias ruderte ein Flottenverband der auf Rhodos stationierten Johanniter-Ritter weit nach Westen. Statt wie vorgesehen gegen die Türken zu kämpfen, sollten die Galeeren Genua für den König von Frankreich einnehmen.

Als Ascanio Sforza diese Umfunktionierung im Konsistorium anklagte, öffnete er eine Büchse der Pandora. Sein Bruder Ludovico nämlich hatte schon einige Wochen zuvor, im April 1499, die Fühler zum Bosporus ausgestreckt. Sein Bündnis mit Sultan Bajasid verpflichtete diesen, Venedig anzugreifen, und zwar nicht nur wie bisher im östlichen Mittelmeer, sondern im friaulischen Kernland. Der Streit darüber, wer damit angefangen hatte, die Türken als Bundesgenossen zu umwerben, wurde monatelang in der Öffentlichkeit ausgetragen. An seinem Ende waren die Sforza als Verräter an der Christenheit gebrandmarkt. Am 13. Juli 1499 verließ der Vizekanzler Rom. Große Vermögenswerte waren ihm vorausgeeilt. In Mailand wurde jeder Dukaten dringend benötigt. Doch alles hatte man in der Eile nicht flüssig machen können. Am Rest hielten sich die Borgia schadlos.

Dem Kardinal, der zur Verteidigung des Herzogtums Mailand ausrückte, schickte Alexander VI. Verfluchungen nach. Ja er drohte sogar damit, Ascanio und Ludovico zu exkommunizieren. Doch so weit kam es nicht, mangels Notwendigkeit. Denn in der Stunde der Not stand der Herzog von Mailand alleine da. Nach allzu vielen Kehrtwendungen und Winkelzügen hatte er in Italien kaum noch Freunde. Und im Innern des Staates bröckelten die Loyalitäten nicht minder. Viele der großen Vasallen hatten Ludovicos Herrschaft bereits abgeschrieben und hofften darauf, von Ludwig XII. als Lohn für ihre Unterstützung noch mehr Lehen und Kompetenzen zu gewinnen. Zudem war das türkische Expeditionskorps, das ins Friaul einfiel, zu klein, um die Kräfte Venedigs nachhaltig in Anspruch zu nehmen. Und die Hilfe der Habsburger blieb aus. Die Auflösung machte selbst vor dem Heer nicht Halt. Als Verrat im Feld hinzukam, brach die Macht der Sforza im Sommer 1499 ein halbes Jahrhundert nach ihrer Errichtung in sich zusammen. Ludovico und Ascanio nebst Gefolge konnten sich mit knapper Not der drohenden Umklammerung entziehen und in Sicherheit bringen. An die 4000 Personen zogen nach Österreich ins Exil. Der vertriebene Herzog und der in Ungnade gefallene Kardinal versprachen ihren Anhängern gleichwohl die baldige Rückkehr.

Doch danach sah es vorerst nicht aus. Das Volk von Mailand rief Hosianna, als die französischen Eroberer mit einheimischen Generälen an der Spitze einzogen; die neuen Herren hatten ihm billiges Brot versprochen. In der Hoffnung darauf schworen die Mailänder Ludwig XII. am 5. September 1499 den Treueid. So viel Erfolg ließ neue Expanisonsgelüste aufkommen. Schon am 9. September meldete der venezianische Botschafter, daß sich der nächste Feldzug des siegreichen Monarchen gegen Neapel richten werde. Dieses atemberaubende Tempo behagte Alexander VI. überhaupt nicht. Er sah das südliche Königreich weiterhin als Einflußzone der Borgia an und setzte dementsprechend seine Politik der inneren Aushöhlung fort. Ende September 1499 konfrontierte er König Federico mit der Forderung, den Borgia weitere Lehen und Herrschaftsrechte zu übertragen; daß sie abgelehnt wurde, war von vornherein einkalkuliert. Ja sie sollte gar nicht angenommen werden, sondern einschüchtern, demütigen und Vorwände für weitere Maßnahmen liefern. Im Sommer des Triumphs schien fast alles möglich. Warum eigentlich nicht das Herzogtum Ferrara für die Borgia? Wer Venedig auf seiner Seite hatte, sollte doch wohl die Este verjagen können. Der neue venezianische Botschafter Polo Capello traute seinen Ohren nicht, als ihm der Papst dieses Ansinnen vortrug. Worauf hatte man sich mit diesem Bundesgenossen nur eingelassen!

Der Sturz der Sforza blieb auch in Rom nicht ohne Auswirkungen. Für die Colonna, Ascanios letzte Alliierte, wurde die Situation bedrohlich. Denn der im Jahr zuvor geschlossene Überlebenspakt der Barone hatte keinen Bestand mehr. Ohne große Mühe hatte Alexander VI. die Orsini auf seine Seite gezogen. Die ersten Leidtragenden der neuen Machtverhältnisse waren die Caetani. Im Herbst 1499 wurden ihnen kurzerhand die Herrschaftsrechte über ihren ausgedehnten Feudalbesitz im südlichen Latium entzogen. Dessen Besetzung folgte auf dem Fuß. Dabei kam Girolamo Caetani ums Leben, Giacomo Caetani wurde gefangengesetzt und starb im Kerker. Nepotenschicksal: Was Bonifaz VIII. zweihundert Jahre zuvor den Colonna entrissen hatte und den Seinen gab, mußten diese jetzt an die Borgia abtreten. Nach vier Monaten der Verwaltung durch die Apostolische Kammer kaufte Lucrezia Borgia am 12. Februar 1500 die Herrschaft Sermoneta, welche die ehemaligen Besitzungen der Caetani umfaßte, für 80 000 Dukaten. Mochte der Preis auch angemessen sein, geschenkt war dieser Lehensstaat trotzdem. Denn jeder wußte, von wem die Tochter des Papstes das viele Geld hatte. Doch der Schein der Rechtmäßigkeit war gewahrt. Im übrigen profitierte die Nepotin nicht zum erstenmal von der Enteignung der Feinde. Schon drei Monate zuvor, am 9. Oktober 1499, wurde ihr der geostrategisch wichtige Ort Nepi mit all den Jurisdiktionsrechten und Vollmachten verliehen, die zuvor Ascanio Sforza innehatte.

Sowohl in Nepi wie auch in Sermoneta wurde im Namen der neuen Feudalherrin eine geschickte Politik betrieben. Oberstes Ziel war es, Popularität zu gewinnen. Zu diesem Zweck wurden alte Rechte der Vasallen wieder in Kraft gesetzt und Abgaben reduziert. Beliebtheit mußte man sich leisten können. Die Borgia mit ihrem Zugriff auf die Papstfinanz konnten es sich erlauben. Zudem steigerten sie ihre Einkünfte durch die Verpachtung der Erträge, die vorher mühsam in eigener Regie eingezogen worden waren. Und darüber hinaus schützte ihre strenge Strafjustiz den Besitz und die Interessen der ländlichen Oberschicht. Das waren günstige Voraussetzungen für die angestrebte Akzeptanz.

Warum wurde Lucrezia, bislang nur Objekt vieler Ehekontrakte, jetzt so auffällig ausgezeichnet? Oder, den Planungen der Borgia angemessener gefragt: wer verlor, was sie gewann? Einen ersten Hinweis darauf notierte der wachsame Zeremonienmeister Burckard. Er vermerkte nämlich, daß sich Alfonso, der Fürst von Bisceglie, Anfang August 1499 bei Nacht und Nebel ins heimische Neapel abgesetzt hatte. Von dort forderte er Lucrezia auf nachzukommen. Offenbar fühlte er sich am Vesuv sicherer als am Tiber. Doch es kam umgekehrt. Im Auftrag Alexanders VI. schrieb ihm seine schwangere Gattin rührende Briefe. Darin flehte sie ihn an, sie nicht im Stich zu lassen. Während dieser tränenreichen Korrespondenz hatte die Tochter des Papstes unversehens eine Mission zu erfüllen. Am 8. August teilte Alexander VI. den obersten Kommunalbeamten von Spoleto kurz und bündig mit, daß er Madonna Lucrezia zur Regentin ihrer Stadt, des benachbarten Foligno nebst der dazugehörigen ländlichen Distrikte eingesetzt habe. Den Empfängern des Schreibens dürfte es den Atem verschlagen haben. Bislang war dieser Posten hohen Prälaten vorbehalten gewesen. Die Amtszeit der Gouverneurin dauerte zwar nur zwei Monate, doch der Skandal wurde dadurch nicht geringer. Warum diese Provokation?

Offensichtlich wollte Alexander VI. die unteilbare Würde seiner Familie demonstrieren. Die Borgia waren die Kirche. Und zwar die Borgia beiderlei Geschlechts. Doch die anstößige Bevorzugung hatte noch andere Seiten, eine praktische und eine verborgene. Von Spoleto aus konnte Lucrezia ihr neues Lehen Nepi in Besitz nehmen. Darüber hinaus sollte sie offenbar eine neue, wichtigere Rolle innerhalb des Familienverbands spielen. Und das verhieß auf längere Sicht nichts Gutes für ihren Gatten. Vorerst aber war alles wieder eitel Harmonie. Alfonso hatte sich erweichen lassen, holte seine Gemahlin in Spoleto ab und kehrte mit ihr nach Rom zurück. Es war höchste Zeit. Am Allerheiligentag 1499 brachte Lucrezia einen Sohn zur Welt. Alexander VI. war also jetzt Großvater. Daß sein Enkel seinen Namen erhielt, verstand sich von selbst. Aus der Taufe gehoben wurde der kleine Rodrigo von Paolo Orsini, dessen Verwandter, der Herzog von Gravina, im Rennen um die Hand Lucrezias zeitweise aussichtsreich plaziert gewesen war.

Die Feier nach dem kirchlichen Akt gestaltete sich wie immer aufwendig. Johannes Burckard setzte ein Fest in Szene, das eines königlichen Thronfolgers würdig gewesen wäre. Die römischen Aristokraten überreichten Taufgeschenke aus purem Gold. Am Abend folgten wie üblich Komödien und Tanz. Dazu waren auch die Botschafter geladen; die Geburt des Papstenkels war ein Staatsakt. Dementsprechend ließ Alexander VI. offizielle Mitteilungen von dem freudigen Ereignis an die verbündeten Mächte ergehen. Als Widerspruch zur heiteren Atmosphäre hingegen wurde empfunden, daß der Vatikan weiterhin vor Waffen starrte. Die Angst vor Anschlägen wollte nicht weichen. Dazu paßte die vom Papst um dieselbe Zeit verbreitete Nachricht, daß Caterina Sforza ihn zu vergiften beabsichtigte. Mehr noch: alle Todesfälle an der Kurie und speziell im Umfeld der Borgia wurden jetzt mißtrauisch unter die Lupe genommen. Als im Januar 1500 Kardinal Juan Borgia-Lanzol der Jüngere unerwartet in der Romagna starb, wurde Cesare daher sofort verdächtigt, nach seinem Bruder nun auch einen Neffen ermordet zu haben. Doch diese Theorie ist abwegig. Juan Borgia-Lanzol war kein Konkurrent, durch seinen Tod hatten alle Borgia nur Nachteile, genauer: eine devote Stimme weniger im Senat der Kirche. Für Burckard war überdies suspekt, daß der Purpurträger kein aufwendiges Begräbnis, geschweige denn ein prächtiges Grabmal erhielt. Offenbar glaubte der Zeremonienmeister, daß das schlechte Gewissen die Mörder davon abhielt, dem Opfer diese letzten Ehren zu erweisen. Doch für diese Pietätlosigkeit gibt es eine einfachere Erklärung. Die Lebenden hatten Wichtigeres zu tun, als sich ihrer Toten anzunehmen. Zudem war jetzt, da der Staat der Borgia zum Greifen nahe schien, der eigene Tod kein Thema, sondern ein Tabu.

Cesare, der Eroberer

Folgerichtig begann das Unternehmen Staatsgründung mit dem politischen Tod der anderen. Schon am 9. März 1499, als das Bündnis mit Frankreich und Venedig noch nicht geschlossen war, erklärte Alexander VI. das Vikariat der Sforza-Riario in Forlí und Imola für erloschen.[24] Verbal wurde dabei das schwere Geschütz der Tradition aufgefahren. Als «Söhne des Unrechts» gingen Ottaviano, Galeazzo und Cesare Riario sowie alle ihre Nachkommen der Herrschaft verlustig. Mit demselben Bann als «filia iniquitatis» wurde auch ihre Mutter Caterina Sforza belegt, welcher einige Monate zuvor in päpstlichen Schriftstücken noch die Anrede einer «geliebten Tochter» zuteil geworden war. Dieser jähe Entzug der Gunst wurde damit begründet, daß Caterina als Vormund ihrer Söhne seit längerem trotz mehrfacher Mahnung den jährlichen Lehenszins von 1200 Silberdukaten nicht entrichtet habe. So furchtbare Verfluchungen wegen einiger ausstehender Zahlungen? Um so gelegener kam Alexander VI. das Aufsehen, welches das angebliche Attentat der abgesetzten Vikarin erregte. Doch alle Aufregung über diese Ruchlosigkeit konnte die Öffentlichkeit nicht darüber hinwegtäuschen, daß der Antrieb zur Entmachtung nicht, wie die Propaganda behauptete, die Stärkung des Kirchenstaats und damit des Papstamtes, sondern das schiere Gegenteil, die Errichtung einer weitgehend autonomen Borgia-Herrschaft war. Zu diesem Zweck gingen alle Rechte, die den Sforza-Riario entzogen werden, auf Cesare Borgia über.

Wie weit sich das Familien-Territorium erstrecken würde, war zu diesem Zeitpunkt noch nicht ausgemacht. Bislang hatte sich Venedig bereit erklärt, Pesaro, Forlì und Imola zur Eroberung durch den Sohn des Papstes freizugeben, während es über andere Stadtherrenfamilien wie die Manfredi in Faenza und die Malatesta in Rimini weiterhin seine schützende Hand hielt. Für diese signori setzte sich auch Ludwig XII. ein. Doch Alexander VI. war nicht gesonnen, solche Einschränkungen zu akzeptieren. Deshalb wurden bald darauf alle Herrschaftsstellvertreter der Kirche im Norden summarisch ihres Amtes entsetzt. Vorerst standen solchen Übergriffen noch starke Schutzversprechen entgegen. Diese außer Kraft zu setzen, bildete das strategische Ziel Alexanders VI. in der Folgezeit. Er verfolgte es mit exemplarischer Hartnäckigkeit.

Unterdessen rückte Cesare Borgia zur Verdrängung derjenigen aus, die Venedig schon jetzt ihrem Schicksal überließ. Nach der Einnahme Mailands waren die politischen und militärischen Voraussetzungen für einen erfolgreichen Feldzug im Norden des Kirchenstaats geschaffen. Es standen genügend französische Kontingente bereit, um gleich die erste Attacke unwiderstehlich werden zu lassen. Dabei war Eile geboten. Die Jahreszeit war weit vorangeschritten; und im Winter verhinderte die widrige Witterung gemeinhin weiterreichende Operationen. Schon im November 1499 ergab sich die Stadt Imola fast kampflos; die Besatzung der Zitadelle streckte Anfang Dezember die Waffen. Auf energischeren Widerstand trafen die französisch-päpstlichen Truppen hingegen in Forlí. Zwar konnten auch hier die Verteidiger das Stadtgebiet nicht behaupten, doch zog sich die Belagerung der Burg länger hin, als der Feldzugsplan vorsah. Hier nämlich kommandierte mit Caterina Sforza eine Soldatin vom Format ihrer Vorväter. Sie selbst kämpfte in der vordersten Reihe hinter den Mauern, die den Ansturm der Angreifer ein ums andere Mal zurückwarf. Italien hatte einen neuen Mythos: die Mann-Frau, die sich als einzige dem Vorrücken des grausamen Cesare Borgia entgegenzustemmen wagte. Doch letztlich war aller Widerstand vergeblich. Am 12. Januar 1500 zeigte der Sieger triumphierend die Gefangennahme seiner Gegnerin an. Ausnahmsweise wird sie den Kerker der Borgia überleben, nicht aus Rücksicht auf ihr Geschlecht, sondern weil sie den Schutz Ludwigs XII. genoß und als angeheiratete Verwandte des Kardinals Giuliano della Rovere ein nützliches Faustpfand darstellte.

Danach aber nahmen die Erfolge ein jähes Ende. In Mailand nämlich hatte die Popularität der französischen Herrschaft den Winter nicht überstanden. Den Krieg der Sieger finanzierten die Besiegten. Gemäß diesem Grundsatz waren die Abgaben und Preise in der lombardischen Metropole nach oben geschnellt. Je düsterer sich die Lebensumstände gestalteten, in desto goldenerem Licht erschien die Herrschaft der Sforza – und die Gegenwart um so unerträglicher. Dazu trugen die Nachrichten des exilierten Herzogs bei, die heimlich in die Stadt geschmuggelt wurden. Vom Volk zurückgerufen, werde er zum Wohle des Volkes regieren und bösen Ratgebern, die ihn gegen sein Volk aufhetzen wollten, kein Gehör mehr schenken. Halb Schuldbekenntnis, halb Versprechen für die Zukunft, wurden diese Verlautbarungen ebenso begierig wie gläubig aufgenommen. Hoffnungen, und seien sie noch so verstiegen, sterben zuletzt.

Und so zog Ludovico Sforza, von den Hosiannarufen des Volkes begleitet, schon am 5. Februar 1500 wieder in Mailand ein. Was den Sforza nützte, schadete den Borgia. Ohne die französischen Truppen und Waffen verlor die Kampagne in der Romagna ihre Durchschlagskraft. Die Einstellung der Kampfhandlungen minderte zudem Cesares Prestige empfindlich, zeigte sie doch unübersehbar, daß seine Stärke erborgt war. Daraus schöpften die Gegner neuen Mut. Ihre Überlegungen: die Romagna war für Ludwig XII. ein lästiger Nebenschauplatz. Um zu überleben, mußten sie den König daher mit Zielen locken, welche die Zusammenballung aller seiner Kräfte erzwangen. Noch besser freilich wäre es, einen Keil zwischen den Monarchen und den Sohn des Papstes zu treiben. Auch die Ratgeber Alexanders VI. hatten reichlich Stoff zum Nachdenken. Wie konnte man sich aus dieser demütigenden Abhängigkeit befreien und geliehene Kraft zur eigenen machen?

Da militärisch einstweilen nichts auszurichten war, kehrte der unsanft gebremste Eroberer schon Ende Februar 1500 nach Rom zurück. Dort ließ er sich und seine Siege gebührend feiern. Am 27. Februar wurde der Karneval mit nie dagewesenen Schauspielen begangen. Auf der Piazza Navona führten elf Prunkwagen den Triumph des Julius Cäsar auf. Doch bejubelt wurde natürlich nicht der antike Imperator, sondern sein lebender Namensvetter. Der Sohn des Papstes kam, sah und siegte, so lautete die allen verständliche Botschaft der lebenden Bilder. Wenig später durfte sich der Triumphator sogar mit dem Titel eines Generalkapitäns und Bannerträgers der Kirche schmücken. Daß seine Siege mit fremden Waffen erfochten worden waren, verschwieg die Propaganda. Doch was nicht war, konnte ja noch werden. Hatte nicht der spanische Botschafter soeben von der Verwandtschaft der Borgia mit den spanischen Königen gesprochen und damit bestätigt, was die Familie seit jeher mit Inbrunst glaubte? Weitere gute Nachrichten ließen nicht lange auf sich warten. Im April 1500, nur zwei Monate nach der Rückkehr in seine Hauptstadt, verlor Ludovico Sforza abermals seine Macht und jetzt auch seine Freiheit – beides für immer. Als er seine Schweizer Söldner nicht mehr bezahlen konnte, lieferte ihn einer von diesen den Franzosen aus. Daß der stolze Herzog so kläglich als Handelsware roher Soldaten endete, ergab für fromme Zeitgenossen einen tiefen Sinn: Hochmut kommt vor dem Fall. Mit Ludovico ging Kardinal Ascanio in die französische Gefangenschaft; im Gegensatz zu seinem Bruder sollte er sie lebend wieder verlassen. Alexander VI. war dieser zweifache Sturz doppelt willkommen. Zum einen sah er sich eines lästigen Machtkonkurrenten an der Kurie entledigt; dort gewannen die Anhänger der Borgia den Einfluß, welchen die Gefolgschaft der Sforza verlor. Zum anderen war der Hemmschuh in Sachen Romagna beseitigt, es konnte also weitergehen!

In der Zwischenzeit spielte Alexander VI. seinen Part virtuos. Ziel seiner Bemühungen war es, die Manfredi in Faenza und die Malatesta in Rimini vogelfrei zu machen. Dazu mußte Venedig ihnen den Schutz aufkündigen. Und durch dieses Ansinnen sah sich die Markusrepublik vor eine schwere Entscheidung gestellt. Sollte sie zum gegebenen Wort stehen oder der nackten Staatsräson folgen? Der unmittelbare Nutzen sprach dafür, beide Familien ihrem Schicksal zu überlassen. Die klugen Patrizier an der Lagune konnten sich nämlich unschwer ausrechnen, daß die Machtstellung der Borgia in der Romagna den Pontifikatswechsel kaum überdauern würde. Dann wäre die Serenissima die lachende Dritte in der Region. Auf der anderen Seite aber stand Venedigs Glaubwürdigkeit, mehr noch: der Ruf als zuverlässiger Bündnispartner auf dem Spiel. Diesen zu bewahren, war mehr wert als kurzfristige Zugewinne, ja letztendlich hing das eigene politische Überleben davon ab. Was also sollte man tun? Alexander VI. verfolgte eine Politik der Nadelstiche; und er stach mit groben Nadeln. Kaum eine Audienz des venezianischen «Redners» im Vatikan, die der Papst nicht mit Vorwürfen eröffnete: Immer noch unterstützt Eure Republik unsere Feinde, zum Nachteil des Herzogs, unseres geliebten Sohns. Diese Schuldzuweisungen setzten schon im Februar 1500 ein. Im Frühjahr verdichteten sie sich zu einem verbalen Trommelfeuer. Dabei wechselten sich Lock- und Drohmittel ab. Als Alexander VI. die abgesetzten Stadtherrn der Romagna im Juni 1500 auch noch exkommunizierte, geriet die Markusrepublik vollends in die schwächere Position. Wer den Gebannten jetzt noch half, war nicht nur ins Unrecht gesetzt, sondern verfiel im Prinzip selbst schweren Kirchenstrafen. Natürlich versäumte es der Papst nicht, den Botschafter von diesem Sachverhalt in Kenntnis zu setzen. Als Grund für die Exkommunikation der Stadtherrn nannten die offiziellen Dokumente auch diesmal nur die ausgebliebenen Zensus-Zahlungen. Daß die signori in Wahrheit dem Expansionsdrang der Borgia im Wege standen, war allgemein bekannt. Kunstvolle Verschleierungen erübrigten sich somit.

Als vorerst alles nichts fruchtete, verlegte sich Alexander VI. unvermutet auf die umgekehrte Taktik: Wo keine Bedrohung war, bedurfte es auch keines Schutzes. So machte im Auftrag des Papstes ein Notar der Republik Venedig einen sensationellen Vorschlag: Falls er Faenza freiwillig an Cesare Borgia abträte, erhielte Astorre Manfredi, das fünfzehnjährige Oberhaupt der Familie, ein Kardinalat. Eine Stadt gegen einen roten Hut! Ein Tauschgeschäft versuchte Alexander VI. auch mit Caterina Sforza abzuschließen. Für den definitiven Verzicht auf Imola und Forlì stellte er seiner illustren Gefangenen ein neues Herrschaftsgebiet mit mindestens 3000 Dukaten Jahresertrag sowie das Erzbistum Pisa für einen ihrer Söhne in Aussicht. Die Offerte war um so bemerkenswerter, als Cesare Borgia diese beiden Städte ja bereits eingenommen hatte. Doch die formelle Bestätigung durch die ehemaligen Herren war offenbar einen solchen Preis wert. Natürlich lehnte die streitbare Fürstin diesen Handel ab. Eine Dame, die ihr zur Flucht verhelfen wollte, wurde daraufhin tot aus dem Tiber gezogen. Nach der Ermordung Giovannis endeten die Feinde der Borgia regelmäßig im Fluß.

Natürlich sah der zuerst abgesetzte, danach exkommunizierte und schließlich mit dem Purpur umworbene Astorre Manfredi diesem Treiben nicht tatenlos zu. Das Blöken der Lämmer klang schaurig im Dogenpalast – so lassen sich Sanudos Eindrücke vom Auftreten des jungen Stadtherrn zusammenfassen. Ja das Auge der Republik wurde tränenfeucht bei seinem Anblick. Ein so kluger, so strahlend schöner Jüngling erflehte in würdigen Worten den Schutz, den schon seine Vorväter, allesamt treue Diener der Serenissima, genossen hätten. Herzzereißende Szenen wie diese häuften sich im Frühjahr 1500. Selbst für die hartgesottenen Machtpolitiker an der Lagune wurden sie zur Belastung. Denn mehr als Hinhaltefloskeln hatten sie nicht zu bieten. Kein Wunder also, daß wieder einmal der Geist Auskunft geben mußte. Er fühlte sich im übrigen nicht bemüßigt, seine Fehlprognose vom letzten Mal einzugestehen. Dafür hatte er über sein Medium tröstliche Botschaften auszurichten. Das Imperium der Türken werde bin-

Abb. 6 Medaille Alexanders VI. (um 1500, Kopie, Madrid, Museo Arqueológico Nacional). Dieselben charakteristischen Merkmale des Papstgesichts wie bei Pintoricchio (Abb. 1 und 2) und bei dem Porträt eines unbekannten deutschen Malers (Abb. 4) weist diese Medaille auf, die Alexander VI. als würdigen Nachfolger Petri zeigt. In seiner Rolle als Stellvertreter Christi auf Erden bringt er – wie es die Päpste aus demselben Anlaß bis heute zu tun pflegen – mit einem symbolischen Schlag der Spitzhacke die Heilige Pforte der Peterskirche zum Einsturz und eröffnet damit das Heilige Jahr 1500, das durch einen generellen Sündenablaß den Gläubigen in ganz Europa helfen sollte, ihren Aufenthalt im Fegefeuer zu verkürzen. Tatsächlich hat jedoch Cesare Borgia mit den reichen Einnahmen aus dem Ablaßhandel seine Feldzüge in der Romagna finanziert.

nen kurzem von selbst zerfallen. In einem Gespräch des Todes mit Alexander VI., dessen Text man Ende April 1500 an den Mauern der Lagunenstadt angeschlagen fand, zeigte sich auch der Sensenmann gut venezianisch gesinnt. Nachdem er dem Pontifex maximus ein ellenlanges Sündenregister vorgelesen hat, kündigt er dem Unbußfertigen sein baldiges Ende durch Fieber an – was die Republik ihres ebenso ungeliebten wie unberechenbaren Bundesgenossen mit einem Schlage entledigen würde.

Fast ein Volltreffer! Am 13. Juni 1500 durfte sich Alexander noch über die Nachricht freuen, daß Charlotte d'Albret Cesare ein Töchterchen geboren hatte. Jetzt stand also Nachwuchs beiderlei Geschlechts für künftige Verhandlungen mit gekrönten Häuptern zur Verfügung. Danach aber brach schweres Unheil über den Pontifex maximus herein, und zwar im wahrsten Sinne des Wortes. Am 29. Juni, dem Peter-und-Paul-Tag, tobte über dem Vatikan urplötzlich ein Sturm, der nicht nur die Decke des Palastes, sondern auch den Baldachin, unter welchem der Papst thronte, zum Einsturz brachte. Doch die rasch verbreiteten Todesnachrichten erwiesen sich als verfrüht. Der Balken, der den tonnenschweren Stützrahmen trug, hatte gehalten. Wäre auch er geborsten, hätte er den Papst zermalmt. So aber kam Alexander VI. mit Quetschungen, Schürfwunden und einem Schock davon. Der aufgewirbelte Staub hatte sich noch nicht gelegt, da begann schon das Rätselraten darüber, was höhere Mächte mit diesem spektakulären Zusammenbruch sagen wollten. Am populärsten war die Version, daß der teufelsbündnerische Papst mit seinem höllischen Alliierten hart aneinandergeraten war. Wie dem auch sei, die Rompilger hatten zu Hause etwas zu erzählen. Anno 1500 waren sie zahlreicher denn je. Das Heilige Jahr – 1300 erstmals verkündet und schließlich im Vierteljahrhundert-Rhythmus begangen – hatte an die 200 000 von ihnen mit Generalablässen, die den Aufenthalt im Fegefeuer abkürzen sollten, an den Tiber gelockt. Auf diese Zahl jedenfalls kam Burckard, der es als Insider der mit der Logistik des Großereignisses betrauten Zirkel wissen mußte, soweit man es überhaupt wissen konnte. So viele Menschen verursachten in einer Stadt, die damals höchstens 50 000 Einwohner zählte, nicht nur große organisatorische Probleme, sie brachten auch die Kassen des Gast- und Gunstgewerbes zum Klingeln. Und nicht zuletzt füllten sich in Gestalt von Abgaben sowie Zahlungen für ganz besondere Gnadenerweise auch die päpstlichen Kassen. Cesare Borgia sollte es recht sein – Geld für seinen zweiten Romagna-Feldzug war jetzt reichlich vorhanden.

Vogelfreie Feinde

Noch einmal davongekommen, sah Alexander VI. bei seiner Errettung höhere Mächte am Werke. Sein Zeremonienmeister verzeichnete, wie inbrünstig er Maria, der Himmelskönigin, für ihr Eingreifen in höchster Not Dank sagte. Ähnlich fiel der offizielle Bericht aus, den der wieder genesene Papst nach Venedig schickte. In diesem Breve schrieb er seine wundersame Verschonung der Fürsprache Christi, der Gottesmutter und natürlich der beiden Apostel zu, an deren Namenstag sich der Unfall ereignete. Just an diese Nothelfer habe er im Moment der Lebensgefahr gedacht. Zwei Tage darauf, am 6. Juli, hatte der venezianische Botschafter aufregendere Neuigkeiten zu melden. Der Heilige Vater übe sich nicht in frommer Einkehr, um über die Allgegenwart des Todes zu meditieren, sondern plane im Gegenteil unerhörte neue Unternehmungen. Demnach deutete Alexander VI. seine Rettung offenbar so, daß der Himmel Großes mit ihm und den Borgia vorhabe. Nicht Strafe, sondern Erwählung wäre dann des Sturmes Kern – eine eigenwillige Interpretation, fürwahr. Dennoch saß die unmittelbare Erschütterung nach dem Unfall tief.

Kaum wieder bei Bewußtsein, gab der Papst Anweisung, daß er von Lucrezia alleine gepflegt werden wollte. Ob darin mehr zu sehen ist als die instinktive Reaktion eines Verletzten, der Schutz im Schoß der Familie suchte, hat offenzubleiben. Theorien, wonach durch diese exklusive Betreuung ein magischer Schutzkreis gezogen und dem Unheil, wenn nicht gar dem Tod getrotzt werden sollte, sind Gedankenspiele. Genährt wurden solche Spekulationen allerdings von Äußerungen, die als verbürgt gelten dürfen. Bei Antritt seines neunten Regierungsjahres im August 1500 verlieh der Pontifex maximus nämlich seiner Erwartung Ausdruck, daß ihm weitere neun Jahre auf dem Thron Petri beschieden seien. Geweissagt habe ihm dies derjenige, welcher ihm auch seine Wahl zum Papst verheißen habe. Stimmte diese Prognose, hatten die Nepoten noch viel Zeit. Für sie war dieses Wissen Macht. Wußten sie, wie lange der Familienpapst noch zu regieren hatte, konnten sie ihre Strategien entsprechend ausrichten; das hieß nicht zuletzt, Vorsorge für die Stunde Null nach dem Ende des Pontifikats zu treffen. Daß sich Alexander VI. und die Seinen über diesen Zeitpunkt Gewißheit zu verschaffen suchten, darf aus solchen und ähnlichen Äußerungen sicher geschlossen werden. Im übrigen waren Orakel aller Art – siehe den Geist der Venezianer – en vogue; ihre Befragung galt sogar als ausgesprochen zweckrational.

Im Sommer 1500 schlugen nicht nur die Naturgewalten, sondern auch die Attentäter zu. In der Nacht vom 15. auf den 16. Juli 1500 wurde Alfonso, der Fürst von Biscgelie, auf der Treppe der Petersbasilika von einer Gruppe Vermummter überfallen und übel zugerichtet. Die Diplomaten wußten am nächsten Tag von vier schweren Wunden zu berichten. Die Ärzte schüttelten bedenklich das Haupt, doch der kräftige junge Mann überlebte, von Tag zu Tag wurde die Prognose günstiger. Obwohl vor Schreck selbst krank, pflegte Lucrezia ihren Gemahl hingebungsvoll. Und sie wich nicht von seiner Seite. Denn sie fürchtete, daß die Mörder in der

Nähe, ja im Schoße der Familie zu finden waren. So wurde der Schwiegersohn des Papstes in den Gemächern des Vatikans rund um die Uhr bewacht; sogar seine Speisen bereiteten Lucrezia und ihre Schwägerin Sanchia aus Angst vor Gift selbst zu. Währenddessen richteten sich die Ermittlungen gegen Unbekannt. Waren es erneut die bekannten Unbekannten, die schon Giovanni Borgia getötet haben sollten, d. h. die Orsini? Diese Theorie provozierte Einspruch. Welchen Grund hatten die Barone, sich an einem unbedeutenden aragonesischen Prinzen zu vergreifen? Nutzen aus dessen Tod würden allein die Borgia ziehen, darin waren sich die meisten Beobachter einig.

Alexander VI. aber war nicht der Auftraggeber des Anschlags, darauf wetteten die Diplomaten. Er schien von der Tat überrascht zu sein, und zwar ungeheuchelt. Andererseits: wer wußte bei diesem Papst schon, was aufrichtig und was vorgetäuscht war. Während das Opfer des Anschlags seiner Genesung entgegensah, fielen dem Papst weitere Erfolge in den Schoß. Angesichts der gewandelten Weltlage hatten sich Isabella und Ferdinand entschlossen, seinem Wunsch, daß das Erzbistum Valencia auch nach Kardinal Juan Borgia-Lanzols Tod der Familie erhalten bleiben möge, zu willfahren. Nutznießer dieser Nachgiebigkeit wurde mit dessen Bruder Lodovico ein weiterer Nepot zweiten Ranges. Das Entgegenkommen hatte Alexander VI. die nachgerade übliche Dispens für ein Ehebündnis der iberischen Königshäuser gekostet.

Die Gunst der Stunde nutzen – nach diesem Motto wurde jetzt auch der venezianische Nuntius des Papstes in Sachen Faenza und Rimini vorstellig. Dabei gebärdete er sich so penetrant, daß er sich eine schroffe Abfuhr einhandelte. Der Doge Agostino Barbarigo, der seit 14 Jahren seines Amtes waltete, hatte ein reizbares Temperament. Vielen Patriziern war der energische Greis zu mächtig. In Situationen wie dieser aber vermochte er groß aufzutrumpfen, das mußte selbst sein Feind Sanudo einräumen. Der Papst solle sich um den Türkenkrieg kümmern und nicht zum Wortbruch unter Christen auffordern, herrschte er den Gesandten an. Doch der Zornausbruch blieb ohne Wirkung.

Am 18. August 1500 nahm die schlummernde Alfonso-Affäre eine sensationelle Wendung. Was geschah, erzählte Alexander VI. dem venezianischen Botschafter Polo Capello wie folgt. Sein wieder zu Kräften gelangter

Schwiegersohn habe aus einem Fenster seines Appartements mit einer Armbrust auf Cesare Borgia geschossen, der in den Gärten des Vatikans spazierengegangen sei, diesen aber verfehlt. Daraufhin habe sein Sohn in einer Aufwallung des Zorns den Schwager töten lassen. Also Notwehr oder zumindest gerechtfertigte Gegenwehr! Für die Römer war das nicht farbig genug. Sie malten sich den Tathergang eindrucksvoller aus. Der längst zur Tat entschlossene Cesare Borgia habe sein vor Angst zitterndes Opfer in dessen Krankenzimmer besucht und beim Abschied den ominösen Satz fallengelassen: Was zu Mittag nicht getan ist, wird am Abend vollbracht. Das wäre Mord nach Ansage. Wer hatte recht?

Glaubwürdig ist ohne Frage, daß Cesare die Verantwortung für den ersten Anschlag von sich wies. Seine Begründung, er begnüge sich nicht mit halben Sachen, leuchtet ein. Ein so dilettantisches Attentat – das war in der Tat nicht seine Handschrift. Diese Durchführung spricht für andere Täter oder auch für andere Absichten. Sollte der Überfallene vielleicht sogar überleben? Doch wenn ja, warum? Daß der Fürst von Biscgelie hingegen in Cesare den Urheber des Angriffs sah, erscheint durchaus plausibel. Wer würde es dem Sohn des Papstes nicht zutrauen? Sein Image bürgte ja geradezu dafür. Wenn die Theorie stimmt, daß Unbekannte den ersten Überfall verübten, das Opfer aber von der Schuld seines Schwagers überzeugt war, dann wurde Alfonso das Opfer von Cesares Ruf. Doch als gesichert darf dieser Tathergang nicht gelten. Vor allem der Bericht vom Armbrustschuß aus dem Fenster ist suspekt. Immerhin wurde der Rekonvaleszent rund um die Uhr bewacht. Zudem war Cesare bislang nicht als Liebhaber von Spaziergängen in lauschigen Gärten hervorgetreten. Man muß es den sensationslüsternen Römern also nachsehen, wenn sie darüber den Kopf schüttelten. Im Endeffekt ist am wahrscheinlichsten, daß Cesare die günstige Gelegenheit ergriff, ein Attentat von fremder Hand zu Ende zu führen – unter welchem Vorwand auch immer. Denn mit Lucrezia hatten Vater und Sohn längst Höheres im Sinne. Die brutal zur Witwe gemachte Tochter des Papstes aber war untröstlich. Als Zeichen des Protests begab sie sich nach Nepi und schrieb aus dem selbstgewählten Exil Briefe, die jenseits aller Konventionen von echter Bekümmernis zeugen.

Alexander VI. und Cesare widmeten sich unterdessen den Vorbereitungen des zweiten Romagna-Feldzugs. Am 12. September 1500 war die logistische Basis dafür geschaffen. Venedig hob seine Protektion der Manfredi und der Malatesta auf, wie dem römischen Nuntius im Dogenpalast mitgeteilt wurde. Am Tag zuvor hatte Alexander VI. dem scheidenden Botschafter Polo Capello und dessen Nachfolger Marino Zorzi für den Fall weiterer Obstruktion noch mit massiven Gegenmaßnahmen gedroht. Als die gute Nachricht am 16. in Rom eintraf, war das Klima der Audienz mit einem Schlag verwandelt. Jetzt hörte Zorzi neue, ungewohnte Töne:[25]

> Und dann dankte er der Republik auf das überschwenglichste, sie habe alle seine Erwartungen übertroffen (...) Und darauf sagte er: Die allerdurchlauchtigste Republik möge mit ihm und dem Herzog (= Cesare Borgia) ... verfahren, wie es ihr beliebe; wir gehören ihr ganz. Weder Frankreich noch Spanien noch sonst jemandem wollen wir uns anschließen, sondern ganz allein Venedig. Darauf kam der Herzog hinzu, küßte Seiner Heiligkeit die Füße und stellte sich gleichfalls unserer Republik ganz anheim. Dasselbe tat der Kardinal von Capua; er sei bisher nicht venezianisch gesonnen, werde dies jetzt aber um so entschiedener sein. Woraufhin der Papst sagte: Wir wollen der Republik ein Geschenk machen, und zwar in Gestalt von Gebieten und Personen.

Ein eindrucksvoller Auftritt, perfekt inszeniert. Und er verfolgte ein Ziel.

> Dann sagte er: Wir wollen, daß die Republik uns in einer wichtigen Sache zur Seite steht. Möge sie doch an den Herzog von Urbino schreiben, daß er sich unterstehen soll, jenen Herren (= von Rimini und Faenza) Hilfe zu senden (...). Und außerdem möge die Republik den Herzog (= Cesare Borgia) zu ihrem Edelmann erheben, ihm ein Haus schenken und dafür sorgen, daß dieser Schutz öffentlich festgehalten wird, und zwar so, daß der Herzog diese Versicherung vorzeigen kann.[26]

Das Gegenüber wurde in einen Kokon ebenso wohltönender wie unverbindlicher Worte eingesponnen. Worauf blitzschnell und übergangslos der nächste Vorstoß erfolgte. Nach zwei Fingern die ganze Hand. Und dann die andere Hand. Kaum hatte die Serenissima in Sachen Rimini und Faenza nachgegeben, wurden die nächsten Forderungen gestellt. Und zwar immer so, daß ein erfüllter Wunsch vom nächsten, noch offenen Anliegen in den Schatten gestellt und die andere Seite in die Defensive gedrängt wurde. Nach Adelsbrief, Palast und schriftlichem Schutzversprechen begehrte der Papst für seinen Sohn kurz darauf eine ebenso prestigeträchtige wie lukrative condotta, d. h. einen Soldvertrag. Das Ziel dieser Bemühungen war klar, es ging um den dauerhaften Schutz Venedigs; ein Heerführer der Markusrepublik war unangreifbar. Unter diesem Blickwinkel betrachtet, waren die aggressiven Verhandlungen ein Zeichen der Schwäche. Soviel Alexander VI. zu Lebzeiten auch für die Seinen tun konnte, das Ende des Pontifikats hing wie ein Damoklesschwert über ihnen. Bezeichnenderweise erfüllte Venedig alle Wünsche bis auf einen – den letzten.

Des einen Jubel, des anderen Verzweiflung. Dem Botschafter Pandolfo Malatestas von Rimini wurde in dürren Worten mitgeteilt, daß die Republik Venedig seinen Herren als condottiere leider nicht mehr weiterbeschäftigen könne: die hohen Ausgaben des Türkenkriegs, er verstehe schon. Die Entlassung erfolgte mit bestem Dank für die geleisteten Dienste. Was die Zukunft angehe, so möge Pandolfo selber sehen, wo er bleibe. Die Republik könne nichts mehr für ihn tun. Selbst die flehentliche Bitte, wenigstens seiner Person sowie seinem kleinen Sohn Schutz zu gewähren, fand kein Gehör; ja sogar Ratschläge, wie er jetzt noch sein Leben retten solle, wurden nicht erteilt. Eine ähnliche Antwort erging an Astorre Manfredi. Die Staatsräson befahl, die Diener der Republik gehorchten.

Und die Diener der Republik im Senat hörten kurz darauf die Finalrelation des vom Tiber abberufenen Botschafters. Zwischen den Genossen der Liga, so Capellos ernüchterndes Fazit Ende September 1500, habe sich Mißtrauen ausgebreitet. Die Borgia verübelten Ludwig XII. die andauernden Beschränkungen, die dieser ihren Eroberungsplänen auferlegte; der König wiederum traue Cesare nicht über den Weg. Zwar habe sich das Verhältnis der Serenissima zum Papst nach den vorangehenden Verstimmungen wieder verbessert, doch sei dies allein die Folge der Zugeständnisse in Sachen Rimini und Faenza. Von wechselseitigem Verdacht getrübt seien auch die Beziehungen Alexanders VI. zu Spanien. Auf der anderen Seite zeigte sich der Gesandte von Cesare Borgia tief beeindruckt. Ihn schilderte er als Ausbund von virtù, von Willenskraft und Scharfsinn. Vor den versammelten Botschaftern habe er nicht weniger als sieben Stiere nacheinander getötet, ja einem sogar den Kopf mit einem einzigen Hieb abgeschlagen! Seine Macht in Rom gründe sich auf Furcht. Wer auch immer sich leichtsinnigerweise den Plänen des Herzogs von Valence in den Weg stelle, werde bald danach tot aus dem Tiber gezogen. Nicht nur die römische Bevölkerung, auch der Papst zittere vor Cesare; zugleich sei dieser seinem Sohn in rückhaltloser Vaterliebe verfallen, ja geradezu hörig. Auf Cesares Größe allein sei der ganze Pontifikat ausgerichtet. Die Gewährung von Ehedispensen wie jüngst im Falle des Königs von Ungarn verfolge ausschließlich den Zweck, möglichst große Summen für die Feldzüge des Nepoten zusammenzubringen.

In der Sache also nichts Neues. Dafür eine neue Art der Kommunikation. Die überlegene Distanz Girolamo Donatos war eingeschüchterter Bewunderung gewichen. Der Botschafter zog jetzt genau die Schlüsse, welche ihm die Inszenierungen der Borgia nahelegten. Alexander VI. – so Capello – sei stark genug, um zu Lebzeiten einen Cesare und Venedig gleichermaßen genehmen Nachfolger durchzusetzen. Wirklich? Wie sollte das angehen? Spätestens hier mußte die Zuhörerschaft des Ex-Gesandten eigentlich skeptisch mit den Füßen scharren. Cesare selbst hatte dem gutgläubigen Diplomaten im übrigen dasselbe versprochen. Nach dem Tode seines Vaters werde derjenige Papst werden, den die Serenissima favorisiere. Das mochte glauben, wer wollte.

Immerhin wurde jetzt ein Venezianer Kardinal. Zur Finanzierung des zweiten Romagna-Feldzugs bot Alexander VI. Kardinalate feil, und zwar wiederum im Dutzend. Unter denen, die zugriffen und sich einen roten Hut sicherten, war auch Giorgio Cornaro. Er kaufte den Purpur nicht für sich, sondern für seinen Sohn Marco. In roten Samt gewandet, durfte der stolze Vater dem Dogen und dessen Räten die erfreuliche Mitteilung vom erfolgreichen Abschluß des Geschäfts machen. Als echter Kaufmann von der Lagune sparte er nicht mit finanziellen Details. 15 000 Dukaten habe die hohe kirchliche Würde gekostet: zwei Drittel in bar, der Rest in Juwelen. Natürlich sollte sich diese Anlage des Familienvermögens rentieren.

Wer den Ertrag in Rom einstrich, wurde in aller Offenheit zelebriert. Gleich nach der feierlichen Verleihung der Insignien am 28. September 1500 machten die neuen Kardinäle Cesare Borgia ihre Aufwartung, und zwar mit schwerem Gepäck. Sie zahlten dem Sohn des Papstes die vereinbarten Beträge bar auf die Hand und schworen ihm danach den Treueeid. Zuvor hatten die Parteigänger der Borgia im Konsistorium die Ernennung ihrer neuen Amtsbrüder abgesegnet; die Kardinäle der Opposition hielten sich fern. Unter dem Strich brachte die Operation nicht weniger als

120 000 Dukaten ein. Auch politisch trug sie Früchte. Das Kardinalat Cornaros durfte als Zugeständnis an den Alliierten Venedig gelten. Der rote Hut für Thomas Bakócz, den Erzbischof von Esztergom, war Teil des für Alexander lukrativen Dispensgeschäfts mit dem König von Ungarn. Die Ernennung des Gianantonio Trivulzio aus der Familie des mailändischen Feldherrn und Statthalters Ludwigs XII. in der Lombardei war dem französischen Bündnis geschuldet, so wie die Erhebung des Aimery d'Albret auf den Heiratspakt mit der Familie des Königs von Navarra zurückging. Damit waren die Altlasten abgetragen.

Die übrigen acht neuen Kardinäle verstärkten die Position Alexanders VI. und seiner Familie an der Kurie bedeutend. Die durch den Austritt Cesares bzw. den Tod Juan Borgia-Lanzols gelichteten Reihen wurden kräftig aufgefüllt. So erhielten mit Ludovico, dem frischgebackenen Erzbischof von Valencia, sowie Francesco Borgia zwei weitere Blutsverwandte den roten Hut. Dazu kamen fünf ergebene Karriereprälaten. Von diesen hatte Ludovico Podocataro seine vielseitige Verwendbarkeit als Mann des Papstes in der Reformkommission des Sommers 1497 unter Beweis gestellt. Ähnliche Vertrauensstellungen bekleideten Giovanni Battista Ferrari, der als Datar für die heiklen Dispense und die geheimen Geldströme zuständig war, der Sizilianer Giovanni Vera, seines Zeichens Gouverneur von Rom, sowie die drei Spanier Diego Hurtado de Mendoza, Pietro Isvalies und Jaime Serra, der letztere ein Vetter Alexanders VI. Auch sie waren bewährte Technokraten der Macht. Doch so nah die neuen Würdenträger durch Treue und Verwandtschaft dem Papst auch stehen mochten, gratis bekamen sie ihre Erhöhung nicht. Dabei waren die Tarife der individuellen Zahlungsfähigkeit angepaßt. Sie reichten, wie Burckard minutiös verzeichnete, von 4000 Dukaten für «arme» Prälaten bis zu 25 000 Dukaten für Großverdiener. Allerdings lag die Kostentabelle des Zeremonienmeisters, die ohne Frage als Gedächtnisstütze für spätere Verkäufe dieser Art fungieren sollte, über den Preisangaben Sanudos. Gewährten die Borgia Rabatte für Barzahler?

Türkenkrieg und Familienstaat

Mit diesem Rückhalt im Kardinalskollegium und mit Geldmitteln reichlich versehen, zog Cesare Borgia am 1. Oktober 1500 zur zweiten Kampagne gegen die inzwischen diplomatisch isolierten Stadtherren der Romagna aus. Die Einwohner Pesaros übergaben ihre Stadt kampflos. Sie wollten sich das Schicksal Forlìs ersparen, das wenige Monate zuvor nach der Kapitulation grausam geplündert worden war. Giovanni Sforza suchte sein Heil in der Flucht, ebenso kurz darauf Pandolfo Malatesta, so daß auch Rimini kampflos in die Hand des Nepoten fiel. Rette sich wer kann – der Ruf grenzenloser Grausamkeit, der dem Herzog von Valence vorauseilte, tat seine Wirkung.

Nicht jedoch in Faenza. Astorre Manfredi war nicht gesonnen, das Erbe seiner Väter ruhmlos aus der Hand zu geben. Dabei wußte er die Mehrheit der Bevölkerung hinter sich. Die Herrschaft seiner Familie hatte tiefere Wurzeln geschlagen als die der Malatesta, die sich zu viele innerdynastische Querelen geliefert und ihren Machtbereich überdehnt hatten. Darüber hinaus durfte der junge signore auf die Unterstützung durch Florenz und Bologna zählen. In Bologna fürchtete Giovanni Bentivoglio, sein Großvater mütterlicherseits, zu Recht, als nächster ins Visier des entfesselten Nepoten zu geraten. Um dessen vor Faenza steckengebliebenen Zug wieder flottzumachen, winkte Alexander VI. Mitte Dezember 1500 erneut mit einem Kardinalat für Astorre; diesmal sollte sogar noch ein üppiges Geldgeschenk hinzukommen. Vergeblich. Jetzt rächte sich, daß der Feldzug erst im Herbst begonnen worden war. Schnee und Eis erzwangen die Aussetzung der Belagerung. Cesare mußte mit mindestens siebentausend Mann in die Winterquartiere gehen, für ein so großes Aufgebot keine kleine Operation. Doch die nackten Zahlen täuschten. Das Heer des Nepoten war uneinheitlich zusammengesetzt. Zu den französischen Kontingenten kamen Truppenteile, die ihren Anführern stärker verpflichtet waren als dem Oberkommandierenden. Das galt für die Orsini, die ihre eigenen Bewaffneten beisteuerten, aber auch für die Vitelli aus Città di Castello und andere vom Papst nicht anerkannte Stadtherren im Kirchenstaat. Ihre Namen lassen aufhorchen – die Gegner von Soriano hatten die Seiten gewechselt. Auf diese Weise zeichnete sich eine paradoxe Koalititon ab. Eine starke Herrschaft der Borgia in der Romagna mußte die Stellung der regionalen Eliten im Kirchenstaat aufs höchste gefährden. Mit anderen Worten: an durchschlagenden Erfolgen des Nepoten konnten diese seltsamen Verbündeten wahrlich kein Interesse haben. Zudem drängte sich die Frage auf, ob mit ihnen wirklich alle alten Rechnungen beglichen waren.

Doch vorerst hielt diese Allianz. Nach Wiederaufnahme der Kämpfe im Frühjahr mußte Faenza vor der feindlichen Übermacht schließlich kapitulieren. Doch die Ende April 1501 ausgehandelten ehrenvollen Übergabebedingungen hielt der Sieger nicht ein. Statt Astorre und seinem jüngeren Bruder, wie vereinbart, freien Abzug gewähren, ließ er beide nach Rom deportieren und dort in der Engelsburg gefangensetzen. Gut ein Jahr später wurden beide erwürgt aus dem Tiber gezogen. Sanudo verschlug es die Sprache. Als einziges Faktum von Belang in mehr als dreißig Jahren fand die Ermordung der Manfredibrüder in seinem voluminösen Staatstagebuch keine Erwähnung. Offenbar sträubte sich die Feder, «unsere Schuld» zu schreiben.

Während Cesares Heer im kalten Winter 1500/01 noch untätig in den Lagern wartete, hatte Alexander VI. andere Kämpfe auszufechten. Er mußte sich des immer dringenderen Ersuchens Venedigs erwehren, alle verfügbaren Mittel dem Krieg gegen die Türken zufließen zu lassen. Die Prioritäten des Papstes innerhalb seines eigenen Herrschaftsgebiets aber lauteten umgekehrt: zuerst der Staat der Borgia, dann der Kreuzzug. So wünschenswert die Zurückdrängung der Osmanen auch war, zu diesem Zeitpunkt, wo jeder Dukaten in der Romagna benötigt wurde, kam ihm dieses Ansinnen in finanzieller Hinsicht äußerst ungelegen. Doch das konnte ein Pontifex maximus nicht offen sagen. So mußte sich der venezianische Botschafter ab November wortreiche Erklärungen darüber anhören, wie sehr dem Papst das Unternehmen gegen die Türken am Herzen läge – so sehr, daß er am liebsten selbst an der Spitze der christlichen Streiter voranziehen wollte. Der erste Teil dieser Beteuerung war ohne Zweifel wahr. Was die Teilnahme am Kreuzzug in eigener Person betraf, so war jedoch Vorsicht geboten. Man konnte unversehens beim Wort genommen werden.

Genau das tat der spanische Gesandte, Alexanders VI. personifiziertes schlechtes Gewissen, schon am 30. November 1500. Sein Vorwurf: so viele Ankündigungen und dann keine Taten! Offenbar war der Papst von dieser prompten Entgegnung überrascht. Ausnahmsweise nämlich fand er nicht die passende Entgegnung. Statt dessen bestritt er, jemals ein Ausrücken in eigener Person in Aussicht gestellt zu haben. Die Botschafter Spaniens und Venedigs, in Sachen Kreuzzug verbündet, wußten es besser. Aus diesem Gesichtsverlust zog Alexander VI. Lehren. Seine Ankündigung vom 10. Dezember nämlich war in einem wesentlichen Punkt modifiziert. Er werde unverzüglich gen Osten aufbrechen, sobald Ludwig XII. oder Ferdinand von Aragón mit von der Partie seien. Das war eine ebenso alte wie bewährte Taktik: Geh du voran, ich folge nach. Daß einer der beiden Monarchen den Anfang machen würde, war in Anbetracht der politischen Lage nicht zu erwarten. Genau wie Alexander VI. betrachteten die europäischen Herrscher die Abwehr der türkischen Expansion zwar als hochgradig wünschenswert, doch hatten sie momentan Dringenderes zu tun. So konnte sich der Papst gefahrlos einer immer blumigeren Rhetorik befleißigen. Der Kernsatz seiner Silvesteransprache zum Türkenkrieg: Falls nur einer der beiden Herrscher dieselbe Seelengröße wie er selbst aufbringe, werde er nicht zögern, die eigene Person Gott zum Brandopfer darzubieten. Was damit gemeint war, zeigte sich im neuen Jahr. Am 2., 4. und 5. Januar 1501 verlautete aus dem Vatikan gleich dreimal: erst Frankreich und Venedig, dann der Papst. Der Tadel Spaniens ließ wiederum nicht auf sich warten. Ja in einem Brief Isabellas und Ferdinands wurde Alexander VI. regelrecht zusammengestaucht: Wir, die spanischen Könige, haben gegen die Feinde des Christentums das unsere längst getan, und zwar auf eigenem Boden. Jetzt sind die anderen an der Reihe. Anstatt falsche Hoffnungen zu wecken, solle der Papst, wie es seinem Amt und Alter ziemt, im stillen wirken.

Das tat Alexander VI., ungeachtet der verbalen Scharmützel, durchaus. Die Hilfsmaßnahmen, die er in der Zwischenzeit europaweit organisierte, zeigten den hohen Stellenwert an, den der Türkenkrieg für ihn als frommen spanischen Christen besaß. Nur durfte er eben die Eroberung der Romagna nicht gefährden. Diese Priorität führte zu einem eigentümlich gespaltenen Vorgehen: so viel Geld wie irgend beschaffbar von außen, so wenig wie möglich von innen. Dieser Devise gemäß gestattete der Papst der Republik Venedig, dem heimischen Klerus Sondersteuern aufzuerlegen. Auch von den Kardinälen und anderen römischen Amtsträgern sowie karitativen Institutionen zog er eine Extraabgabe ein. Deren Ertrag läßt

Abb. 7 Tizian, Alexander VI. und Jacopo Pesaro vor dem heiligen Petrus (Antwerpen, Koninklijk Museum voor Schone Kunsten). Tizians berühmtes Gemälde mit den Kriegsgaleeren im Hintergrund verewigt den Kreuzzug gegen das Osmanische Reich und speziell die Rolle, die Jacopo Pesaro, Bischof von Paphos auf Zypern, dabei im Auftrag des Borgia-Papstes gespielt hat. Was wie ein frommes Stifterbild anmutet, ist zugleich ein politisches Manifest: Indem sich der venezianische Patrizier Pesaro von Alexander VI. dem heiligen Petrus, der als Begründer des Papsttums gilt, empfehlen läßt, zeigt er seine Ergebenheit gegenüber dem Haupt der Kirche an. Die Fahne mit dem Borgia-Wappen, die er in der Hand trägt, weist ihn darüber hinaus als treuen Gefolgsmann der Papstfamilie aus. Beide Positionen waren in der Markusrepublik und innerhalb der Familie Pesaro alles andere als unumstritten.

sich genau beziffern. Die Purpurträger zahlten zusammen 34 300 Dukaten, die übrigen Steuerpflichtigen weitere 11 076 Dukaten. Der Gesamtbetrag machte also gerade einmal ein gutes Drittel der Summe aus, welche die letzte Kardinalsernennung eingebracht hatte. Verglichen mit den Geldern, die unaufhörlich in Cesare Borgias Romagna-Feldzüge gepumpt wurden, war diese Summe äußerst gering. Auch im Verhältnis zu den Subsidien, welche die spanischen Majestäten zur Verfügung stellten, nahm sich der römische Beitrag bescheiden aus. Die Teilerfolge, welche die Flottenverbände der christlichen Mächte 1501 in griechischen Gewässern erzielten, sind denn auch darauf zurückzuführen, daß Venedig und Spanien – von den päpstlichen Legaten tatkräftig unterstützt – diesem Krieg in weitaus höherem Maße Menschen und Mittel zur Verfügung stellten.

Von den Vorhaltungen des venezianischen Botschafters gereizt, ließ Alexander VI. am 4. März 1501 die Maske der Dezenz fallen. Venedig verfolge hinter dem Vorwand des Kreuzzugs eigennützige Interessen. Die anderen sind nicht besser als ich, so wie ich machen es alle: Das wurde nachgerade zur Standardrechtfertigung dieses Pontifikats. Daß das Papsttum in Sachen Glaubensverteidigung weitaus rigoroseren Verpflichtungen unterlag als die weltlichen Monarchien, wollte es seinen moralischen Kredit nicht verlieren – diese Mahnung der kirchlichen Opposition verhallte ungehört. So spiegelte der am 22. März 1501 im Konsistorium eingebrachte Aufruf zum Kreuzzug die gespaltene Position des Papstes wie auch anderer Mächte adäquat wider. Eindringlich im Ton, fiel er doch im entscheidenden Punkt unverbindlich aus. Von einer unablösbaren Verpflichtung der christlichen Könige zum Glaubenskampf war nicht die Rede.

Statt dessen richtete sich alles Trachten und Handeln Alexanders VI. weiterhin auf die Romagna. Condotta und Schutz für Cesare, keine Intervention zugunsten der bedrohten Stadtherrn: das waren wie gehabt die beherrschenden Themen der päpstlichen Diplomatie. Dabei diente der Krieg gegen die Türken durchaus auch als nützlicher Vorwand. Die Markusrepublik – so ließ der Papst am 17. Januar 1501 durch seinen Nuntius ausrichten – möge Cesare Truppenunterstützung zukommen lassen, damit dieser endlich Faenza einnehmen und der Papst sich seinem Herzensanliegen, dem Kreuzzug, widmen könne. Alexander VI. solle endlich die wahren Prioritäten erkennen und die Anstrengungen für seine Familie hintanstellen, so die frostige Entgegnung des Dogen. Auch sie wurde von jetzt an zum Gemeinplatz. Die verbalen Fronten fuhren sich fest. Das galt auch für die Replik Alexanders VI. Wieso Familie? Der Krieg in der Romagna dient allein der Stärkung des Kirchenstaats!

Doch die Taten widersprachen den Worten. Während die Kriegsmaschinen Anfang 1501 schneebedeckt stillstanden, liefen die diplomatischen Manöver zugunsten der Familie heiß. Schließlich war Lucrezias Hand wieder frei. Ihr Vater und ihr Bruder sahen sich daher nach einem politisch attraktiven dritten Gatten für sie um. Die Tochter des Papstes selbst hatte von dieser Art der Bräutigamswerbung genug. Sie wolle – so tat sie kategorisch kund – den Herzog von Gravina nicht heiraten. Die Begründung ihrer Weigerung leuchtete ein. Ihre beiden ersten Ehen hätten kein gutes Ende genommen, sie stehe daher nicht zur Verfügung. Das zeugte von Charakter, doch Alexander VI. und Cesare beeindruckte ihre Haltung nicht. Sie hielten weiter nach einer geeigneten Partie Ausschau. Schon früh fiel der Name, auf den es schließlich hinaus lief: Alfonso d'Este, der älteste Sohn und potentielle Thronfolger des Herzogs von Ferrara und Modena! Die vornehmste Adelsfamilie Italiens fühlte sich durch diese Avancen nicht geschmeichelt. Im Gegenteil: Entsetzen machte sich am Hof von Ferrara breit, der zu den elegantesten Europas zählte. Wir und die Borgia? Schokkierend! Doch der regierende Herzog Ercole steckte in einer Zwickmühle. Er war schließlich Lehensmann der Kirche. Was das hieß, hatten die Manfredi gerade erfahren: Bist du nicht willig, so brauchen wir Gewalt. Gewiß, die Este waren mit vielen Dynastien Europas verschwägert. Doch das waren auch die Sforza. Genützt hatte es ihnen nichts. Und schließlich heiligte heutzutage der Zweck die Mittel.

Mit anderen Worten: der Zeitgeist sprach für diese Ehe. Dagegen sprach der Ruf der Borgia. Ihn nahm Herzog Ercole sehr ernst. War die künftige Stammutter der Este ein männermordendes, giftmischendes, hexendes Monstrum? Um so größer die Erleichterung, als die Unterhändler der Este im Frühjahr und Sommer 1501 mit ganz anderer Kunde zurückkehrten. Lucrezia sei eine schöne junge Frau von liebenswürdiger Wesensart, des Lateinischen in Wort und Schrift mächtig, in modernen Fremdsprachen und allen ehrenhaften höfischen Künsten bewandert. Der künftige Schwiegervater schmolz angesichts dieser Vorzüge regelrecht dahin. Und dennoch: diese Eheschließung, die unabänderlich wurde, weil nicht nur der Papst, sondern auch der König von Frankreich sie wollte, mußte man sich so teuer wie möglich bezahlen lassen. Was den D'Albret am Fuß der Pyrenäen billig war, war den Este allemal recht.

Nicht nur als Ehestifter, sondern auch in der großen Politik war Alexander VI. im ereignisreichen Winter 1500/01 gefordert. Das Königreich Neapel, Zankapfel der Großmächte und Augapfel der Borgia, stand vor der

Abwicklung. Da sich Spanien und Frankreich über ihre konkurrierenden Erbansprüche nicht einig werden konnten, fanden sie schließlich eine Kompromißlösung: Sie teilten das einst so stolze normannische Königreich auf. Die Krone und das neapolitanische Kernland – so die geheime Übereinkunft vom 11. November 1500 – fielen an Frankreich, Spanien erhielt die Provinzen Apulien und Kalabrien mit den dazugehörigen Herzogswürden. Was nach noblem Verzicht Ferdinands von Aragón aussah, war in Wahrheit ein kluger Schachzug. Während sich Frankreich mit der ewig unruhigen Einwohnerschaft der Riesenstadt Neapel auseinandersetzen mußte, gewann Spanien ausgedehnte Operations- bzw. Rückzugsgebiete im Süden. Diesem Abkommen erteilte Alexander VI. im Juni 1501 seinen Segen. An Begründungen für die Absetzung König Federicos, welche der Aufteilung logischerweise vorausgehen mußte, wurde nicht gespart. Er habe ruchloserweise um türkische Unterstützung gebuhlt und damit den Feinden der Christenheit Vorschub geleistet. Außerdem werde durch die Vergabe des Lehens an Frankreich und Spanien gemeinsam den aufsässigen römischen Baronalfamilien ihr Refugium und Rekrutierungsgebiet abgeschnitten.

Doch das war nicht der entscheidende Grund dafür, daß der Papst die aragonesische Dynastie endgültig fallenließ. Ausschlaggebend war stattdessen eine nüchterne Kalkulation. Alle Versuche der Borgia, die Nachfolger Ferrantes zu beerben, waren fehlgeschlagen. Angesichts dieser verfahrenen Situation bot der französisch-spanische Teilungsplan Vorteile. Für einen mit allen Wassern gewaschenen Machtpolitiker wie Alexander VI. mußte der Keim des Konflikts in diesem Abkommen von Anfang an erkennbar sein. Die europäischen Großmächte einträchtig in einem von beiden beanspruchten Königreich, mit so unklaren Abmachungen, so langen gemeinsamen Grenzen und so vielen Gelegenheiten zur Provokation? Das mochte glauben, wer wollte. Wieder einmal hegten die Borgia die Hoffnung, Zünglein an der Waage oder sogar lachender Dritter zu werden.

Das Herzogtum Romagna, mit dessen Titel sich Cesare nach der Kapitulation Faenzas schmückte, war ihnen jedenfalls nicht genug. Schon im Frühjahr 1501 richteten sich die Operationen des Nepoten gegen die Toskana. Florenz war von seinem Ruf so eingeschüchtert, daß es ihm für drei Jahre hohe Zahlungen zusicherte, nur um ungeschoren davonzukommen. Doch damit der Demütigung nicht genug. Die Republik mußte überdies versprechen, ihrem Schutzbefohlenen Jacopo d'Appiano, dem Herrn von Piombino, keine Unterstützung angedeihen zu lassen. Wieder einmal hatten die Borgia den Protégé einer Großmacht isoliert, um sich dessen Besitz anzueignen. In Cesares Auftrag eroberte Vitellozzo Vitelli das Fürstentum inklusive der Insel Elba im Handstreich. Und dann, auf dem Höhepunkt der Erfolge, erneut das Aus! Die Zustimmung des Papstes zur Teilung des Königreichs Neapel zeitigte Folgen. Cesare mußte mit den französischen Truppen nach Süden ziehen.

Dabei gab es dort nicht einmal mehr viel zu kämpfen. Das französische Heer rückte vor, ohne auf nennenswerten Widerstand zu treffen. Auf dem Weg nach Neapel zerstörte es unter tätiger Mithilfe Cesares die Burgen der Colonna. Das war aus päpstlicher Sicht immerhin ein positiver Nebeneffekt der ärgerlichen Unterbrechung. Schon Ende Juli 1501 war Capua vor den Toren Neapels eingenommen, wenige Tage später begab sich König Federico nach Ischia und unterwarf sich dort dem Willen des Siegers. Ludwig XII. gewährte ihm für diesen Verzicht ein französisches Herzogtum nebst einer respektablen Pension. Nach sechzig Jahren verschwand das Haus König Alfonsos lautlos aus der Geschichte Süditaliens und privatisierte fortan.

Orgien im Vatikan?

Ein «Privatleben» hatten Alexander VI. und sein Sohn schon deshalb nur sehr begrenzt, weil sie ihre Verrichtungen innerhalb der eigenen vier Wände zum einen konsequent ritualisierten und zum anderen zu Imagezwecken instrumentalisierten. Dementsprechend machten schnell die wildesten Gerüchte über ihre Sitten und Gebräuche die Runde. Auch sie jedoch basierten zumindest teilweise auf harten Fakten. Daß Alexander VI. im Karneval 1501 kräftig mitfeierte und an spärlich kostümierten Prozessionen besonderes Vergnügen fand, war man in Rom gewöhnt. Der Papst war nun einmal ein Augenmensch. Allerdings hatte die aktive Teilnahme am Festtrubel zur Folge, daß er sich erst am Nachmittag erhob – was seinen Terminkalender durcheinanderbrachte. Dieselbe Neigung, die Nacht zum Tag zu machen und umgekehrt, zeigte auch sein Sohn. Selbst im Feldlager der Romagna legte sich Cesare erst zwischen drei und fünf Uhr morgens zur Ruhe. Offenbar war er nach Mitternacht am wachsten. Doch war diese auffallende Aktivität in den unheimlichen Stunden der Finsternis ebenso wie das Tragen einer Maske und die blitzschnelle Fortbewegung auch eine Sache des Images. Cesare Borgia, von niemandem gesehen, sieht und trifft dich, wenn du dich am sichersten fühlst – dieser Ruf sollte Angst machen. Nicht nur die Römer, sondern auch die Diplomaten fragten sich immer öfter: Ist er bei Nacht und Nebel gekommen oder schon wieder fort – und was führt er gegen wen im Schilde? Diese Dämonisierung war ohne Frage von Alexander VI. beabsichtigt, ja sie entsprach der vorgesehenen Rollenverteilung. Als ein Mordfall in höchsten Kreisen die Gemüter erregte, ließ der Papst lakonisch verlauten: Mit Cesare in Rom wäre das nicht passiert. Am Ende simulierte er sogar Furcht vor dem eigenen Sohn. Wenn sich selbst der Heilige Vater bedroht fühlte, wer durfte sich dann in Sicherheit wähnen? Das waren Strategien der Abschreckung in höchster Vollendung.

Auch der Zeremonienmeister Burckard hatte immer mehr überraschende Begebenheiten zu berichten. Als er an Pfingsten 1501 verbieten wollte, daß bei feierlichen liturgischen Verrichtungen der Boden vor dem dahinschreitenden Papst geküßt wurde, war Alexander VI. damit absolut nicht einverstanden: Verehrung, wem Verehrung gebührt, so lautete offenbar sein Motto. Und die Verehrung gebührte der Familie Borgia insgesamt. Um diese kollektive Würdigkeit auch den Begriffsstutzigsten vor Augen zu führen, übertrug der Pontifex maximus während eines Ausflugs ins südliche Latium im Juli 1501 und wenige Wochen darauf nochmals die weltlichen Amtsgeschäfte Lucrezia. Sie möge unbesorgt seine Briefe öffnen und in Zweifelsfällen Rat beim Kardinal von Lissabon einholen, so die Anweisungen. Die einundzwanzigjährige Tochter des Pontifex maximus als Statthalterin im Vatikan, mit einem fünfundneunzigjährigen Kirchenfürsten an ihrer Seite: wahrlich ein seltsames Duo! Auch wenn sich Lucrezias Zuständigkeit nicht auf die geistlichen Obliegenheiten ausdehnte – das Papsttum wurde dennoch durch diesen spektakulären Akt als ein Familienunternehmen ausgewiesen. Für die oppositionellen Kardinäle war dieser Auftrag an die Tochter des Papstes eine bewußte Verhöhnung der Tradition. Was sagte die öffentliche Meinung, was Spanien dazu? Das alles interessierte Alexander VI. offensichtlich nicht mehr, souveräner konnte man seine Mißach-

Abb. 8 Hermann Kaulbach, Lucrezia Borgia tanzt vor ihrem Vater Alexander VI. (1882, Aufbewahrungsort unbekannt). In der Historienmalerei des 19. Jahrhunderts entzündete sich die Phantasie braver Bürger an der anstößigen Erotik der Borgia-Legende. Speziell der angebliche Inzest Alexanders VI. mit seiner Tochter wird – soweit es die Schicklichkeitsregeln eines hochmoralischen Zeitalters erlauben – wollüstig ausgestaltet. So tanzt Lucrezia Borgia – neue Salome und Femme fatale des Fin de siècle zugleich – dünn verschleiert vor ihrem Vater und dessen nicht minder lüsternem Hofstaat.

tung dessen, was die anderen dachten, nicht kundtun. Wenn auch dieser Tabubruch ungestraft blieb, dann erschien schlechthin alles möglich.

Nach diesem Grundsatz verhandelte Alexander VI. auch mit den Este über Lucrezias Heiratskontrakt. Um ihnen die Allianz mit den Borgia zu versüßen, setzte er kurzerhand den jährlichen Lehenszins für Ferrara von 4000 auf 100 Dukaten herab. Diese Morgengabe des Brautvaters war eine Provokation ohnegleichen. Im Interesse der Nepoten wurden die Rechte der Kirche gravierend verletzt. Eine solche Herrschaft war nach allen moralischen und juristischen Maßstäben der Zeit illegitim. Legal oder illegal, Alexander VI. war es völlig egal. Krasser konnte man die Verachtung von Normen kaum zur Schau tragen.

Hemmungen fielen auch im Alltag. Krude Tatbestände werden immer weniger verschleiert. Im Frühjahr 1501 trugen Agenten des Papstes aus den

Palästen des in Frankreich inhaftierten Ascanio Sforza fort, was nicht niet- und nagelfest war. Auch als einige Zeit zuvor ein Kardinal das Zeitliche segnete, hatte Alexander vorgesorgt. Er verweigerte erneut, den Gepflogenheiten seiner Vorgänger zuwider, dem Sterbenden das Privileg, seine Besitztümer per Testament seiner Familie vermachen zu dürfen – und eignete sich das Hab und Gut des Verblichenen postwendend selbst an. Schließlich galt es weiterhin, Cesares Feldzüge zu finanzieren. Der Zweck heiligte die Mittel. Hemmungen aber fielen auch auf der anderen Seite. Wenn das alles wahr war, welche Grenzen respektierten die Borgia dann überhaupt noch? Und so begann die öffentliche Phantasie auszuschweifen. Wer jetzt anklagte, durfte auf Gehör zählen, was immer er auch vorzubringen hatte. Die Öffentlichkeit glaubte jetzt schlechthin alles.

Die Stunde der «Enthüllungen» hatte somit geschlagen. Vorgelegt wurden sie dem wollüstig schaudernden Publikum in Form eines offenen Briefes. Dieser wiederum stimmte im Kern mit einer Notiz Burckards überein. Sie war und ist Sprengstoff in neun Zeilen, datiert auf den 31. Oktober 1501.[27]

> Am Abend speisten zusammen mit dem Herzog von Valence, und zwar in dessen Räumen im Vatikanischen Palast, fünfzig ehrenhafte Prostituierte, Kurtisanen genannt. Diese tanzten nach dem Bankett mit den Dienern und mit anderen, die zugegen waren, zuerst in ihren Kleidern, dann nackt. Und nach dem Essen wurden die gewöhnlichen Tischleuchter mit brennenden Kerzen auf den Boden gestellt; vor die Leuchter wurden dann Kastanien geworfen, welche die Kurtisanen auf allen Vieren nackt zwischen den Leuchtern umher kriechend auflasen. Dabei sahen ihnen der Papst, der Herzog und seine Schwester Lucrezia zu. Darauf wurden Ehrenpreise ausgelobt – und zwar Seidenstoffe, Stiefel, Mützen und anderes – für diejenigen, die am häufigsten mit den Kurtisanen fleischlich zu verkehren vermochten. Und so geschah es auch, und zwar öffentlich, worauf dem Urteil der Anwesenden gemäß die Geschenke an die verteilt wurden, die diesen Verkehr am häufigsten vollzogen hatten.

Der Schock, der von der Szene bis heute ausgeht, erklärt sich weniger aus dem beschriebenen Akt der Libertinage als aus der Art und Weise, wie er über den Leser hereinbricht. Dieser hat sich durch umständliche Schilderungen kirchlicher Feste hindurchgearbeitet, um daraufhin übergangslos auf Gruppensex im Vatikan zu stoßen. Der Eindruck der Unwirklichkeit verstärkt sich dadurch, daß der Zeremonienmeister danach seinen Bericht über liturgische Verrichtungen ohne ein Wort des Kommentars wiederaufnimmt. Durch diese lakonische Knappheit wird suggeriert, daß diese unerhörte Begebenheit zum Alltag, ja zur Normalität gehört: als eine regelmäßige Verrichtung, ja als eine Art Borgia-Liturgie.

Echt oder erfunden? Nachträglich interpoliert, d. h. von Fälscherhand in Burckards Hefte eingefügt, ist die Passage mit größter Wahrscheinlichkeit nicht. Weniger untersucht als die Überlieferungsgeschichte des Manuskripts ist die Frage nach der Herkunft dieser sensationellen Nachricht und nach ihrem Verhältnis zu anderen, gesicherten Fakten. Daß der elsässische Kleriker der von ihm beschriebenen Orgie nicht selbst beiwohnte, ist evident. Daß er gerne dabeigewesen wäre, ist keine böswillige Unterstellung, sondern ein Schluß, der sich in Anbetracht seines Interesses an «vermischten Meldungen» aufdrängt. Auffällig ist zudem die symbolische Dimension der Ausschweifung. Sie findet am Vorabend des Allerheiligenfests statt, das unversehens zum «Allerhurenfest» wird. Und auch die Zahl fünfzig sticht hervor. In genau dreimal so viele Ausschnitte sollte Alexander VI. vor geraumer Zeit Wein geschüttet haben. Unter einem halben Hundert machten es die Borgia offenbar nicht. Erzählt wird so von einer sorgsam inszenierten Profanierung.

Und hier setzt Skepsis ein. Die Heiligkeit der Familie bzw. ihre Verschmelzung mit der Kirche zu zelebrieren ist nicht dasselbe wie diese bewußte Entweihung. Sie aber ist nicht der Stil des Hauses. Alexander VI. setzte wie fast alle Menschen der Zeit große Hoffnungen auf die Fürsprache der Heiligen; ihr Fest rituell zu beflecken sieht ihm daher gar nicht ähnlich. Ganz abgesehen davon, daß weder er noch Cesare so töricht gewesen wären, einen solchen Unglauben öffentlich zu bezeugen und damit die Grundlagen ihrer eigenen Macht zu erschüttern. Denn darauf müßte es unweigerlich hinauslaufen. Fünfzig durch ihr Gewerbe optimal vernetzte Kurtisanen konnte man nicht zum Schweigen bringen. Und auch die stolzen Wettkämpfer des anderen Geschlechts würden von ihren Heldentaten zu reden haben. Zudem war das Markenzeichen Cesares, des angeblichen Fädenziehers, nicht die plumpe Zurschaustellung, sondern die wohldosierte Heimlichkeit.

So spricht alles für eine Erfindung. Dennoch waren in diesem wollüstig ausgemalten Tableau Virtualität und Realität miteinander vermischt, und zwar mit großer psychologischer Kunstfertigkeit. Wer mit Alexander VI. näheren Umgang pflegte, kannte seine unverhohlene Neigung, schönen jungen Frauen beim Kämmen und beim Tanzen zuzusehen. Der gesteigerte Voyeurismus der Kurtisanenszene war dann nur ein Schritt über eine weitere Grenze, d.h. er wurde den Borgia zugetraut. Nicht weniger vertraut war vielen Cesares Hang zur Erniedrigung anderer; auch dieser Sadismus fand im Akt des Kastaniensammelns seinen Niederschlag.

Doch auch wenn die Episode nach menschlichem Ermessen so nicht stattgefunden haben dürfte, ein Fälscher war Burckard deshalb noch lange nicht. Im Gegenteil, er glaubte zweifellos, daß es sich so und nicht anders abgespielt hatte. Daß die skandalträchtige Geschichte in Rom mit dem Gütesiegel der Authentizität zirkulierte, zeigt der Text, aus dem sich die schwarze Legende der Borgia jetzt und in der Folgezeit vorrangig nähren sollte. Am Jahresende 1501 notierte der Zeremonienmeister, daß das von ihm kopierte, an den römischen Adeligen Silvio Savelli gerichtete Schreiben vor kurzem aus Deutschland nach Rom geschickt und dem Papst, wie er erfahren habe, vorgelesen worden sei. Nach den Angaben des anonymen Verfassers wurde der Brief am 15. Novmber 1501 in Taranto verfaßt; Savelli, der Adressat, weilte zu diesem Zeitpunkt am Hof Maximilians von Habsburg. Wie die Beherrschung des klassischen Lateins belegt, besaß der Autor humanistische Bildung. Und wie der Text zeigt, hegte er einen unversöhnlichen Haß gegen alles, was Borgia hieß. Die Quintessenz seiner Darlegungen lautet dementsprechend:[28]

> Du irrst Dich, mein Lieber, ja Du täuschst Dich fatal, wenn Du glaubst, daß man mit dem monströsen Haupt dieses Natterngezüchts jemals Frieden suchen soll.

Wir oder sie: im Kampf gegen Alexander VI., die Ausgeburt der Hölle, war alles erlaubt. Der Zweck heiligte auch hier die Mittel. Der Empfänger solle daher die Epistel an den Römischen König und die Reichsfürsten weiterleiten – auf daß es diesen wie Schuppen von den Augen fallen und der Schrecken durch die Absetzung des falschen Stellvertreters Christi ein Ende nehmen möge. Der Papst als Feind Gottes und Verdreher des Glaubens: das waren apokalyptische Töne. Belegt werden sollte diese Anklage durch die simonistische Wahl, die Käuflichkeit aller kirchlichen Führungsämter, die Abpressung von überhöhten Gebühren, die Auflösung von

Recht und Ordnung durch Dispense, die wohlwollende Duldung von Vergewaltigung und Mord sowie die aus all dem erfolgende Ermutigung zu Irrlehren beziehungsweise Unglauben. Die Auflistung setzte also, wie im Falle der Borgia seit längerem üblich, bei harten Tatsachen an, bewegte sich danach in Grauzonen von Verdacht und Vermutung – und überschritt schließlich fast unbemerkt die Grenzen zur puren Imagination. Diese Argumentationskette war mit großem psychologischen Geschick geknüpft. Daß derjenige Ketzer förderte, welcher im Widerspruch zur eigenen Lehre lebte, leuchtete dem Publikum ein – auch wenn es dafür nicht den geringsten Beleg gab. Unversehens wurde so aus einem Papst, der Normen brach, das Ebenbild des Antichrist. Von enzyklopädischer Vollständigkeit war auch der Katalog der Verbrechen im einzelnen. Alle Verdächtigungen, die in Rom jemals umliefen, wurden als bewiesene Tatsachen referiert. Giovanni Borgia, Alfonso von Aragón, Peroto und die vielen anderen gewaltsam zu Tode Gekommenen legten das immer gleiche Zeugnis ab: Cesare Borgia ist unser Mörder! Und natürlich durfte auch der Inzest des Papstes mit seiner Tochter nicht fehlen.

Wirkungsvoll eingebettet in all diesen Horror wurde die Geschichte von den fünfzig Kurtisanen. Und als ob das nicht ausreichte, sollte eine weitere Episode die perverse Lust des Papstes beim Anblick sexueller Handlungen unterstreichen. Alexander VI. habe kurz nach der Orgie die Order gegeben, Hengste und Stuten vor dem Vatikanischen Palast zusammenzutreiben, und deren animalischen Paarungen voller Inbrunst beigewohnt. Genau dasselbe berichtete auch Burckard. Offenbar gab es eine Leitstelle, welche die Öffentlichkeit mit Neuigkeiten zum Thema «sex and crime» der Borgia versorgte. Daß diese «Nachrichtenagentur» von deren Feinden betrieben wurde, ist offensichtlich. Wenn Alexander VI. der Brief an Savelli, wie von Burckard vermerkt, vorgelesen wurde, dann schaute der Papst in einen Spiegel. Was in diesem Spiegelbild wahr und erdichtet war, wußte er allein. Doch erblickte er darin ein Bild, das sich immer mehr Zeitgenossen von ihm machten. Es war das abschreckende Bild eines Schänders. Profanierung aber verlangte nach sichtbarer Wiedereinsetzung des Heiligen; gebrochene Normen mußten ostentativ wieder in Kraft gesetzt, mit Füßen getretene Werte rituell aus dem Staub gehoben werden. Für die Zukunft der Borgia nach dem Tode des Papsters verhieß das nichts Gutes.

Durch die schlimmen Geschichten der anderen verunsichert oder vielmehr sensibilisiert, beobachtete der Zeremonienmeister seinen Dienstherrn jetzt auch während professioneller Verrichtungen genau. Und er entdeckte Abgründiges. Unerklärliche Vorkommnisse während der Ostersonntagmesse am 27. März 1502:[29]

> Beim Brechen der Hostie drückte der Papst vor meinen Augen, bevor er das Pax Domini anstimmte, eine Partikel mit dem Blut des Herren in den Kelch. Ich äußerte keinen Widerspruch, weil ohnehin nichts mehr zu machen war. Und als der Diakon und der Subdiakon mit dem Rest des Bluts des Herrn auf dem Altar kommunizierten, war auf dem Grunde des Kelchs von jenem Stück Hostie nichts mehr zu finden, welches der Papst gleichwohl durch die fistula nicht hatte aufnehmen können. Ich konnte mir daher nicht vorstellen, was damit geschehen sein mochte. Doch schwieg ich, damit kein Skandal daraus entstehen konnte.

Gleich zweimal brach Alexander VI. also während des Ritus die Regeln. Zum einen intonierte er das «Der Friede des Herrn» zu früh. Für Burckard war das ein eher läßliches Vergehen, dieser Papst war nun einmal notorisch ungeduldig. Zum Grübeln hingegen brachte ihn das Verschwinden des Hostienstücks. Was wollte der Pontifex maximus damit? Feierte er mit dem Leib des Herren geheime Mysterien, z. B. um sein Leben zu verlängern? Gerade weil wiederum keine Schlußfolgerungen gezogen werden, ist die Passage so wirkungsvoll – der Leser denkt sich um so mehr. Harmlose Erklärungen waren nicht mehr gefragt. Burckards ratlose Notiz der zweckentfremdeten Ostermesse ist als Zeugnis der Verwirrung in den Köpfen um so glaubwürdiger, als er zu den wenigen gehörte, die einen kühlen Kopf zu bewahren versuchten. Als am 20. Juli 1502 Giovanni Battista Ferrari, der Kardinal von Modena, ohne Testament und ohne Medizin zu sich zu nehmen das Zeitliche segnete, stimmte er in den allgemeinen Aufschrei «Gift!» nicht mit ein, sondern betrachtete besonnen die Krankheitssymptome. Danach kam er zum einzig angemessenen Schluß: ein schwerer Fieberanfall. Bei seiner Diagnose ließ er sich auch nicht davon beirren, daß der Papst die zeitlichen Güter des Verblichenen umgehend einzog, d. h. er unterschied zwischen den Ursachen und den Folgen des Todesfalls. Von diesem profitierten die Borgia nicht allein; Ferraris Erzbistum Capua ging schon einen Tag später an den Kardinal Este über.

Fürstenhochzeit und Menschenjagd

So viel Großzügigkeit kam nicht von ungefähr. Seit im Sommer 1501 die Verhandlungen über die Heirat Lucrezias mit Alfonso d'Este voranschritten, regneten Wohltaten aller Art auf die Familie des Herzogs von Ferrara nieder. Um dieselbe Zeit hagelte es Geschosse auf die Festungen der Barone. Nicht nur im Grenzgebiet zu Neapel, sondern in fast allen Teilen Latiums wurden jetzt die Burgen der Colonna und ihrer Verbündeten, der Savelli, gebrochen. Widerstand war aussichtslos, Gefügigkeit brachte keine Vorteile. Trotz freiwilliger Auslieferung einiger Kastelle wurden beide Clans am 20. August 1501 feierlich exkommuniziert. Den Löwenanteil der Beute verleibten die Borgia ihrem Territorium ein, der Rest fiel an die Orsini. Bei allem Triumph über die Niederlage ihrer Rivalen konnten sie sich ausrechnen, daß demnächst auch sie an der Reihe sein würden.

Alexander VI. aber plante unablässig für die irdische Herrlichkeit seiner Familie. Die nächste Umschichtung des gewaltig angewachsenen Borgia-Besitzes wurde fällig, als der Ehekontrakt mit den Este unter Dach und Fach war. Am 17. September 1501 wurden Lucrezias Lehen Nepi und Sermoneta zu Herzogtümern erhoben und – um die den Colonna und Savelli entrissenen Orte (darunter so bedeutende Kastelle wie Nettuno, Nemi und Albano) erweitert – zwei minderjährigen Knaben verliehen. Das ducato di Sermoneta, das jetzt nicht weniger als achtundzwanzig Einzelherrschaften umfaßte, erhielt Lucrezias Söhnchen Rodrigo, das sein Onkel zum Halbwaisen gemacht hatte. Stolzer Herzog von Nepi und damit Herr über drei Dutzend befestigte Orte – darunter Perlen wie Palestrina, Olevano und Frascati – hingegen wurde der jüngste der Borgia-Sippe namens Giovanni (Juan). Über seinen Erzeuger liegen, wie üblich, zwei sich widersprechende Urkunden vor. In einem dieser Diplome wird Cesare Borgia, im anderen Alexander VI. selbst als Vater des ungefähr im dritten Lebensjahr stehenden Knaben genannt. Daß Cesare, Lucrezia und Jofré ein Halbbrüderchen bekommen hatten, steht jedoch außer Frage. An der Kurie war diese Vaterschaft, wie Sigismondo dei Contis unaufgeregte Zuschreibung belegt, kein Geheimnis. Fruchtbarkeit war schließlich ein Markenzeichen des Papstes, der den Stier im Wappen führte. Die Mutter des kleinen Borgia-Prinzen hingegen bleibt im dunkeln.

Am Jahresende 1501 stand Rom ganz im Zeichen von Lucrezias Hochzeit. Der Preis, den Alexander dafür bezahlte, war atemberaubend hoch. Über die skandalöse Reduzierung des Lehenszinses hinaus erhielt der Herzog von Ferrara aus dem Besitz der Kirche die Ortschaften Pieve und Cento zur Abrundung seines Territoriums. Durch diese Übertragung wurde das Herrschaftsgebiet der Päpste beschnitten. Der Nepotismus der Borgia minderte die Rechte der Kirche. Das war nicht nur für die Kardinalsopposition ein zum Himmel schreiender Akt. Über solche staatrechtlichen Normen setzte sich Alexander VI. inzwischen ohne Bedenken hinweg. Doch mit diesen Gebietsverleihungen war Lucrezias Mitgift noch längst nicht erschöpft. Als eigentliche Brautausstattung ließ Herzog Ercole 200 000 Dukaten notariell festschreiben. Die Borgia wurden also wahrhaft geschröpft. Kein Wunder, daß die Agenten Alexanders VI. während dieses herkulischen Ringens die Contenance verloren und dem stolzen Aristokraten ins Gesicht sagten, daß er sich wie ein Kaufmann betrage. Ein durchaus treffender Vergleich, ließen sich die Este doch das Ranggefälle zwischen ihnen und der Familie aus Játiva wie eine Ware bezahlen. In den 200 000 Dukaten waren im übrigen die Hochzeitsgeschenke für die Braut noch nicht einmal inbegriffen; auch das wurde urkundlich fixiert. Minutiös war auch die Regelung der Zahlungsmodalitäten: 100 000 Dukaten in Valuta, der Rest in Juwelen, kostbaren Stoffen etc. Genauso hielt es Alexander VI. bei seinen Kardinalsernennungen. Rechnete man die vielen Benefizien dazu, die an den Kardinal Ippolito und an andere Kleriker der Familie gingen, und legte man den Wert von Cento und Pieve, wie offiziell veranschlagt, mit nochmals 100 000 Dukaten zugrunde, dann durfte sich der Herzog von Ferrrara brüsten, weit über eine Drittelmillion Dukaten aus dieser Ehe herausgeschlagen zu haben.

Die Berichterstatter staunten über diese Mitgift. Angesichts der jetzt anhebenden Feste aber rangen sie um Worte. Allein schon das Dekor war berauschend. Nie zuvor hatten die Luxusschneider am Tiber so viel Gold in edle Stoffe eingenäht. Ihren Höhepunkt erreichten die Feierlichkeiten jedoch erst, nachdem das von Kardinal Ippolito d'Este angeführte und von fünf weiteren Mitgliedern der Herzogsfamilie vervollständigte Brautgeleit

Abb. 9 Pintoricchio, Disputation der heiligen Katharina von Alexandria (1493/94, Sala dei Santi, Appartamento Borgia, Vatikan). Nach einer ebenso unbewiesenen wie zählebigen Tradition soll Pintoricchios Fresko der heiligen Katharina von Alexandria, die dem Kaiser Maximian und fünfzig heidnischen Gelehrten die ewigen Wahrheiten des Christentums verkündigt, Lucrezia, die Tochter des Papstes, im Alter von etwa 13 oder 14 Jahren verewigen. So begründet die Zweifel an dieser «Identifizierung» auch sind, ein Merkmal hat die junge Gottesgelehrte doch mit der Nepotin gemeinsam: das weit auf den Rücken fallende blonde Haar (vgl. Abb. 10).

am 23. Dezember 1501 in Rom eingetroffen war. Dieser Einzug war ein Schauspiel, wie es selbst die verwöhnten Römer kaum je zu Gesicht bekommen hatten. Von der Milvischen Brücke zog die vornehme Gesellschaft zur Porta del Popolo, wo der Senator von Rom zusammen mit 2000 Bewaffneten als erstes von mehreren Begrüßungskomitees fungierte. Als prächtig kostümierte Komparsen sollten sie die weltbeherrschende Größe der Ewigen Stadt im Altertum und deren glanzvolle Rückgewinnung unter Alexander VI. dokumentieren; soviel Tribut schuldete man der Geschichte. Dann aber kam die Gegenwart zum Zuge. Wer die Macht am Tiber hatte, zeigte der nächste Ritus: die feierliche Einholung der Gesandtschaft durch Cesare Borgia. Er schickte sechs Pagen und hundert römische Adelige voraus, denen zweihundert Schweizer Söldner mit schweren Waffen folgten. Erst nach dieser Kundgebung der Macht sprengte der Sohn des Papstes selbst zur Begrüßung seiner Gäste heran, und zwar Seite an Seite mit dem französischen Botschafter. Dessen herausgehobene Anwesenheit hatte gleichfalls eine klar umrissene Botschaft: Die Borgia stehen unter dem Schutz Ludwigs XII. Mit soviel Militärpotenz konnten die Este nie und nimmer konkurrieren. Die adelsstolze Sippe aus der Poebene sollte daher froh und dankbar dafür sein, sich mit der Familie Alexanders VI. verschwägern zu dürfen. Die Este zeigten sich denn auch, wie ihre Briefe belegen, von diesen martialischen Demonstrationen gebührend beeindruckt.

Erst nach dem Bruder der Braut kamen die Kardinäle. Dabei präsentierte sich jeder der neunzehn Purpurträger durch seine Kavalkade von 200 kostbar gewandeten Berittenen als ein Fürst der Kirche. Mit von der Partie waren die Kardinäle Carafa und Todeschini Piccolomini. Auch wenn sie diese Heirat und vor allem den Preis, den die Kirche dafür zu zahlen hatte, zutiefst mißbilligten, konnten sie sich der Aufforderung mitzutun schwer entziehen. Wenn man das offene Schisma vermied, wurde man schnell vereinnahmt. Nichts veranschaulicht das Dilemma der Opposition nachdrücklicher als ihre Rolle als Staffage der Nepoten. Am Ende des feierlichen Einzugs erwartete Alexander VI. seine Gäste in den Gemächern des Vatikans. Dort hatte auch die Braut ihren ersten, vielbeachteten Auftritt. Was trug sie und wie betrug sie sich? Ihre Gewandung entsprach dem, was sich die Borgia unter exklusiver Bescheidenheit vorstellten: ein schlicht gehaltenes Kleid, dessen Wert nur in der reichlich schimmernden Golddurchwirkung aufblitzte, und darüber ein Überwurf, der an der Spitze aus teurem Zobelpelz bestand. Wir begnügen uns mit wenig, um euch nicht zu beschämen, doch wenn wir wollten, könnten wir ganz anders auftreten, denn wir haben es schließlich – so in etwa dürfte die Botschaft dieser Kostümierung an die Adresse der Este gelautet haben. Diese Zurückhaltung wurde nur an Lucrezias Hals durchbrochen. Dort prangte matt glänzend eine Perlenkette, so schwer und so teuer, wie sie die exklusivsten Juweliere der Christenheit nur irgend zu liefern vermochten. Hier waren die Anweisungen Alexanders VI. unumstößlich: für den zarten Nacken seiner Tochter nur das Edelste! Deren Auftreten selbst war von vornehmster Zurückhaltung.

Was die Este, die echten Aristokraten, von der Mimikry der Parvenüs hielten, ist nicht bezeugt. Zu perfekt einstudiert war ihr Verhalten, um einen Reflex authentischer Wahrnehmung aufscheinen zu lassen. Ungeheuchelt allerdings war erneut die Erleichterung über das Wesen der Braut. Der Apfel fiel offenbar doch weit vom Stamm. Lucrezia, so das Fazit, hatte nichts von ihrem Vater und ähnelte glücklicherweise auch ihrem älteren Bruder nicht im geringsten. Doch in Rom hatten die Este sich den römischen Gepflogenheiten anzupassen; das bedeutete konkret: ebenfalls mit Kostbarkeiten zu prunken. Und so überreichte Kardinal Ippolito d'Este

Abb. 10 Medaille Lucrezias Borgias anläßlich ihrer Hochzeit mit Alfonso d'Este, 1502 (Bologna, Museo civico archeologico). Auch von Lucrezia Borgia gibt es keine gesicherten Bildnisse, die zu ihren Lebzeiten angefertigt worden sind, aber immerhin Medaillen, die ihre Züge faßbar machen.

nach der feierlichen Trauung, die er – wie bei Fürstenhochzeiten üblich – in Stellvertretung des Bräutigams vollzog, der Braut Juwelen im Wert von 70 000 Dukaten. Dafür konnte man eine stattliche Lehensherrschaft erwerben oder – als Umrechnungseinheit passender – Cesares Söldner in der Romagna gut zwei Monate lang bezahlen. Vor der Aushändigung des Brautgeschenks hatte der Kardinal nochmals Vorsicht walten lassen; die Übergabe wurde notariell beglaubigt – als ob die Borgia mit dem Geschmeide durchbrennen könnten. Die Este waren und blieben mißtrauisch.

Mit der ersten Heiratszeremonie – die zweite mit dem Bräutigam war für Ferrara vorgesehen – traten die Lustbarkeiten in die heiße Phase ein. Um Lucrezias Hochzeit zu einem Volksfest zu machen, hatte der Papst den Karneval auf die ersten Januartage vorverlegt – der Nepotismus bestimmte jetzt sogar den Festkalender! Turbulent und gewalttätig war das Karnevalstreiben am Tiber ohnehin schon; jetzt aber wurde der Trubel durch sorgfältig inszenierte Darbietungen zu einem kollektiven Rauschzustand gesteigert. So ließ Cesare Borgia auf dem Platz vor der Peterskirche Adelige Zweikämpfe austragen, und zwar nicht als reines Schaugepränge, sondern mit scharfen Schwertern; dabei floß das Blut, das zu seinem Markenzeichen geworden war, reichlich. Ansonsten tanzte ganz Rom, auf den Straßen und im Vatikan. Auch Cesare tanzte mit, auf seine Weise: im Ballett der Morisken, doch selbst im Augenblick der größten Ausgelassenheit mit Maske. Bei diesen Vorführungen kam auch Alexander VI. auf seine Kosten. Die hübschesten Hoffräulein reichten sich die Hand zum anmutigen Ringelreihen. Selbst Cesare und Lucrezia, die Geschwister, mußten eine Ehrenrunde drehen. Bei all diesem Augenschmaus war der Papst von geradezu kindlicher Heiterkeit. Bedauerlich nur – so klagten die Intellektuellen hinter vorgehaltener Hand –, daß er so wenig Sinn für antike Komödien hatte. Hier wie bei langatmigen Festreden machte sich seine Ungeduld unangenehm bemerkbar: kürzer fassen, notfalls abbrechen lautete sein Befehl. Die kurialen Humanisten waren enttäuscht. Dabei verlockten die Namen der lebenden Protagonisten zu so schönen Wortspielen: Alexander, Caesar, Herkules – schade um all die zierlich gedrechselten Ruhmesverse!

Wir können galant sein, wenn wir wollen, doch wir können auch anders. Cesare Borgia konnte es nicht lassen, dieses drohende Memento immer wieder zu zelebrieren. Zu diesem Zweck tötete er am 2. Januar 1502 reihenweise Stiere. Nach dem blutigen Spektakel reiste die Gesandtschaft der Este nebst Braut zurück in die Poebene. Dort wurde nicht nur die Ehe endlich vollzogen, sondern auch zum zweiten Mal gefeiert. Nach den ebenso prunkvollen wie plumpen Schauspielen der Parvenüs wollten die Este zeigen, was echte aristokratische Festkultur war. Das fiel ihnen nicht schwer, schließlich war Herzog Ercole der größte lebende Mäzen für Musik und Theater. So wurde dem feinsinnigen Publikum von Ferrara nicht das Tschingderassabum der angemieteten römischen Trommler und Tubabläser, sondern raffinierte Polyphonie geboten. Und auch die szenischen Aufführungen, von Balletteinlagen anmutig unterbrochen, waren von subtiler Entrücktheit. Damit, wer wollte, vergleichen konnte, wurde sinnigerweise dasselbe Plautusstück wie im Vatikan aufgeführt. Die Este hatten ihre Revanche. Und die wirklich vornehme Welt klatschte ihnen begeistert Beifall.

Doch einigen, die da applaudierten, sollte die Festlaune schnell vergehen. Vom Elysium des schönen Scheins in die Hölle von Staub und Todesangst gestürzt wurde eine der erlauchtesten der anwesenden Damen, die Herzogin von Urbino, geborene Elisabetta Gonzaga aus der Familie der Markgrafen von Mantua. Der Weg ins Elend war kurz. Schon im Juni 1502 flohen Elisabetta und ihr Gemahl, der durch seine Gichtbrüchigkeit bewegungsunfähige Herzog Guidobaldo da Montefeltro, um ihr Leben.

In der Zwischenzeit nämlich war Cesare Borgia wieder in Aktion getreten. In Neapel hielt ihn schon lange nichts mehr. Wie von Alexander VI. vorausgesehen, hatte das herzliche Einvernehmen der Großmächte im Süden keinen langen Bestand gehabt. In den damit anhebenden Kämpfen trafen die hochgemuten französischen Offiziere auf einen Gegner, den sie am Ende gegen ihren Willen bewundern mußten: Gonzalo Fernandez de Cordoba, genannt der Große Kapitän. In ihm suchte und fand das Zeitalter seinen Helden: tapfer im Gefecht, klug im Rat, edelmütig gegen Feinde, selbstlos, anspruchslos, furchtlos, seinen Soldaten ein unerreichtes Vorbild. Und dazu ein Stratege großen Stils, der mit seinen nächtlichen Attacken auf das feindliche Lager und durch die Ausnutzung von Geländevorteilen alte Regeln brach und neue schrieb. Seine Feldherrnkunst drängte die zahlenmäßig überlegenen Franzosen im Laufe des Jahres 1502 zunehmend in die Defensive – und stimmte die Borgia nachdenklich. War es nicht an der Zeit, sich an die Seite des unbesiegbaren Kapitäns und damit Spaniens zu stellen?

Solche Ideen waren im Februar 1502 noch nicht sehr weit gediehen, als der Papst und Cesare nach Norden aufbrachen, um die jüngsten Eroberungen zu besichtigen und formell in Besitz zu nehmen. Piombino hatte Alexander VI. gleich nach der Vertreibung Jacopo d'Appianos zur Stadt und zum Bischofssitz erheben lassen. Und auch sonst lag das Fürstentum Vater und Sohn auffällig am Herzen. Zu seiner Verteidigung war ein Festungsbau in Auftrag gegeben worden, von dessen Fortschritten sich die Besucher überzeugen wollten. Diese nach dem neuesten Stand der Fortifikationstechnik errichtete Anlage ragte wie ein Dorn ins Fleisch der Florentiner hinein. Das dortige Regime sollte sich nicht zu sicher fühlen.

Fast wäre die harmlose Inspektionsfahrt die letzte Reise der Borgia geworden. Die kurze Schiffspassage von Elba zurück zum Festland nämlich wurde stürmisch. Für die zeichengläubigen Matrosen war der Fall klar: Das Unwetter kam aus den Schlünden der Hölle. Alexander VI. aber, sturmerprobt, bewahrte die Ruhe. Am 11. März war er, um eine weitere wundersame Rettung reicher, wieder in Rom. Dort ruhte er sich von den überstandenen Strapazen erst einmal aus. In den nächsten knapp drei Monaten herrschte diplomatische Funkstille. Selbst der venezianische Botschafter hatte in diesem Frühjahr kaum etwas von Belang zu berichten. Diese Ruhe war vielen nicht geheuer. In Siena, Pisa und Florenz ging die Angst um. In Urbino aber, wo sie angebracht gewesen wäre, herrschte Sorglosigkeit. Am 9. Juni 1502 tat Alexander VI. seine Absicht kund, demnächst mit sämtlichen Kardinälen Ferrara zu besuchen. Doch das war ein Täuschungsmanöver. Nur vier Tage später nämlich brach Cesare an der Spitze einer starken Armee nach Spoleto auf. Von dort überfiel er blitzartig das im Gebirge gelegene Herzogtum der Montefeltro. Auch für die Einnahme der Stadt Urbino war alles bestens vorbereitet.

Denn innerhalb der Mauern waren Verräter am Werke. Selbst für Sanudo, den Zeugen so vieler Winkelzüge, war das eine häßliche Geschichte. Kurz vor der Überrumpelung – so sein Bericht – hatte Guidobaldo da Montefeltro Cesare Borgia nämlich seine Artillerie ausgeliehen. Vermittelt wurde dieses Kanonen-Leasing von einem Urbinaten, der seinem Herzog Ergebenheit heuchelte, doch im Sold des Nepoten stand. Um dieselbe Zeit ließ es sich Guidobaldo, ganz der aristokratische Gastgeber, nicht nehmen, Lucrezia Borgia auf dem Weg in ihre neue Heimat in seiner noblen Residenz auf das fürstlichste zu bewirten. Bald darauf trat Cesare Borgia nochmals als Bittsteller an ihn heran; nach den Geschützen borgte er sich, und zwar wiederum über denselben unehrlichen Makler, auch noch die Soldaten des Herzogs aus. Um eine schmeichelhafte Begründung war er nicht verlegen: Ein Guidobaldo da Montefeltro brauchte zu seinem Schutz doch keine Armee, schließlich standen seine Untertanen wie ein Mann hinter ihm. Und treuherzig – um nicht zu sagen: naiv – gab der Herzog erst seine Truppen und dann auch noch die nach Urbino führenden Pässe in die Hand des Nepoten. Soweit der Vers, den sich die Venezianer auf die Ereignisse zu machen versuchten. Ob List und Verstellung Cesare Borgias wirklich solche Wunder bewirkten oder Guidobaldo schlicht vor der Übermacht des Nepoten resignierte – auf jeden Fall standen die Feinde kurz darauf vor den Mauern Urbinos. Selbst die Stadttore wurden ihnen von innen geöffnet. Im Tumult der Plünderung konnte sich der schwerkranke Herzog unbemerkt durch eine Hintertür des Palastes hinaustragen lassen. Von dort ging die Flucht weiter zur Festung S. Leo, die Verfolger waren dem kleinen Troß dicht auf den Fersen.

In S. Leo verschloß der Kastellan vor seinem angestammten Herrn die Tore. Also weiter nach Ravenna, das zwar formell der Kirche gehörte, doch de facto zum venezianischen Einflußbereich zählte! Auch dort trauten sich die städtischen Amtsträger nicht, den Schutzflehenden ohne weiteres aufzunehmen. Als gute Funktionäre waren sie bestrebt, sich durch ein Urteil höheren Ortes abzusichern. So ritt ein Bote unverzüglich nach Venedig. Dort

Abb. 11 Kardinal Ludovico Borgia mit drei Zeitgenossen (unbekannter Künstler, Rom, Privatsammlung). Daß die vier hier dargestellten berühmten oder vielmehr berüchtigten Persönlichkeiten zu Lebzeiten jemals zusammenkamen, darf bezweifelt werden. Außer Frage steht jedoch, daß ihre Geschicke vielfältig miteinander verflochten waren. Zur Rechten erhebt Niccolò Machiavelli dozierend den Zeigefinger, wie es dem Meister der historischen Erfolgsregeln wohl ansteht. Sein Zuhörer ist niemand anders als Cesare Borgia, der während dieser Lektion in ein Buch mit Landkarten Italiens blickt – für den kriegerischen Herrn der Romagna und Möchtegern-Eroberer vieler weiterer Staaten auf der Halbinsel gleichfalls die passende Haltung. Ganz links flüstert Don Micheletto Corella, Cesares «Sekretär» und Mann fürs Grobe (u. a. erwürgte er im Auftrag seines Herren Lucrezias Ehemann Alfonso d'Aragón), dem jungen Kardinal Ludovico Borgia geheime Ratschläge ins Ohr. Das merkwürdige Gemälde, das nach dem Tod Alexanders VI. entstanden ist, zeigt den Sohn des Papstes, von dem es keine gesicherten Porträts gibt, aber auch Machiavelli mit Zügen, die stark von den gemeinhin für «typisch» gehaltenen Formen abweichen.

fielen der Doge und seine Räte aus allen Wolken. War es so weit gekommen, daß ein hochrespektierter Fürst aus einer der angesehensten Familien Italiens, die den Schutz der Serenissima genoß und dieser treuergebene Feldherrn gestellt hatte, von einem Papstnepoten gehetzt wurde wie ein Stück Wild – und alle schauten tatenlos zu? Man glaubt die Erleichterung der regierenden Patrizier zu spüren: Endlich hatte man Gelegenheit, etwas gegen das schlechte Gewissen tun. Und endlich konnte man dem unheimlichen Nachbarn im Süden Einhalt gebieten! Durch diese Protektion in letzter Minute gerettet, ließ sich der völlig erschöpfte Guidobaldo später nach Pitigliano im Gebiet von Siena und damit in eine Schutzzone bringen, wo ihn Cesares langer Arm nicht mehr erreichen konnte. Dort zahlte ihm die Markusrepublik eine Pension, die gerade für das Nötigste ausreichte. Allen Bekundungen der Empörung zum Trotz wollte man es mit Alexander VI. nicht völlig verderben; durch die Gewährung des Asyls war das Klima innerhalb der Liga ohnehin schon empfindlich gestört. Von jetzt an sollte der Papst nicht müde werden, in seinen Gesprächen mit dem venezianischen Botschafter den Verrat des Alliierten anzuprangern und die Auslieferung Guidobaldos zu fordern. Doch da die Ehre der Republik auf dem Spiel stand, durfte sich der vertriebene Herzog einstweilen sicher fühlen.

Den verräterischen Makler, der Guidobaldo zur Abgabe der Waffen und Soldaten verleitet hatte, ließ Cesare wenige Tage nach der Einnahme Urbinos enthaupten. Die Anklage: er habe seinen ehemaligen Herrn den Abmachungen zuwider entweichen lassen. Verräter mit Herz hatten keine Überlebenschance. Das galt auch für die schönen Dinge, mit denen die Montefeltro ihren Palast zu einem Eldorado des guten Geschmacks gemacht hatten. Auf Cesares Befehl wurden sie samt und sonders inventarisiert und auf ihren Wert geschätzt: 150 000 Dukaten! Daraufhin wurde ein Großteil der kostbaren Einrichtung nach Rom transportiert und dort verkauft. Die nächsten Feldzüge mußten finanziert werden. Denn der Sohn des Papstes hatte beschlossen, die Gunst der Stunde zu nutzen: eine sieggewohnte Armee und keine lästige Unterbrechung in Sicht! Und ein weiterer spektakulärer Coup gelang. Am 22. Juli 1502 notierte Sanudo:[30]

> Soeben ist zu erfahren, daß der Herzog von Valence am 19. dieses Monats Camerino eingenommen hat, und zwar durch Verrat. Dabei nahm er den Stadtherren Julio (= Giulio Cesare da Varano) gefangen, der einstmals Generalkommandant unserer Armee (...) gewesen war, dann aber in Ungnade fiel. Cesare ließ ihn nach Rom schaffen, wo er bald danach sterben sollte; sein Erstgeborener aber konnte fliehen.

Dieser, Giovanni Maria da Varano, überlebte als einziger. Den Vater und drei weitere Söhne ließ Cesare hinrichten. Die auf diese Weise gewonnene

Beute verlieh der triumphierende Papst am 2. September Giovanni, dem jüngsten seiner Söhne, der sich jetzt Herzog von Nepi und Camerino nennen durfte. Aufgrund dieser Erfolge fühlte sich Cesare stark genug, noch verlockendere Ziele ins Auge zu fassen. Der geostrategischen Logik nach mußte Bologna das nächste Objekt der Expansion werden. Und in der Tat notierte der venezianische Botschafter Anfang Oktober einigermaßen konsterniert: Der Papst sei so versessen auf Bologna, daß er notfalls seine Mitra verkaufen wolle, um die Stadt zu besitzen. Das bedeutet im Klartext: um sie der Herrschaft Cesares zu unterwerfen. Denn de jure gehörte die Stadt mit der ältesten Universität Italiens bereits zum Kirchenstaat. De facto aber übte dort immer noch Giovanni Bentivoglio die Macht aus. Er mußte gestürzt werden, damit die Borgia herrschen konnten.

So schrieb der Papst der Kommune Bologna einen salbungsvollen Brief. Er geruhe, ihnen in seiner väterlichen Güte endlich zu einer guten Regierung zu verhelfen. Giovanni Bentivoglio aber möge nach Rom kommen, um sich zu verantworten. Natürlich hütete sich dieser, die befohlene Romfahrt anzutreten; allzu viele Reisende dieser Art endeten im Tiber. So schrieben die Ältesten von Bologna in seinem Auftrag zurück: Besten Dank für das großzügige Anerbieten, doch eine gute Regierung haben wir schon. Diese selbstbewußten Töne kamen nicht von ungefähr. Die Bentivoglio standen unter dem Schutz König Ludwigs XII. von Frankreich. Allerdings mußte sich zeigen, wieviel diese Protektion wert war. Florenz jedenfalls hatte in dieser Hinsicht nichts Gutes zu berichten. Obwohl die Republik ein besonders enges Verhältnis zur französischen Monarchie geltend machen konnte, hatte das die Soldaten Cesare Borgias nicht davon abgehalten, die Stadt Arezzo, die zu ihrem Territorium gehörte, anzugreifen und kurzfristig einzunehmen.

Tödliche Versöhnung

Doch damit hatte der Sohn des Papstes den Bogen überspannt. Ludwig XII. war in seiner Ehre gekränkt. Die Dreistigkeit des Nepoten untergrub seine Autorität in Italien. Dieser Verbündete hielt sich nicht an Regeln. Und er verfolgte Eigeninteressen, die den Plänen des Monarchen zuwiderliefen. All das nährte die Furcht vor Verrat. Wer andere so virtuos zum Abfall von ihren natürlichen Herren zu bewegen vermochte, würde wohl kaum zögern, im günstigen Moment selbst die Seiten zu wechseln.

Um seinen Unternehmungen in Italien näher zu sein, hatte sich Ludwig XII. im Sommer 1502 in die Lombardei begeben. Dort kamen daraufhin Cesares Feinde zusammen, um den König auf ihre Seite zu ziehen. Und das waren nicht wenige. Im Falle der Borgia waren Feinde und Freunde schwerer denn je zu unterscheiden; wer jetzt Freund war, war vorher Feind gewesen – und umgekehrt. So waren die Orsini jetzt nominell mit Alexander VI. verbündet. Warum aber zog es dann den Kardinal Giovanni Battista am 12. Juli urplötzlich nach Norden? Der Papst und sein Sohn erkannten den Ernst der Lage. Und Cesare hatte ein probates Rezept. Am 6. August klopfte der Herzog der Romagna zu vorgerückter Stunde an die Tore des Sforza-Kastells, staubbedeckt und schweißgebadet nach tage- und nächtelangem Parforceritt mit nur zwölf Getreuen. Für große Gesten dieser Art, so wußte er, war der König stets zu haben. Und er behielt recht. Dennoch geriet der Sohn des Papstes unvermutet in Lebensgefahr. Der Vorschlag, seine Tochter mit einem Gonzaga-Prinzen zu verheiraten, wurde schroff zurückgewiesen. Im anschließenden Wortwechsel mit dem Markgrafen von Mantua sprach dieser das ominöse Wort «Bastard» aus. Ludwig XII. konnte ein Duell auf Leben und Tod mit knapper Not verhindern. Aus der Sicht der Borgia hätte eine solche Ehe strategischen Sinn gemacht. Die Nepoten wären dann mit den zwei angesehensten und einflußreichsten Dyanstien Oberitaliens verbündet gewesen: eine weitere Rückversicherung für die Stunde Null nach dem Ende des Pontifikats. Daß Isabella d'Este ihren Gatten jetzt vor Cesares Gift warnte, spiegelt die allgemeine Erregung dieser Wochen wider; und auch ihre Enttäuschung darüber, daß der Dolch des Hofnarren sein Ziel verfehlte, ist vor diesem Hintergrund nur allzu nachvollziehbar.

Cesares Unterredungen mit dem König waren ein voller Erfolg. Der Herzog der Romagna schob die Verantwortung für die Einnahme Arezzos auf seinen Unterfeldherrn Vitellozzo Vitelli, der sich solcher Eigenmächtigkeiten nicht zum ersten Male schuldig gemacht habe – und der König heuchelte Glauben. Wie Sigismondo dei Conti süffisant notiert, wußte er es längst besser. Vitellozzo selbst hatte ihm die eigenhändigen Briefe Cesares gezeigt, in denen dieser die Attacke befahl. Doch Ludwig XII. brauchte die Unterstützung des Papstes um so dringender, je ungünstiger sich der Krieg in Süditalien für ihn entwickelte. So wurde man sich trotz aller Verdächtigungen und Vorbehalte auf beiden Seiten nochmals einig. Die Unterstützung Alexanders VI. im Kampf um Neapel als Gegenleistung für französische Truppenhilfe, so lautete der erneuerte Basispakt. Doch das war noch nicht alles. Zum dritten Mal gelang es den Borgia, ihre Feinde der Protektion einer Großmacht zu berauben. Ihres Schutzschildes verlustig gingen jetzt die Bentivoglio und die meisten Mitglieder des Orsini-Clans. Sie wußten es nur noch nicht.

Wußten sie überhaupt, was sie taten? Im Herbst 1502 glaubten diejenigen, die sich nach einem Jahrzehnt der Borgia-Herrschaft als die Verlierer respektive als die nächsten Opfer fühlten, die Stunde der Gegenwehr gekommen. Diese Einsicht kam spät. Schließlich waren große Teile Latiums und der Romagna in die Hände der Nepoten übergewechselt, ohne daß sich die Opfer der Expansion – von der Episode des Waffenstillstands zwischen Colonna und Orsini abgesehen – zu einem Schutz- und Trutzbündnis zusammengeschlossen hätten. Diese Zersplitterung spiegelte wider, wie meisterlich Alexander VI. die Taktik des «Teile und herrsche!» beherrschte. Jetzt aber kam die Allianz der Geschädigten zur Unzeit. Im fatalen Irrglauben, daß der aggressive Nepot die Unterstützung des Königs für immer eingebüßt hatte, luden die Feinde der Borgia am 9. Oktober 1502 zum Kongreß der Revanche nach La Magione unweit des Trasimenischen Sees ein. Der Aufforderung Folge leisteten führende Vertreter des Hauses Orsini, die dem Frieden mit dem Papst und dessen Sohn längst nicht mehr trauten. Sie trafen an diesem abgelegenen Ort auf ihren militärischen Kollegen Vitellozzo Vitelli. Dessen Vorherrschaft über Città di Castello wollte Alexander VI. – so wurde gemunkelt – ein Ende bereiten, um die Stadt dann wie Camerino Giovanni Borgia dem Jüngsten zu übertragen. Dazu gesellten sich Gentile und Gianpaolo Baglioni aus Perugia, Ermes Bentivoglio aus Bologna als Vertreter seines Vaters sowie Liverotto da Fermo, die allesamt in ihren Städten eine ähnliche Machtposition zu verlieren hatten. Ja sogar über die Grenzen des Kirchenstaats hinaus zog das konspirative Treffen seine Kreise. Mit Antonio da Venafro war ein Vertrauter Pandolfo Petruccis, des starken Manns von Siena, anwesend. Auch dieser sah seine Vormachtstellung durch die Eroberungsgelüste der Borgia seit längerem in höchster Gefahr.

Doch es war nicht die Bedrohung allein, die zusammenschweißte. Für die nominellen Verbündeten Cesares war ein zweites Motiv fast genauso wichtig: Die riskante Allianz mit den Borgia rentierte sich für sie nicht. Denn der Nepot war nicht bereit abzugeben. Wenn aber kein angemessener Lohn in Sicht war, dann war es besser, dem ebenso unnatürlichen wie ungleichen Bündnis und damit auch der Angst ein Ende zu bereiten. Gesagt, getan. Am 14. Oktober 1502 gehörte Urbino wieder den Montefeltro; mit derselben Leichtigkeit fiel Camerino an die Da Varano zurück. Die Konföderierten von La Magione brauchten sich nicht einmal sonderlich ins Zeug zu legen, sie wurden bereits erwartet. Vor allem in Urbino waren die Loyalitäten der örtlichen Eliten ungebrochen. Die Honoratioren zogen die angestammte Herrschaft der Montefeltro den neuen Machtverhältnissen vor. Sie wußten warum. Die Montefeltro regierten mit den niedrigsten Steuern Italiens, der Sohn des Papstes aber verbrauchte für seine Feldzüge mehr Geld, als ihm sein Vater aus den reichen Finanzquellen der Kurie zur Verfügung zu stellen vermochte. Das verhieß nichts Gutes für die Zukunft. Ähnlich dachten die einflußreichen Bürger Camerinos.

In den Augen der Borgia war der Abfall von Urbino und Camerino Hochverrat. Der Ernst der Lage erzwang Verstellung. In seinen Gesprächen mit dem venezianischen Botschafter präsentierte sich Alexander VI. als der hochherzige Wohltäter, der schnöden Undank geerntet hatte. Insbesondere von den Orsini, die er stärker begünstigt habe als jeder Papst vor ihm, hätte er eine solche Treulosigkeit nie und nimmer erwartet. Dieselbe taktische Betrübnis legte sein Gesandter in Venedig an den Tag. Ziel war es, die Gegenseite mit dem Versprechen der Verzeihung in Sicherheit zu wiegen. Auf Venedig nämlich richteten sich auch die Hoffnungen der Verbündeten. In ihren Verlautbarungen wehrten sie sich gegen die Beschuldigung, eine Verschwörung gegen ihren legitimen Oberherren angezettelt zu haben. Statt dessen beteuerten sie, für ihr gutes altes Recht zu kämpfen. Er habe, so betonte Paolo Orsini in seinem Brief an den Dogen vom 15. Oktober 1502, in Urbino nur die unerträgliche Willkürherrschaft mäßigen wollen, welche dort von den Amtsträgern des neuen Machthabers ausgeübt würde. Diese hätten bei seinem Herannahen die Feindseligkeiten eröffnet, woraufhin er sie notgedrungen in die Flucht schlagen mußte. Von einem Aufstand gegen die Kirche könne keine Rede sein; alle

Maßnahmen richteten sich allein gegen die «servitù del signor ducha di Valenza».[31]

Gegen die «Sklaverei unter dem Herzog von Valence» lautete also die Parole. Dessen Tyrannis habe nichts mit der legitimen Herrschaft des Papsttums zu tun, im Gegenteil: sie widerspreche dieser in jeder Hinsicht. Das war ein geschickter, wenn auch nicht neuer propagandistischer Schachzug: Den Nepotismus Alexanders VI. gegen die wahren Interessen der Kirche ausspielen, so lautete die Devise. Natürlich behauptete der Papst das Gegenteil. Der Herzog der Romagna sei sein gehorsamer Diener. Alles, was dieser tue, geschehe in seinem Auftrag und damit zum höheren Ruhm des Heiligen Stuhls. Die Orsini – so seine Anklage im Konsistorium – waren daher Rebellen gegen Christus. Dieser Vorwurf wog schwer. Er zwang die Gegner des Papstes in die Defensive. Und diesen strategischen Vorteil nutzte Alexander VI. postwendend aus. Obwohl von so viel Heimtücke erschüttert, sei er als Vater aller Christen doch jederzeit bereit, den verlorenen Söhnen die Hand zur Versöhnung entgegenzustrecken.

Dieses Angebot brach das Bündnis der Gegner auf. Denn die meisten von ihnen verspürten bereits ein diffuses Unbehagen; beunruhigende Nachrichten über das wiederhergestellte herzliche Einvernehmen zwischen Ludwig XII. und Cesare Borgia kursierten allenthalben. So wurde die Versuchung immer stärker, das Abkommen von La Magione rückgängig zu machen. Im Falle der Orsini erwies sich dieser Drang rasch als übermächtig. Sie waren im Prinzip schon kurz nach dem Konvent zum Einlenken bereit, glaubten aber zu diesem Zeitpunkt noch, die Bedingungen diktieren zu können. So forderten sie das Herzogtum Nepi nebst dem kleinen Herzog als Pfand für das künftige Wohlverhalten der Borgia. Natürlich stieß dieses Ansinnen auf Ablehnung. Doch fühlte sich Alexander VI. Ende Oktober 1502 noch keineswegs in Sicherheit. Einmal zittert er, dann wieder hofft er, berichtete der venezianische Botschafter. Um dieselbe Zeit schätzte Pandolfo Petrucci in Siena seine Position noch als stark genug ein, um als Preis für seine Versöhnung ein Kardinalat für seine Familie zu verlangen. Auch er wußte offenbar noch nicht, was die Stunde geschlagen hatte.

Der Rückendeckung Ludwigs XII. gewiß, ergriff Cesare Borgia jetzt die Initiative zur vollständigen Zertrümmerung der feindlichen Front. Mit psychologischem Scharfblick hatten Vater und Sohn deren schwächstes

Glied ausfindig gemacht: Paolo Orsini. Cesares Einladung, die Mißverständnisse in Imola unter vier Augen auszuräumen und das gute Verhältnis wiederherzustellen, vermochte er nicht auszuschlagen. Der venezianische Vertreter in Bologna glaubte zu wissen, daß es bei dieser Unterredung hoch hergegangen sei. Der Herzog der Romagna habe den römischen Aristokraten zuerst mit heftigen Vorwürfen überschüttet und am nächsten Morgen mit Zusicherungen eingelullt. Er werde künftig Maß halten und sich mit einer einzigen Herrschaft, sei es über Urbino, sei es über Bologna, begnügen. Daraufhin sei Orsini schnurstracks zu Giovanni Bentivoglio gereist, um diesen zur Aufgabe seiner Macht zu bewegen, natürlich vergeblich.

Welche Bewandtnis es damit auch haben mochte, Paolo Orsini war nach der Unterredung in Imola nicht wiederzuerkennen. Landauf, landab warb er jetzt für die Versöhnung mit den Borgia. Cesare habe ihm hoch und heilig versprochen, die künftige Beute gerecht zu verteilen, ja mehr noch: die Interessen seiner Verbündeten ganz in den Mittelpunkt zu rücken. Wenn das keine schönen Aussichten waren. An diese wundersame Wandlung mochte glauben, wer wollte. Viele wollten es glauben, konnten es jedoch nicht. Wunschdenken und besseres Wissen klafften auseinander. Alexander VI. als Schützer der Verträge? Cesare Borgia als Friedenstaube?

Hätten sie gewußt, was Sanudo zwischen Oktober und Dezember 1502 in seinem Staatstagebuch notierte, sie hätten schleunigst ihr Heil in der Flucht gesucht. Der Papst beteuerte zwar durchgehend seine Versöhnungsbereitschaft, machte aber zugleich seinem Groll gegen die «Verräter» Luft. Und Anfang November, als das Friedensabkommen mit diesen unterschriftsreif aufgesetzt war, fiel laut Antonio Giustinian, der Marino Zorzi als Botschafter Venedigs im Sommer 1502 abgelöst hatte, eine Äußerung, die tief blicken ließ: «In Zeiten des Krieges regiert man mit Lügen».[32] Machiavelli könnte es nicht treffender sagen. Zu den Bestimmungen des Pakts, den beide Seiten bald darauf unterzeichneten, stand diese Aussage in unüberbrückbarem Widerspruch. Dieser nämlich stellte die alten Besitzstände wieder her, setzte Cesares Verbündete in ihre vorherigen Funktionen und Positionen wieder ein und versicherte sie dessen unerschütterlichen Vertrauens. Die offizielle Version lautete also: Alles war nur ein Irrtum. Doch selbst wenn es eine Rebellion gegeben hätte – was nochmals wortreich in

Abrede gestellt wurde –, so wäre auch sie durch dieses Übereinkommen jetzt vergeben und vergessen.

Nur zwei Klauseln wollten nicht ganz zur Harmonie passen, die das Abkommen beschwor. Zum einen wurde den in Gnaden Wiederaufgenommenen untersagt, ohne Cesares Genehmigung Bündnisse zu schließen; und zum anderen mußte jeder von ihnen einen Sohn aus legitimer Ehe als Geisel stellen. Dafür wurde der Vertrag von Alexander VI. höchstpersönlich abgesegnet. Was aber war das Wort des Stellvertreters Christi auf Erden wert, wenn keine Macht der Welt ihn zur Einhaltung seiner Versprechen zwingen konnte? Am 4. November 1502 zeigte der Papst im Konsistorium triumphierend einen Brief Ludwigs XII. vor, der ihm und Cesare seine Unterstützung zusagte. Die Klügsten aus dem Bund von La Magione brachten sich unterdessen in Sicherheit. Die Baglioni aus Perugia z. B. ließen sich im Heer des Herzogs nicht mehr blicken. Ihre bösen Ahnungen trogen sie nicht. In seinen ausführlichen Unterredungen mit dem venezianischen Botschafter, der von jetzt an täglich Depeschen an die Lagune schickte, nahm Alexander VI. kein Blatt vor den Mund: Er traue den zurückgewonnenen Bundesgenossen nicht über den Weg, einmal Verschwörer, immer Verschwörer. Die Orsini hegten insgeheim die Absicht, mit Spanien zu konspirieren. Und im übrigen habe er seinen Plan, die Herrschaft der Vitelli in Città di Castello zu stürzen, nicht aufgegeben. Das waren verblüffende Vertraulichkeiten. Wollte der Papst Venedigs Zuverlässigkeit testen? Oder war er sich sicher, daß die Serenissma kein Interesse daran haben konnte, Cesares Unterfeldherrn zu warnen? Wie dem auch sei, er rechnete richtig.

Selbst Johannes Burckard konnte so viel Leichtgläubigkeit nicht verstehen. Unzählige Personen, so seine lakonische Notiz, hätten den Kardinal Orsini beschworen, nicht aus Mailand nach Rom zurückzukehren, wo nur die Rache der Borgia seiner harrte. Auf der anderen Seite habe Alexander VI. dem ehrgeizigen Kirchenfürsten das verführerische Angebot unterbreitet, ihn zu seinem Nachfolger zu machen – unter der Bedingung, daß er als neuer Papst den Herzog der Romagna unter seine Fittiche nehme. So erklärte sich Rom das schier Unbegreifliche. Denn der Kardinal zögerte zwar auch dann noch, als ihm Alexander VI. am 9. Dezember 1502 einhundert Bewaffnete zu seinem persönlichen Schutz versprach. Kurz darauf aber meldete er sich tatsächlich im Vatikan zurück. Der Papst verhielt sich ihm gegenüber äußerst liebenswürdig. Als Alexander in den Weihnachtstagen auch den Abgesandten der Baglioni in Perugia beruhigende Zusicherungen seiner Freundschaft mit auf den Weg gab, lautete Giustinians lakonischer Kommentar: «... um so weniger darf man ihm trauen.»[33]

Alexander VI. wiegte in Sicherheit, Cesare Borgia handelte. Wie vier Jahre zuvor fiel dem Papst die Rolle des Fädenziehers zu, der abzuwarten hatte, was sein Sohn aus seinen Anweisungen machte. Erneut stand dem inzwischen fast zweiundsiebzigjährigen Pontifex maximus eine Geduldsprobe bevor. Für seine Unruhe fand Alexander ein Ventil in den Gesprächen mit Antonio Giustinian, der als einer der wenigen noch regelmäßigen Zutritt zum schwerbewachten Vatikan hatte. In dieser unerträglichen Anspannung wurde die übrige Welt weitgehend bedeutungslos. Hatte der Papst sich in den Monaten zuvor einem Friedensschluß der Venezianer mit dem Osmanischen Reich abgeneigt gezeigt, so gab er jetzt ohne große Umstände nach, und zwar, noch erstaunlicher, ohne substantielle Gegenleistungen für dieses Einlenken zu verlangen. Zeitweise war die Nachrichtenlosigkeit so unerträglich, daß Alexander VI. in Gegenwart des Diplomaten aus der Rolle fiel. «Du Hurensohn, du Bastard, was machst du da?»,[34] soll er laut Giustinian am 23. Dezember ausgerufen haben. Der so Titulierte war niemand anders als Cesare Borgia, der sich soeben nach Cesena begeben hatte.

Um die Jahreswende intensivierten sich die Bemühungen des Papstes um den Kardinal Orsini immer auffälliger. Als wäre der Purpurträger aus dem Baronalclan sein engster Freund, lud er diesen jetzt Abend für Abend in den Vatikan ein, und zwar zum Kartenspiel in Damengesellschaft. Zumindest diese Vorlieben teilten die beiden. Doch was sich auf den ersten Blick wie eine Feierabendvergnügung zweier Kirchenfürsten ausnahm, die nach vielen Querelen ihren Frieden miteinander gemacht hatten, erschien dem scharfsichtigen Giustinian verdächtig. Warum erkundigte sich Alexander am 31. Dezember so angelegentlich danach, ob endlich Neuigkeiten aus Senigallia eingetroffen seien? Und am Neujahrstag 1503 sprach er einen Satz aus, der einem Todesurteil gleichkam:[35]

«Der Herzog (= Cesare Borgia) nämlich ist ein Mann der Rache, und er will sie selbst nehmen.» Kardinal Orsini aber leistete der Stimme seines Herrn auch dann noch Folge, als ihn dieser am Vormittag des 3. Januar

1503 zusammen mit Jacomo und Antonio Santa Croce sowie anderen Getreuen in den Vatikan einbestellte. Dort wurde die Gruppe sofort gefangengesetzt. Im Gegensatz zu den völlig Überrumpelten wußte der venezianische Botschafter, was geschehen war. Vor Sonnenaufgang war der sehnlichst erwartete Bote angekommen, und zwar mit guten Nachrichten für den Papst. Die Kunde von der Verhaftung der Orsini-Partei, so Giustinian, erregte in der Ewigen Stadt tiefe Bestürzung.[36]

> Ganz Rom war in Aufruhr, doch es fehlte jemand, der die Führung übernahm, um aus dieser Empörung einen Aufstand zu machen.

Was war währenddessen in der Romagna geschehen? Der berühmteste Bericht über die Ereignisse in Senigallia stammt von Niccolò Machiavelli. Im siebten Kapitel seines Buchs vom Fürsten berichtet er von Cesare Borgia, dem unerreichten Meister der skrupellosen Staatsräson. Wie ein Fuchs und ein Löwe zugleich sei der Sohn des Papstes vorgegangen, listig und mit gezielter Grausamkeit, insofern ein Vorbild des vollendeten Staatsmanns für alle Zeit. Obwohl dem Geschehen nahe, erlaubte sich der Florentiner bei dessen Wiedergabe mancherlei Freiheiten. Belegt hingegen sind die folgenden Fakten.

Cesare Borgia berief auf den letzten Tag des Jahres 1502 eine Zusammenkunft mit seinen Truppenführern nach Senigallia ein, um sich mit ihnen über das weitere Vorgehen bei der Eroberung der Rest-Romagna zu besprechen und – diese Hoffnung wurde zumindest geschürt – Versöhnung zu feiern. Eingeladen waren dementsprechend die führenden Vertreter der Orsini aus Rom und Apulien sowie Vitellozzo Vitelli und Liverotto da Fermo. Ihr Befehl lautete: zuerst Senigallia, die (formell zur Provinz Marche gehörige) Stadt an der Adria, erobern, dann dort verharren, bis der Herzog mit seinem eigenen Aufgebot zu ihnen stoßen würde. Der erste Teil des Auftrags war schnell erfüllt. Der genuesische Admiral Andrea Doria, der die Burg im Namen des Stadtherrn Francesco Maria della Rovere befehligte, erkannte die Aussichtslosigkeit jeglichen Widerstands und floh vor der herannahenden Übermacht. Jetzt hieß es also nur noch warten.

Laut Machiavelli beschlichen Liverotto in dieser Zeit der erzwungenen Ruhe dunkle Vorahnungen. Er habe deshalb seine Truppen in Alarmzustand versetzt, ja sogar in der Stadt exerzieren lassen. Unmittelbar darauf aber sei die Order Cesares eingetroffen, an diesem Tag der Freude und des Triumphes doch der ehrenhaften Muße zu frönen. Von den anderen überredet, habe der erfahrene Soldat diesem Drängen nachgegeben, doch nicht ohne Zeichen tiefer Resignation. Ob wahr oder, wahrscheinlicher, effektvolle Ausschmückung – am 31. Dezember 1502 lief für Cesare alles wie am Schnürchen. Er hatte seine Ankunft für den Nachmittag angekündigt und seine Generäle zur festlichen Begrüßung mit kleiner Begleitung vor die Tore bestellt. Dort umarmte er sie auf das herzlichste, worauf man im angeregten Gespräch stadteinwärts ritt. Dabei wurde jeder der Truppenführer von einigen schwerbewaffneten Soldaten eskortiert. Der Zweck dieser «Ehrengarde» zeigte sich, als Cesare seine Gäste in sein Quartier komplimentierte. Dort nämlich standen Schergen bereit, welche die schutzlosen Truppenführer blitzschnell überwältigten und gefesselt abführten. Vitellozzo Vitelli und Liverotto da Fermo wurden noch in derselben Nacht erwürgt. Paolo und Francesco Orsini, Lucrezias Ex-Ehekandidat, sahen einem ungewissen Schicksal entgegen.

Cesare hatte seine Rache genommen – zumindest deren ersten Teil. Judaskuß oder legitimer Verrat an den Verrätern? Diese Frage wurde in ganz Italien heiß diskutiert. Und so verbreitete der Täter unverzüglich seine Version der Tat. In einem unmittelbar nach der Überrumpelung verfaßten Brief an den Dogen von Venedig sprach der Sohn des Papstes vom abermaligen Abfall seiner Untergebenen, deren Anschlag auf sein Leben er in letzter Minute zuvorgekommen sei. Er habe daher in legitimer Notwehr gehandelt und hoffe im übrigen, daß die Serenissima die Ausschaltung der gemeinsamen Feinde zu würdigen wisse. Angriff ist die beste Verteidigung! Wiederum war das Vorgehen zwischen Vater und Sohn abgesprochen. Alexander VI. nämlich lieferte genau dieselbe Rechtfertigung. Die Orsini hätten den erneuten Verrat geplant, um sich Cesena anzueignen. Zudem habe Vitellozzo Vitelli seinem Geständnis zufolge Cesare durch einen Armbrustschützen töten lassen wollen. Auch der Kardinal Orsini sei schwer belastet. Gegen ihn werde daher als Mitwisser und Anstifter mit aller Härte des Gesetzes vorgegangen. Schon am 5. Januar glaubte ganz Rom, wie Giustinian berichtet, «... daß dieser Kardinal sterben muß.»[37] Vorerst aber verlor er nicht sein Leben, sondern seinen Besitz. Die Agenten des Papstes schwärmten aus und trugen fort, was nicht niet- und nagelfest war. Noch viel mehr hohe Prälaten seien in das Komplott verwickelt, erklärte Alexander VI. kurz darauf. Namen nannte er nicht – die pauschale Beschuldigung sollte Angst und Schrecken erregen. Offenbar planten Vater und Sohn einen Doppelschlag: die Beseitigung ihrer Feinde und die Finanzierung künftiger Feldzüge. Selbst wer sich unschuldig wußte, konnte sich nicht mehr sicher fühlen, sofern er Vermögen besaß. In den ersten Monaten des Jahres 1503 ging in den besseren Kreisen Roms die Angst vor plötzlichen Todesfällen um.

Die Geschichte von «Senigallia» schrieb der Sieger oder genauer sein Bewunderer, Machiavelli. Die Verlierer und ihre Anhänger waren entweder ermordet, im Kerker oder auf der Flucht. Ihre Version hatte erst nach dem Tod Alexanders VI. die Chance, Gehör zu finden. Doch hatten die überlebenden Opfer wenig mehr zu beteuern als ihre Unschuld. Ein Attentat gegen Cesare sei nie und nimmer geplant gewesen. Dafür spricht in der Tat vieles, vor allem die Art und Weise, wie die Anführer zur Schlachtbank trabten. Diese Ahnungslosigkeit ist das eigentliche Rätsel. Wie konnten römische Aristokraten und Generäle, die das Vorgehen dieses Papstes seit Jahren aus nächster Nähe zu studieren Gelegenheit hatten, so widerstandslos ins Verderben stürzen?

Hatten sie den feierlichen Zusicherungen Alexanders VI. wirklich geglaubt? Die plausibelste Antwort lautet: nein und ja. Nach Cesares unvorhergesehener Einigung mit Ludwig XII. war weiterer Widerstand wenig aussichtsreich. Daß in einer so prekären Lage Wunschdenken die kühle Vernunft verdrängte, wäre nicht ungewöhnlich. Zudem muß Cesare Borgia außerordentliche Überredungsgaben besessen haben; die «Bekehrung» Paolo Orsinis weist alle Züge einer regelrechten Gehirnwäsche auf. Darüber hinaus haben die Truppenführer die Stärke von Cesares Heer wahrscheinlich unter- und ihre eigene Bedeutung überschätzt. Doch reicht das alles zusammengenommen als Erklärung aus?

Sigismondo dei Conti liefert einen abweichenden Bericht. Seiner Darstellung nach überraschte Cesare seine Feinde durch die unerwartet schnelle Ankunft in Senigallia. Diese hätten sehr wohl mit dem Schlimmsten gerechnet und sich daher geschworen, niemals an ein und demselben Platz zusammenzukommen. Fluchtversuche in letzter Minute seien durch die Umzingelung der Stadt zunichte gemacht worden. Allerdings paßt diese verblüffend einfache Erklärung – Cesare, der Blitzmarschierer – nicht zur Vorgeschichte. Diese nämlich erzählt der kuriale Humanist so wie die anderen auch: Alexander und Cesare, die Meistertäuscher, hätten ihre Feinde in Sicherheit gewiegt. Skeptisch stimmt zudem, daß Sigismondo aus dem Untergang der Truppenführer eine erbauliche Moral filtert. Liverotto habe vor Jahren bei der Eroberung der Macht in Fermo nicht nur Mitglieder seiner eigenen Familie, sondern auch den Cousin des Herrn von Senigallia getötet, der Stadt also, die ihm jetzt zum verdienten Schicksal wurde. Damit soll der göttliche Zeigefinger in der Geschichte sichtbar gemacht werden – zum Trost der Besiegten.

Mörder mit Gesicht

Selbst die Kleinen wie der Zeremonienmeister Johannes Burckard duckten sich jetzt, um nicht aufzufallen. Und alle starrten gebannt auf die Engelsburg, wo Kardinal Giovanni Battista Orsini einer ungewissen Zukunft harrte. Einmal nämlich verkündete Alexander VI., daß die Orsini ohne Ausnahme den Tod verdient hätten; dann wiederum zeigte er sich milder gestimmt und versprach, den Kirchenfürsten mit der einem Papst zukommenden Großmut zu behandeln. Das Spiel der Katze mit der Maus? Anfang Januar 1503 ließ Alexander VI. den Bischof von Cortona verhaften, einen Parteigänger der Colonna. Doch wer gehörte in Rom nicht zur Klientel des einen oder des anderen Baronalclans, die jetzt beide gleichermaßen vom Papst verfolgt wurden? In Wirklichkeit – so glaubten die Römer – wollten sich die Borgia das Hab und Gut des Eingekerkerten aneignen.

Als akut bedroht galt auch Kardinal Giovanni de' Medici. Die Gerüchte verdichteten sich, daß der Papst ihn und seinen Bruder Piero in die Hand zu bekommen versuchte. Er wolle sie, so munkelte man, der Republik Florenz ausliefern, mit der er ein Bündnis zu schließen beabsichtigte. Doch der Sohn des großen Lorenzo blieb außerhalb der Gefahrenzone. Eine freundliche Einladung, den Papst doch in Begleitung seines Bruders im Vatikan zu besuchen, soll er wohlweislich ausgeschlagen haben.

Um so intensiver bemühten sich Alexander VI. und sein Sohn, anderer Feinde habhaft zu werden. Die Rückkehr der Montefeltro und Da Varano in ihre angestammten Herrschaftsgebiete im Oktober 1502 hatte sich als Episode erwiesen; Cesares überlegener Heeresmacht vermochten sie nichts entgegenzusetzen. Nach der Rückeroberung Urbinos durch die Truppen des Nepoten geriet Guidobaldo da Montefeltro erneut ins Fadenkreuz der Verfolgung. Venedig solle den rückfälligen Rebellen endlich nach Rom überstellen, so lautete die kategorische Forderung Alexanders VI. Doch die Serenissima widersetzte sich – noch, so mußte es dem Papst erscheinen. Denn er machte ihr ein Angebot, das sie seiner Ansicht nach kaum zurückweisen konnte: ein Bündnis zwischen Rom und Venedig – und zwar gegen Frankreich! Am 8. Januar debattierten die führenden Patrizier an der Lagune über diese erregende Neuigkeit. Um dieselbe Zeit erging sich Alexander VI. gegenüber dem Botschafter der Republik in Bekundungen uneingeschränkter Ergebenheit.[38]

> Und dabei sagte er, unsere Republik möge nur befehlen. Sie wird sehen, was ich tun werde; ich gebe ihr einen Blankoscheck.

Um den dadurch bezeugten guten Willen noch eindrucksvoller unter Beweis zu stellen, milderte Alexander VI. kurz darauf die Forderung nach der Auslieferung Guidobaldos ab. Cesare habe diese zu schroff formuliert. Überhaupt sei sein Sohn ein zorniger junger Mann, dessen überschäumendes Temperament man zügeln müsse. Das war Rollenspiel in Vollendung.

Und ein Verwirrspiel. Denn zwei Tage später verlangte der Papst erneut mit aller Schärfe, daß der «Verschwörer» an den Tiber überstellt werden sollte. Währenddessen begann der Vernichtungskrieg gegen die Orsini. Nominell von Jofré Borgia, de facto von Hauptleuten Cesares geführt, eroberten die päpstlichen Truppen Burg um Burg. Ceri aber ergab sich nicht, hier koordinierte Giulio Orsini den Widerstand. Mit Beunruhigung registrierte man im Vatikan, daß sein Anhang stetig wuchs. Von der starken Festung im Norden aus trugen die Belagerten ihre Ausfälle bis vor die Tore Roms. Um dieser Verwüstung Einhalt zu gebieten, schrieb Alexander VI. dem feindlichen Baron einen Brief: Wenn Ihr Euch nicht zurückhaltet, verschuldet ihr den Tod des Kardinals. Die Drohung war ummißverständlich. Um dieselbe Zeit meldet Burckard, daß der Purpurträger in seiner Gefängniszelle von Raserei befallen und nicht mehr zurechnungsfähig sei. Wenn dem so war, ersparte es ihm schlimme Nachrichten. Ende Januar nämlich hatte Cesare seine beiden Gefangenen, Paolo Orsini und den Herzog von Gravina, töten lassen. Und am 13. Februar erließ Alexander VI. ein Dekret, das sämtliche Mitglieder der Familien Orsini und Savelli ihrer Herrschaftsrechte enthob. Dazu wurde jeglicher Handel und Wandel mit den Gebannten untersagt.

Peitsche und Zuckerbrot. Nur zwei Tage später zeigte sich der Papst von seiner anderen, verbindlichen Seite. Die Orsini sollten ihm freiwillig ihren Hauptort Bracciano nebst Burg ausliefern, er werde sie dafür im Königreich Neapel großzügig entschädigen. Am 16. Februar meldete Giustinian nach Venedig, daß es dem Kardinal Orsini schlecht gehe, am 18. sollte er im Sterben liegen – und am Abend des 22. Februar war er tot. Gestorben an «Raserei» oder am Gift, das ihm im Auftrag der Borgia verabreicht wurde? Für Sigismondo dei Conti wie für die meisten Römer war der Fall klar: Ein vornehmer Toter mehr säumte den blutigen Weg der Borgia. Um diesen Verdacht zu entkräften, ließ Alexander VI. von Ärzten feststellen und offiziell beglaubigen, daß der Kirchenfürst eines natürlichen Todes gestorben sei; hinweggerafft habe ihn die «Bitternis» der letzten Zeit. Doch an diese Todesursache glaubt bis heute kaum jemand.

Die überlebenden Orsini hatten jetzt nichts mehr zu verlieren. Bis aufs Blut gereizt, plünderten sie die Alaunminen von Allumiere, eine wichtige Einkommensquelle der Papstfinanz, und auch ihre blitzartigen Vorstöße gegen die Ewige Stadt wurden immer kühner. Währenddessen zeigte sich Ludwig XII. zunehmend verärgert. Zum einen wurde er für die Taten der Borgia mitverantwortlich gemacht. Das Bündnis mit Alexander VI. und dessen Sohn verdunkelte seinen Ruf. Florenz, der alte Alliierte, Siena, Bologna und Lucca waren in Angst und Schrecken versetzt. Und zum anderen gerieten die Franzosen im Königreich Neapel immer mehr ins Hintertreffen. Ein Machtwort war also fällig. Kurz darauf hatte es Cesare Borgia schwarz auf weiß: Hände weg von Giulio Orsini! Ja der venezianische Botschafter am französischen Königshof wollte am 18. März sogar wissen, daß der Kredit des Nepoten restlos erschöpft sei: Noch eine Zuwiderhandlung, und es gab Krieg.

Während all dieser Hektik ließ sich der Papst seine Freude am Karneval nicht verderben. Mit Begeisterung sah er den Maskenzügen zu, abends folgten die üblichen rauschenden Feste im Vatikan. Cesare, der zwischen der

Romagna und Rom hin- und herpendelte, trat dabei wie üblich maskiert auf. Vater und Sohn fanden dessen ungeachtet genügend Zeit, um den Nervenkrieg mit Venedig fortzusetzen. Ihr unveränderter Vorwurf: die Serenissima unterstütze Cesares Feinde in der Romagna. Nur deshalb sei man des Herzogs Guidobaldo von Urbino bei einer erneuten Expedition nicht habhaft geworden. Und stimme es eigentlich, daß sich Venedig mit Spanien zu verbünden gedenke? Auf diese mehr oder weniger haltlosen Beschuldigungen folgten unvermittelt wortreiche Beteuerungen der Ergebenheit – der Papst wisse sehr wohl, daß Cesare ohne die Hilfe der Markusrepublik verloren sei.

Sein Ziel, Venedig unauflöslich an die Borgia zu fesseln, erreichte Alexander VI. mit dieser Strategie jedoch nicht. Im Gegenteil: um dieselbe Zeit gelangte Giustinian zu dem ernüchternden Fazit, daß die wechselseitigen Beziehungen von Mißtrauen zerrüttet seien. Auch die Markusrepublik fühlte sich durch die Allianz mit den Borgia kompromittiert. Für besonnene Beobachter mußte absehbar erscheinen, daß dieses Bündnis den Tod des Papstes nicht überdauern und Cesare dann ins politische Nichts fallen würde. Dieser bitteren Erkenntnnis konnte sich auch Alexander VI. nicht durchgehend verschließen. Um so heftiger verlangte er immer neue Zusicherungen, daß Venedig seinen Sohn dauerhaft schützen werde – und weckte auf diese Weise nur noch mehr Mißtrauen. Immer unfreundlicher wurde auch der Ton zwischen ihm und Ludwig XII. Am 26. Februar 1503 verschärfte ein eigens nach Rom gesandter Botschafter die Warnung: Noch eine Widersetzlichkeit, zum Beispiel ein Angriff gegen die Orsini in Bracciano, und der Papst werde selbst in der Engelsburg vor der Strafe des Monarchen nicht sicher sein.

Auf diese Drohungen reagierte Alexander VI. mit Boykott. Obwohl der Gesandte mehrfach vorstellig wurde, gewährte man ihm vorerst keine weitere Audienz. Und als sich diese dann doch nicht mehr vermeiden ließ, ging der Papst nach altbewährter Manier zum Gegenangriff über. Er bezichtigte Giovanni Giordano Orsini, den Herzog von Bracciano, derselben Vergehen wie die übrigen Familienmitglieder, um sich dann begrenzt generös zu zeigen. Er werde die Verfolgung für einen Monat aussetzen, um den Wünschen des Monarchen entgegenzukommen. Falls diese Geste des guten Willens jedoch ohne Wirkung bleibe, werde er die Feindseligkeiten ungeachtet des königlichen Befehls wiederaufnehmen. In französischen Ohren waren das sehr unbotmäßige Töne. Schließlich stand nur wenige Tagesmärsche südlich von Rom eine Armee Ludwigs XII. im Königreich Neapel.

Der Zerfall der vier Jahre zuvor geschlossenen Allianz kündigte sich also an. Würde ein neues Bündnis an ihre Stelle treten? Am 16. März 1503 hatten Alexander VI. und der spanische Botschafter eine lange Unterredung. Eingeweihte Kreise wollten wissen, daß der Papst dabei seiner Bereitschaft zu einer päpstlich-spanischen Liga beredten Ausdruck verliehen habe. Zugleich habe er jedoch zu bedenken gegeben, daß Cesare in Treue fest zu seinem französischen Lehensherrn stehe. Der Gesandte Isabellas und Ferdinands ließ sich davon nicht täuschen. Alles – so erzählte er seinem venezianischen Kollegen – laufe auf ein Bündnis der Markusrepublik mit dem Papst und Spanien hinaus. Dessen Rückfrage, ob der Papst das selbst so gesagt habe, mußte er zwar verneinen, doch stehe der feste Wille Seiner Heiligkeit außer Zweifel. Dafür sprachen auch die Gegenmaßnahmen Ludwigs XII. Er werde den Herzog von Bracciano unterstützen, koste es, was es wolle. Um dieser Drohung Nachdruck zu verleihen, erteilte er am 20. März seinen Kommandanten den Befehl, den Orsini im Fall eines Angriffs Truppenhilfe zukommen zu lassen.

Wenn die Borgia den riskanten Wechsel von der einen Großmacht zur anderen wirklich vollziehen wollten, benötigten sie Geld in Hülle und Fülle. Das wußten die wohlhabenden Prälaten und deshalb erbaten sie unter den fadenscheinigsten Vorwänden Urlaub. Wurde ihnen die Erlaubnis verweigert, gingen sie in der Regel trotzdem. Zu denen, die in Rom blieben, gehörte der Kardinal Giovanni Michiel. Hochbetagt, glaubte sich der im Konklave von 1492 durch üppige Wahlgeschenke für den Kandidaten Rodrigo Borgia gewonnene Bischof von Verona durch seinen Rang als venezianischer Patrizier ausreichend geschützt. Doch er täuschte sich. Am 11. April schickte Antonio Giustinian einen Eilbrief an die Lagune. Der Kardinal sei soeben gestorben, und zwar nach allgemeiner Ansicht durch Gift. Dafür spreche die Eile, mit der die Agenten des Papstes Michiels Palast umstellt hätten, bevor dieser seinen letzten Atemzug getan habe. Und der Tote sei kaum erkaltet gewesen, da trugen sie schon dessen Besitztümer in den Vatikanischen Palast. Er selbst habe sich sofort zum Papst begeben, um diesen dringend zu ersuchen, das jetzt vakante Bistum Verona erst zu vergeben, wenn der venezianische Senat seinen Wunschkandidaten benannt habe. Doch sei er nicht vorgelassen worden. Der Papst sei mit Cesare zusammengesessen, beide hätten, wie man ihm sagte, das Geld Michiels gezählt. Zwei Tage später erfuhr Giustinian aus erster Hand, daß das Ergebnis dieses Kassensturzes enttäuschend ausgefallen war. Er habe, so der Papst treuherzig, mit 100 000 Dukaten gerechnet, gefunden worden seien aber nur 24 000. Der Botschafter wußte warum, doch er hütete sich, es zu sagen. Offenbar hatte der alte Kardinal – sicher ist sicher – den Großteil seiner Vermögenswerte rechtzeitig in die Heimat transferiert.

Daß die Zeugen richtig vermuteten, d. h. daß Alexander VI. und Cesare Borgia Michiels Vergiftung befohlen haben, läßt sich bei besonnener Auswertung der Quellen wohl über jeden begründeten Zweifel hinaus belegen. Dabei kommen Zufälle der Überlieferung ins Spiel. 1504 machte Papst Julius II. den plötzlichen Tod des Kirchenfürsten zum Gegenstand einer polizeilichen Untersuchung und eines Kriminalprozesses. Ein deutscher Kleriker namens Leonhard Cantzler verfolgte nicht nur die Gerichtsverhandlung, sondern verschaffte sich auch eine Kopie des Urteils, deren Echtheit außer Zweifel steht. Zudem hat er Notizen hinterlassen, die schildern, wie sich der Angeklagte im Laufe der Sitzungen zu den gegen ihn erhobenen Beschuldigungen äußerte.

Der Beschuldigte namens Asquino de Colloredo, seines Zeichens Subdiakon aus der Diözese Aquileia und Haushofmeister Michiels, habe zweimal Gift erhalten, um den Kardinal zu töten. Das erste Mal «von einer hochgestellten Persönlichkeit, deren Namen zu nennen der Anstand verbietet»,[39] und danach von einem weniger vornehmen Mann in deren Auftrag. Er habe dem Ansinnen schließlich Folge geleistet, und zwar deshalb, weil nicht wenige einflußreiche Personen ihn zur Tat gedrängt hätten. Um deren Wünschen zu willfahren, habe er dem Koch des Kardinals das weiße, süßlich riechende Pulver ausgehändigt. Dieser habe es erstmals am 7. April den Michiel aufgetragenen Speisen beigemischt. Die Wirkung sei unmittelbar eingetreten; sein Herr sei von furchtbaren Magenkrämpfe befallen worden und habe pausenlos erbrechen müssen. Als er sich daraufhin wider Erwarten erholt habe, sei ihm die zweite Dosis verabreicht worden. Diese habe gesteigerte Qualen verursacht und am 10. April zum Tode geführt. Für seine Tat habe er insgesamt eine Belohnung von 1000 Dukaten erhalten.

In der mündlichen Anhörung war der Angeklagte gemäß Cantzlers Aufzeichnungen sogar noch redseliger. Immer wieder habe er ausgerufen: Papst Alexander und Cesare Borgia haben mir diesen Auftrag erteilt! Der Nennung seiner Hintermänner ungeachtet wurde Colloredo seiner geistlichen Würden entkleidet und anschließend enthauptet. Natürlich ist dieses Gerichtsverfahren nicht über jeden Zweifel erhaben. Julius II. war bestrebt, den skandalösen Pontifikat des zweiten Borgia-Papstes als eine einmalige Entgleisung zu brandmarken. Eine zweite Regierung dieser Art, so die vorherrschende Überzeugung, würde das Papsttum nicht ohne weiteren irreparablen Schaden überstehen. Des vorsätzlichen Justizmordes unverdächtig ist der Prozeß gegen Colloredo also a priori nicht. Doch kann bei genauer Prüfung der Aussagen davon keine Rede sein. Die Angaben des Angeklagten entsprechen genau den von anderen Zeugen gelieferten Berichten über Art und Dauer des Todeskampfes. Und überhaupt wird in den Auslassungen des Haushofmeisters ein Insiderwissen offenbart, das nach menschlichem Ermessen nur der Täter oder dessen Helfershelfer besitzen konnte. Außerdem konnte Colloredo dadurch, daß er den Papst und seinen Sohn als Anstifter nannte, keinesfalls auf Strafminderung hoffen. So scheint die Schlußfolgerung unvermeidlich, daß Alexander VI. und Cesare Borgia diesen Mord angeordnet haben. Motiv: Habgier. Aufgrund dieser Beweisführung müssen weitere Todesfälle wohlhabender Kleriker in den Jahren 1502 und 1503 als zumindest verdächtig eingestuft werden.

Kaum weniger bemerkenswert war Giustinians Reaktion auf den suspekten Todesfall. Er verlangte keine gerichtliche Untersuchung, sondern hatte ausschließlich die kirchenpolitischen Folgen im Auge. Das war Staatsräson. Doch diese hatte zwei Seiten. Der Papst mochte Cesare noch so inständig dem Schutz der Republik empfehlen. Ob ihm diese Protektion gewährt wurde oder nicht, darüber entschied alleine der politische Nutzen Venedigs, der jetzt zum Stillhalten riet. Diese Einschätzung aber konnte schon beim nächsten Mal ganz anders ausfallen.

Vorerst aber entwickelten sich die Dinge für Alexander VI. und Cesare Borgia nach Wunsch, und zwar an mehr als einer Front. Im April 1503 mußte die Festung Ceri nach langer Belagerung ihren Widerstand aufgeben. Laut Sigismondo dei Conti waren dabei mehr als 6000 Kanonenkugeln auf das Kastell abgefeuert worden. Die von Frankreich errichtete Schranke aber wagte Cesare nicht zu überschreiten. Obwohl die Eroberung Braccianos jetzt unschwer zu bewerkstelligen gewesen wäre, blieb ihm die Revanche für die Niederlage des Jahres 1497 verwehrt. Giovanni Giordano Orsini hatte sich dennoch vorsichtshalber nach Frankreich abgesetzt, um dort mit seinem Protektor das weitere Vorgehen zu besprechen. Guter Rat war auch für Ludwig XII. teuer. Denn um dieselbe Zeit errang Gonzalo Fernandez einen weiteren glänzenden Sieg über die Franzosen. Kurz darauf zog er triumphal in Neapel ein und nahm die Hauptstadt des Königreichs für die spanischen Majestäten in Besitz. Für Alexander VI. war das eine nachdrückliche Bestätigung seiner Pläne: von der sinkenden Macht des französischen Monarchen abzurücken und dem Stern des Großen Kapitäns zu folgen. Die Gefahr einer französischen Übermacht und damit einer Umklammerung des Kirchenstaats von Norden und Süden war weitgehend gebannt. Und auch die Familieninteressen der Borgia legten jetzt eine Ausrichtung an Spanien nahe.

Da die Ermordung Giovanni Michiels nur einen Bruchteil der erhofften Summe eingebracht hatte und auch der Markt der kleineren Verwaltungsämter an der Kurie durch den Verkauf von nicht weniger als achtzig Posten zu je 760 Dukaten gesättigt war, bot sich zur Geldbeschaffung eine neue Kardinalsernennung an. Gesagt, getan! Antonio Giustinian schätzte in seiner Depesche vom 31. Mai, daß die neun roten Hüte, die der Papst soeben vergeben hatte, insgesamt zwischen 120 000 und 130 000 Dukaten einbrachten; einige der neuen Kirchenfürsten hätten 20 000 Dukaten und mehr gezahlt. Eine Gegenprobe läßt sich leider nicht aufmachen, und zwar deshalb, weil der Zeremonienmeister Burckard in seiner elsässischen Heimat weilte, um bei seinen dortigen Pfründen nach dem Rechten zu sehen. Daß die neuen Purpurträger vorrangig nach finanzieller Potenz rekrutiert wurden, steht gleichwohl außer Zweifel. Doch das schloß ergänzende Gesichtspunkte der Auswahl wie schon zuvor nicht aus. So waren fünf der neuen Mitglieder im Senat der Kirche – Juan de Castellar, Francisco de Remolins, Francisco Dezprats, Jaime de Casanova und Francisco Loriz – bewährte Gefolgsleute der Borgia und zugleich geborene Untertanen der spanischen Majestäten. Mit anderen Worten: diese sollten die Ernennung mit Wohlgefallen, ja als ein Signal der Annäherung betrachten. Loriz war überdies mit Alexander VI. weitläufig verwandt. Finanziell und politisch zugleich motiviert war auch der rote Hut für den deutschen Prälaten Melchior von Meckau, seines Zeichens Bischof von Brixen und Gefolgsmann Maximilians von Habsburg. Dabei hatte sich der umtriebige Prälat und begnadete, mit dem Bankhaus Fugger in Augsburg eng verflochtene Finanzfachmann vor allem als Kreditbeschaffer für das Reichsoberhaupt unentbehrlich gemacht. Nach Melchiors (natürlichem!) Tod im Jahre 1509 fiel sein riesiges Vermögen an die Kirche. Julius II. hatte das Testament des Kirchenfürsten kurzerhand annulliert; in dieser Hinsicht war dem Della Rovere-Papst recht, was den Borgia billig war. Finanziellen wie geostrategischen Gründen verdankte Adriano Castellesi aus Corneto (heute Tarquinia) sein Kardinalat. Dort, im Nordwesten des Kirchenstaats, besaß der neue Purpurträger großen Einfluß, der ohne Zweifel dem nahen Fürstentum Piombino zugute kommen sollte. Das Liebäugeln mit einer toskanischen Allianz spiegelte die Erhebung Francesco Soderinis wider; dessen Bruder Piero war seit 1502 das auf Lebenszeit gewählte Staatsoberhaupt der Republik Florenz. Und mit dem Purpur für Niccolò Fiesco aus der mächtigen Genueser Adelsfamilie zahlte Alexander VI. eine alte Dankesschuld für Unterstützung auf dem Weg zum Papstthron zurück.

Gegen wen richtete sich der nächste Feldzug, der mit diesem Geld finanziert werden sollte? Die Wahl des Ziels hing naturgemäß davon ab, auf welchen Verbündeten man sich stützen wollte. Hier aber stellte sich ein für die Borgia eher untypisches Zögern ein. So zirkulierte noch im Juli 1503 das Gerücht, Alexander VI. habe den Zelter – das zum Zeichen der Lehensuntertänigkeit Neapels rituell überbrachte weiße Pferd – Ludwigs XII. entgegengenommen, obwohl dieser seit zwei Monaten nicht mehr Herr der Stadt am Vesuv war. In der Tat konnten sich Vater und Sohn in den Sommermonaten zum Kurswechsel nicht durchringen. Zu gravierend erschienen ihnen die mit der Option Spanien verbundenen Risiken, so verlockend diese auch sein mochte. Zum einen hatte sich Ludwig XII. mit der Niederlage im Süden Italiens nicht abgefunden, sondern eine neue Armee ausgerüstet, die sich auf dem Marsch befand. Und zum anderen konnte der Übertritt ins spanische Lager nicht ohne negative Folgen für Cesares Stellung als Herzog von Valence vonstatten gehen. Die Lage zwang zum Abwarten.

Dabei waren Alexander VI. und sein Sohn anfangs nicht nur guten Mutes, sondern geradezu euphorisch gestimmt. Die Zeit, so schien es, arbeitete für sie – und sie konnte ihnen nichts anhaben. Der Papst stand zwar im

73. Lebensjahr, doch fühlte er sich gesünder und tatendurstiger denn je, wie den Diplomaten bei jeder sich bietenden Gelegenheit versichert wurde. Auch das war Herrschaftspropaganda. So schien nochmals die Zeit angebrochen, hochfliegende Pläne zu schmieden. Dabei richtete sich das Augenmerk erneut auf die Toskana. Dort allein war großflächiger Eroberungsraum vorhanden, ohne daß eine der Großmächte ureigene Interessen verletzt sehen mußte. Die Städte, auf welche sich die Begehrlichkeit der Borgia richtete – Siena, Pisa und Lucca – gehörten zwar nominell zum Reich, doch reichte der Arm der römischen Könige beziehungsweise Kaiser de facto schon lange nicht mehr so weit. Eine Belehnung Cesares durch das Reichsoberhaupt mußte also Verhandlungssache sein. Der Gesandte Ferraras wollte denn auch in Erfahrung gebracht haben, daß Alexander VI. Anfang August 1503 in Sachen toskanischer Reichslehen mit Maximilian Kontakt aufgenommen habe.

Dann aber schlug der Tod erstmals zu. Am 1. August starb mit Juan Borgia-Lanzol, dem Erzbischof von Monreale, der am längsten in Spitzenpositionen der Kurie plazierte Nepot. Sein Vermögen fiel, wie nicht anders zu erwarten, an den Papst. Und diesmal lohnte es sich. Zählte man Bargeld, Juwelen und sonstige Wertgegenstände zusammen, so summierten sich nach Aussage des venezianischen Botschafters mehr als 160 000 Dukaten. Daß der Kardinal ein weiteres Opfer des Borgia-Gifts wurde, ist wenig wahrscheinlich. Kostbarer noch als sein Besitz war seine Präsenz im Kardinalskollegium, speziell in diesen unsicheren Zeitläufen. Während Juan starb, war Cesare in Viterbo, um Truppen auszuheben. Dasselbe Geschäft betrieben in Rom und Umgebung die französischen und die spanischen Werber. Drei Heere in der Nähe der Stadtmauern und dazu völlige Unklarheit darüber, wer wann mit wem gegen wen kämpfen würde: Eine so chaotische Lage hatte die Ewige Stadt seit Menschengedenken nicht erlebt. Daß Alexander VI. – wie Sigismondo dei Conti berichtet – durch das Ableben seines Nepoten in tiefe Trauer versunken sei und nun selbst Todesahnungen zu entwickeln begonnen habe, erscheint wenig glaubwürdig. Statt dessen trieft die Erzählung des Humanisten nur so von ätzender Ironie. Die Melancholie habe den Papst vor allem deshalb übermannt, weil in der Sommerhitze eine Reihe dicker Männer das Zeitliche segnete, denen er sich aufgrund des eigenen Leibesumfangs verbunden fühlte.

Nachdem er den Jahrestag seiner Wahl am 11. August weniger aufwendig als sonst begangen hatte, fühlte sich der Papst am nächsten Morgen unwohl. Am Nachmittag hatte er Fieber und mußte erbrechen. Die Nachricht von der Erkrankung verbreitete sich wie ein Lauffeuer; selbstverständlich war sofort von Gift die Rede. Besonnene Beobachter widersprachen unverzüglich. Und zwar aus mehreren Gründen. Zum einen traten nach dem einmaligen Erbrechen keine Magenbeschwerden mehr auf, während das Fieber in auffallend regelmäßigen Schüben kam und ging. Zum anderen sprachen die genaueren Umstände der Abendeinladung, bei welcher der Papst das Gift zu sich genommen haben sollte, gegen diese These. Das Gartenbankett fand nämlich auf dem Grund und Boden des Kardinals Castellesi statt, der ein treuer Gefolgsmann der Borgia war und durch das Ende ihrer Herrschaft nur verlieren konnte. Darüber hinaus erkrankte auch der Gastgeber und mit ihm eine Reihe weiterer Gäste; sie alle wiesen dieselben Symptome auf. Zu ihnen zählte auch Cesare Borgia.

So bleibt nur die nüchterne Diagnose, daß wie so oft in der heißen Jahreszeit die Malaria in Rom umging. Doch das war den meisten Zeitgenossen zu banal. Alexander VI. und Cesare hätten durch die – entweder irrtümliche oder von einem Diener bewußt herbeigeführte – Verwechslung von Gefäßen das Gift getrunken, das sie einem anderen zugedacht hatten. Diese Version des Geschehens wird bis heute, ungeachtet ihrer Unwahrscheinlichkeit, geglaubt, ja geliebt. Denn sie bietet eine Antwort auf die Frage aller Fragen: Was tat Gott angesichts des Treibens dieses Papstes? Er ließ ihn durch dessen eigene Bosheit zuschanden werden!

Doch bis es soweit war, dauerte es noch etwas. Nachdem Aderlässe das Befinden des Papstes vorübergehend verbessert hatten, so daß er wieder Lust zum Kartenspielen bekam, machte ein schwerer Rückfall in der Nacht vom 17. auf den 18. August die aufkeimende Zuversicht der Ärzte zunichte. Nachdem sich infolge des Fiebers Bewußtlosigkeit und Atembeschwerden eingestellt hatten, starb Papst Alexander VI. in den Abendstunden des 18. August 1503 nach einem Pontifikat von elf Jahren und sieben Tagen.

EPILOG: WAS BLEIBT

Zu diesem Zeitpunkt war Cesare bereits auf dem Wege der Genesung, wenngleich noch sehr schwach. Der Schrecken, den die Herrschaft der Borgia seit der Ermordung Giovannis im Juni 1497 verbreitet hatte, übertrug sich auf den Körper des toten Pontifex maximus. Dieser sei binnen kurzem unmäßig aufgequollen, habe sich tiefschwarz verfärbt und ekelerregende eitrige Flüssigkeiten ausgeschieden. Der Zustand des Leichnams wurde mithin als Beleg dafür gewertet, daß Alexander VI. vergiftet und seine Seele vom Teufel geholt worden sei. Allerdings hatten wenige den Toten wirklich gesehen, der Legendenbildung war also reichlich Vorschub geleistet. Und schließlich war die von Burckard, dem Experten fürs Bestattungswesen, bezeugte schnelle Zersetzung des Körpers angesichts der Temperaturen im August nicht ungewöhnlich.

Mit dem Tod des Papstes brach Cesares Macht wie ein Kartenhaus zusammen. Die Enteigneten und Vertriebenen strömten mit unwiderstehlicher Wucht zurück, in Urbino wie in Latium. Trotz aller militärischen Potenz wurde die Lage des Ex-Nepoten auch in Rom schnell unhaltbar. Der neue Chef des Hauses Borgia mußte nicht nur seine Zustimmung dazu geben, daß die Kardinäle die Wahl des Nachfolgers ohne äußeren Druck in S. Maria sopra Minerva vorberieten, sondern auch die Schlüssel der Engelsburg ausliefern und die Ewige Stadt bald darauf verlassen. Danach begann ein politisches und militärisches Ränkespiel, in dem der eben noch so mächtige Sohn Alexanders VI. der Getriebene war. Zu seiner Schwäche trug entscheidend bei, daß die so viele rote Hüte zählende Klientel der Borgia rasch zerfiel, und zwar nach dem Motto: distanziere sich, wer kann. Verläßlich blieben nur diejenigen, die zu stark kompromittiert waren. Die übrigen aber setzten sich auch im Konklave deutlich genug ab. In diesem wurde am 22. September 1503 der Protagonist der Gegenkirche, Kardinal Francesco Todeschini Piccolomini, zum Papst gewählt. Daß er sich Pius III. nannte und damit den Namen seines verehrten Onkels annahm, zeigte ein Programm an, zu dessen Umsetzung er keine Zeit mehr hatte.

Ein ärztlicher Kunstfehler tat ein übriges, um die ohnehin schon angeschlagene Gesundheit des neben Hadrian VI. (1522–1523) einzigen Papstes zu zerrütten, von dem vor dem Konzil von Trient einschneidende Reformen zu erwarten gewesen wären. Und so stand schon am 18. Oktober 1503 die nächste Papstwahl bevor. Mochte sich Kardinal Ascanio Sforza, der soeben aus langer französischer Haft entlassen worden war, auch Hoffnungen auf die Tiara machen, als Sieger ging Giuliano della Rovere hervor, der den Namen Julius II. annahm. Mit der Wahl seines Todfeindes war das Schicksal Cesare Borgias besiegelt. Zudem machte der Sohn des verstorbenen Papstes jetzt einen fatalen Fehler; das mußte selbst Machiavelli zugeben, der die Politik des Nepoten ansonsten als heroischen Kampf gegen die Ungunst des Glücks verherrlichte. Cesare verließ sich nämlich auf die beruhigenden Zusicherungen des neuen Pontifex – und vergaß dabei, daß man den Versprechungen eines Feindes niemals trauen darf. Nach Neapel verdrängt, wurde er von Gonzalo Fernandez nach Spanien ausgeliefert. Dort gelang ihm nach längerer Haft die Flucht nach Navarra, zu seiner Frau und deren Verwandten. Im Dienste der D'Albret fand Cesare Borgia am 11. März 1507 in einem Gefecht bei Viana am Südfuß der Pyrenäen nach tapferem Kampf einen frühen Tod. Während die römische Machtstellung rasch verlorenging, vermochten sich die Nepoten an der Peripherie zu behaupten. Das galt für das Herzogtum Gandía in Spanien, aber auch für Jofré Borgia und seine Besitzungen im Königreich Neapel. Lucrezia Borgia schließlich wurde durch ihre Heirat mit Alfonso d'Este dem Dunstkreis Alexanders VI. und Cesares völlig entrückt. Als Herzogin und Familienmutter führte sie ein untadeliges Leben im Dienste der Nächstenliebe und des Mäzenatentums. 1519 starb sie neununddreißigjährig im Kindbett. Doch auch in Rom waren die Borgia in der Folgezeit nicht völlig absent. Mit Francisco Borgia (1510–1572) wurde ein Urenkel Alexanders VI. General des Jesuitenordens und später heiliggesprochen. Und der 1644 gewählte Papst Innozenz X. Pamphili stammte mütterlicherseits von Isabella Matuzzi, der Tochter des Borgia-Papstes, ab.

Zum Zeitpunkt seines Todes war Cesare Borgia in Italien bereits weitgehend vergessen. Dieser sang- und klanglose Abtritt von der politischen

Bühne ist wie die Zeit der Ratlosigkeit, ja Hilflosigkeit nach dem 18. August 1503 als ein letzter, schlagender Beweis dafür zu bewerten, daß Alexander VI. der Ideengeber und Cesare nur der Exekutor des päpstlichen Willens war. Zudem zeigte sich an diesem jähen Sturz nochmals die Macht der Tradition, die den Borgia elf Jahre lang zugute gekommen war. Wer nicht mehr die Autorität des Amtes geltend machen konnte, stand in Rom auf verlorenem Posten. So betrachtet, stellt sich der Versuch der Staatsgründung in der Romagna als von vornherein zum Scheitern verurteilt dar. Mochte sich Cesare im Gespräch mit Machiavelli (falls dessen Nachrichten zutreffen) auch zu Recht darüber beklagen, daß der Tod des Papstes im ungünstigsten aller Augenblicke eintrat und er mit allem gerechnet habe, nicht jedoch damit, in diesem entscheidenden Moment handlungsunfähig zu sein – selbst unter weniger widrigen Umständen wäre der Untergang des Nepoten unvermeidlich gewesen. Dieses negative Fazit gilt auch für die Romagna. Dort hatte der neue Herzog zwar die Privilegien der alten Eliten bestätigt, ja teilweise sogar ausgebaut, doch das tiefe Mißtrauen gegenüber der neuen Herrschaft nicht ausräumen können. Im Gegenteil: unerhörte administrative Maßnahmen wie die Aufteilung des Herzogtums in Provinzen nährten den Argwohn, daß die Borgia nach mehr Macht strebten, als den einflußreichen Familien vor Ort lieb sein konnte.

So hatten sich die Borgia am Ende fast nur Feinde geschaffen. Ihre finanzielle Potenz – beim Tod Alexanders VI. waren die Kassen prall gefüllt – kontrastierte mit der völligen Erschöpfung jeglichen sozialen Kapitals. Schlimmer noch: hier standen sie mit blutroten Zahlen im Minus. Niemals waren beim Abtritt einer Nepotenfamilie von der Bühne der Macht so viele und so heftige Revanchegelüste aufgekommen. Orsini, Colonna, Caetani, Savelli, Della Rovere, Malatesta, Manfredi, Montefeltro, Da Varano, Riario und Sforza – so viele große Familien Italiens sannen im Spätsommer und Herbst 1503 auf Rache! Angesichts des Hasses, der sich hier angestaut hatte, kam Cesare Borgia glimpflich davon. Daß der Hauptschuldige der Strafe entging, steigerte das Bedürfnis nach ostentativer Distanzierung und ritueller Reinigung. Im Zuge dieses Prozesses wurden in der Folgzeit zahlreiche Personen, doch kaum Regeln und Gebräuche ausgetauscht. Nur zwei einschneidende Veränderungen stechen hervor. Sexuelle Neigungen so unverhohlen wie Alexander VI. auszuleben war an der Kurie fortan verpönt. Davon unbenommen blieben die Feste, die im Vatikan gefeiert wurden, noch einige Jahrzehnte lang recht weltlich; so wurden z. B. ritterliche Turniere mit Lanzenstechen und Damen auf den Tribünen noch unter Pius IV. (1559–1565) im Belvederehof des Vatikans ausgetragen. Und noch in einem weiteren Punkt wurde der Nepotismus des zweiten Borgia-Papstes fortan entschärft: Vergiftungen von Kardinälen zwecks Finanzierung von Familienfeldzügen wurden nicht mehr aktenkundig. Sehr viel friedlicher ging es an der Kurie dennoch nicht zu; knapp anderthalb Jahrzehnte nach der Vergiftung Michiels wurde ein Mordanschlag unzufriedener Kardinäle gegen Papst Leo X. de' Medici erst in letzter Minute vereitelt. Auf hohem Niveau ging auch die Förderung der Papstverwandten weiter.

Dabei konnte sich Julius II. noch in Zurückhaltung üben; die Della Rovere wurden auf ungewöhnlichem Wege, nämlich durch Adoption, zur regierenden Dynastie. Der kranke und kinderlose Guidobaldo da Montefeltro hatte 1504 Francesco Maria della Rovere, seinen Neffen, an Sohnes Statt angenommen und zum Nachfolger bestimmt. Leo X. vertrieb 1516 diesen ersten Della Rovere-Herzog von Urbino und setzte seinen eigenen Nepoten als Herrscher ein; doch kehrte Francesco Maria nach dem Tod des feindlichen Pontifex maximus 1521 postwendend in sein Herzogtum zurück. Paul III. Farnese (1534–1549) schließlich, der Bruder der schönen Giulia, erhob seinen Sohn Pier Luigi Farnese zum Herzog von Parma und Piacenza. Alle diese Nepotenkriege wurden blutig ausgefochten und im Falle des Medici-Papstes auch durch den Verkauf von Kardinalaten finanziert. Der Reputation des Papsttums im Zeitalter der Reformation war diese Politik zugunsten der eigenen Familie nicht eben förderlich. Julius II. bot der Christenheit zudem das martialische Schauspiel eines in eigener Person zu Felde ziehenden Papstes. Leo X. hegte zwar selbst keine kriegerischen Neigungen, doch war er wegen seines ungehemmten Lebensgenusses weithin verschrien; sein Hedonismus fand in Aufführungen von Komödien, Stegreifdichtungen, musikalischen Darbietungen und üppigen Banketten Niederschlag. Erst geraume Zeit später, nach Abschluß des Trienter Konzils (1545–1563), wandelten sich das Auftreten und die Selbstdarstellung der Päpste grundlegend. Dabei richteten sich die Bemühungen um ein verbessertes Image vorrangig auf den Nachweis sittlicher Makellosigkeit.

Rom ist nicht Babylon, sondern der ehrenfesteste und moralisch rigoroseste Platz auf Erden; und der Pontifex maximus ist kein Lustgreis, sondern ein sich im Dienst für seine Untertanen rastlos verzehrender Asket. Diese Botschaften hatten die römischen Bauten und Bilder im jetzt, um die Mitte des 16. Jahrhunderts, anhebenden Konfessionellen Zeitalter zu verkünden, ja regelrecht einzuhämmern. So sollten sie das Wahrheitsmonopol der katholischen Religion gegen die neuen Glaubensrichtungen verteidigen, nach dem Motto: An ihrem vorbildlichen Leben könnt ihr die wahren Priester des Herrn erkennen. Lutheraner und Calvinisten sahen das naturgemäß anders. Ihre Propaganda lautete: einmal Alexander VI., immer Alexander VI., das Papsttum ist und bleibt ein Sündenpfuhl. Die römische Seite hingegen betonte, daß die Würde des Papstamts auch in einem unwürdigen Nachfolger Petri nicht unterging.

Diesen Satz Papst Leos des Großen bestätigt die Geschichte ganz nüchtern. Allerdings bedurfte es dazu eines einschneidenden inneren Reformprozesses, der teilweise schon vor der Reformation einsetzte (und schon deshalb nicht als «Gegenreformation» bezeichnet werden sollte). Er wurde zwar von den Gegenpositionen der Reformatoren vielfältig beeinflußt, führte am Ende jedoch zu einer Rückbesinnung auf eigene dogmatische Positionen und zu einer in vieler Hinsicht durchgreifenden Umgestaltung der römisch-katholischen Kirche, nicht zuletzt des Lebensstils ihrer Geistlichen. Aus dieser globalen Perspektive betrachtet, steht der zweite Borgia-Pontifikat am Ausgangspunkt aller inneren Wandlungen. So bleibt Alexander VI. als immerwährender Anstoß zur Selbstüberprüfung und als Gegenbild bis heute lebendig.

Das zeigt sich nicht zuletzt daran, daß Papst Paul VI. (1963–1978) in den vatikanischen Wohnräumen der Borgia ein Museum für moderne religiöse Kunst einrichten ließ. Ungeachtet dieses exorzistischen Akts prangen die von Alexander VI. in Auftrag gegebenen Fresken Pintoricchios weiterhin mit ungebrochener Farbenpracht an den Wänden über den Vitrinen. Geben sie etwas von den innersten Antrieben und dem Selbstverständnis der Familie preis? Aufschlußreich ist der Zyklus, der von Isis und Osiris handelt. Aus diesem Stück der ägyptischen Mythologie nämlich geht am Ende ein kraftstrotzender Stier hervor: der Stier der Borgia. Er ist göttlichen Ursprungs und wie die Borgia seiner Vorherbestimmung gewiß. «Geheimeres»

Abb. 12 Pintoricchio, Wappenbild in der Decke der Sala dei Misteri (1493/94, Appartamento Borgia, Vatikan). Das Wappen Alexanders VI. mit dem Stier in der linken Hälfte des Schilds ist in Rom selten anzutreffen. Schon Julius II. (1503–1513) hat versucht, die Erinnerung an den verhaßten Vorvorgänger auszutilgen. Zwei Jahrhunderte später haben die römischen Revolutionäre des Jahres 1798 systematisch Jagd auf die Wappen der Päpste – vor allem der «bösen» unter ihnen – gemacht. In Marmor gemeißelt hat sich der Stier in der Engelsburg, gemalt im Appartamento Borgia des Vatikans erhalten. Hier, im Freskenzyklus Pintoricchios der Sala dei Santi, wird der kraftstrotzende Hornträger sogar zum Protagonisten einer mythologischen Erzählung, an deren Ende er als göttlich und unsterblich verherrlicht wird.

verraten die Bilder nicht. Und auch eine Antwort auf die Frage aller Fragen haben sie nicht zu bieten.

Diese lautet: Warum versuchte Alexander VI. das offenkundig Unmögliche? Wenn nüchtern urteilende Zeitgenossen die Staatsgründung in der Romagna in Anbetracht von Normen und Mentalitäten der Eliten und des Volkes für aussichtslos hielten, warum verwendeten die Borgia dann ihre ganze Energie darauf – und schreckten zu diesem Zweck selbst vor einem Mord nicht zurück? Außer Frage steht, daß ihre Gewaltherrschaft mit der Zeit eine ausgeprägte Eigendynamik entwickelte. Eine Maßnahme erzeugte die nächste, rücksichtslosere. Mit dieser unheimlichen Verselbständigung der Gewalt versuchten sich die Günstlinge der Borgia denn auch, als alles zu Ende war, zu rechtfertigen: Wir waren doch nur Werkzeuge in fremden Händen! Doch diese Erklärung reicht nicht aus. Die eigentliche Antwort lautet vielmehr: Alexander VI. und Cesare hatten ihre eigene, abweichende Logik. Offenbar bestand ihr Kalkül darin, die Macht der Familie an der Kurie so weit auszubauen, daß die künftigen Päpste unter einer Art Vormundschaft der Familie zu regieren hätten.

Diese Hoffnung, auf Dauer die Vorherrschaft an der Kurie zu erringen, war jedoch gleichfalls eine Illusion. Die geistliche Wahlmonarchie Rom war auf den periodischen Austausch von Führungsschichten angewiesen, ja ihrem Wesen nach kosmopolitisch ausgerichtet. An diesem regelmäßig vollzogenen Wandel hatten alle europäischen Mächte ein vitales Interesse; nur so konnten sie ihren Einfluß auf das Papsttum geltend machen. Mit der dauerhaften Dominanz einer einzigen Familie hätten sie sich daher nie und nimmer abfinden können. Auch das war für die politischen Beobachter des zweiten Borgia-Pontifikats bereits klar erkennbar.

Und dennoch: obwohl alles dagegen sprach, setzte Alexander VI. auf eine Politik des «alles oder nichts». Diese Strategie des maximalen Risikos hatte ihre eigene Rationalität. Die Borgia und ihr Glück: der Glaube an die kollektive Erwähltheit der Familie und die Gleichsetzung ihrer Interessen mit der Kirche erzeugten und rechtfertigen eine Spirale der Skandale und der Gewalt. Daß der Borgia-Papst die Vergiftung des Kardinals Michiel mit seinem Selbstverständnis als guter Christ in Übereinstimmung zu bringen vermochte, erscheint nur auf den ersten Blick paradox. Mit der richtigen Gesinnung läßt sich am Ende alles rechtfertigen. Denn nichts ist so unbegrenzt wie die Fähigkeit des Menschen, sich selbst zu betrügen – so lautet die Schlußfolgerung, die Guicciardini eine Generation später aus der Betrachtung des Menschen und speziell der Mächtigen seiner Zeit zieht. Legt man diese Erkenntnis der Geschichte Alexanders VI. zugrunde, so läßt sie sich als ein Lehrstück lesen. Es handelt von der Verführung und Verblendung durch unbeschränkte Macht. Als solches ist es bis heute nicht zu Ende geschrieben.

ANHANG

ZEITTAFEL

1378 Beginn des Großen Abendländischen Schismas: zwei rivalisierende Päpste in Rom (Urban VI.) und Avignon (Clemens VII.).
31. Dezember: Geburt Alonso de Borjas als Abkömmling eines provinzadeligen Geschlechts bei Játiva (Valencia).

1381 Thronfolgekämpfe im Königreich Neapel.

1400 Regierung König Ladislaus' von Durazzo in Neapel: Konsolidierung und Expansion (bis 1414).

1409 Konzil von Pisa: Wahl Alexanders V., dadurch drei Päpste.

1411 Alonso de Borja, als Jurist zunehmend renommiert, wird Kanoniker der Kathedrale von Lérida.

1414 Konzil von Konstanz (bis 1418).

1416 Thronbesteigung König Alfonsos V. von Aragón (geb. 1396); Alonso de Borja tritt bald darauf in dessen Dienste.

1421 Erneut innere Unruhen im Königreich Neapel unter Königin Giovanna II.; zunehmende Verwicklung Alfonsos von Aragón in die Nachfolgestreitigkeiten.

1429 Alonso de Borja wird Bischof von Valencia.

1431 1. Januar: Rodrigo de Borja (Borgia) wird als Sohn von Isabel de Borja, der Schwester des Bischofs von Valencia, und Jofre de Borja in Játiva geboren.

1435 Nach dem Tod der Königin Giovanna II. werden die Kämpfe um Neapel zwischen Vertretern des französischen Hauses Anjou und Alfonso von Aragón heftiger.

1437 Alonso de Borja siedelt im Dienste König Alfonsos nach Süditalien über.

1443 Alfonso von Aragón setzt sich als König von Neapel und Sizilien durch.

1444 Alonso de Borja wird Kardinal mit der Titelkirche Santi Quattro Coronati.

1447 Der Humanist Tommaso Parentucelli wird als Nikolaus V. zum Papst gewählt.

1450 Nach dem Aussterben der Visconti in der Hauptlinie wird der Söldnerführer Francesco Sforza neuer Herzog von Mailand.

1453 Rodrigo Borgia, der Neffe des Kardinals, studiert die Rechte in Bologna
29. Mai: Sultan Mehmet II. erobert Konstantinopel.

1454/55 Friedens- und Bündnisschlüsse in Lodi reduzieren zeitweise die Spannungen zwischen den Großmächten Venedig, Mailand, Florenz, Rom und Neapel sowie zwischen den von diesen protegierten kleineren Staaten.

1455 8. April: Alonso de Borja wird als Kompromißkandidat zum Papst gewählt und nimmt den Namen Calixtus III. an. Als Neffe des regierenden Pontifex maximus steigt Rodrigo Borgia zum wichtigsten Nepoten auf und erhält zahlreiche kirchliche und weltliche Führungsämter.

1456 Februar: Rodrigo Borgia wird zusammen mit seinem Vetter Luis Juan de Mila zum Kardinal erhoben, erhält im Jahr darauf den Posten des Vizekanzlers und wird 1458 Bischof von Valencia.

1457 Die Beziehungen zwischen Rom und Neapel verschlechtern sich rapide.

1458 27. Juni: Tod König Alfonsos von Aragón und Neapel; Kriegsvorbereitungen des Papstes gegen Alfonsos Nachfolger Ferrante.
6. August: Tod Calixtus' III.; in der Folge Krise der Borgia in Rom.

1460 Calixtus' Nachfolger Pius II. tadelt das sittliche Verhalten Rodrigo Borgias; in derselben Zeit werden die ersten Kinder des Kardinals geboren (Mutter unbekannt).

1464 Rodrigo Borgia rüstet eine Galeere für den Kreuzzug, der aber nicht zustande kommt.

1468 Kardinal Rodrigo Borgia wird Bischof von Albano und erhält aus diesem Anlaß die Priesterweihe.

1472 Kardinal Rodrigo Borgia reist als Legat Papst Sixtus' IV. nach Spanien, führt erfolgreiche politische Verhandlungen und zieht triumphal in Valencia ein.

1473 Schiffbruch bei der Rückfahrt nach Italien.

1475 Geburt von Rodrigo Borgias Sohn Cesare aus der langjährigen Beziehung zu Vannozza Cattanei; 1476, 1480 und 1481 folgen Giovanni, Lucrezia und Jofré.

1476 Rodrigo Borgia wird Dekan des Kardinalskollegiums.

1478 Kriege Sixtus' IV. gegen Florenz und Neapel bzw. Ferrara (bis 1482) im Interesse seiner Nepoten.

1484 29. August: Im Konklave nach dem Tod Sixtus' IV. wird Kardinal Giovanni Battista Cibo, der Kandidat von Rodrigo Borgias Todfeind Giuliano della Rovere, gewählt und nimmt den Namen Innozenz VIII. an.

1485 Pedro Luis Borgia, der Sohn des Kardinals, wird Herzog von Gandía (gest. 1488); 1493 wird Gandiá nach neuen Verhandlungen an Giovanni Borgia übertragen.

1488 Der Sohn Innozenz' VIII., Franceschetto Cibo, heiratet Maddalena de' Medici.

1492 11. August: Rodrigo Borgia wird durch üppige Wahlgeschenke und die Unterstützung des Kardinals Ascanio Sforza zum Papst gewählt und nennt sich Alexander VI. (nach heutiger Zählung eigentlich Alexander V., da sein Namensvorgänger offiziell als Gegenpapst gilt).
12. Oktober: Der Genuese Cristoforo Colombo entdeckt im Auftrag der

Königin Isabella von Kastilien die Bahamas-Insel Guanahani und danach u. a. Kuba und Haiti.

Konflikte des Papstes mit Kardinal Giuliano della Rovere und König Ferrante von Neapel

Bis 1494: vorherrschender Einfluß Ascanio Sforzas, des neuen Vizekanzlers.

1493 25. April: Allianz zwischen Mailand, Venedig und dem Papst; Alexander VI. ist das schwächste Glied dieser Kette.

12. Juni: Eheschließung Lucrezia Borgias mit Giovanni Sforza, dem Herrn von Pesaro.

Juli: Bündnisangebote Ferrantes von Neapel; Abschluß eines Pakts, der die Heirat Jofré Borgias mit der aragonesischen Prinzessin Sanchia vorsieht.

20. September: Cesare Borgia wird Kardinal; Verkauf von elf weiteren Kardinalaten.

Kirchenpolitische Zugeständnisse in der Neuen Welt werden an die spanischen Könige übertragen. Der Papst grenzt die dortigen Einflußsphären zugunsten Spaniens ab.

1494 25. Januar: Tod König Ferrantes von Neapel; Alexander VI. bestätigt die Nachfolge von dessen Sohn Alfonso II.

Mai: Krönung Alfonsos II. und Heirat Jofré Borgias mit Sanchia von Aragón.

Juni: Vertrag von Tordesillas zwischen Spanien und Portugal über die Aufteilung der neu entdeckten Gebiete; darin Korrekturen zugunsten Portugals.

August: Beginn des Italienzuges König Karls VIII. von Frankreich zur Eroberung Neapels; Alexander VI. verweigert ihm die Belehnung und hat daher mit Konzil und Absetzung zu rechnen.

9. November: Vertreibung Pieros de Medici aus Florenz.

31. Dezember: Einzug Karls VIII. in Rom.

1495 15. Januar: Abkommen zwischen Alexander VI. und Karl VIII., der siegreich nach Neapel weiterzieht; harte Bedingungen für den Papst; Abdankung Alfonsos II. zugunsten seines Sohnes Ferrandino.

31. März «Heilige Allianz» des Papstes und der meisten italienischen Mächte gegen Karl VIII., der Neapel im Frühsommer verläßt.

6. Juli: unentschiedene Schlacht der Allianz gegen Frankreich bei Fornovo.

Savonarola predigt in Florenz gegen Alexander VI.

1496 18. Februar: erneute Kardinalsernennung, bei der Verwandte und Gefolgsleute der Borgia erhoben werden.

August: Giovanni Borgia, Herzog von Gandía, kommt nach Rom.

Oktober: Tod Ferrandinos von Neapel, dem sein Onkel Federico d'Altamura nachfolgt. Alexander VI. enthebt die meisten Mitglieder der Familie Orsini ihrer feudalen Rechte.

1497 25. Januar: Niederlage der päpstlichen Truppen gegen das Aufgebot der Orsini in der Schlacht von Soriano.

5. Februar: Friede mit den Orsini, denen gegen Kautionszahlung ihre Besitzungen bestätigt werden.

Mai/Juni: Alexander VI. plant die Annullierung von Lucrezias Ehe mit Giovanni Sforza.

7. Juni: Belehnung Giovanni Borgias mit Benevent, Terracina und Pontecorvo.

14./15. Juni: Ermordung Giovanni Borgias durch unbekannte Täter.

Sommer/Herbst: Die von Alexander VI. eingesetzten Kommission zur Reform von Kurie und Kirche tagt ohne konkrete Ergebnisse.

Dezember: Die Ehe Lucrezias wird wegen angeblicher Impotenz des Gatten für ungültig erklärt.

1498 April: Tod König Karls VIII. von Frankreich; Gefangennahme Savonarolas nach längerer Zuspitzung des Streits mit Alexander VI. und der inneren Verhältnisse von Florenz.

23. Mai: Hinrichtung Savonarolas in Florenz.

Juni: Beginn der Verhandlungen mit dem neuen französischen König Ludwig XII. über ein Bündnis.

Juli: Eheschließung Lucrezia Borgias mit Alfonso, Fürst von Bisceglie.

17. August: Cesare Borgia legt das Kardinalat nieder und tritt aus dem geistlichen Stand aus.

Oktober bis Dezember 1498: Cesare Borgia reist an den französischen Hof nach Chinon, um dort Verhandlungen über die Ehedispens Ludwigs XII. und Gegenleistungen für die Borgia zu führen; Cesare Borgia wird Herzog von Valence.

1499 Januar: Eheschließung Ludwigs XII. mit Anne de Bretagne nach päpstlicher Dispens.

Mai: Nach dem Ende der Liga zwischen Frankreich und Venedig, welcher der Papst de facto beitritt, treffen Ludwig XII. und der Papst Vereinbarungen; Ehe Cesare Borgias mit Charlotte d'Albret.

September: Die Franzosen erobern Mailand.

August: Lucrezia Borgia amtiert für einige Wochen als Gouverneurin von Spoleto.

1. November: Geburt von Lucrezias Sohn Rodrigo.

Dezember: Cesare Borgia gewinnt nach der Stadt auch die Burg von Imola.

1500 Heiliges Jahr: starker Andrang von Pilgern aus ganz Europa; die Einnahmen fließen ebenso wie Geld für die Kreuzzüge den Kriegszügen Cesare Borgias in der Romagna zu.

Januar: Eroberung Forlìs durch Cesare Borgia; bald danach bricht er den Feldzug in der Romagna ab, da die Kämpfe um Mailand erneut aufflammen.

April: Erneute Niederlage der Sforza gegen Ludwig XII.; Herzog Ludovico und Kardinal Ascanio werden in Frankreich gefangengesetzt.

29. Juni: Einsturz des Vatikanischen Palastes, Alexander VI. wird nur leicht verletzt.

18. August: Cesare Borgia läßt seinen Schwager Alfonso, den Fürsten von Bisceglie, töten.

Oktober: Zweiter Feldzug Cesare Borgias in der Romagna, wiederum mit französischer Truppenunterstützung; Einnahme von Pesaro und Rimini, Belagerung von Faenza.

11. November: Vertrag zwischen Frankreich und Spanien über die Aufteilung des Königreichs Neapel.

1501 März: Kreuzzugsaufruf Alexanders VI.

April: Kapitulation Faenzas, Gefangennahme Astorre Manfredis trotz Zusicherung freien Geleits; Eroberung Piombinos und Bedrohung toskanischer Städte durch die Truppen des Papstsohns, der zum Herzog der Romagna ernannt wird; danach erneuter Abbruch der Unternehmungen wegen des Kriegs um Neapel.

Juli: Lucrezia Borgia amtiert während der Abwesenheit Alexanders VI. (und kurz darauf nochmals) als dessen Stellvertreterin in weltlichen Geschäften.

August: Einnahme Neapels durch französische Truppen; Exkommunikation der Colonna und Savelli; Eroberung der Burgen beider Baronalfamilien.

Dezember: Hochzeit Lucrezia Borgias mit Alfonso d'Este, dem Sohn und Thronfolger des Herzogs von Ferrara.

1502 Februar/März: Alexander VI. und Cesare Borgia in Piombino und auf Elba.

Juni/Juli : Eroberung Urbinos und Camerinos durch Truppen Cesare Borgias; Ermordung Astorre Manfredis im Auftrag der Borgia.

August: Cesare Borgia bei Ludwig XII. in der Lombardei; Erneuerung der Allianz.

9. Oktober: Konvent von La Magione: die Truppenführer Cesare Borgias verbünden sich gegen dessen Expansionsbestrebungen; Urbino und Camerino fallen daraufhin kurzfristig an ihre alten Herren zurück.

31. Dezember: Überrumpelung der «Verschwörer» in Senigallia; zwei der Unterfeldherren werden in der Neujahrsnacht auf Anordnung Cesare Borgias erwürgt.

1503 Januar: Gefangennahme Kardinal Giovanni Battista Orsinis, der am 22. Februar unter suspekten Umständen im Kerker stirbt. Zwei weitere Mitglieder des Clans, die Gefangene von Senigallia sind, werden auf Anordnung Cesare Borgias getötet.

April: Alexander VI. und Cesare Borgia lassen den venezianischen Kardinal Giovanni Michiel vergiften. Feldzug gegen die Orsini, die durch französischen Schutz gerettet werden; daher entfremden sich Alexander VI. und Ludwig XII. zunehmend; Pläne zum Übertritt auf die Seite Spaniens.

11. August: Erkrankung Alexanders VI. und Cesare Borgias, höchstwahrscheinlich an Malaria.

18. August: Tod Alexanders VI.

22. September: Wahl Papst Pius' III. Piccolomini.

31. Oktober: Wahl Papst Julius' II. Della Rovere; Cesare Borgia verliert seine Besitzungen bei Rom und in der Romagna.

1507 11. März: Tod Cesare Borgias in einem Gefecht für die D'Albret am Fuß der Pyrenäen.

STAMMBAUM DER BORGIA

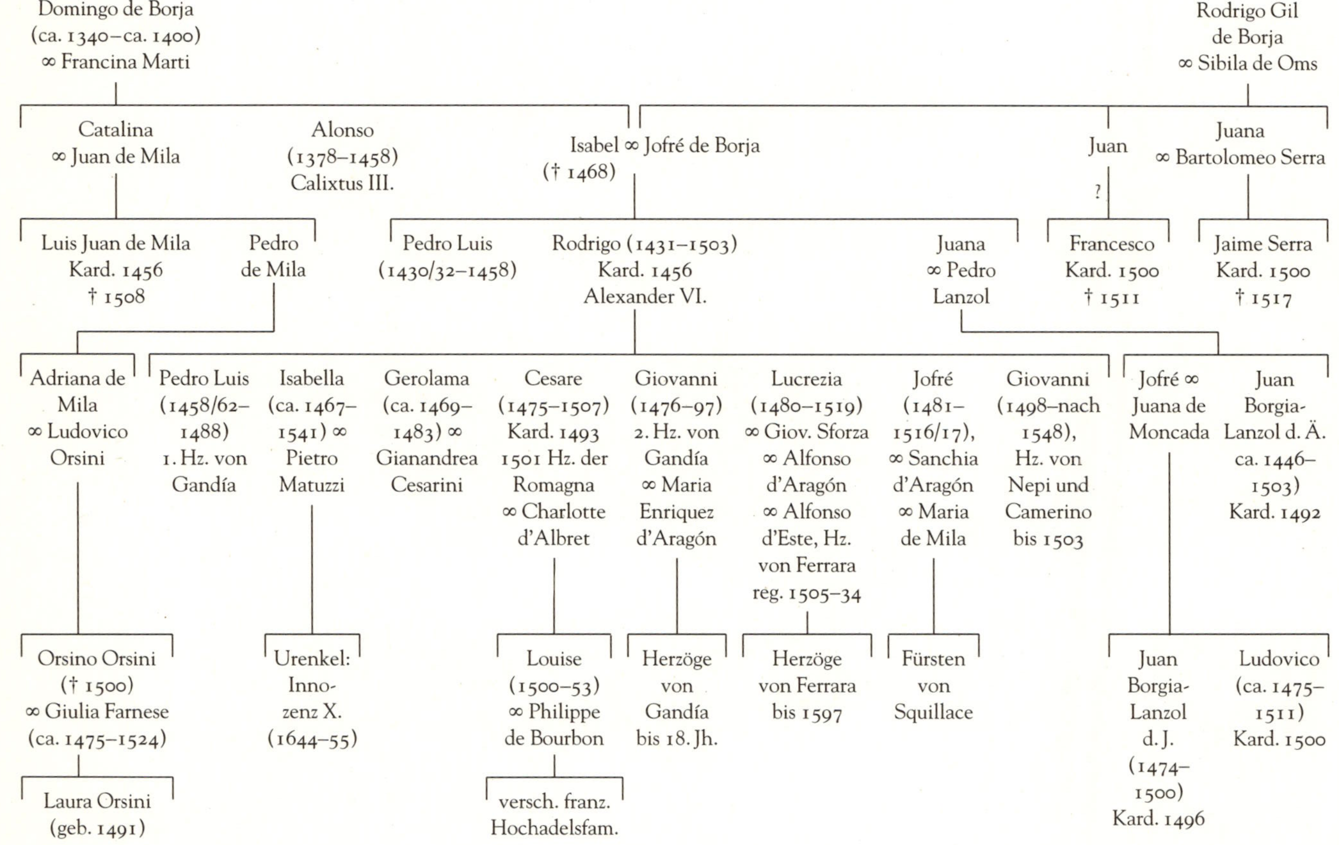

Italien in der Renaissance

ANMERKUNGEN

1 Fray Pedro Ransano, Vida de San Vicente Ferrer, in: Sanctus Franciscus Borgia, 1, S. 186 f.
2 Zitiert nach Pellegrini, 1, S. 372.
3 Pasolini, 3, S. 49.
4 Burckard, 2, S. 7.
5 Sanudo, 4, Sp. 219–221.
6 Dei Conti, 1, S. 101.
7 Sanudo, 1, Sp. 661 f.
8 Sanudo, 1, Sp. 793.
9 Sanudo, 1, Sp. 863.
10 Sanudo, 1, Sp. 879.
11 Burckard, 2, S. 73 f.
12 Commynes, VIII, 25.
13 Maulde de la Clavière, S. 199.
14 Maulde de la Clavière, S. 201.
15 Maulde de la Clavière, S. 201.
16 Sanudo, 2, Sp. 319.
17 Sanudo, 2, Sp. 249.
18 Sanudo, 2, Sp. 249.
19 Sanudo, 2, Sp. 279.
20 Sanudo, 2, Sp. 777.
21 Sanudo, 2, Sp. 822.
22 Die Relation Donatos in: Sanudo, 2, Sp. 835–837.
23 Pellegrini, 2, S. 742.
24 Die folgenden Zitate nach Pasolini, 3, S. 373–375.
25 Sanudo, 3, Sp. 820.
26 Sanudo, 3, Sp. 820.
27 Burckard, 2, S. 303.
28 Burckard, 2, S. 312.
29 Burckard, 2, S. 325.
30 Sanudo, 4, Sp. 287.
31 Sanudo, 4, Sp. 382.
32 Sanudo, 4, Sp. 444.
33 Sanudo, 4, Sp. 582.
34 Sanudo, 4, Sp. 573.
35 Sanudo, 4, Sp. 590.
36 Sanudo, 4, Sp. 591.
37 Sanudo, 4, Sp. 600.
38 Sanudo, 4, Sp. 612.
39 Der Text des Urteils bei Schlecht, S. 267 ff.

BILDNACHWEIS

AKG, Berlin: Seite 209; Scala, Florenz: Seite 9 und 10; die Abbildungen auf den Seiten 53, 69, 191, 203, 217, 219, 223 und 252 wurden dem Ausstellungskatalog «I Borgia», Rom: electa, 2002, entnommen, die Abbildung auf Seite 174 dem Ausstellungskatalog «Die Renaissancefamilie Borgia. Geschichte und Legende», Sigmaringen: Thorbecke, 1992.

LITERATURHINWEISE

1. QUELLEN

Die im Text vorgestellten Hauptquellen liegen in folgenden Ausgaben vor:

Johannis Burckardi Liber Notarum ab anno 1483 usque ad annum 1506, hg. von E. Celani (L. A. Muratori, Rerum italicarum Scriptores, t. XXXII), 2 Bde., Città di Castello 1910–1912.

Die bei weitem beste Edition des seit 1854 verschiedentlich herausgegebenen «Tagebuchs» des Zeremonienmeisters; in den Anmerkungen abgekürzt als «Burckard».

Philippe de Commynes, Mémoires, hg. von J. Calmette und G. Durville, Paris 1983.

In den Anmerkungen abgekürzt als «Commynes».

Sigismondo dei Conti da Foligno, Le storie de' suoi tempi dal 1475 al 1510, 2 Bde., Rom 1883.

Bietet den Text des Humanisten in der lateinischen Originalversion nebst italienischer Übersetzung; in den Anmerkungen abgekürzt als «Dei Conti».

Dispacci di Antonio Giustinian 1502–1505, 3 Bde., hg. von P. Villari, Florenz 1876.

Die bei Sanudo zusammengefaßten Depeschen des letzten venezianischen Botschafters bei Alexander VI.

Stefano Infessura, Diario della città di Roma, hg. von O. Tommasini, Rom 1890.

Die Aufzeichnungen des Senatsschreibers, der Sixtus IV. wie Alexander VI. gleichermaßen feindlich gesonnen war, liegen auch in einer brauchbaren deutschen Übersetzung vor: Stefano Infessura, Römisches Tagebuch, hg. von H. Hefele, Düsseldorf/Köln 1979.

I diarii di Marino Sanuto, Bd. I–V, hg. von N. Barozzi/G. Berchet/R. Fulin/F. Stefani, Venedig 1879–1881.

Die Namensform «Sanuto» ist ungebräuchlich; in den Anmerkungen abgekürzt als «Sanudo».

Wichtige Dokumente – Urkunden, Briefe etc. – zu Alexander VI. und den Borgia befinden sich in folgenden Publikationen:

E. Alvisi, Cesare Borgia Duca di Romagna. Notizie e documenti, Imola 1878.

Zur Herrschaft des Nepoten in der Romagna.

E. Bertaux, Monuments et souvenirs des Borgias dans le Royaume de Valence, in: Gazette des Beaux-Arts 39 (1908), S. 89–113, 198–220.

Zur «Hinterlassenschaft» der Familie an ihren Ursprungsorten sowie in Gandía: Genealogien, Bauten, Bilder; der Autor vertritt die bizarre Theorie, daß Cesare Borgia in einem um 1507 entstandenen Bild des Mordes an seinem Bruder Giovanni bezichtigt werde.

L. Celier, Alexandre VI et ses enfants en 1493, in: Mélanges d'archéologie et d'histoire (Ecole française de Rome) 26 (1906), S. 329–334.
Zu den Ehen Vannozza Cattaneis und den Legitimationen der Papstkinder.

Ders., Alexandre VI et la réforme de l'Eglise, in: Mélanges d'archéologie et d'histoire (Ecole française de Rome) 27 (1907), S. 65–124.
Umfangreiche Materialien zu Zusammensetzung, Tätigkeit und Textproduktion der Reformkommission im Sommer 1497.

B. Feliciangeli, Un episodio del nepotismo borgiano. Il matrimonio di Lucrezia Borgia con Giovanni Sforza, signore di Pesaro, Turin 1901.
Zur ersten Ehe der Papsttochter.

F. Foscari, Dispacci al Senato veneto nel 1496, in: Archivio storico italiano 7 (1844), S. 721–948.
Zur venezianischen Diplomatie in Rom unmitttelbar vor dem Einsetzen von Sanudos Diario.

F. Gregorovius, Lucrezia Borgia. Mit einem Nachwort von Heinrich Lutz, München 1982 (= Text der dritten Auflage von 1875).
Der Band enthält u. a. eine deutsche Übersetzung des Briefs Pius' II. an den Kardinal Rodrigo Borgia sowie zahlreiche die Protagonistin betreffende päpstliche Urkunden; er ist in der Quellenkritik überwiegend auf der Höhe des späteren 19. Jahrhunderts, doch dem Renaissancemythos des Zeitalters ganz und gar ergeben sowie in Einzelheiten nicht selten unzuverlässig.

A. Luzio, Isabella d'Este e la corte sforzesca, in: Archivio storico lombardo 15 (1901), S. 145–176.
Enthält den Warnbrief Isabellas an ihren Gatten sowie den Bericht über den Dolchstich des Hofnarren.

R. de Maulde la Clavière, Alexandre VI et le divorce de Louis XII, in: Bibliothèque de l'Ecole des Chartes 57 (1896), S. 197–204.
Enthält die meisten Schriftstücke zum Verhandlungsmarathon zwischen dem Papst und dem französischen König aus der zweiten Hälfte des Jahres 1498; abgekürzt zitiert als «Maulde de la Clavière».

Michele Monaco, The instructions of Alexander VI to his ambassadors sent to Louis XII in 1498, in: Renaissance Studies 2 (1988), S. 251–257.
Materialien zur Vorgeschichte der im vorangehenden Titel dokumentierten Verhandlungen.

P. D. Pasolini, Caterina Sforza, 3 Bde., Rom 1893.
Der dritte Band enthält die Briefe zum angeblichen Giftanschlag der Heldin sowie die diversen Dokumente zur Amtsenthebung der Familie Sforza-Riario.

L. von Pastor, Geschichte der Päpste seit dem Ausgang des Mittelalters, Bd. 3/II, Freiburg i. Br. 1955.
Enthält im Anhang die bei weitem aussagekräftigste Sammlung zentraler Dokumente zum Pontifikat und zur Familie.

L. G. Pélissier, Note e documenti su Luigi XII e Lodovico Sforza, in: Archivio storico italiano 25 (1900), S. 90–105.

Dokumente zur Vorgeschichte der Mailänder Eroberung unter Einbezug Roms.

P. de Roo, Material for a History of Pope Alexander VI, 5 Bde., Brügge 1924–1925.

Enthält eingestreut in eine «rehabilitierende» Darstellung Quellen, die die Sammlung Pastors zum Pontifikat Alexanders VI. ergänzen.

Sanctus Franciscus Borgia. Quartus Gandiae Dux et Societatis Jesu Praepositus generalis tertius (Monumenta Historica Societatis Jesu), Bd. 1, Madrid 1894.

In diesen Akten zur Heiligsprechung des dritten Jesuitengenerals befinden sich die Tadelbriefe Alexanders VI. an Giovanni Borgia aus dem Jahr 1493, Briefe Cesare Borgias an denselben sowie Dokumente zu Calixtus III., u. a. die Passagen seiner Vita, welche die Vorhersage des Pontifikats durch Ferrer betreffen; abgekürzt zitiert als «Sanctus Franciscus Borgia».

Joseph Schlecht, Deutsche Berichte aus Rom 1492 und 1504, in: Römische Quartalschrift für christliche Altertumskunde und Kirchengeschichte, Supplementheft XX (= Kirchengeschichtliche Festgabe Anton de Waal), Freiburg i. Br. 1913.

Enthält u. a. die Kopie des Urteils zum Mord an Giovanni Michiel und die Aufzeichnungen Cantzlers sowie Stimmen zur Wahl Alexanders VI. 1492.

2. WISSENSCHAFTLICHE LITERATUR

Gesamtdarstellungen:

L. von Pastor, Geschichte der Päpste seit dem Ausgang des Mittelalters, Bd. 3/1, 11. Auflage Freiburg i. Br. 1955 (= unveränderter Text der Ausgabe letzter Hand von 1924).

Ausgangspunkt aller Forschungen zu Alexander VI., in der Genauigkeit der Fakten unübertroffen, apologetisch im großen, d. h. zur Papstgeschichte im allgemeinen, doch unbestechlich in der Bewertung des Borgia-Papstes. Pastor vertritt allerdings die «entschuldigende» These, der Papst sei im letzten Jahrfünft weitgehend von Cesare Borgia abhängig gewesen.

G. Pepe, La politica dei Borgia, Neapel 1945.

Eine Gesamtdarstellung auf der Höhe des damaligen Forschungsstandes.

M. Mallett, The Borgias. The Rise and Fall of a Renaissance Family, London 1970.

Die einzige im strengeren Sinne wissenschaftliche Gesamtdarstellung der letzten Jahrzehnte, doch bei aller berechtigten Widerlegung von Legenden mit einer allzu ausgeprägten Tendenz zu Glättung und «Normalisierung».

Marco Pellegrini, Ascanio Maria Sforza. La parabola politica di un cardinale principe del rinascimento, 2 Bde., Rom 2002.

Obwohl schwerpunktmäßig dem Sforza-Kardinal gewidmet, die bei weitem wichtigste Publikation zum Pontifikat Alexanders VI., auf der Grundlage zahlreicher neu erschlossener Quellen, vor allem der Korrespondenz zwischen Mailand und Rom.

Tagungsbände:

Nachdem das Thema Alexander VI. und die Borgia Jahrzehnte lang wegen seiner «Anrüchigkeit» bzw. Anstößigkeit eher gemieden worden war, wurde es vor dem 500. Todestag des Papstes im Jahr 2003 seit Ende der 1990er Jahre Gegenstand mehrerer Tagungen. Das dabei fraglos leitende Ziel einer Versachlichung, wenn nicht Konsensfindung wurde allerdings nur sehr begrenzt erreicht. Dazu waren die meisten Beiträge zum einen zu sehr auf periphere Aspekte ausgerichtet; und zum anderen lebt die Tendenz zur unterschwelligen oder sogar offenen «Freisprechung» des Borgia-Papstes auch hier fort, von den extremen Qualitätsunterschieden der einzelnen Beiträge ganz zu schweigen. Dessenungeachtet bilden die nachfolgenden Sammlungen von Kongreßakten heute die Basis jeder weiteren Beschäftigung mit dem Thema.

M. Chiabò/S. Maddalo/M. Miglio/A. M. Oliva (Hg.), Roma di fronte all'Europa al tempo di Alessandro VI. Atti del convegno (Città del Vaticano-Roma 1.–4.12.1999), 3 Bde., Rom 2001.

Ein seltsames Potpourri, das den Bogen von der Politik bis zur Kunst spannt; herausragend sind die Beiträge von F. Somaini zum Konklave von 1484, von M. Pellegrini zur Entwicklung des Kardinalats am Ende des 15. Jahrhunderts sowie von A. Rehberg zu den Colonna.

C. Frova/M. G. Nico Ottaviani (Hg.), Alessandro VI e lo Stato della Chiesa. Atti del convegno (Perugia 13.–15.3.2000), Rom 2003.

Der Band behandelt die «innenpolitischen» Aspekte des Pontifikats, am ergiebigsten über Cesare Borgias «Staatsbildung» in der Romagna und benachbarten Gebieten. In diesem Zusammenhang werden Mythen von einem starken, zentralisierten Staat zugunsten einer differenzierteren Sichtweise weitgehend revidiert; vgl. den Kongreßbericht von G. Consoli in: Quaderni medievali 50 (2000), S. 141–149.

Le rocche alessandrine. Atti del convegno (Viterbo 19.–20.3.2001), Rom 2003.

Zu Militärarchitektur und -wesen; vgl. den Kongreßbericht von M. Antonucci in: Quaderni medievali 52 (2001), S. 185–188.

M. Chiabò/A. M. Oliva/O. Schena (Hg.), Alessandro VI dal Mediterraneo all'Atlantico. Atti del convegno (Cagliari 17.–19.5.2001), Rom 2004.

Zur Politik Alexanders VI. gegenüber Spanien, der Neuen Welt sowie dem Osmanischen Reich, teilweise mit der Tendenz, den Borgia-Papst zum europäischen Eintracht- und Friedensstifter zu erheben; vgl. den Kongreßbericht von S. Chirra in: Quaderni medievali 52 (2001), S. 213–224. Zum Verhältnis Alexanders VI. und den Humanisten vgl. den Tagungsbericht bei C. Corfiati, Gli umanisti e Alessandro VI., in: Quaderni medievali 50 (2000), S. 79–191.

Ausstellungskataloge:

E. Schraut (Hg.), Die Renaissancefamilie Borgia. Geschichte und Legende. Ausstellung im Hällisch-Fränkischen Museum Schwäbisch Hall (29.5.–16.8.1992), Sigmaringen 1992.
Ergiebige Beiträge zur Kunst- und Mythengeschichte, doch im allgemeinen historischen Teil ungenau und unzuverlässig.

C. Alfano/L. Andalò/F. V. Garín Llombart (Hg.), I Borgia. Catalogo dell'esposizione nella Fondazione Memmo (3.10.2002–23.2.2003), Mailand 2002.
Opulent bebildert, doch mit Beiträgen von höchst unterschiedlicher Aussagekraft; gut sind vor allem die Abschnitte zur «Frühgeschichte» der Borgia, speziell zur Karriere des späteren Calixtus' III.

Für wissenschaftliche Publikationen bis 1992:

V. Reinhardt, Rom. Kunst und Geschichte 1480–1650, Freiburg/Würzburg 1992, kommentierte Bibliographie: S. 261–267.

Zur Geschichte Roms insgesamt:

V. Reinhardt, Rom. Ein illustrierter Führer durch die Geschichte, München 1999.

Zum weiteren geschichtlichen Zusammenhang:

C. T. Black, Early Modern Italy. A Social History, London/New York 2001.

A. Pinelli (Hg.), Storia di Roma dall'antichità a oggi. Roma nel Rinascimento, Rom/Bari 2001.

V. Reinhardt., Die Renaissance in Italien. Geschichte und Kultur, München 2002.

Ders., Geschichte Italiens. Von der Spätantike bis zur Gegenwart, München 2003.

Zum päpstlichen Hof der Renaissance und einzelnen Pontifikaten vor Alexander VI.:

C. Märtl, Le papesse. Frauen im Umfeld der römischen Kurie nach der Mitte des 15. Jahrhunderts, in: J. Hirschbiegel/W. Paravicini, Das Frauenzimmer. Die Frau bei Hof in Spätmittelalter und früher Neuzeit, Stuttgart 2001, S. 411–428.
Enthält so gut wie nichts über die «Borgia-Frauen».

J. R. Mulryne/E. Goldring (Hg.), Court Festivals of the European Renaissance. Art, Politics and Performance, Aldershot 2002.
Informativ, enthält jedoch bezeichnenderweise nichts über die legendären Hoffeste Alexanders VI.

G. Signorotto/M. A. Visceglia (Hg.), Court and Politics in Papal Rome, 1492–1700, Cambridge 2002.

Z. von Martels/A. Vanderjagt (Hg.), Pius II. «El più expeditivo pontificie». Selected Studies on Aeneas Silvius Piccolomini (1405–1464), Leiden/Boston 2003.

Zu speziellen kirchenrechtlichen Aspekten und zur Kurienorganisation allgemein:

L. Schmugge, Kirche, Kinder, Prälaten. Päpstliche Dispense der unehelichen Geburt im Spätmittelalter, Zürich 1995.

J. Edwards, Religion and Society in Spain, c. 1492, Aldershot 1996.

D. S. Peterson, Out of Margins: Religion and the Church in Renaissance Italy, in: Renaissance Quarterly 53 (2000), S. 835–879.
Ein kenntnisreicher Forschungsbericht.

G.-R. Tewes, Die römische Kurie und die europäischen Länder am Vorabend der Reformation, Tübingen 2001.

Zum Kardinalat der Renaissance und dessen Wandlungen:

R. Grégoire, Il sacro collegio cardinalizio dall'elezione di Sisto IV all'elezione di Giulio II (1471–1503), in: Società savonese di storia patria. Atti e memorie (24) 1988, S. 209–232.

K. J. P. Lowe, Church and Politics in Renaissance Italy. The Life and Career of Cardinal Francesco Soderini 1453–1524, Cambridge 1993.

G. Ferraù, Politica e cardinalato in un'età di transizione. Il «De cardinalatu» di Paolo Cortesi, in: S. Gensini (Hg.), Roma capitale (1447–1527), Pisa 1994, S. 519–540.

T. M. Krüger, Überlieferung und Relevanz der päpstlichen Wahlkapitulationen (1352–1522). Zur Verfassungsgeschichte von Papsttum und Kardinalat, in: Quellen und Forschungen aus italienischen Archiven und Bibliotheken 81 (2001), S. 228–255.

Zur italienischen und speziell päpstlichen Diplomatie der Zeit:

P. Margaroli, L'Italia come percezione di uno spazio politico unitario negli anni Cinquanta del XV secolo, in: Nuova rivista storica 74 (1990), S. 517–536.

B. Legationen als Instrumente päpstlicher Reform- und Kreuzzugspropaganda im 15. Jahrhundert, in: G. Althoff (Hg.), Formen und Funktionen öffentlicher Kommunikation im Mittelalter, Stuttgart 2001, S. 421–454.

Zum Italienzug Karls VIII. von Frankreich und den Auswirkungen:

C. De Frede, Alfonso d'Aragona e la difesa del regno di Napoli, in: Archivio storico per le province napoletane 99 (1981), S. 193–219.

Ders., Napoli e Francia alla vigilia dell'impresa di Carlo VIII nei documenti diplomatici napoletani, in: Atti del'Accademia Pontaniana 39 (1991), S. 217–227.

D. Abulafia (Hg.), The French Descent into Renaissance Italy 1494–95. Antecedents and Effects, Aldershot 1995.

A. C. Fiorato (Hg.), Italie 1494, Paris 1995.

Zu Savonarola, seinem Umfeld und seinem Konflikt mit Rom sowie zu weiteren Fragen ist der Forschungsstand den Tagungen aus Anlaß des 500. Todestages zu entnehmen:

G. C. Garfagnini (Hg.), Savonarola e la politica. Atti del secondo seminario di studi (Firenze, 19.–20 10.1996), Florenz 1997.

Savonarole. Enjeux, débats, questions. Actes du colloque international (Paris, 25.–17.1.1996), Paris 1997.

Ders. (Hg.), Savonarola. Democrazia, tirannide, profezia. Atti del terzo seminario di studi (Pistoia, 23.–24.5.1997), Florenz 1998.

Girolamo Savonarola. L'uomo e il frate. Atti del XXXV convegno storico internazionale (Todi, 11.–14.10.1998), Spoleto 1999.

Wichtige Monographien zur Wirkung des Frate und seinem Umfeld:

D. Weinstein, Savonarola and Florence. Prophecy and Patriotism in the Renaissance, Princeton 1970.
Immer noch grundlegend zu Reform und Endzeitvorstellung

M. Reeves (Hg.), Prophetic Rome in the High Renaissance Period, Oxford 1992.

G. Stella Fletcher/C. Shaw (Hg.), The World of Savonarola. Italian Elites and Perceptions of Crisis, Aldershot 2000.

M. Mayer, Die politische Theologie Girolamo Savonarolas. Studien zur Rezeptionsgeschichte und zum aktuellen Verständnis, Tübingen 2001.

Zum Verhältnis der Borgia zu König Ludwig XII. von Frankreich:

F. J. Baumgartner, Louis XII, New York 1994.

Zu Familienstrukturen und zur Legendenbildung:

M. Hermann-Röttgen, Die Familie Borgia. Geschichte einer Legende, Stuttgart 1992.

K. Lawe, Vannozza de Cattanei och paven Alexander VI. En renässans pavefamilj i relation till samtidens och eftervärldens, Uppsala 1997.
Mit Zusammenfassungen in englischer Sprache, zur Familie Rodrigo Borgias teils interessante, teils unhaltbare Theorien.

Zum Tod Alexanders VI.:

G. D'Adda, La morte di Alessandro VI, in: Archivio storico lombardo 2 (1875), S. 10–29.

PERSONENREGISTER

Albert, Aimery d', Kardinal 199
Albert, Charlotte d' 176–179, 191, 260, 263
Altamura, Federico d', *siehe* Aragón, Federico von
Alviano, Bartolomeo d' 134f.
Amboise, Georges d' 161, 167
Appiano, Jacopo d' 207, 221
Aragón, Alfonso I. von, König von Neapel 20–23, 26, 28, 31, 257f.
Aragón, Alfonso II. von, König von Neapel 103–105, 107, 110f., 207, 259
Aragón, Alfonso von, Fürst von Bisceglie, Ehemann von Lucrezia Borgia 162f., 184f., 193, 195, 213, 223, 260f., 263
Aragón, Alfonso V. von, König von Aragón, *siehe* Aragón, Alfonso I. von, König von Neapel
Aragón, Carlotta von 157, 164, 173, 175–177
Aragón, Federico von, König von Neapel 92, 133–136, 139f., 154, 157, 163, 176f., 183, 206f., 260
Aragón, Ferdinand von, König von Spanien 46, 51, 92f., 99, 120, 133, 138f., 175, 178, 194, 202, 206, 240
Aragón, Ferrandino von, König von Neapel 110f., 116–118, 133, 154, 259f.
Aragón, Ferrante von, König von Neapel 31f., 35, 60–62, 67f., 85–89, 92–95, 100f., 103, 109, 162, 206, 258f.
Aragón, Isabella von 60
Aragón, Luigi von 100, 105
Aragón, Maria Enriquez von 56, 93, 263
Aragón, Sanchia von 88, 93, 105, 154, 194, 259, 263
Aversa, Gasparo von 57

Baglioni, Gentile 227
Baglioni, Gianpaolo 227
Bajasid II., osmanischer Sultan 88, 105, 182
Bakócz, Thomas, Kardinal 199
Barbarigo, Agostino, Doge 194
Barbo, Pietro, Kardinal, *siehe* Paul II., Papst
Benedikt XIII., Papst 19
Bentivoglio, Ermes 227
Bentivoglio, Giovanni 200, 225, 230
Bessarion, Johannes, Kardinal 28
Bonifaz VIII., Papst 183
Bonifaz IX., Papst 29
Borgia, Cesare, Kardinal bzw. Herzog 7f., 13, 54, 56–58, 71, 73f., 78, 82f., 86, 88, 97–99, 110, 113, 115, 140f., 144, 150f., 154–157, 159, 161, 163f., 166–170, 173, 175–181, 185–192, 195–201, 203–208, 210–213, 215, 217, 219–226, 228–249, 253, 258–263
Borgia, Francesco, Kardinal 199
Borgia, Francisco, Heiliger 248
Borgia, Gerolama 56, 98, 263
Borgia, Giovanni 7, 54, 56f., 72, 93, 97, 104, 121, 132, 134f., 139–141,

143–145, 153, 161, 173, 190, 194, 213, 247, 258–260, 263
Borgia, Isabella 56
Borgia, Jofré 54, 57, 87 f., 93, 97, 105, 140, 144, 154, 215, 237, 248, 258 f.
Borgia, Juan (Giovanni) 215, 225, 227, 263
Borgia, Juana 86, 120, 263
Borgia, Lucrezia 7, 54, 56 f., 86, 90, 92, 138, 140, 143, 147, 154–157, 162 f., 171, 183–185, 193–195, 204 f., 208–210, 215 f., 218 f., 222 f., 248, 258–261, 263
Borgia, Ludovico, Kardinal 199, 223, 263
Borgia, Pedro Luis 24, 29–31, 35 f., 52, 139, 263
Borgia, Pedro Luis, 1. Herzog von Gandía 56, 258, 263
Borgia-Lanzol, Juan d. Ältere, Kardinal 86, 105, 199, 245, 263
Borgia-Lanzol, Juan d. Jüngere, Kardinal 120, 175, 185, 194, 199, 263
Borja, Alfonso de (= Borgia, Alfonso, Kardinal), *siehe* Calixtus III., Papst
Bramante, Donato 78
Burckard, Johannes 75–77, 85, 105, 114, 132, 140, 156 f., 185, 211, 213, 231, 236 f., 243
Burckhardt, Jacob 7

Caetani, Giacomo 183
Caetani, Girolamo 183
Caligula, römischer Kaiser 9
Calixtus III., Papst 17–24, 26, 28–30, 34–36, 44 f., 49, 51, 139, 257 f., 263
Canale, Carlo 55
Cantzler, Leonhard 241 f.
Capello, Polo 183, 194, 196–198
Carafa, Oliviero, Kardinal 49, 62, 66, 84, 96, 127, 147, 218
Carvajal, Bernardino, Kardinal 99
Casanova, Jaime de, Kardinal 243
Cäsar, Julius 188
Castellar, Juan de, Kardinal 243
Castellesi, Adriano, Kardinal 244, 246
Castro, Juan de, Kardinal 120
Cattanei, Vannozza (de) 53–55, 258
Centelles, Cherubino Juan de 57
Cesarini, Giuliano, Kardinal 98, 100
Cibo, Franceschetto 59, 84, 258
Cibo, Giovanni Battista, Kardinal, *siehe* Innozenz VIII., Papst
Clemens VIII., Papst 20 f., 54
Colloredo, Asquino de 241 f.
Commynes, Philippe de 108 f., 112, 114, 133, 159 f.
Conti, Sigismondo dei 77, 115, 179, 215, 226, 235, 238, 242, 245
Cordoba, Gonzalo Fernandez de 133, 220
Corella, Micheletto 223
Cornaro, Giorgio 198
Cornaro, Marco, Kardinal 189, 199
Costa, Giorgio de, Kardinal 66, 148
Costa, Jorge da, Kardinal, *siehe* Costa, Giorgio de, Kardinal

De la Groslaye, Jean Villiers, Kardinal 99
Della Croce, Giorgio 55
Della Rovere, Domenico, Kardinal 96
Della Rovere, Francesco Maria 233, 250
Della Rovere, Francesco Maria, Kardinal, *siehe* Sixtus IV., Papst

Della Rovere, Giuliano, Kardinal, *siehe* Julius II., Papst
Dezprats, Francisco, Kardinal 243
Djem, Bruder des osmanischen Sultans 88, 105, 113, 116
Donato, Girolamo 82, 146, 149, 154, 170, 172 f., 178, 180 f., 198
Doria, Andrea 233

Erasmus von Rotterdam 62, 151
Este, Alfonso d' 205, 215, 219, 248, 261, 263
Este, Beatrice d' 136
Este, Ercole d' 205, 216, 220
Este, Ippolito I. d', Kardinal 97, 99, 216, 218
Este, Isabella d' 74, 226
Eugen IV., Papst 21, 23, 41

Farnese, Alessandro, Kardinal, *siehe* Paul III., Papst
Farnese, Giulia 55, 91, 250, 263
Farnese, Pier Luigi 250
Ferrari, Giovanni Battista 199, 214
Ferrer, Vicente 18 f., 28
Fiesco, Niccolò, Kardinal 244
Flores, Bartelemi 148
Foscari, Pietro, Kardinal 48
Fregoso, Federico, Kardinal 158
Friedrich III. von Habsburg, römischer Kaiser 91

Giannotti, Domenico 55
Giustinian, Antonio 80, 230, 232–234, 238–243
Gonzaga, Elisabetta 220
Grimani, Domenico, Kardinal 99
Guicciardini, Francesco 121, 130, 179, 254

Hadrian VI., Papst 248

Imola, Innocenzo Francucci da (= Innocenzo di Pietro Francucci da Imola) 53
Infessura, Stefano 43, 50, 65, 90
Innozenz VIII., Papst 47, 50 f., 58–60, 62, 99, 103, 258
Innozenz X., Papst 248, 263
Isabella von Kastilien, Königin von Spanien 46, 51, 56, 60, 73 of., 92 f., 138, 175, 178, 194, 202, 240, 259
Isvalies, Pietro 199

Jagiello, Friedrich Kasimir, Kardinal 99
Jeanne de France 161, 168
Julius II., Papst 44 f., 47, 49, 58, 61, 63, 65 f., 79, 84, 89, 93–95, 98, 100, 106, 109, 111–113, 131, 135, 187, 241 f., 244, 248, 250, 252, 258 f., 262

Karl der Kühne, Herzog von Burgund 27
Karl VIII., König von Frankreich 61, 78, 88 f., 91 f., 94 f., 99, 102,105, 107 f., 111–118, 126, 136, 139, 158–160, 259
Kaulbach, Hermann 209

Leo I. gen. der Große, Papst 251
Leo X., Papst 59, 66, 236, 250
Liverotto da Fermo 227, 233 f., 236
Lonati, Bernardino, Kardinal 99
Lopez, Juan, Kardinal 120
Lorenzi, Giovanni 61, 63
Loriz, Francisco, Kardinal 243
Ludwig XI., König von Frankreich 27
Ludwig XII., König von Frankreich 83, 118, 158, 160 f., 164–168, 172, 177 f., 181 f., 186, 188, 197, 202, 207, 225 f., 229, 231, 235, 238 f., 243 f., 260–262

Machiavelli, Niccolò 11, 13, 69, 119, 223, 230, 233, 235, 248, 249
Malatesta, Pandolfo 197, 200
Manfredi, Astorre 8, 190, 197, 200, 261
Martin V., Papst 20f.
Martin, Bartolomé, Kardinal 120
Matuzzi, Isabella 248
Matuzzi, Pietro 56, 263
Maximian, römischer Kaiser 217
Maximilian I. von Habsburg, römischer Kaiser 91f., 99, 101, 112, 117, 171, 212, 244f.
Meckau, Melchior von, Kardinal 244
Medici, Giovanni de', Kardinal, *siehe* Leo X., Papst
Medici, Guiliano de' 44
Medici, Lorenzo de' 44, 49, 59, 67, 70, 108, 180, 236
Medici, Maddalena de' 59, 258
Medici, Piero de' 66–68, 87, 108f., 122, 236, 241, 259
Mehmet II. gen. der Eroberer, omanischer Sultan 27, 257
Mendoza, Diego Hurtado de 199
Michiel, Giovanni, Kardinal 48, 65, 240f., 243, 250, 253, 262
Mila, Luis Juan de, Kardinal 29, 258, 263
Montefeltro, Federico da 134
Montefeltro, Guidobaldo da 220, 222, 237, 250

Nero, römischer Kaiser 9, 41, 113
Nikolaus V., Papst 19, 26f., 62, 257

Orléans, Ludwig von, *siehe* Ludwig XII., König von Frankreich
Orsini, Francesco 154, 234
Orsini, Giovanni Battista, Kardinal 31, 65, 232, 234, 236, 238, 262
Orsini, Giovanni Giordano 134, 239, 243
Orsini, Giulio 237f.
Orsini, Orsino 98, 263
Orsini, Paolo 134, 185, 228, 230, 234f., 238
Orsini, Verginio 85, 93, 109, 118, 134, 136, 143

Pallavicini, Antoniotto, Kardinal 148, 158f.
Parentucelli, Tommaso, Kardinal, *siehe* Nikolaus V., Papst
Paul II., Papst 41f., 48–50, 52, 61
Paul III., Papst 98, 100, 130, 250
Paul VI., Papst 251
Paulus, Apostel 64
Péraud, Raymond, Kardinal 99
Peroto 156, 213
Pesaro, Jacopo 203
Petrucci, Pandolfo 227, 229
Petrus, Apostel 39, 64, 80, 114, 203
Piccolomini, Enea Silvio, Kardinal, *siehe* Pius II., Papst
Pintoricchio (= Bernardino di Betto) 9f., 69, 114, 191, 217, 251f.
Pius II., Papst 36–39, 41, 54, 62, 66, 72, 77, 181, 258
Pius III., Papst 39, 49, 62, 65f., 70, 84, 103, 140, 147, 150f., 218, 247, 262
Pius IV., Papst 250
Platina, Bartolomeo 42
Podocataro, Ludovico, Kardinal 148, 199

Remolins, Francisco de, Kardinal 243
Riario, Cesare 186
Riario, Galeazzo 186
Riario, Girolamo 44, 72
Riario, Ottaviano 186
Riario, Pietro, Kardinal 43–45

Sangiorgio, Gian Antonio, Kardinal 99, 148
Sansoni Riario, Raffaele, Kardinal 44, 49 f., 148
Santa Croce, Antonio 233
Santa Croce, Jacomo 233
Sanudo, Marino 79–82, 190, 194, 199, 201, 222, 224, 230
Savelli, Giovanni Battista, Kardinal 65
Savelli, Silvio 212 f.
Savonarola, Girolamo 108 f., 121–130, 159, 259 f.
Serra, Bartolomeo 263
Serra, Jaime 199, 263
Sforza, Ascanio Maria, Kardinal 7, 26, 41, 49 f., 61–66, 68–70, 84–90, 92, 94–96, 99–104, 106 f., 110–112, 114, 118, 132 f., 135–143, 158 f., 170–173, 175 f., 178, 181–183, 189, 210, 248, 258 f., 261
Sforza, Bianca 91
Sforza, Bianca Maria 136
Sforza, Caterina 44, 72, 185–187, 190
Sforza, Francesco 26, 138, 257
Sforza, Galeazzo Maria 91
Sforza, Gian Galeazzo 60, 67, 87, 92, 108, 136
Sforza, Giovanni 86, 90, 92, 138, 140, 143 f., 200, 259 f.
Sforza, Ludovico 49, 60, 62 f., 67–69, 84, 87, 91 f., 94, 95, 100, 104 f., 108, 114, 116, 118, 135 f., 158, 161, 171 f., 177, 181 f., 188 f., 261
Sixtus IV., Papst 42–50, 52, 61, 63, 85, 94, 96, 106, 148, 152, 258
Soderini, Francesco, Kardinal 244
Soderini, Piero 244

Tizian (= Tiziano Vecellio) 203
Todeschini Piccolomini, Francesco, Kardinal, *siehe* Pius III., Papst
Trivulzio, Gian Giacomo 160
Trivulzio, Gianantonio, Kardinal 199

Varano, Giovanni Maria da 224
Varano, Giulio Cesare da 244
Venafro, Antonio da 227
Vera, Giovanni 199
Vettori, Francesco 14
Vitelli, Vitellozzo 135, 207, 226 f., 233 f.

Zeno, Giovanni Battista, Kardinal 48, 66
Zorzi, Marino 196, 230

BÜCHER ZUR RENAISSANCE

Gerd Blum

Giorgio Vasari

Der Erfinder der Renaissance
Eine Biographie
2011. 320 Seiten mit 43 Abbildungen. Leinen

Peter Burke

Europa bauen

Die europäische Renaissance

Zentren und Peripherien
Aus dem Englischen von Klaus Kochmann
2005. 342 Seiten mit 25 Abbildungen. Paperback
Beck'sche Reihe Band 1626

Herfried Münkler / Marina Münkler

Lexikon der Renaissance

2005. 472 Seiten mit 22 Vignetten. Paperback
Beck'sche Reihe Band 1670

Volker Reinhardt

Die Renaissance in Italien

Geschichte und Kultur
2. Auflage. 2007. 128 Seiten mit 6 Abbildungen und 1 Karte. Paperback
C.H.Beck Wissen in der Beck'schen Reihe Band 2191

Volker Reinhardt

Die Medici

Florenz im Zeitalter der Renaissance
4., durchgesehene Auflage. 2007. 123 Seiten mit 10 Abbildungen. Paperback
C.H.Beck Wissen in der Beck'schen Reihe Band 2028

Ingeborg Walter

Die Strozzi

Eine Familie im Florenz der Renaissance
2011. 240 Seiten mit 33 Abbildungen. Gebunden

BIOGRAPHIEN

Alexander Demandt
Alexander der Große
Leben und Legende
2009. XIV, 655 Seiten mit 16 Farbtafeln, einem farbigen vorderen und hinteren Vorsatz, 30 Schwarzweißabbildungen, 3 Karten und 5 Stammtafeln. Leinen

Hans-Dieter Gelfert
Charles Dickens
der Unnachahmliche
Eine Biographie
2011. 416 Seiten mit 25 Abbildungen. Gebunden

Knut Görich
Friedrich Barbarossa
Eine Biographie
2011. 400 Seiten mit Abbildungen. Gebunden

Olaf B. Rader
Friedrich II.
Der Sizilianer auf dem Kaiserthron
Eine Biographie
3. Auflage. 2010. 592 Seiten mit 58 Abbildungen, 4 Karten und 1 Stammtafel. Leinen

Volker Reinhardt
Der Göttliche
Das Leben des Michelangelo
Biographie
2010. 381 Seiten mit 81 Abbildungen, davon 38 in Farbe, und 2 Stammtafeln. Leinen

Ingeborg Walter
Der Prächtige
Lorenzo de' Medici und seine Zeit
2009. 336 Seiten mit 28 Abbildungen. Paperback
Beck'sche Reihe Band 1907